Vorwort zur 10. Auflage

Während der Arbeit an der Neuauflage dieses Bandes starb Rudolf Schilcher am 10. Juli 1975. Der mit der Bearbeitung übernommenen Aufgabe galt zuletzt sein ganzes wissenschaftliches Interesse. Selbstverständlich empfanden wir als seine langjährigen Mitarbeiter — und als Schüler von Andreas Paulsen seit unseren Berliner Studienjahren — die Pflicht, das Begonnene fortzusetzen und abzuschließen.

Darüber hinaus sind wir mit dem Verlag übereingekommen, das Gesamtwerk weiterzuführen. Es handelt sich bei dem vierbändigen „Paulsen" um eines der im deutschen Sprachraum meistverwendeten Lehrbücher zur Wirtschaftstheorie. Gemeinsam haben wir den Wunsch, die „Allgemeine Volkswirtschaftslehre" in der eigenständigen geistig-wissenschaftlichen Prägung zu bewahren, die Andreas Paulsen ihr gegeben hat. Dem daraus sich ergebenden Anspruch an wissenschaftliche Qualität und Haltung fühlen wir uns verpflichtet, ohne dem bisherigen Text verhaftet zu sein. Die Konzeption eines bewährten Lehrbuches sollte möglichst erhalten bleiben; gleichwohl müssen Fortschritte der wissenschaftlichen Erkenntnis immer dann berücksichtigt werden, wenn sie sich als relevant und fruchtbar erweisen. Dementsprechend ist der vorliegende Band II aktualisiert und weitgehend neu geschrieben worden. Wie bisher wird Wilhelm Wedig die beiden Übungsbände zur „Allgemeinen Volkswirtschaftslehre" betreuen und herausgeben.

Auch in der 10. Auflage richtet sich dieser Band an folgenden Leserkreis: Studenten eines wirtschaftswissenschaftlichen Grundstudiums an Universitäten und Gesamthochschulen; Studierende an Fachhochschulen, Verwaltungs- und Wirtschaftsakademien und allen anderen Institutionen, an denen Volkswirtschaftstheorie gelehrt wird; Praktiker, die ihre wirtschaftstheoretischen Kenntnisse erneuern wollen; Laien, die sich für wirtschaftliche Probleme interessieren.

Gegenüber der 9. Auflage sind einige wesentliche Änderungen bzw. Ergänzungen vorgenommen worden:

1. Wie bekannt wird die mikroökonomische Lehre von der traditionellen, neoklassischen Theorie beherrscht, die außerordentlich exakt formalisiert wurde. Ihre empirische Relevanz ist umstritten. Aber der neoklassische Ansatz fundiert und prägt nach wie vor die gebräuchlichsten Methoden des ökonomischen Denkens in der Volkswirtschaftslehre. Ohne Vertrautheit mit den grundlegenden neoklassischen Modellen des wirtschaftlichen Handelns von Haushalten und Unternehmungen wäre dem Leser folglich eine große Zahl gegenwärtiger Veröffentlichungen unzugänglich, ganz abgesehen von den didaktischen Vorzügen dieses strikt logischen, konsistenten Aussagensystems. Zudem hat die Herausforderung durch die psychologisch-soziologisch orientierte ökonomische Forschung bislang zu keiner theoretischen Alternative geführt, die dem neoklassischen Modelldenken an logisch-methodischer Geschlossenheit ebenbürtig ist. So soll die Aufnahme einiger Überlegungen der psychologisch-soziologisch ausgerichteten Erforschung des Haushalts- und Unternehmungsverhaltens in den Kapiteln I und III primär eine bestimmte Richtung dokumentieren, in die sich die gegenwärtige Mikro-Theorie – nach unserer Auffassung aussichtsreich – bewegt.

2. Die Darstellung der neoklassischen Theorie der Verbrauchsgüternachfrage in Kapitel II wurde ergänzt durch eine knappe Skizze der „revealed preference theory“.

3. Kapitel IV enthält eine erheblich erweiterte und straffer systematisierte Wiedergabe der Produktions- und Kostentheorie.

4. Die in Kapitel V behandelte Angebots- und Preistheorie verwendet Schilchers Vorschlag einer strengeren Ordnung der Marktkriterien, die uns recht geeignet scheint, der verwirrenden Begriffsvielfalt auf diesem Gebiet zu begegnen. Im übrigen werden einige Marktmodelle zusätzlich vorgestellt.

5. Die Ausführungen zur Wettbewerbstheorie (Kapitel VI) sind neu hinzugefügt worden. Sie sollen einen ersten Einblick in die wettbewerbstheoretische und -politische Diskussion geben,

Allgemeine Volkswirtschaftslehre

II

Haushalte, Unternehmungen, Märkte

von

Andreas Paulsen

fortgeführt von

Rudolf Schilcher †

neu bearbeitet von

Klaus-Dieter Jacob, Horst Georg Koblitz,
Manfred Neldner, Heinz Rieter

10. Auflage

1977

Walter de Gruyter · Berlin · New York

SAMMLUNG GÖSCHEN 2001

Dr. *Andreas Paulsen*,
o. Professor (em.) für Volkswirtschaftslehre
an der Freien Universität Berlin

Dr. *Rudolf Schilcher* †,
o. Professor für Wirtschaftslehre (insbes. Theor. Volkswirtschaftslehre) an der Ruhr-Universität Bochum

Dr. *Klaus-Dieter Jacob*,
Professor für Volkswirtschaftslehre an der Fachhochschule Hagen

Dr. *Horst Georg Koblitz*,
Seminar für Theoretische Wirtschaftslehre, Ruhr-Universität Bochum

Dr. *Manfred Neldner*,
Privatdozent für Volkswirtschaftslehre an der Ruhr-Universität Bochum

Dr. *Heinz Rieter*,
Seminar für Theoretische Wirtschaftslehre, Ruhr-Universität Bochum

Die Gesamtdarstellung umfaßt folgende Bände:

Band I: Grundlegung, Wirtschaftskreislauf

Band II: Haushalte, Unternehmungen, Märkte

Band III: Produktionsfaktoren

Band IV: Gesamtbeschäftigung, Konjunktur, Wachstum

CIP-Kurztitelaufnahme der Deutschen Bibliothek

Paulsen, Andreas
Allgemeine Volkswirtschaftslehre / fortgef. von Rudolf Schilcher. – Berlin, New York : de Gruyter.
NE: Schilcher, Rudolf [Bearb.]
2. Haushalte, Unternehmungen, Märkte /
neu bearb. von Klaus-Dieter Jacob ... – 10. Aufl. – 1976.
(Sammlung Göschen; Bd. 2001)
ISBN 3-11-004720-9
NE: Jacob, Klaus-Dieter [Bearb.]

welche Wissenschaft und Öffentlichkeit seit einigen Jahren stärker beschäftigt.

Die in letzter Zeit stark beachteten Ansätze einer „neuen Mikroökonomie" (Theorie der Suchprozesse, vorwiegend bezogen auf den Arbeitsmarkt) und einer „relativen Preistheorie" (Theorie der Transmission monetärer und fiskalischer Impulse mittels Änderungen der Preisrelationen) wurden nicht berücksichtigt. Sie dienen vor allem der einzelwirtschaftlichen Fundierung gesamtwirtschaftlicher Prozesse und sind daher in die folgenden Bände einzubringen.

Frau Diplom-Ökonom Renate Schittko sowie die Herren Diplom-Ökonomen Klaus Dreyhaupt, Eberhard Pott, Heinz-Dieter Sauer und Erwin Südfeld sind von Professor Schilcher in die Arbeiten an diesem Band einbezogen worden. Ihnen haben auch wir zu danken, nicht zuletzt für zahlreiche Hilfen nach der Übernahme der Neubearbeitung durch uns. Besonders hervorzuheben ist der engagierte Beitrag von Herrn Dreyhaupt. Frau Hannelore Marr danken wir für ihre Sorgfalt bei den mühseligen Schreibarbeiten.

Bleibt zu bekennen, daß wir Rudolf Schilcher das Beispiel eines vom Ethos der Wissenschaft und der akademischen Lehre geleiteten Lebens verdanken. Seinem Andenken sei dieser Band gewidmet.

Bochum, im Mai 1976

Klaus-Dieter Jacob
Horst Georg Koblitz
Manfred Neldner
Heinz Rieter

Inhaltsverzeichnis

I. Verbraucherhaushalte und ihre Wirtschaftsplanung

§ 1 Begriffe und Beziehungen

1. Haushalte

Wirtschaftssubjekte können einzelne natürliche Personen ebenso sein wie Personenzusammenschlüsse, wobei deren Rechtsfigur hier ohne Bedeutung ist. Als Wirtschaftssubjekte, selbständige Entscheidungseinheiten, gelten sie in der Volkswirtschaftslehre immer dann, wenn sie eigene Wirtschaftspläne aufstellen. Die Planung erfolgt zielbezogen, die Einheitlichkeit und Zweckbestimmtheit der ökonomischen Handlungen eines Wirtschaftssubjektes finden ihren Ausdruck in der Einheit seines Wirtschaftsplans (vgl. Bd. I, § 2). Nach Art des angestrebten Zieles (der „Zielsetzung") und dem davon bestimmten Inhalt der Wirtschaftspläne lassen sich die Wirtschaftssubjekte einer arbeitsteiligen Gesellschaftswirtschaft näher charakterisieren.

Als *Haushalt* wird eine Entscheidungseinheit dann bezeichnet, wenn ihr Wirtschaftsplan geleitet ist von dem Bestreben, eine zielentsprechende Versorgung mit Gütern und Leistungen zu erreichen. In der ‚rein' ökonomischen Theorie des Haushalts (vgl. Kap. II. dieses Bandes) wird darunter die bestmögliche (optimale) Versorgungslage verstanden.

Haushalte beziehen Einkommen für Leistungen an Unternehmungen, an den Staat und an andere Haushalte. Einkommen verwenden sie zum Kauf von Gütern und Leistungen (‚Verbrauch') und zur Vermögensbildung (‚Sparen') sowie für Transferzahlungen (vgl. Bd. I, § 17). Die Wirtschaftsplanung der Haushalte hat also jedenfalls die Aspekte Einkommensbeschaffung und Einkommensverwendung.

Welcher Aspekt der Wirtschaftsplanung bei der Definition des Haushalts hervorgehoben wird, hängt von der zu behandelnden

Fragestellung ab. (Definitionen sollen ohnehin nicht die Realität möglichst zutreffend beschreiben, ein solcher Essentialismus wird von der neueren wissenschaftlichen Methodologie abgelehnt, sondern sie haben analytisch oder statistisch zweckmäßig zu sein, vgl. Bd. I, S. 78.) Üblich und vielfach hinreichend ist es, die Planung des Verbrauchs zu betonen, weil sie das Entscheidende trifft. Demnach werden Haushalte als *Verbrauchswirtschaftseinheiten* bezeichnet, die ihrem Handeln Verbrauchswirtschaftspläne zugrunde legen.

Wird die Planung der Einkommensbeschaffung mit der Planung des Verbrauchs zusammen ins Auge gefaßt, so können Haushalte als „Wirtschaftssubjekte des Bezugs und der Verwendung von Einkommen" definiert werden.

Eine auf Vollständigkeit bedachte Definition hätte schließlich noch die Planung der Formen der Vermögenshaltung zu berücksichtigen. Haushalte wären danach Wirtschaftssubjekte, die durch geeignete Planung der *Einkommensbeschaffung*, *Einkommensverwendung* und *Vermögenshaltung* ihre Versorgungslagen zielgerecht zu erreichen suchen.

Unerheblich für den Haushaltsbegriff sind Umstände wie Anzahl der zusammengeschlossenen Personen (Einzelpersonen, Familien, Anstalten), Art und Weise der internen Willensbildung, Zielfindung usw.

Haushalte lassen sich nach verschiedenen Kriterien untergliedern. Nach empirisch beobachteten Organisationsformen unterscheidet z. B. *E. Egner* (Der Haushalt, 1952) die folgenden *Haushaltstypen*:

(a) Familienhaushalte

(b) Verbandshaushalte

  1) Anstaltshaushalte

  2) Kollektivhaushalte.

Im Unterschied zum Familienhaushalt, der in der Regel auf Verwandtschaftsverhältnissen beruht, konstituiert sich der Verbandshaushalt im Hinblick auf bestimmte Versorgungsziele, die innerhalb des Familienhaushalts nicht, oder nur unvollkommen, erreicht werden können.

Verbandshaushalte in Form von Anstaltshaushalten sind z. B. Krankenhäuser, Internate, Altersheime usw. Verbandshaushalte in Form von Kollektivhaushalten sind Staatshaushalte (Gemeinde-, Landeshaushalte, Bundeshaushalt) sowie die Kirchenhaushalte.

Diese institutionelle Unterscheidung erleichtert in erster Linie die Bewältigung statistischer Aufgaben.

Im Hinblick auf eine modellmäßig-theoretische Untersuchung des Verhaltens von Haushalten, zumal im Wirtschaftskreislauf, ist dagegen die Einteilung in

(a) öffentliche Haushalte und

(b) private Haushalte

erheblich zweckmäßiger.

Private Haushalte beziehen Einkommen überwiegend als Gegenleistung für Beiträge ihrer Mitglieder zum volkswirtschaftlichen Produktionsprozeß und verwenden die empfangenen Einkommen zur Erreichung angestrebter individueller Versorgungslagen. Öffentliche Haushalte erzielen Einnahmen überwiegend nicht aufgrund erbrachter produktiver Leistungen, sondern aufgrund hoheitlicher Gewalt (z. B. Steuern, Gebühren). Sie verwenden diese Mittel zur kollektiven Befriedigung der Bedürfnisse ihrer Mitglieder, deren Anzahl wegen der Größe öffentlicher (oder staatlicher) Lebensgemeinschaften in der Regel die Zahl der Angehörigen privater Haushalte übersteigen wird.

Während der gewöhnliche Sprachgebrauch den Ausdruck „privater Haushalt“ primär nur zur Bezeichnung der Entscheidungseinheit bestimmt hat, meint der Ausdruck „öffentlicher Haushalt“ einmal die Entscheidungseinheit (z. B. Bund, Land, Gemeinde), zum anderen aber auch deren Wirtschaftsplan (z. B. Staatshaushaltsplan, auch Etat oder Budget).

Im folgenden wird Haushalt begrifflich nur in der Bedeutung des Privathaushalts verwendet, wobei insbesondere an den Familienhaushalt zu denken ist. Soll die Verbrauchstätigkeit des Haushalts aus seiner gesamten wirtschaftlichen Aktivität herausgehoben werden, so finden auch die Begriffe „Verbraucherhaushalt“, kürzer „Verbraucher“ oder „Konsument“ Verwendung.

Durch den Begriff „Verbraucherhaushalt“ wird der Haushalt als *Verbrauchswirtschaftseinheit* von der Unternehmung als *Produktionswirtschaftseinheit* abgehoben. Diese Abgrenzung wurde erst sinnvoll angesichts der historischen Entwicklung, die zur organisatorischen und wirtschaftlichen Trennung von Haushalt und Produktionsbetrieb und zum Rückgang der produktiven Funktionen innerhalb des Haushalts führte.

Sind in der Realität, was als Ausnahme vorkommt, Unternehmung und Haushalt noch eine Einheit, so wird doch analytisch und rechnerisch die einkommenbildende Produktion von der Einkommensverwendung getrennt: Der „Eigenverbrauch“ z. B. von Bauernwirtschaften wird dem Wert der Produktion zugeschlagen. Bei Personengesellschaften bzw. Familienbetrieben wird der „Unternehmerhaushalt“ als von der „Unternehmung“ unterschieden behandelt.

Die Analyse des Verhaltens öffentlicher Haushalte ist traditionell Gegenstand des gesonderten Fachgebietes ‚Finanzwissenschaft‘. Einige Ausführungen dazu enthält Bd. IV.

2. Die Leistungsbeziehungen der Haushalte

Die vorstehende Begriffsbestimmung dient vor allem der Eingliederung der Haushalte in die Modelle des Wirtschaftskreislaufs. Die Leistungsbeziehungen der privaten Haushalte veranschaulicht ein einfaches Kreislaufschema (vgl. Bd. I, § 20):

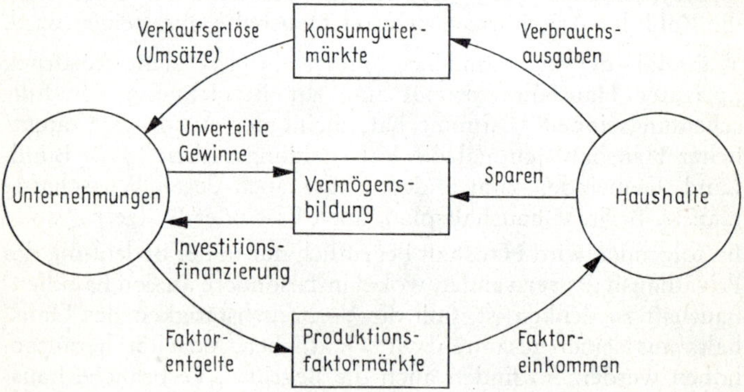

Abb. 1

Abb. 1 zeigt die aus den Leistungsbeziehungen der Haushalte resultierenden monetären Ströme in einer geschlossenen Wirtschaft ohne ökonomische Aktivität des Staates.

Im vorliegenden Modell beziehen die Haushalte Einkommen für erbrachte Faktorleistungen, also aufgrund ihrer produktiven Teilnahme am Wirtschaftsleben. Diese Einkommen werden als Faktor- oder „Leistungseinkommen" bezeichnet (vgl. Bd. I, § 19).

Die Haushalte verwenden ihre Einkommen zum *Verbrauch*, zahlenmäßig erfaßbar als Wert der Käufe von Sachgütern und Dienstleistungen bei den Unternehmen, und zum *Sparen*. Sparen wird dabei als der nicht für Verbrauchsausgaben verwendete Teil der Einkommen definiert. Verbrauch bei den Haushalten bedeutet im Gegensatz zum Güterverzehr der Unternehmen, daß die Güter ihrer endlichen Bestimmung zugeführt werden, indem sie Bedürfnisse befriedigen. Das Sparen, Nichtausgabe empfangenen Einkommens für Verbrauch, ist gedanklich zu trennen vom Vorgang der Anlage der Ersparnisse, dem Erwerb von „Forderungsrechten" unterschiedlicher Art. Sieht man vom Sparen als reinem Selbstzweck ab (Geiz, Freude an einem wachsenden Vermögen), so sind es hauptsächlich zwei Gründe, die Haushalte zum Sparen veranlassen; beide sind zwar unabhängig voneinander, treten aber zumeist kombiniert auf: Erstens wird durch Sparen eine Konsumverschiebung in die Zukunft beabsichtigt. Das durch den Sparakt angesammelte Vermögen wird zu einem späteren Zeitpunkt wieder aufgelöst (Entsparen) und dem Verbrauch zugeführt. Zweitens stellt das durch Sparen erworbene Vermögen eine Einkommensquelle für den Haushalt dar, sofern es im volkswirtschaftlichen Produktionsprozeß als „Produktionsfaktor Kapital" zur Verfügung gestellt wird (vgl. Bd. I, S. 60). Die Bedeutung des äußerst vielseitigen Wortes „Kapital" wird an anderer Stelle genauer erläutert werden (vgl. Bd. III).

Im erweiterten Kreislaufmodell unter Einschluß staatlicher Aktivität empfangen die Haushalte außerdem Übertragungs-(Transfer-)einkommen (Sozialrenten, Zinsen von Staatsanleihen u. ä.), zahlen hingegen auch Transfers (etwa Steuern, Sozialversicherungsbeiträge).

Aus volkswirtschaftlicher Sicht stellen Sparvorgang und Anlage der Ersparnisse getrennte Teile des einheitlichen Prozesses der volkswirtschaftlichen Kapitalbildung dar. So wie die Planung des Verhältnisses von Konsum und Sparen bedarf auch die Planung der Vermögensbildung mit ihren Konsequenzen für Richtung und Ausmaß der Kapitalbildung, Produktion und Beschäftigung eingehender Untersuchung (vgl. Bde. III und IV).

Bezeichnet man das Einkommen eines Haushalts im einfachen Kreislaufmodell mit y, seine Ausgaben für Verbrauch mit c (Konsumsumme) und sein Sparen mit s (Sparsumme), so läßt sich aus der obigen Abbildung die definitorische Beziehung

$$y = c + s$$

ersehen.

Die Gleichung besagt, daß ex post, also vom Ende einer Planungsperiode (z. B. eines Monats) her gesehen, die Summe aus Verbrauchsausgaben und Sparen gleich dem Einkommen ist. Dieser Definitionsgleichung entspricht die bereits für den gesamtwirtschaftlichen Zusammenhang, d. h. für die Summe aller Haushalte, bekannte „Aufteilungsgleichung“ des Gesamteinkommens (vgl. Bd. I, § 20). Im Rahmen der individuellen (einzelwirtschaftlichen) Betrachtung ist es jedoch üblich, Verbrauch und Sparen als „Verwendungsmöglichkeiten“ des Einkommens zu bezeichnen.

Die Verbrauchsentscheidungen der Haushalte verdienen starke Beachtung von seiten der Wirtschaftstheorie, einmal wegen ihres quantitativen Ranges, zum anderen wegen der Grunderkenntnis, daß Wirtschaften kein Selbstzweck ist, sondern sein Sinn gerade darin besteht, Güter zum Zwecke des Verbrauchs bereitzustellen (vgl. § 1, Ziff. 3).

Eine Vorstellung von der quantitativen Bedeutung des Verbrauchs soll Abb. 2 vermitteln. Sie zeigt den relativ hohen Anteil der Verbrauchsausgaben am ausgabefähigen (disponiblen) Einkommen nach Einkommensklassen geschichtet.

Einkommensverwendung in privaten Haushalten 1969[1])

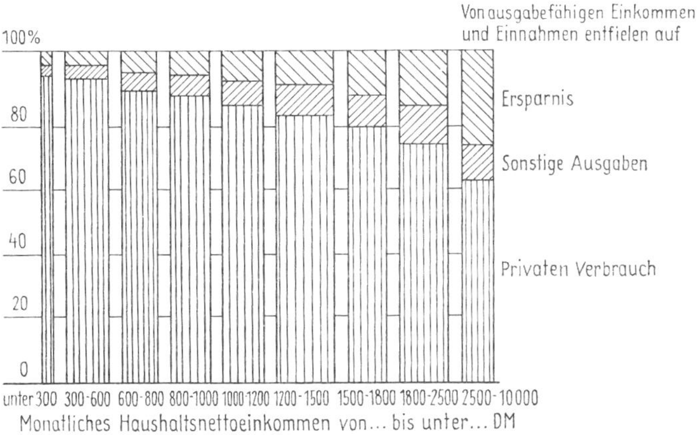

[1]) Ergebnis der Einkommens- und Verbrauchsstichprobe 1969, Stand: 31. 12. 1969

Quelle: Statistisches Jahrbuch für die BRD 1973, Hrsg.: Statistisches Bundesamt, Wiesbaden

Abb. 2

Das ausgabefähige Einkommen ist hier definiert als Einkommen aus Erwerbstätigkeit, Vermögen und empfangenen Einkommensübertragungen abzüglich Einkommens- und Vermögenssteuern und den Pflichtbeiträgen zur Sozialversicherung. Der Posten „sonstige Ausgaben“ umfaßt Beträge, die weder der Ersparnis noch dem privaten Verbrauch eindeutig zugeordnet werden können. Hierzu zählen Versicherungsprämien, Kraftfahrzeugsteuern usw.

3. Die Bedeutung der Haushaltsentscheidungen im Modell der Verkehrswirtschaft

Wenn Sinn und Zweck des Wirtschaftens in der Bereitstellung von Gütern für den Verbrauch gesehen werden, dann muß unbezweifelbar den individuellen Verbrauchsentscheidungen der Haushalte wesentlicher, wenn nicht entscheidender Einfluß auf den Ablauf des gesamten Wirtschaftsprozesses zukommen (Ausnahme: zentralgeleitete Wirtschaften ohne freie Konsumwahl). Dies gilt — theoretisch wie praktisch — in besonderer Weise für eine verkehrswirtschaftlich geordnete Gesellschaftswirtschaft (vgl. Bd. I, § 15), zunächst unabhängig von der Frage, ob sie den Verbrauchsentscheidungen am Ende tatsächlich soviel Einfluß verschaffen kann, wie sie es ihrer Idee nach tut (Problem der Existenz der „Konsumentensouveränität").

In der Verkehrswirtschaft werden im Grundsatz Arten und Mengen der Produktion nicht autoritativ dem Bedarf der Verbraucher (oder gar umgekehrt) angepaßt, sondern die Nachfrage der Haushalte beeinflußt über die Preisbildung die Verkaufserlöse der Unternehmungen und damit Mengen und Arten des Güterangebots. Diese Nachfrage drückt nicht unmittelbar die Dringlichkeit der Bedürfnisse aus, sondern den Einsatz der zur Verfügung stehenden Kaufkraft zur Befriedigung dieser Bedürfnisse, also den „Bedarf". So hängt der Versorgungsstand des einzelnen Haushalts primär von seinem Einkommen ab, die Aufteilung der Gesamtproduktion auf Güterarten und -mengen neben den „Bedarfsstrukturen" auch von der Einkommensverteilung auf die Haushalte.

Im Wirtschaftskreislauf geht also ein Strom empfangenen Einkommens von den Unternehmungen an die Haushalte (von den sonstigen Einkommens- respektive Kaufkraftquellen sei zunächst abgesehen). Die Stärke dieses Stromes entspricht der Höhe der Einkommen, bestimmt durch die Nachfrage der Unternehmungen nach den von den Haushalten angebotenen Faktorleistungen, also den unternehmerischen Entscheidungen über das Ausmaß der Produktion. Dabei orientieren die Unternehmungen sich an der erwarteten Nachfrage nach ihren Produkten. Ein wesentlicher Teil dieser Nachfrage kommt von den Haushalten und wird gespeist durch das von ihnen bezogene Einkommen, welches also insoweit an die Unternehmungen zurückfließt. Der Rest des Einkommens wird gespart; der Einfluß des Sparens auf Höhe und Richtung der Produktion ist verwickelt und wird genauerer Analyse bedürfen (vgl. Bde. III und IV).

Jedenfalls zeigt die Kreislaufbetrachtung, daß es im Zusammenhang von Einkommensbildung in der Produktion und Einkommensverwendung durch Haushalte kein erstes und kein letztes Glied gibt: In Unternehmungen entstehen mit der Produktion die Einkommen, welche als Kaufkraft die Nachfrage wesentlich bestimmen, und die Höhe der Nachfrage wiederum ist wichtiger Bestimmungsgrund für die Höhe der Produktion.

§ 2 Der Wirtschaftsplan des Haushalts

1. Planmäßigkeit des Handelns

In der ökonomischen Analyse wird der Haushalt als selbständige wirtschaftliche Entscheidungseinheit (Wirtschaftssubjekt) gefaßt: Die Gesamtheit der beschaffbaren und verwendbaren Mittel ist auf eine einheitliche Zielfunktion zu beziehen. Wie es zur Abstimmung der Bedürfnisse der einzelnen Mitglieder des Haushalts in der Bedürfnisstruktur des Haushalts kommt, wird hier nicht erörtert.

Behandelt die Theorie den Haushalt als Entscheidungseinheit, so entspricht dem, die Mittelverwendung als zielbezogen, als durch einen *Wirtschaftsplan* bestimmt zu sehen. Dieser Plan, schriftlich fixiert oder nicht, umfaßt alle Wirtschaftshandlungen der kommenden Wirtschaftsperiode, die die Verwendung vorhandener und beschaffbarer Mittel zum Erreichen des gesetzten Zieles betreffen (vgl. Bd. I, § 2).

Es wird mithin unterstellt, daß der Haushalt Wirtschaftshandlungen nur unter Abwägung aller mit ihnen verbundenen Konsequenzen durchführt, soweit er diese aufgrund seines Informationsstandes über gegenwärtige und zukünftige Ereignisse beurteilen kann.

Für die Realität kann in der Regel kaum behauptet werden, daß die privaten Haushalte über Wirtschaftspläne verfügen, die bewußt aufgestellt und rational durchgestaltet sind. *Rationalität* (zumal im strengen Sinne von ‚Rechenhaftigkeit') wird bei Haushalten faktisch geringer sein als bei Unternehmungen. Gleichwohl kann auf die Annahme nicht verzichtet werden, das den Märkten zugewandte Verhalten der Haushalte vollziehe sich planvoll, d. h. sei in sich konsistent und zielstrebig. Anders lassen sich analytisch keine Ableitungen vornehmen und könnte der Grundvermutung nicht entsprochen werden, daß tatsächliches Geschehen regel(„gesetz'-)mäßig abläuft (vgl. Bd. I, § 11). Es zeigt sich hier ein Dilemma der theoretischen Forschung, die Wahl der problemadäquaten Methodik. Als Kriterium kann hier nicht Richtigkeit (Falschheit) dienen, sondern allein Fruchtbarkeit.

Eine umfassende Planung durch den Haushalt hat, wie bereits angedeutet, drei Teilaspekte, die im folgenden näher erläutert werden sollen, zu berücksichtigen:

— die Planung der Einkommensbeschaffung,
— die Planung der Einkommensverwendung,
— die Planung der Vermögenshaltung.

2. Der Einkommensbeschaffungsplan

Unter Einschluß auch der wirtschaftlichen Aktivität des Staates läßt sich ein fiktiver Einkommensbeschaffungsplan nach den möglichen Einkommensquellen gliedern. Demnach kann Einkommen beschafft werden durch

(1) Hingabe von Arbeits- und Dienstleistungen,

(2) Leistungen aus Vermögen,

(3) Bezug von Transfereinkommen.

Die Beschaffung von Einkommen als Entgelt für das Erbringen von produktiven Leistungen ist in der Regel die wichtigste Einkommensquelle des Haushalts. Es gilt hierbei zu beachten, daß Leistungen innerhalb des Haushalts (z. B. die Tätigkeit der Hausfrau) nicht zur Produktion rechnen und daher nicht zu Einkommen führen, wohl aber Leistungen eines Haushalts an einen anderen (z. B. Hausangestellte, Arztbesuch). Einkommen wird also nicht innerhalb des Haushalts erwirtschaftet, sondern fließt von außen zu (W. Eucken: Modell des „Haushalts der reinen Verkehrswirtschaft").

Festlegungsgemäß halten Haushalte ihr Vermögen nicht in realer Form: Von Haushalten gekaufte Güter rechnen zum Verbrauch der betrachteten Periode, sind also „Verbrauchsgüter" (Ausnahme lediglich Eigenheime). Ansonsten halten Haushalte ihr Vermögen in Form von „Forderungsrechten" (vgl. Bd. I, S. 164 und § 22). Entsprechend ergibt sich Einkommen aus Vermögen in Form von Gewinnanteilen, Zinsen und dergleichen.

Transfereinkommen sind Einkommen ohne produktive Gegenleistung (Pensionen, Renten, Sozialbezüge sonstiger Art). Zahlreiche Haushalte beziehen sowohl Leistungs- als auch Transfereinkommen.

Hingewiesen sei noch einmal darauf, daß Einkommen eine Stromgröße ist, also für einen Zeitraum gemessen wird. Angaben über die Einkommenshöhe sind darum – neben weiteren Kriterien – nur aussagekräftig, wenn sie sich deutlich auf einen bestimmten Zeitraum (Einkommensperiode) beziehen.

3. Der Einkommensverwendungsplan

Auch bei der Planung der Einkommensverwendung stehen dem Haushalt drei Alternativen zur Verfügung. Einkommen läßt sich verwenden für

(1) Beschaffung von Gütern,

(2) Vermögensbildung,

(3) Transferzahlungen.

Leistungen zur Beschaffung von Einkommen erfolgen in der Regel nicht im Hinblick auf bestimmte Verwendungszwecke. Aus der formalen Symmetrie zwischen Einkommensbeschaffungs- und Einkommensverwendungsplan, wie hier entworfen, darf nicht geschlossen werden, daß bestimmten Einkommensquellen ausschließlich bestimmte Verwendungsmöglichkeiten zugeordnet wären.

Die vom Haushalt nachgefragten Güter können nach verschiedenen Gesichtspunkten unterteilt werden. Nach der Nutzungsdauer ergeben sich vier Gruppen:

(a) „*Dienstleistungen*" (persönliche Dienste z. B. durch Kellner, Ärzte, Versicherungen), die mit ihrer Inanspruchnahme (Nutzung) untergehen und die nicht lagerfähig sind;

(b) „*Verbrauchsgüter im engeren Sinne*" (z. B. Nahrungsmittel), die im Unterschied zu Dienstleistungen im Prinzip lagerfähig sind, mit ihrer Nutzung aber ebenfalls physisch untergehen;

(c) „*Halbdauerhafte Gebrauchsgüter*" (z. B. Kleidung), die über mehrere Wirtschaftsperioden benutzt werden können und während dieser Zeit Nutzleistungen abgeben;

(d) „*Dauerhafte Gebrauchsgüter*" (z. B. Autos, Kühlschränke), deren Nutzungsdauer in der Regel eine Vielzahl von Wirtschaftsperioden umfaßt.

Die Zuordnung eines Sachgutes zu den letzten drei Gruppen hängt offenbar ab von der Länge der zugrunde gelegten Wirtschaftsperiode und ist im konkreten Fall nicht unproblematisch (z. B. kann die Nutzungsdauer eines Gutes von Haushalt zu Haushalt erheblich differieren). Trotz solcher Mängel ist die vorliegende Unterteilung geeignet, zwei Eigenschaften der Einkommensverwendungsplanung des Haushalts zu verdeutlichen:

- Eine Analyse der Verbrauchsplanung darf die Einflußgröße „Zeit" nicht vernachlässigen.
- Die Unterscheidung zwischen Verbrauch und Vermögensbildung ist beim Haushalt nicht immer eindeutig zu treffen. So erscheint etwa plausibel, dauerhafte Gebrauchsgüter dem Vermögen zuzurechnen. In der üblichen, von der Kreislaufanalyse geprägten Betrachtungsweise wird jedoch der Kauf von Sachgütern und Dienstleistungen durch Haushalte als deren Verbrauch verstanden (Kriterium „Marktentnahme"). Die Vermögensbildung der Haushalte vollzieht sich folglich im allgemeinen nicht über den Kauf dauerhafter Güter, sondern durch Anlage der Ersparnisse in Form von „Forderungsrechten".

Der Erwerb dauerhafter Güter durch die Haushalte wird des öfteren auch als „Haushaltsinvestition" bezeichnet, nicht aber dem Realkapitalbestand der Volkswirtschaft hinzugerechnet. Es sei noch einmal daran erinnert, daß Definitionen nach analytischer und statistischer Zweckmäßigkeit gebildet und der jeweiligen Fragestellung angepaßt werden. So kann es z. B. sinnvoll sein, die durch die Haushalte beschafften dauerhaften Sachgüter der Investition der betrachteten Periode zuzurechnen, wenn deren, bei zunehmendem Volkseinkommen steigende, Bedeutung gegenüber der Investition von Unternehmen und Staat gewürdigt oder die Gesamtproduktion in *dauerhafte* („durables") und *nicht-dauerhafte* Güter („non-durables") aufgeteilt werden soll.

Bei der dritten Möglichkeit der Einkommensverwendung, der Zahlung von Transfers, ist zu beachten, daß hier unter Einkommen immer disponibles Einkommen verstanden wird (vgl. Bd. I, § 17 zu den Einkommenskategorien der Sozialproduktstatistik). Direkte Steuern fallen auch unter Transferzahlungen, obwohl bei der Entrichtung von Steuern kaum von einer freien Dispositionsentscheidung des Haushalts gesprochen werden kann. Mit Transferzahlungen sind hier vor allem regelmäßige, freiwillige Zahlungen an Dritte gemeint (z. B. Spenden, Geldgeschenke, Unterstützungszahlungen an Verwandte, die nicht zum Haushalt gehören).

4. Der Vermögensbewirtschaftungsplan

Bei der Bewirtschaftung eines gegebenen Vermögensbestandes kann unterschieden werden nach

(1) Wahl und Veränderung der Anlageformen,

(2) Verwendung von Vermögen für Verbrauch (Entsparen),

(3) Transferierung von Vermögen.

Das Vermögen eines Haushalts besteht aus der Wertsumme seiner „Forderungsrechte", ein Ausdruck, von dem „Eigentumsrechte" an Sachvermögen ebenso umfaßt werden wie „Forderungen" im engeren Sinne. Dem Wert dieser Vermögensaktiva steht der Wert der „Verpflichtungen" (Kredite, Bauspardarlehen usw.) gegenüber. Die Nettovermögensposition des Haushalts ergibt sich aus dem Vergleich beider Seiten.

Gebrauchsgüter (Kleidung, Autos), vielfach als „Gebrauchsvermögen" des Haushalts bezeichnet, zählen im Rahmen dieser

Analyse nicht zum Vermögen. Ebensowenig rechnet dazu das sogenannte „Arbeitsvermögen“ („human wealth“), verstanden als Gesamtheit der durch Ausbildung und Erziehung erworbenen Kenntnisse und Fähigkeiten von Menschen, die zur Einkommenserzielung eingesetzt werden können (vgl. Bd. I, § 22).

Zu den wichtigsten Vermögensformen gemäß der hier getroffenen Festlegung zählen dann:

(a) *Grundvermögen* (privater Haus-, Grund- und Bodenbesitz).

(b) *Anteilsrechte am* volkswirtschaftlichen *Produktivvermögen* (z. B. Eigentum an Einzelfirmen und Personengesellschaften, Beteiligung an Kapitalgesellschaften, Wertpapierfonds, Immobilienfonds usw.).

In der Verkehrswirtschaft wird das Produktivvermögen von den Unternehmungen gehalten (in Gestalt von Grundstücken, Gebäuden, Maschinen usw., die für den Unternehmenszweck genutzt werden). Haushalte wirken hier mit durch Gründung bzw. Erweiterung von Unternehmen oder durch Erwerb von Beteiligungsrechten an bereits bestehenden Unternehmungen.

Diese Beteiligung an bestehenden Unternehmungen ist, abhängig von ihrer Rechtsform (Einzelunternehmung, Personengesellschaft, Kapitalgesellschaft, Genossenschaft), mit unterschiedlichen Schwierigkeiten verbunden. Für die Haushalte ist die Beteiligung an Kapitalgesellschaften in der Rechtsform von Aktiengesellschaften von besonderer Bedeutung, da Erwerb und Veräußerung von Aktien relativ einfach durchführbar sind.

(c) Lang- und kurzfristige *Forderungen (Ansprüche)* gegen Banken (in Form von Sicht-, Termin- und/oder Spareinlagen), Bausparkassen, Lebensversicherungen und sonstige Unternehmungen (vor allem in verbriefter Form wie Anleihen oder Obligationen), gegen den „Staat“, staatliche „Sondervermögen“ (wie Post und Bahn) eingeschlossen (in Form von Staatsanleihen, Pfandbriefen, Kommunalobligationen, Schatzanweisungen usw.).

(d) *Forderungen gegen andere Haushalte* (z. B. Privatdarlehen).

(e) *Bargeld*, das als Forderung gegen die geldemittierende Stelle aufgefaßt werden kann (Banknoten als Forderungen gegen die Zentralnotenbank; auch wenn sie juristisch gesehen keine Inhaberschuldverschreibungen sind, haben z. B. DM-Noten im ökonomischen Sinne den Charakter von Forderungen).

Die folgende Abb. 2a soll von der tatsächlichen Vermögenshaltung der privaten Haushalte in der Bundesrepublik Deutschland eine — begrenzte — Vorstellung vermitteln.

Formen der Vermögensbildung in privaten Haushalten (nach der sozialen Stellung des Haushaltsvorstandes)[1]

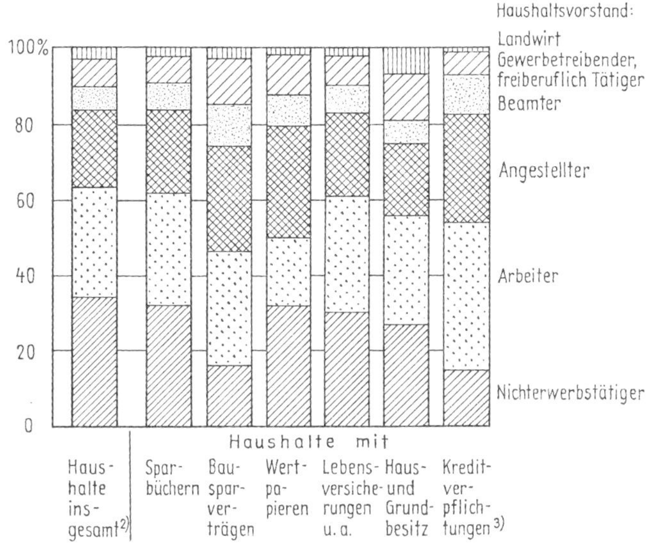

[1]) Ergebnis der Einkommens- und Verbrauchsstichprobe 1973, Stand: 31. 12. 1973

[2]) Ohne Haushalte von Ausländern und ohne Privathaushalte in Anstalten sowie ohne Haushalte mit einem monatlichen Haushaltsnettoeinkommen von 15000.— DM und mehr

[3]) Ohne Kreditverpflichtungen aus Hypotheken, Baudarlehen u. ä.

Quelle: Statistisches Bundesamt (Hrsg.), Wirtschaft und Statistik, Heft 6 (1975), S. 369.

Abb. 2a

So wie die Verwendung von Teilen des Einkommens durch langfristige Kontrakte festgelegt wird (Miet-, Versicherungs-, Spar-, Abzahlungskaufverträge usw.), so wird auch die Anlage von Vermögen teilweise vertraglich gebunden (Fälligkeitstermine, Höhe der Prämien, Übertragungsverbote bei Gesellschaftsanteilen usw. sind die Folge).

Die Planung der Zusammensetzung des Vermögens, d. h. des Verhältnisses der einzelnen Anlageformen zueinander, ist von der Volkswirtschaftslehre in letzter Zeit eingehend untersucht worden (Portfolio-Auswahl-Analyse). Insbesondere wurde die Rolle der Vermögensstruktur und ihrer Änderungen gewürdigt in Verbindung mit Analysen des gesamtwirtschaftlichen Funktionslaufes (z. B. „Mechanismus der relativen Preise").

Die einzelnen Formen der Vermögenshaltung unterscheiden sich hinsichtlich ihrer Ertragschancen (Zinsen, Gewinnanteile), ihres Risikos (gesehen auf die Sicherheit von Anlage und Ertrag), ihrer Beschaffungskosten (Courtagen, Gebühren) sowie der Möglichkeiten, sie zu liquidisieren (in Geld umzutauschen). Bei der Wahl und Veränderung der Anlageformen sind nicht allein Erträge und Beschaffungskosten ausschlaggebend, sondern auch die individuelle Einstellung eines Haushalts zum Risiko und seine Vorliebe für Geld (zur Analyse der Kassenhaltung vgl. Bd. III).

Die Umkehrung des Vorgangs der Vermögensbildung ist die Auflösung von Vermögen für Konsumzwecke. Sieht man von dem Zinsaspekt ab, so kann dieses *Entsparen* in seiner Bedeutung für den Konsum dem Eingehen von Verbindlichkeiten gleichgesetzt werden. Letzteres erfordert ein Sparen nach dem Kauf, um die Schulden zu tilgen. Entsparen und/oder Kreditaufnahme wird immer dann nötig, wenn das laufende Einkommen nicht ausreicht zur Deckung des „normalen" Bedarfs des Haushalts oder wenn der Kauf eines besonders teueren Gutes geplant ist.

Unter Transferierung von Vermögen ist die Übertragung von Vermögen oder Vermögensteilen, gleich welcher Anlageform, an andere Wirtschaftseinheiten ohne direkte Gegenleistung zu verstehen. Hierzu gehören Spenden, Stiftungen und Hinterlassenschaften. Im Gegensatz zu Transferzahlungen sind hier einmalige, nicht regelmäßige Übertragungsvorgänge gemeint.

5. Planziel und Planinterdependenzen

Geplantes Handeln bedeutet immer auch zielorientiertes Handeln, setzt also die Existenz eines *Zieles (Zielsystems)* voraus. Im Zusammenhang mit den Vorstellungen über das Ausmaß der Zielerfüllung lassen sich Entscheidungskriterien formulieren, die es ermöglichen, Handlungsalternativen zu akzeptieren, also in den Plan einzubeziehen, oder zu verwerfen.

Für den Haushalt wird angenommen, vorrangiges Ziel seiner Planung sei die Versorgung mit Gütern. Das angestrebte Maß der Zielerfüllung bestimmt dieses Ziel näher: So kann eine standesübliche, befriedigende oder eben maximale (bestmögliche) Versorgungslage angezielt werden.

Planendes Handeln bedeutet des weiteren rationales Handeln. „Rationalität" der Haushaltswirtschaft bezieht sich aber nicht nur auf die Zielorientiertheit des Handelns, sondern zugleich auf die Wirtschaftlichkeit der Mittelverwendung zum Erreichen des Zieles. Dabei wird unterstellt, daß der Haushalt die Struktur seiner Bedürfnisse (auch in ihrer zeitlichen Erstreckung) und die Eignung der Mittel (Güter) zu ihrer Befriedigung kennt und danach zu entscheiden vermag, ob eine bestimmte Weise der Mittelverwendung einer anderen vorzuziehen ist oder nicht.

In neoklassischer Sicht wird das Ziel des Wirtschaftsplanes des Haushalts (wie das der Unternehmung) theoretisch als Lösung eines Maximum-Problems behandelt: Bei gegebenen Zielen und gegebenem Bestand an Mitteln ist eine solche Zuteilung der Mittel auf die einzelnen Zwecke vorzunehmen, daß durch keine anderweitige Verteilung der Mittel der Gesamtnutzen erhöht, das heißt die definitiv gewählte („präferierte") Position verbessert werden kann.

Der in Kenntnis der „Plandaten" (Bedürfnisstruktur, Preise, Einkommen, sonstige Marktgrößen usw.) aufgestellte Wirtschaftsplan läßt dieses (durchaus individuell bestimmte) Nutzenmaximum erreichen, wenn die zugrundeliegenden Daten während der Planausführung sich nicht ändern bzw. sich die erwarteten Größen realisieren. Dann bedarf es keiner Änderung des Wirtschaftsplanes; die Wirtschaft des Haushalts befindet sich im „Gleichgewicht".

Die Ableitung und Analyse des Haushaltsgleichgewichts, verstanden als die optimale Versorgungslage (Nutzenmaximum) bei gegebenen Plandaten, wird Gegenstand des folgenden Kapitels II sein. Wie bereits die vorangegangenen Überlegungen erkennen lassen, wird dabei nur auf einen Teil der umfassenden Haushaltsplanung, den Einkommensverwendungsplan und bei diesem schwergewichtig nur auf die Verwendungsalternative „Verbrauch" abgestellt (der Haushalt im eingeschränkten Sinne als „Verbrauchswirtschaftseinheit" behandelt). Dieser Zuschnitt des Interesses bedeutet im einzelnen zugleich:

(1) Von den wechselseitigen Interdependenzen zwischen allen drei Teilen der Haushaltsplanung wie auch zwischen den alternativen Einkommensverwendungsmöglichkeiten wird abgesehen.

(2) Das laufende Einkommen gilt als bekannt und gegeben. Die Möglichkeit, durch eine veränderte Einkommensbeschaffungsplanung das laufende Einkommen zu erhöhen und damit eine bessere Versorgungslage zu erreichen, wird ausgeschlossen.

(3) Die Höhe der Verbrauchsausgaben (resp. des Sparens) gilt als gegeben, das Einkommen ist also bereits aufgeteilt.

(4) Die Frage, welchen Einflüssen die Höhe der Verbrauchsausgaben unterliegt, wird nicht erörtert, sondern einer gesonderten Analyse vorbehalten.

(5) Auch der Vermögensbewirtschaftungsplan wird als bekannt und gegeben angenommen. Insbesondere gilt als entschieden, ob zu Verbrauchszwecken Vermögensteile aufgelöst oder Verbindlichkeiten eingegangen werden.

Hauptziel der Analyse ist es also zu bestimmen, in welcher Weise die Haushalte ihre gegebenen Verbrauchsausgaben auf die einzelnen Verbrauchsgüter (zu) verteilen (planen), um anschließend den davon ausgehenden Einfluß auf die Preisbildung und mithin Produktionsrichtung zu klären. Die Untersuchung mündet in die Entwicklung von „Nachfragefunktionen" (vgl. Kap. II).

Die genannten methodischen Einschränkungen werden von der auf Umfassendheit ihrer Aussagen bemühten Theorie im Fortgang der Analyse Schritt um Schritt aufgehoben. Dieses Vorgehen wird freilich in einer einführenden Darstellung wie hier nicht vollständig wiedergegeben werden können.

6. Konsum und Sparen

Wie zuvor ausgeführt, wird dem folgenden Kapitel II die Annahme unterlegt sein, der Haushalt habe über die Aufteilung seines Einkommens auf die Verwendungsalternativen Konsum und Sparen bereits entschieden. Die Untersuchung ist mithin darauf beschränkt, wie der für den Verbrauch veranschlagte Betrag auf die einzelnen Güter und Gütermengen zu verteilen ist.

Nichtsdestoweniger ist die Frage, von welchen Bestimmungsgründen der Haushalt die Höhe seiner Verbrauchausgaben abhängig macht, von großem Interesse. Das gilt (fast) noch mehr für die makroökonomische Ebene der Betrachtung: Wie bestimmt sich die Summe der Verbrauchsausgaben aller Haushalte einer Volkswirtschaft? Es handelt sich hierbei um eine der zentralen Problemstellungen der makroökonomischen Theorie.

Die Überführung einzelwirtschaftlicher in gesamtwirtschaftliche Zusammenhänge wirft schwierige theoretische und methodologische Fragen auf. Ohne bei diesen zu verweilen, scheint doch einsehbar, daß die Determinanten der Entscheidung eines einzelnen Haushalts auch für Aussagen über das Verhalten der Gesamtheit aller Haushalte bedeutungsvoll sein werden. Ob es umgekehrt wirkliche gesamtwirtschaftliche Bestimmungsgründe gibt, die bei der Analyse der einzelwirtschaftlichen Entscheidung keine Rolle spielen, gehört zu den erwähnten strittigen Fragen.

Ein knapper Überblick über einige der wichtigsten *makroökonomischen Konsum-Hypothesen* ist also auch im Rahmen dieses vorwiegend mikroökonomischen Bandes zu rechtfertigen. Es ist ohnehin eine Tatsache, daß man bei Entwicklung dieser Hypothesen stets um Plausibilität auch für die mikroökonomische Perspektive bemüht war, d. h. die gesamtwirtschaftlichen Aussagen mit Hinweisen auf entsprechendes Verhalten der einzelnen Haushalte zu fundieren suchte.

Das Vorgehen der makroökonomischen Analyse des Konsums kann als exemplarisch gelten für das Vorgehen der Makroökonomik im allgemeinen: Zunächst werden mutmaßliche Einflußgrößen des Konsums (Sparens) ermittelt; sodann werden Hypothesen über die Art ihrer Einwirkung aufgestellt, wobei man bestrebt ist, die aufgewiesenen Beziehungen zu formulieren, d. h. mathematisch zu formalisieren. Dazu dient die Entwicklung von *Konsum- bzw. Sparfunktionen*. Schließlich werden die aufgefundenen Funktionen auf logische Konsistenz und empirischen Gehalt überprüft.

Dazu noch eine Erläuterung: Die Makroökonomik vernachlässigt in der Regel die analytisch schwer zu fassenden Transferzahlungen, die sich überdies im gesamtwirtschaftlichen Modell quantitativ kompensieren. So verbleiben als alternative Einkommensverwendungen lediglich Konsum und Sparen. Gilt ferner das Einkommen als gegeben, so ist mit der Höhe des Konsums auch die Höhe des Sparens bestimmt (vgl. Bd. I, S. 139); Einflußgrößen des Konsums sind mithin notwendig auch Einflußgrößen des Sparens und umgekehrt.

Als wesentlichste Einflußgröße des Konsums der Haushalte wird in der Literatur heute übereinstimmend das Einkommen bezeichnet: Es ist einerseits die Hauptfinanzierungsquelle der Konsumausgaben, andererseits übt es stark konsumstimulierende Wirkung aus.

Welcher Art der Einfluß des Einkommens auf den Konsum ist, muß als theoretisch umstritten gelten. Vereinfachend gesehen gibt es wenigstens drei rivalisierende ‚Einkommenshypothesen': „absolute", „relative" und „permanente" Einkommenshypothese.

Die von *John Maynard Keynes* (1883–1946) erstmals explizit formulierte, erst später so bezeichnete *absolute Einkommenshypothese* stellt einen direkten Zusammenhang her zwischen absoluter Einkommenshöhe und dem Konsum derselben Planungsperiode.

Der Charakter dieses *Zusammenhangs* wird von Keynes näher bestimmt durch das von ihm selbst so genannte „fundamentale psychologische Gesetz", wonach der Konsum bei steigendem Einkommen zunimmt, obschon nicht um den vollen Betrag der Einkommenszunahme (vgl. The General Theory of Employment, Interest and Money, 1936, S. 96).

Die *relative Einkommenshypothese* tritt in verschiedenen Versionen auf. Als ein Vorläufer mag gelten die „Lag-Hypothese" von *D. H. Robertson* (Saving and Hoarding, 1933). Sie besagt, daß der Konsum einer gegenwärtigen Planungsperiode nicht von dem gegenwärtigen, sondern von dem in der Vorperiode erreichten Einkommen abhängt. Gestützt wird diese Auffassung durch Hinweise auf bestimmte institutionelle Zahlungsgewohnheiten, denen zufolge „heute" verdientes Einkommen erst „morgen" ausgegeben werden kann.

Die relative Einkommenshypothese im eigentlichen Sinne ist verbunden mit den Namen *J. S. Duesenberry* (Income, Saving, and the Theory of Consumer Behavior, 1949) und *F. Modigliani* (Fluctuations in the Saving-Income Ratio: A Problem in Economic Forecasting, 1949). Sie hebt darauf ab, daß Konsumentscheidungen in zeitlicher Kontinuität und sozialer Interdependenz getroffen werden:

– Kurzfristig versuchen Haushalte, ein einmal erreichtes Konsumniveau beizubehalten, wenn das Einkommen sinkt. Bei steigendem Einkommen wird dem beständigen Streben nach steigendem Konsumstandard entsprochen, der Konsum also angepaßt. Beachtlich ist, daß Konsumgewohnheiten langfristig ausgebildet und kurzfristig nicht verändert werden („habit persistence effect", im Anschluß besonders herausgearbeitet von *T. M. Brown*).

– Langfristig richten Haushalte ihren Konsum aus an dem Lebensniveau der Bezieher jeweils höherer Einkommen. Deren soziales Prestige wollen sie durch demonstrativen Konsum gleichfalls erreichen („demonstration effect", auch „Duesenberry effect").

Zusammengenommen sind das bisher höchsterzielte Einkommen und die relative Stellung in der Einkommenspyramide neben dem laufenden Einkommen die ausschlaggebenden Determinanten der Konsumentscheidungen. Verbrauchsgewohnheiten bilden sich nur langfristig aus, wobei der Umstand der sozialen Interdependenz bedeutend ist: Haushalte entscheiden gemäß dieser Ansicht über ihren Konsum nicht unabhängig von den Konsumentscheidungen anderer Haushalte.

Die Grundidee der von *M. Friedman* (A Theory of the Consumption Function, 1957) vertretenen *permanenten Einkommenshypothese* liegt darin, die Verbrauchsentscheidungen nicht als kurzfristig determiniert anzusehen, sondern als von lebenslangzeitigen Erwägungen des Verbrauchers bestimmt.

Die Hypothese gibt zu vermuten, Haushalte richten ihren Konsum nicht aus am laufenden Einkommen, sondern an einem antizipierten, durchschnittlichen Lebenszeit-Einkommen. Für dieses „permanente" oder „normale" Einkommen existiert kein direkter Maßstab. Es muß daher ermittelt werden durch Extrapolation auf der Grundlage vergangener und gegenwärtiger Einkommen und der Schätzung der zukünftig verfügbar werdenden Mittel. Es ist eine Art kapitalisierter Wert aller künftigen, mit wachsender zeitlicher Entfernung abnehmend gewichteter Einkommen aus dem („human"- und „nonhuman"-) Vermögen der Haushalte. Gestützt wird die Hypothese u. a. von der empirischen Beobachtung, derzufolge Bezieher unregelmäßiger oder schwankender Einkommen gleichwohl ihre Konsumausgaben stabil halten (Hinweis auf die Existenz „permanenten Konsums").

Der permanenten Einkommenshypothese recht ähnlich ist die von *F. Modigliani* und *R. Brumberg* (Utility Analysis and the Consumption Function: An Interpretation of Cross-Section Data, 1954) aufgestellte *„Life-Cycle"-Hypothese.*

Die Versuche, alle genannten Hypothesen empirisch zu testen, hat zu uneinheitlichen Ergebnissen geführt. Die strikte Unterscheidung zwischen kurz- und langfristigen Konsumfunktionen ist inzwischen allgemein. Die Rolle zyklischer Einkommensschwankungen wie auch säkularer Einkommenstrends erscheint in neuem Licht. Die begleitende theoretische Kontroverse kann hier nicht verfolgt werden.

Die Einkommensabhängigkeit des Konsums verdient zu recht besonderes Interesse. Aber es gibt eine Anzahl weiterer Einflußgrößen, die bei der Formulierung der hier genannten drei Konsumhypothesen nicht explizit Eingang fanden. In grober Einteilung lassen sich zwei Gruppen von erklärenden Variablen unterscheiden:

– ‚rein' ökonomische Einflußgrößen wie Preisniveau und Preisstruktur, Vermögensbestand, Realwert der Kassenhaltung, Kredit-(Verschuldungs-)bedingungen, Zins, Steuerpolitik des Staates, Aufkommen neuer Konsumgüter usw.;

– demographische, soziologische, psychologische und institutionelle Einflußgrößen wie Zusammensetzung des Haushalts (Alter, Ausbildung, Geschlecht), Veränderungen der Wertvorstellungen oder Sitten und Gebräuche, Erwartungen (insb. im Hinblick auf die Veränderung der ökonomischen Einflußgrößen, z. B. Preis-, Einkommenserwartungen), Einstellungen (wie Genußsucht, Prahlerei usw.).

Für die gesamtwirtschaftliche Analyse sind darüber hinaus Einkommens- und Vermögensverteilung, Bevölkerungszahl und -struktur von Bedeutung.

Die zuvor skizzierten Konsumhypothesen unterwerfen diese Determinanten zum größten Teil der ceteris-paribus-Klausel. Die Begründung dieses Vorgehens ist unterschiedlich: Die von den genannten Determinanten ausgehenden Effekte seien vernachlässigbar gering und/oder würden erst langfristig spürbar; ihr Einfluß sei kurzfristig konstant und daher, trotz möglicher Stärke, methodisch berechtigterweise nachrangig zu untersuchen.

Seit Keynes ist die *Konsumfunktion* zum gebräuchlichen formalen Ausdrucksmittel einzel- und gesamtwirtschaftlicher Konsumhypothesen geworden. Im Bemühen, sie zu präzisieren, wurden große Anstrengungen gemacht, die ‚richtigen' (d. h. empirisch belangvollen) Funktionsparameter zu ermitteln. Eine beträchtliche Zahl alternativer Konsumfunktionen ist so inzwischen erarbeitet worden. Ihre theoretische und empirische Relevanz blieb aber umstritten, so daß man zur Zeit über keine Funktion verfügt, die nach überwiegender Ansicht die entscheidenden Bestimmungsgründe der Kaufentschlüsse der Haushalte und die Art und Weise ihres Einflusses enthielte und zur Darstellung brächte.

Trotz intensiver theoretischer und empirisch-ökonometrischer Arbeit kann das Konsumentenverhalten noch nicht als geklärt gelten. Man wird sehen, ob die Verhaltensforschung, die darauf abstellt, Erkenntnisse der den Wirtschaftswissenschaften benachbarten Verhaltenswissenschaften einzubeziehen (vgl. nachfolgenden § 3), eine Wende bringt. Vielleicht erweist sich gerade der betonte Gegensatz von Rationaltheorie und Verhaltensforschung auf die Dauer als fruchtbar (vgl. § 3, Ziff. 4).

§ 3 Die Determination des Verbraucherverhaltens

1. Alternative Ansätze der Theorie des Konsumentenverhaltens

Der weite Bereich der Theorien, die sich mit dem Verhalten der Verbraucher beschäftigen, läßt sich nach der Art der ihnen zugrundeliegenden Hypothesen und der berücksichtigten Einflußgrößen in ‚*rein*' *ökonomische* Theorien und *soziologisch bzw. sozialpsychologisch orientierte* Theorien unterscheiden.

Die Basishypothese der ökonomischen Theorien ist die, daß der Konsument sich rational im Sinne des ökonomischen Prinzips, zumindest aber widerspruchsfrei verhält. Die berücksichtigten Einflußgrößen sind: die *Bedürfnisse* (üblicherweise als gegeben angenommen); das Einkommen bzw. die *Konsumsumme* (disponibles Einkommen abzüglich Sparen); die *Preise* der in den Begehrskreis des Haushalts fallenden Güter. Dabei wird meist angenommen, der Konsument sei nicht in der Lage, durch sein Verhalten die Güterpreise zu beeinflussen.

Das hauptsächliche Ziel der ökonomischen Theorien des Konsumentenverhaltens ist als eher methodisch denn explikativ zu verstehen: Es geht ihnen um die Konstruktion eines Aussagensystems, das die Ableitung des bereits von *A. A. Cournot* (1801–1877, Recherches sur les principes mathèmatiques de la théorie des richesses, 1838) verwendeten und als plausibel anerkannten allgemeinen Nachfragegesetzes zuläßt, demzufolge im Normalfall die nachgefragte Menge eines Gutes mit zunehmendem Preis sinkt, mit abnehmendem Preis steigt.

Die ‚rein' ökonomischen Theorien des Verbraucher- (ebenso wie des Unternehmer-) verhaltens werden oft als „*neoklassisch*" bezeichnet. Der Ausdruck „Neoklassik" ist mehrdeutig; vor allem meint er sowohl eine bestimmte dogmenhistorische Hauptrichtung der Volkswirtschaftslehre als auch einen gewissen Problemansatz und Stil des ökonomischen Denkens. In der erstgenannten Bedeutung ist an die Wiener und Lausanner Grenznutzenschule (vgl. § 3, Ziff. 3) zu denken sowie an die Cambridge-Schule (A. Marshall, A. C. Pigou) und die ältere Stockholmer Schule (K. Wicksell, G. Cassel). In der zweiten Bedeutung werden damit solche theoretischen Arbeiten bezeichnet, die entweder auf die Grundlage der Theorie des subjektiven Nutzens, des Marginalprinzips und der Gleichgewichtsvorstellung gestellt sind oder die von der ausdrücklichen bzw. stillschweigenden Voraussetzung einer hinreichend wirksamen Selbststeuerungstendenz der Marktwirtschaft zur Vollbeschäftigung ausgehen.

Die soziologisch bzw. sozialpsychologisch orientierten Ansätze, die zum Teil aus der Kritik an dem ‚rein' ökonomischen Ansatz, zum Teil aus allgemeinen Erkenntnissen dieser nicht-ökonomischen Wissenschaftsbereiche hervorgingen, verzichten auf jegliche aprioristische Verhaltensfiktion, wie sie die neoklassische Annahme des Rationalverhaltens darstellt.

Zu ihren Basishypothesen zählt, daß Entscheidungen und Handlungen der Menschen wesentlich von ihrer sozialen Umgebung beeinflußt werden. Eine wirklichkeitsnahe Analyse des Verbraucherverhaltens kann daher nicht von der Vorstellung ausgehen, der Konsument handele als „isolierte", „autonome" Entscheidungseinheit, eine Annahme, die die ‚rein' ökonomische Theorie implizit enthält.

Neben den ökonomischen Einflußgrößen Einkommen und Güterpreise gewinnen damit das soziale Beziehungsgefüge, die soziale Schichtenzugehörigkeit, demographische Merkmale, Kommunikationsstrukturen usw. an Bedeutung für die Konsumanalyse.

Auch die Frage der Unabhängigkeit von Bedürfnissen wird anders angegangen. Die Grundhypothese lautet hier, daß die Bedürfnisse der Konsumenten, Motive für ihr Kaufverhalten, vielfältigen Einflüssen von außen unterliegen, also veränderbar und in ständigem Wandel begriffen sind. Demzufolge muß nach der Auffassung der soziologisch bzw. sozialpsychologisch orientierten Lehre eine wirklichkeitsnahe Theorie des Verbraucherverhaltens von einer dynamischen Bedürfnisstruktur ausgehen; sie muß den Prozeß der Entstehung und die Möglichkeit der Veränderung und Beeinflussung von Bedürfnissen in den Erklärungsbereich einbeziehen. Als zusätzlich zu berücksichtigende Einflußgröße rückt so in erster Linie die Werbung ins Blickfeld.

2. Zur Lehrgeschichte der Verbrauchsanalyse

Im Einklang mit weltanschaulichen und gesellschaftlichen Wandlungen wurde das Ziel, den Verbrauch sämtlicher Schichten der Bevölkerung zu heben und zu sichern, im 20. Jahrhundert immer entschiedener zur zentralen Aufgabe aller wirtschaftlichen Gestaltungen. Dem lag die Erwartung zugrunde, daß zwischen Verbrauch, ökonomischer und allgemeiner ‚Wohlfahrt' ein enger Zusammenhang bestehen müsse. In den voll entwickelten und auf ständiges wirtschaftliches Wachstum orientierten Industriegesellschaften galten Armut als Massenerscheinung, Arbeits- und Einkommenslosigkeit und dergleichen nicht mehr – wie in der ganzen bisherigen Geschichte – als mit dem Menschendasein verknüpftes Schicksal, sondern als vermeidbare Fehlleistungen der Organisation des gesellschaftlich-wirtschaftlichen Prozesses.

Bis etwa zur Mitte des 19. Jahrhunderts wurde der Verbrauch dagegen – auch in der Volkswirtschaftslehre – nicht als eigenständiges ökonomisches Problem angesehen. Die Wende brachte erst die *marginalanalytische* Umwälzung („marginal revolution") des theoretischen Denkens. Mit ihr wurde es üblich, ökonomische Sachverhalte zu untersuchen, indem die Auswirkungen sehr kleiner (marginaler) Änderungen ökonomischer Größen auf andere ökonomische Größen verfolgt werden. Der mathematischen Formalisierung eröffneten sich große Möglichkeiten.

Der ältere und der neuzeitliche Staatsabsolutismus (Merkantilismus, Kameralismus, Kollektivismus) tendierte dazu, Staatsmacht statt Verbraucherwohlfahrt als Ziel und Maß des Wirtschaftens aufzufassen. Das Hauptinteresse galt der Produktion. Der eher auf Sicherung einer hinreichend „standesgemäßen" Versorgung der Bürger mit Gütern bedachten mittelalterlich-städtischen Politik wurde mit Beginn der Neuzeit eine um den Absatz der produzierten Güter besorgte Politik (Heckscher: „Warenangst") gegenübergestellt; entsprechend suchte der Merkantilismus die Ausfuhr (als „vent for surplus") zu fördern und den Geldumlauf im Inland anzuregen.

Die Möglichkeit einer fortgesetzt steigenden Versorgung der Menschen mit Gütern wurde bis zur Neuzeit nicht erwogen. Vielmehr galt der Verbrauch als durch traditionale, standesgemäße und ähnliche Maßstäbe bestimmt und begrenzt, wie auch als „natürlich" mengen- und artmäßig durchaus verschieden, entsprechend der hierarchischen Schichtung der Gesellschaft.

Im Merkantilismus und später noch wurde die Leistungsfähigkeit der Wirtschaft eher an der Zahl der Menschen gemessen, die sie versorgen konnte, als an der Höhe des Versorgungsstandes der einzelnen. Das gilt selbst noch für die „Klassische Schule" der Wirtschaftswissenschaft, auch wenn der Verbrauch seit *Adam Smith* (1723–1790) als „the sole end purpose of all production" anerkannt war. Die Begrenzung des Verbrauchs und der Versorgung wurde auf die Menschenzahl bezogen, wobei diese einmal ins Verhältnis gesetzt wurde zum verfügbaren Boden (Malthus'sches Bevölkerungsgesetz, vgl. Bd. I, § 4), zum anderen zur volkswirtschaftlich notwendigen „Akkumulation" von Kapital durch Sparen als Überschuß über den Verbrauchsbedarf (Theoreme des Existenzlohns).

Die Analyse der Nachfrage der Verbraucher beschränkte sich vorwiegend auf die Relation von Menschenzahl und ‚Existenzbedarf'. Die Abhängigkeit der Nachfrage vom Preis war durch die Alltagserfahrung zwar bekannt, jedoch wurde nur selten versucht, die Preis-Mengen-Beziehung quantitativ zu erfassen.

Erst die Entfaltung der Marginalanalyse, die den Begriff des „Grenznutzens" zum Kern ihrer ‚subjektivistischen Wertlehre' erkor, erbrachte der Nachfrage eine hervorragende Stellung im Lehrgebäude der Theorie. In der Folge wurden angebotsseitige Faktoren (z. B. Produktionskosten) zeitweise sogar weniger beachtet als die nachfrageseitigen. Die durch die Marginalanalyse ausgelöste Entwicklung der Theorie der Verbrauchsnachfrage wird im folgenden unter Ziff. 3 kurz dargestellt.

In den demokratischen Industriestaaten des Westens hat vor allem der private Verbrauch faktisch wie ordnungspolitisch eine überragende Stellung erlangt („Konsumgesellschaft"). Doch Höhe des Verbrauchs, sein relativer Anteil am Sozialprodukt sowie seine betonte produktionsregulierende Funktion sind neuerdings zunehmenden Zweifeln ausgesetzt. Unter dem Eindruck weltweit erfahrbarer ‚Grenzen des Wachstums' zeigt sich eine Reihe von Gefahren deutlicher als früher: Fehlleitung oder sogar Vergeudung knapper werdender wirtschaftlicher Ressourcen; Verzerrung der Struktur des gesamtwirtschaftlichen Güterangebots (etwa Mißverhältnis zwischen Menge der Konsumgüter und Menge der Investitionsgüter, damit zwischen gegenwärtigem und zukünftigem Verbrauch); gesellschaftliche Überbewertung des Verbrauchs u. ä. Die Zukunft der marktwirtschaftlichen Systeme wird auch davon abhängen, wie diesen Warnungen begegnet werden kann.

3. Zur Entwicklung der ökonomischen Nutzentheorie

Die Entwicklung der ‚rein' ökonomischen Theorie des Konsumentenverhaltens läßt mit kardinaler und mit ordinaler Nutzentheorie mindestens zwei historisch wesentliche Phasen erkennen, die sich durch die Annahmen über die Meßbarkeit des Nutzens unterscheiden.

Faßt man den in neuerer Zeit entwickelten Ansatz der „offenbarten Präferenz" nicht als Alternative, sondern als Weiterentwicklung der ordinalen Nutzentheorie auf, so wäre mit ihm eine dritte Entwicklungsphase zu konstatieren.

Die *kardinale Nutzentheorie* wurde entwickelt von der Grenznutzenschule, als deren Begründer *W. Stanley Jevons* (The Theory of Political Economy, 1871), *Carl Menger* (Grundsätze der Volkswirtschaftslehre, 1871) und *Leon Walras* (1834 bis 1910, Eléments d'économie politique pure, 1. Aufl. 1874, 5. definitive Aufl. 1926), lange angesehen wurden. Sie kamen unabhängig voneinander zu den gleichen Ergebnissen. Erst später stellte sich heraus, daß diese bereits zwanzig Jahre zuvor von *H. H. Gossen* (Entwicklung der Gesetze des menschlichen Verkehrs und der daraus fließenden Regeln für menschliches Handeln, 1854) formuliert worden waren. Sie wurden aufgrund eines Vorschlages von *L. von Wieser*, einem Vertreter des Wiener Zweigs der Grenznutzenschule, als „*Gossen'sche Gesetze*" bezeichnet (vgl. Bd. I, § 3. Dort auch mehr zum Begriff „Grenznutzen").

Die Überlegungen der Grenznutzenschule lassen sich kurz zusammenfassen:

Ex definitione ist jedes Gut in der Lage, Bedürfnisse zu befriedigen. Die individuell empfundene Intensität der Bedürfnisbefriedigung, die ein Wirtschaftssubjekt bei Ver- oder Gebrauch des Gutes erzielt, wird als Nutzen dieses Gutes bezeichnet.

Der damit konstruierte Kausalzusammenhang zwischen individuellem Nutzen als abhängiger Variablen und Gut (spezifiziert durch Art und Menge) als unabhängiger Variablen wird durch das *Erste Gossen'sche Gesetz* (Sättigungsgesetz) näher beschrieben: Mit fortlaufendem Verbrauch eines Gutes nimmt der Nutzenzuwachs (Grenznutzen) ständig ab, bis zuletzt Sättigung eintritt.

Verhält sich der Konsument rational – nochmals: rational in der spezifischen Festlegung des Begriffs durch das „wirtschaftliche Prinzip" (Rationalprinzip; vgl. Bd. I, § 1) –, so wird er dasjenige Güterbündel kaufen, welches ihm den größtmöglichen Nutzen verspricht. Beschränkt werden seine Möglichkeiten des Kaufs und mithin der Nutzensteigerung durch die Begrenztheit der verfügbaren Mittel, also das Einkommen im einfachsten Fall.

Mathematisch handelt es sich um ein Maximierungsproblem (größtmöglicher Nutzen) unter einer Nebenbedingung (gegebene Konsumsumme).

Die allgemeine Lösung dieses Problems wird durch das *Zweite Gossen'sche Gesetz* (Gesetz vom Ausgleich der Grenznutzen) beschrieben: Das Nutzenmaximum ist erreicht, wenn die Grenznutzen der zuletzt beschafften Einheiten aller Güterarten gleich sind (vgl. Bd. I, § 3).

Eine präzisere Lösung wird durch das Gesetz vom „gewogenen Ausgleich der Grenznutzen" formuliert, welches nicht von einer Güterbeschaffung schlechthin ausgeht, sondern von einem Güterkauf, und mithin Preise und Konsumsumme explizit berücksichtigt: Im Nutzenmaximum ist der mit den zugehörigen Preisen gewichtete Grenznutzen aller gekauften Güterarten gleich, oder, was dasselbe bedeutet, im Nutzenmaximum ist der Grenznutzen des Geldes bei jeder Art der Verwendung der Konsumsumme gleich.

Die von der Grenznutzenschule vorgetragene Lösung setzt voraus, daß der Nutzen kardinaler Natur, das heißt eine meßbare Größe ist; man glaubte, nur dann ließe sich eine konkrete Nutzenfunktion formulieren und der für die Optimumbestimmung notwendige Grenznutzen ermitteln. Kardinale Meßbarkeit würde bedeuten, daß Aussagen der folgenden Art möglich sind: Der Verbrauch einer Einheit des Gutes X stiftet einem beliebigen Haushalt zehn Nutzeneinheiten, der Verbrauch einer Einheit des Gutes Y zwanzig Nutzeneinheiten. Daraus ließe sich schlußfolgern: Eine Einheit des Gutes Y stiftet doppelt soviel Nutzen wie eine Einheit des Gutes X; eine Einheit des Gutes Y stiftet zehn Nutzeneinheiten mehr als eine Einheit des Gutes X.

Sind Aussagen dieser Art nicht möglich, und sie sind nicht möglich, weil die absolute Nutzenhöhe nicht meßbar ist, so fehlen der Theorie empirische Prüfbarkeit und praktische Relevanz. Die auf die Annahme kardinaler Meßbarkeit des Nutzens gegründete Nutzentheorie ist als „Quasi-Theorie" zu klassifizieren (vgl. Bd. I, § 10).

Die zweite Entwicklungsstufe der ‚rein' ökonomischen Theorie des Konsumentenverhaltens wurde eingeleitet von *Vilfredo Pareto* (1848–1923, Manuale di economia politica, 1906), der nachwies, daß die von der Grenznutzenschule angenommene kardinale Meßbarkeit des Nutzens nicht gegeben ist. Es fehlt an einem interpersonal vergleichbaren und zeitlich invarianten Maßstab für ihn. Darüber hinaus zeigte er unter Anwendung der bereits von *Edgeworth* entwickelten Methode der *Indifferenzkurvenanalyse*, daß sich alle Schlußfolgerungen der kardinalen Nutzentheorie aufrecht erhalten lassen, wenn die Annahme eingeführt wird, der Haushalt sei in der Lage, alle Mengenkombinationen der in seinen Begehrkreis fallenden Güter in ein *ordinales System* zu bringen, welches ihm gestattet, zur Erreichung des Nutzenmaximums bezüglich beliebiger Gütermengenkombinationen zu urteilen: Im Falle der Güter X und Y ist deren Kombination I der Kombination II vorzuziehen oder II ist I vorzuziehen oder I und II sind gleichwertig, das heißt der Haushalt ist ihnen gegenüber „indifferent".

Der Ansatz Paretos, auch als *Theorie der Wahlakte* bezeichnet, war Grundlage für die darauffolgende mathematische Ausgestaltung und Axiomatisierung der ordinalen Nutzentheorie, vor allem durch *E. E. Slutsky* (Sulla teoria del bilancio del consumatore, 1915) und die beiden Theoretiker *J. R. Hicks* und *R. G. D. Allen* (A Reconsideration of the Theory of Value, 1934).

Ergebnis dieser Bemühungen war die Entwicklung der „Hicks-Slutsky-Gleichung“, einer empirisch überprüfbaren Beziehung zwischen Preisveränderung und daraus resultierender Änderung der Nachfrage, durch die die Gesamtwirkung der Preisänderung auf die Nachfrage in einen Einkommens- und einen Substitutionseffekt zerlegt wird (vgl. § 5, Ziff. 4).

Ein dritter nutzentheoretischer Ansatz zur Analyse des Konsumentenverhaltens, die *Theorie der „offenbarten Präferenz“* wurde erstmals 1938 von *P. A. Samuelson* vorgetragen (A Note on the Pure Theory of Consumer Behavior) und seither erheblich ausgebaut (vgl. den folgenden § 5, Ziff. 5).

Anlaß zu dieser Neuorientierung gaben insbesondere zwei Schwächen der Theorie der Wahlakte:

– Die empirische Ermittlung des Indifferenzkurvensystems eines Haushalts erwies sich als unmöglich; man denke nur an die unendlich große Anzahl von Güterarten und -mengenkombinationen, die der Haushalt mit Hilfe von Präferenz-Indifferenz-Aussagen zu bewerten hätte.

– Die Annahme des Rationalverhaltens, also das Streben nach maximalen Nutzen, wurde als zu streng und realitätsfern angesehen, darüber hinaus der Nutzenbegriff als „Leerformel“ erkannt. Solange ein empirisch ermitteltes Indifferenzkurvensystem nicht vorweisbar ist, läßt sich im nachhinein jegliche Verhaltensweise (einschließlich z. B. das Verbrennen von Geldscheinen) mit dem Prinzip der Nutzenmaximierung rechtfertigen.

Um diesen Einwänden zu entgehen, beschränkt sich die Theorie der offenbarten Präferenz auf das am Markt beobachtete (oder bekundete) Wahlverhalten, also die tatsächlich gewählte Gütermengenkombination, und ersetzt die Annahme rationalen Verhaltens durch die weniger strenge Annahme des widerspruchfreien Verhaltens (Konsistenzaxiom).

Die Weiterentwicklung dieser Theorie zeigte, daß sie nicht nur geeignet ist, die aus der ordinalen Nutzentheorie folgenden Nachfragetheoreme (z. B. über den Verlauf der Nachfragekurve und der Reaktion der Nachfrage auf Preis- oder Einkommensänderungen) direkt abzuleiten; auf der Basis der von ihr postulierten Verhaltensaxiome scheint sie den Forscher auch in die Lage zu versetzen, durch Beobachtung des tatsächlichen Marktverhaltens auf das Indifferenzkurvensystem des Haushalts zu schließen.

Verfeinerungen in neuerer Zeit ergänzen den Ansatz der offenbarten Präferenz um weitere Einflußgrößen der Konsumententscheidung, wie unvollkommene Informationen, Preis- und Einkommenserwartungen, stochastische (zufallsbedingte) Präferenzen u. dgl. mehr.

Auf die Entwicklung der ‚rein' ökonomischen Theorie der Konsumentennachfrage im ganzen gesehen, zeigt diese Theorie nach wie vor Schwächen, die insbesondere die empirisch orientierte Kritik unnachsichtig aufgedeckt hat:

Zum einen scheint das Problem, wie die Beziehung zwischen Individualbedürfnis(sen) und Gut (Gütern) sowohl analytisch wie empirisch zureichend bestimmt werden kann, weiterhin ungelöst. Die Grenznutzen-Idee enthob zwar der Notwendigkeit, einen den Gütern innewohnenden Wert begründen zu müssen, führte aber andererseits zu der Hürde des Meßbarkeitsproblems. Der Ausweg, den Nutzenbegriff mittels der Indifferenz-Präferenz-Analyse zu retten, endete vor der Hürde, daß sich derartige Indifferenz-Systeme empirisch nicht feststellen lassen. Die Chance, durch das Konzept der offenbarten Präferenz zu empirisch gehaltvollen Hypothesen zu kommen, ist skeptisch zu beurteilen.

Zum anderen hat die Annahme rationalen Verhaltens der Konsumenten Widerspruch herausgefordert. Gemessen an der Realität erscheint die Annahme als undienlich, wenn diese Realität erklärt werden soll. Sogar noch die von der Theorie der offenbarten Präferenz eingeführte Annahme widerspruchsfreien Verhaltens erscheint der empirischen Kritik zu streng (z. B. Probleme der Konsistenz von Präferenzen, des dynamischen Wandels der Bedürfnisstruktur, der Transitivität; vgl. § 5, Ziff. 5).

4. Der Ansatz der soziologisch-psychologisch orientierten Konsumforschung

In ständiger Auseinandersetzung mit der die Theorie der Haushaltsnachfrage dominierenden Nutzentheorie etablierte sich im Laufe der Zeit diese alternative Forschungsrichtung, die die Fiktion des souverän (bzw. isoliert) und rational handelnden Wirtschaftssubjekts Haushalt außer Kraft zu setzen suchte durch die Analyse der vielfältigen nichtrationalen und außerökonomischen Bestimmungsfaktoren konkreten, stets sozial bezogenen Haushaltsverhaltens; die zentrale Rolle von Motiven und Einstellungen der Konsumenten soll in diesem entschieden integrativen sozialwissenschaftlichen Ansatz ermittelt werden im Zusammengehen von Soziologen, Psychologen, Anthropologen und gewißlich Ökonomen. „*Verhaltensforschung*" ist der etwas unscharfe Ausdruck für diesen übergreifenden Forschungsansatz, der nicht nur das Verhalten von Konsumenten untersucht.

Als Ursprung dieser Richtung kann der amerikanische *Institutionalismus* gelten, dessen Hochblüte in den Jahren 1890 bis 1920 lag. Hauptbegründer und einflußreichster Vertreter war unbestritten *Thorstein B. Veblen* (Why Is Economics Not an Evolutionary Science?, 1898).

Der Institutionalismus wandte sich gegen die vorherrschende Tradition des ökonomischen Denkens, auch in seiner zeitgenössischen Ausprägung als Grenznutzenschule (in den USA angeführt von *John Bates Clark*), geschlossene Gedankengebäude auf wenigen, zumeist apriorischen Grundlagen zu errichten. Stattdessen erstrebte er ein Studium der wirklichen Erscheinungen des Wirtschaftsablaufs, besonders anhand solcher vernachlässigten Konkreta wie Normen und Sitten, soziale Institutionen, Organisationsformen, Antriebskräfte der handelnden Menschen. Gerade dem letztgenannten Phänomen widmeten amerikanische Psychologen in der Folgezeit ein neues Forschungsprogramm, den „*Behaviorismus*".

Auch in Deutschland gab es heterodoxe Denkströmungen, die ähnliche Wege wiesen: Marxismus, Historismus (besonders in seiner „realistischen“ Ausformung bei Lexis, Herkner u. a.), Sozialliberalismus um die Jahrhundertwende.

In bestimmter Hinsicht fand der Institutionalismus auch seine Fortsetzung in einer speziellen Wirtschaftslehre, den „*Consumer Economics*“. Diese hatte in den dreißiger Jahren ihren Aufschwung genommen und blieb für die folgenden zwei Jahrzehnte fast ganz auf die USA beschränkt.

Die Verbraucher-Wirtschaftslehre umfaßt zwei einander flankierende Blickrichtungen:

- Untersucht wird zum einen das Verhalten des Konsumenten, wobei durch psychologische, sozialpsychologische und soziologische Forschungen empirisch Motive, Einstellungen, Meinungen usw. ermittelt werden, ohne a priori ein bestimmtes (hier: rationales) Verhalten zu unterstellen. Diese Richtung kann auch mit dem Ausdruck „Consumer Behaviour Research“ überschrieben werden.
- Die zweite Blickrichtung befaßt sich mit der Stellung des Konsumenten in der Volkswirtschaft, den Einflüssen seiner Umwelt (herrschende Wirtschaftsgesinnung und -ordnung, Kulturgebundenheit usw.), den Möglichkeiten einer Verbesserung seiner Einfluß- oder Machtposition und mithin seines allgemeinen Lebensniveaus. Das Wirtschaftsgeschehen wird aus der Sicht des Konsumenten gesehen. Die Forderung nach einer stärkeren Beachtung von Konsumenteninteressen schlug die Brücke von wissenschaftlicher Analyse zu praktischer Politik. Seit den fünfziger Jahren gibt es auch in Westdeutschland eine Bewegung für Verbraucherberatung und Verbraucheraufklärung. Die Idee einer umfassenden Verbraucherschutzpolitik, die auch eine effektive Selbstorganisation der gegenüber Produzenten und Handel als „wirtschaftlich schwächer“ beurteilten Verbraucher einschlösse, ist bisher nicht verwirklicht. Kritik an Auswüchsen der Konsumgesellschaft (wie irreführende Werbung, Angebot gefährlicher, schädlicher usw. Produkte) firmiert auch unter dem Schlagwort „Consumerism“.

Die beiden genannten Richtungen der „Consumer Economics“ stehen keineswegs ‚brüderlich‘ nebeneinander:

Die Ergebnisse der „Consumer Behaviour“-Forschung finden inzwischen selbstverständlich Eingang in die Planung der Absatztätigkeit der modernen Unternehmung, die mehr denn je zuvor alle Unternehmungsfunktionen auf den Markt, auf den Absatz hin ausrichtet („marketing revolution“). Normative Untertöne des „Marketing“-Konzepts sind spürbar. Zum nicht geringen Teil wird Konsumentenverhaltens-Forschung quasi im absatzpolitischen Auftrag betrieben (vgl. W. Kroeber-Riel). Dem steht die Verbraucherschutz-Bewegung kritisch, wenn nicht sogar ablehnend gegenüber, etwa dann, wenn mit Hilfe psychologischer und psychoanalytischer Methoden „Motivationsstrukturen“ bei den Verbrauchern freigelegt werden sollen. Die Gefahren planmäßiger Verhaltensmanipulation (über Werbung, Produktgestaltung usw.) durch „die geheimen Verführer“ (Vance Packard) werden eindringlich vorgestellt.

5. Das Problem einer ‚realitätsnahen‘ Theorie des Verbraucherverhaltens

Wird das Ziel theoretischer Forschung darin gesehen, zu empirisch gehaltvollen und demnach überprüfbaren Erklärungen für tatsächliches Geschehen zu kommen, so müssen die Resultate der ‚rein‘ ökonomischen Theorie des Konsumentenverhaltens enttäuschen.

Wie empirische Arbeiten, auch unter soziologisch-psychologischer Orientierung, hinreichend gezeigt haben, handeln Konsumenten nicht so, wie es der nutzentheoretische Ansatz ihnen unterstellt:

- Konsumenten verhalten sich, wie schon erwähnt, keineswegs — nicht einmal überwiegend — rational; sie können es nicht, und sie wollen es oft auch nicht.
- Von der Existenz individuell bestimmter, sorgsam definierter Bedürfnisordnungen kann schwerlich die Rede sein. Wo solche Ordnungen auch nur existieren, kommen sie in sozialer Abhängigkeit zustande. Der Prozeß ihres Zustande-

kommens sollte selbst Gegenstand der Untersuchung sein; von gegebenen Bedürfnissen auszugehen (als „Daten“ der Theorie) schränkt die Aussagefähigkeit der Analyse erheblich ein.

– Konsumenten verfügen nicht über vollständige und ‚richtige‘ Informationen zu allen technischen, marktmäßigen und sonstigen Kaufumständen (bezüglich Gütermengen und -qualitäten, Preisen, sonstigen Marktkonditionen), die verhaltensrelevant sind. Die Kenntnis der eigenen Präferenzstrukturen ist zweifelhaft.

– Konsumenten agieren stets in einem sozialen Bezugsfeld (Sozialmilieu im weiteren und engeren Sinne, soziale Schicht, soziale Mobilität, soziale Bezugsgruppen usw.). Anschaulicher ausgedrückt: Sitten, Gewohnheiten, verpflichtende Normen und Werte u. dgl. beeinflussen unmittelbar die Bildung und Veränderung der Bedürfnisse und mithin die daraus sich ergebenden Kaufhandlungen. Einige Bedürfnisse (z. B. Streben nach sozialem Ansehen) sind überhaupt nur denkbar und zu befriedigen im sozialen Bezugsrahmen („Konsumerfolg“ als Ausdruck des erreichten sozialen Status).

– Konsumenten verhalten sich meist nicht entscheidungslogisch, das heißt sie erleben die Konsumwahl tatsächlich nicht als eine Entscheidungssituation, die bewußtes, reflektierendes Handeln erfordert.

Aus allem ergibt sich die Denkbarkeit und Wahrscheinlichkeit von Typen des Konsumentenverhaltens, die vom neoklassischen Bild der Entscheidungseinheit Haushalt erheblich abweichen (vgl. E. und M. Streissler, Konsum und Nachfrage, 1966).

Gewohnheitsverhalten: Schließt das Auftreten einer echten Entscheidungssituation aus. Der Konsument wählt ein Gut, weil er es aus vorangegangenen Käufen kennt, handelt also unter Berücksichtigung von Erfahrungen, die er mit diesem Gut gemacht hat. Gewohnheitsverhalten erscheint insbesondere bei Gütern des täglichen Bedarfs plausibel. Merkliche Datenveränderungen (z. B. größere Preissteigerungen) können dabei zu einer Überprüfung der bisherigen Routine führen.

Impuls- oder Affektverhalten: Steht in völligem Gegensatz zu einem überlegten und die Konsequenzen abwägenden Verhalten. Dieses Verhalten wird psychologisch so erklärt, daß die von einem Gut bzw. die es umgebenden Stimuli (z. B. Verpackung, Preisgünstigkeit, Werbeaussage) unbewußte Einstellungen bzw. Motive aktivieren, die ihrerseits zum Kaufakt führen.

Sozial abhängiges Verhalten: Beruht auf Einordnungs- und Anpassungsprozessen innerhalb eines sozialen Beziehungsgefüges. Meinungsführende Gruppen oder Personen, das Streben nach sozialem Vergleich, die Orientierung an der angestrebten sozialen Schicht oder die stärkere Identifizierung mit der bisherigen sozialen Schicht, sind einige der Ursachen, die zu sozial abhängigem Verhalten führen. Bei Modeartikeln oder Gütern, die sich zum demonstrativen Konsum eignen, erscheint diese Verhaltensweise besonders offenkundig.

Diese Verhaltenstypen verdeutlichen die Kernthese des soziologisch-psychologisch orientierten Ansatzes, derzufolge das Konsumentenverhalten – wie jegliches menschliches Verhalten – in Abhängigkeit von dem sozialen Bezugs- und Handlungsfeld einerseits, den individuellen Merkmalen des Handelnden andererseits zu untersuchen ist:

(1) Neben den bevorzugten Einflußgrößen der ‚rein' ökonomischen Theorie, wie Preise, Einkommen usw., die den Umweltfaktoren durchaus zuzurechnen sind, müssen die soziostrukturellen Umweltfaktoren des sozialen Handlungsfeldes Eingang in den Forschungsansatz finden.

(2) Individuelle Anlagen sind gleichfalls verhaltensrelevant. Gemeint sind dabei individuelle Persönlichkeitsmerkmale (Charaktereigenschaften, Fähigkeiten usw.), die erbmäßig angelegt oder „erlernt" sind. Gerade das Lernen und die Ausbildung von Gewohnheiten (Routine) verweisen auf die Wechselbeziehung zwischen Persönlichkeit und Umwelt.

(3) In Wechselwirkung von Faktoren des sozialen Bezugsfeldes und individuellen Anlagen bilden sich ‚Motivationen', ‚Einstellungen' (‚Attitüden'), Konsumverhaltensmuster usw. aus, die sich im konkreten Verbrauchsverhalten niederschlagen.

Unzutreffend wäre der Eindruck, die Vertreter der ‚rein' ökonomischen Theorie hätten den „Tatbestand der sozialen Relativität menschlichen Erlebens und Verhaltens" (H. Albert) geleugnet. Sie erklärten vielmehr die ökonomische Theorie für unzuständig gegenüber den Problemen der sozialen Abhängigkeit von Entscheidungen, dem Zustandekommen von Bedürfnissen und Präferenzordnungen, der Ausbildung bestimmter Konsumanspruchsniveaus (Konsumstandards) usw. Das Bestreben, die eigene akzeptierte Fragestellung von solchen Beimischungen ‚rein' zu halten, mußte daher zu einem spürbaren Verlust an Realitätsgehalt führen.

Immerhin hat *Duesenberry* in der Absicht, seine relative Einkommenshypothese mikroökonomisch zu unterbauen (vgl. § 2, Ziff. 6), den Einfluß sozial-struktureller Determinanten des Verbraucherverhaltens in der modernen Industriegesellschaft herausgearbeitet (wenngleich unter Aufrechterhaltung der Annahme gegebener Bedürfnisstrukturen).

So war die neoklassische Theorie durchaus bemüht, Zweifeln an der Unabhängigkeit sowohl der Nachfrageentscheidungen als auch der ihnen zugrundeliegenden Bedürfnisstruktur entgegenzukommen. Es kam zur Formulierung einiger Nachfragewirkungen, die der sozialen Bezogenheit der Konsumentscheidungen entspringen (vgl. *H. Leibenstein*, Bandwagon, Snob, and Veblen Effects in the Theory of Consumer's Demand, 1950):

- *Der Mitläufer-Effekt* (bandwagon-effect) bezeichnet die Beobachtung, daß die individuelle Nachfrage nach einem Gut allein durch die Tatsache gesteigert wird, daß andere Leute das gleiche Gut konsumieren.
- *Der Snob-Effekt* kennzeichnet gewissermaßen die Umkehrung des Mitläufer-Effektes, nämlich ein Sinken der Nachfrage aufgrund der Tatsache, daß auch andere Leute dieses Gut konsumieren bzw. den Konsum dieses Gutes steigern.
- *Der Veblen-Effekt* bezieht sich auf die Erscheinung des auffälligen Konsums, also die Tatsache, daß die Nachfrage nach einem Gut gerade deshalb gesteigert wird, weil sein Preis zunimmt.

Die soziologisch-psychologisch orientierte Erforschung des Konsumentenverhaltens hat in den letzten Jahren neue Erkenntnisse zu Tage gefördert, so hinsichtlich der Art und Weise der Entscheidungsfindung (besonders in Familienhaushalten), der Rolle von Informationen und über Charakter sowie Einflußkanäle sozialer Bezugsgruppen (vgl. R. Ferber, 1973). Die Entwicklung „nationaler Verhaltensprofile" wird versucht (vgl. G. Katona/B. Strümpel/E. Zahn, 1971).

In ihrer schärfsten Form wirft die an soziologisch-psychologischen Arbeiten orientierte Kritik der ‚rein' ökonomischen Konsumtheorie vor, sie beruhe völlig auf wirklichkeitsfremden Prämissen. Aber selbst die weniger rigoros formulierte Kritik ist geeignet, erstarrte Denkgewohnheiten zu ändern: Einkommen und Preise sind in ihrer Bedeutung für die Konsumentscheidung zu relativieren; anderes Verhalten als Optimierungsstreben ist zu berücksichtigen; auch sozio-psychologische Einflußgrößen, die bisher zu einem zu eng gefaßten ‚Datenkranz' gehörten, sind als erklärende Variable einzubeziehen, wobei noch die Frage der Methodik zu lösen ist, mit der die Wirkungsweise solcher bisherigen ceteris-paribus-Größen behandelt werden kann.

Trotz dieser Überlegungen werden im folgenden Kapitel II die Grundlagen der *ordinalen Nutzentheorie*, insbesondere in der Gestalt, die ihnen *J. R. Hicks* (Value and Capital, 1939) gegeben hat, und die *Theorie der offenbarten Präferenz* dargestellt. Dafür gibt es verschiedene Gründe.

Der Einbruch von Soziologie und Psychologie in die vom ökonomischen Modelldenken so lange beherrschte Verbraucherlehre hat bisher nicht zu einer – inhaltlich und methodisch – geschlossenen Alternativ-Theorie geführt. Ob eine Synthese beider Zugänge möglich oder wahrscheinlich ist, kann gegenwärtig nicht entschieden werden. Stattdessen ergab sich eine Fülle interessanter, untereinander unverbundener Einzelerkenntnisse, wobei der Mangel an empirischen Daten noch immer spürbar ist. Vor allem aber ist es bisher nicht geglückt, mit Hilfe der neuen Einsichten eine empirisch besser fundierte Konsumnachfragefunktion abzuleiten, wie sie für den Aufbau eines Totalsystems der Wirtschaft eines Landes benötigt wird.

Demgegenüber liegt der Vorteil der ‚rein' ökonomischen Theorie darin, daß sie formal außerordentlich exakt entwickelt ist und über sorgfältig analysierte Nachfragefunktionen verfügt. Für das Verständnis des neoklassischen Theoriegebäudes ist die Nutzentheorie unentbehrlich. So schwer die Bedenken gegen die Marginalanalyse wiegen, sie ist auch heute noch die meist verbreitete Methode ökonomischen Denkens. Ohne Kenntnis der neoklassischen Konsum- und Nachfragetheorie wäre dem Leser eine große Zahl gegenwärtiger Veröffentlichungen unzugänglich.

Der didaktische Wert der Nutzentheorie mit dem von ihr auferlegten Zwang zu konsequent logischem Denken darf nicht gering geschätzt werden.

Die Zweifel am Erkenntniswert dieser Theorie sind ernstzunehmen. Dennoch sollte selbst eine eindrucksvoll vorgebrachte, zuweilen leichtfertig selbstgewisse methodologische Kritik nicht übersehen, daß eine überlegene („bessere") Alternativ-Theorie (bisher) nicht gewonnen werden konnte. Es ist legitim, insoweit an einer umstrittenen Theorie festzuhalten, ganz unbeschadet der Einsicht in die Fruchtbarkeit von Theorienpluralismus.

Ein skeptischer Blick auf die Geschichte ökonomischen Denkens zeigt zudem, in welchem Maße wissenschaftlicher Fortschritt sich auf Traditionen stützt, die beibehalten werden. Gegenüber den angeblichen „Revolutionen" und „Gegenrevolutionen" (siehe die aktuelle Keynes-Friedman-Kontroverse) ist stets Mißtrauen geboten, wie Rückblicke aus einigem zeitlichen Abstand bestätigen. Ohne Kenntnis der Theorie-Tradition ist fundierte Kritik und mithin wissenschaftliche Weiterentwicklung nicht vorstellbar (vgl. die Arbeiten von Robert Merton, Thomas Kuhn und Imre Lakatos zur Soziologie und Geschichte der Wissenschaft).

II. Theorie der Verbrauchsgüternachfrage

§ 4 Nutzenkonzept und Nachfrage

1. Die Ableitung der Nachfragefunktion im Überblick

Erkenntnisziel des folgenden Grundrisses der Theorie der Verbrauchsgüternachfrage (Nachfrage der Haushalte nach Sachgütern und Dienstleistungen) ist die *Ableitung einer Gesamtnachfragefunktion.* Nachfragefunktionen verbinden alternative Mengen von gleichartigen Einheiten eines eindeutig bestimmten Gutes mit entsprechenden alternativen Preisen dieses Gutes. Eine Gesamtnachfragefunktion setzt sich zusammen aus den *individuellen Nachfragefunktionen* aller der Haushalte, die am Markt als Nachfrager nach dem in Rede stehenden Gut auftreten. Die alternativen Nachfragemengen, die eine solche Gesamtnachfragefunktion mit alternativen Preisen verbindet, sind also die Summen der beim jeweiligen Preis von allen Nachfragern nachgefragten einzelnen Gütermengen.

Das Verhalten der Verbraucherhaushalte bei ihren Nachfrage-(Kauf-)entschlüssen soll durch Nachfragefunktionen mathematisch genau beschrieben werden. Eine präzise Ableitung ist nur unter präzisen Annahmen möglich. Daher wird hier, wie angekündigt, diese Ableitung gemäß Annahmen des ‚rein' ökonomischen Ansatzes, das heißt der ordinalen Nutzentheorie in der Fassung der Indifferenzkurven-Analyse, vorgenommen.

Diesem Ansatz zufolge hat die Analyse beim einzelnen, individuellen Haushalt zu beginnen. Als dessen ökonomische Zielsetzung wird „Nutzenmaximierung" unterstellt. Als herausragende Determinanten seiner Nachfrageentscheidungen werden betrachtet:

- die Bedürfnisstruktur des Haushalts,
- das Einkommen bzw. die Konsumsumme des Haushalts,

– die Preise ‚der in den Begehrskreis dieses Haushalts fallenden Verbrauchsgüter'.

Der Einfluß jedes der drei Faktoren wird auf spezifische Weise dargestellt werden (§ 5): Die Bedürfnisstruktur findet ihren Niederschlag in einer *Schar von Indifferenzkurven*, das Verhältnis der Güterpreise – zur Vereinfachung wird zunächst nur die Existenz von zwei Güterarten angenommen – drückt sich in der *Steigung der Bilanzgeraden* aus, die absolute Höhe der Güterpreise (bei gegebener Konsumsumme) und die Höhe der Konsumsumme (bei gegebenen Güterpreisen) werden durch die *Länge* dieser *Bilanzgeraden* widergespiegelt.

Sind Bedürfnisstruktur, Einkommen bzw. Konsumsumme und Güterpreise gegeben, so lassen sich – unter Beachtung der angenommenen Zielsetzung „Nutzenmaximierung" – durch Zusammenfügen der analytischen Teilstücke Nutzenmaximum und mithin das *Gleichgewicht des Haushalts* eindeutig bestimmen (§ 5, Ziff. 3). Die Frage, wie der Haushalt sein Nutzenmaximum erreichen kann, ist in dieser ersten Annäherung als das Entscheidungsproblem anzusehen, wie er die gegebene Konsumsumme bei gegebenen Güterpreisen und gegebener eigener Bedürfnisstruktur für den Kauf der von ihm begehrten Güter verwendet.

Selbstverständlich verändern sich die Determinanten der Verbrauchsnachfrage in der Realität. So wird daher im weiteren auch untersucht werden, wie sich Veränderungen z. B. des Einkommens oder der Preise auf das Haushaltsgleichgewicht auswirken (§ 5, Ziff. 4). Es ist also lediglich eine methodische Maßnahme, die genannten Determinanten zunächst als gegeben anzunehmen.

Es folgt dann die Ableitung der individuellen Nachfragefunktion (§ 6, Ziff. 2). Durch Variation des Preises eines Gutes bei Konstanz der übrigen Einflußgrößen lassen sich die entsprechenden Nachfragemengen des Gutes ermitteln. Die Nachfragefunktion hat den Charakter einer „Wenn-Dann-Beziehung": Wenn der Preis des Gutes 1 die Höhe p_1^1 hat, dann wird der Haushalt die Menge q_1^1 nachfragen, wenn p_1^2, dann q_1^2 usw. (vgl. § 6, Abb. 17).

Die individuelle, mengenmäßige Nachfrage nach jedem der begehrten Güter ergibt sich also aus dem Zusammenwirken der genannten drei Hauptdeterminanten der Verbrauchsnachfrage. Verbindungslinie aller individuellen Nachfragemengen eines Haushalts bei alternativen Preisen ist die individuelle Nachfragefunktion.

In einem weiteren Schritt wird sodann der Übergang von der individuellen Nachfragefunktion zur Gesamtnachfragefunktion vollzogen (§ 6, Ziff. 3).

Der das Kapitel beschließende § 7 ist der Elastizitäts-Analyse gewidmet, der Aufgabe, ob und wie man die Stärke der Nachfragereaktion der Haushalte auf Änderungen der Determinanten der Nachfrage messen kann.

2. Die Nutzenfunktion

Allgemein versteht man unter „*Nutzen*" die Eigenschaft oder Eignung eines Gutes, subjektive Bedürfnisse zu befriedigen (vgl. Bd. I, § 3).

Die Grenznutzenschule nahm an, der Nutzen sei *kardinal* meßbar, der Haushalt könne angeben, welchen Gesamtnutzen der Ver- oder Gebrauch einer bestimmten Menge eines Gutes stiftet. Ebenso lasse sich der Grenznutzen, also die Veränderung des Gesamtnutzens bei Veränderung der Stückmenge des Konsumgutes um eine (streng genommen: sehr kleine) Einheit, unmittelbar messen (vgl. § 3, Ziff. 3).

Bei kardinalem Nutzen im Sinne dieser älteren Theorie wird die Präferenzordnung des Haushalts durch genau eine Nutzenfunktion dargestellt. Diese Funktion ordnet – beschränkt man sich zur Vereinfachung auf den Fall von zwei Gütern (1 und 2) – jeder Gütermengenkombination (q_1, q_2) einen bestimmten Nutzen n zu:

$$n = n(q_1, q_2)$$

Im folgenden wird unterstellt, daß $n(q_1, q_2)$ eindeutig und stetig ist, und darüber hinaus stetige erste und zweite Ableitungen besitzt.

Die Variablen q_1, q_2 und n werden auf den Achsen eines dreidimensionalen Koordinatensystems abgetragen. Unter der Voraussetzung der Gültigkeit des „Ersten Gossen'schen Gesetzes" (im Bereich positiven Grenznutzens) und der Annahme substitutiver Güter, also von Gütern, die sich gegenseitig zur Erzielung eines bestimmten Nutzens ersetzen können, erhält man in der graphischen Darstellung ein „*Nutzengebirge*" folgender Form:

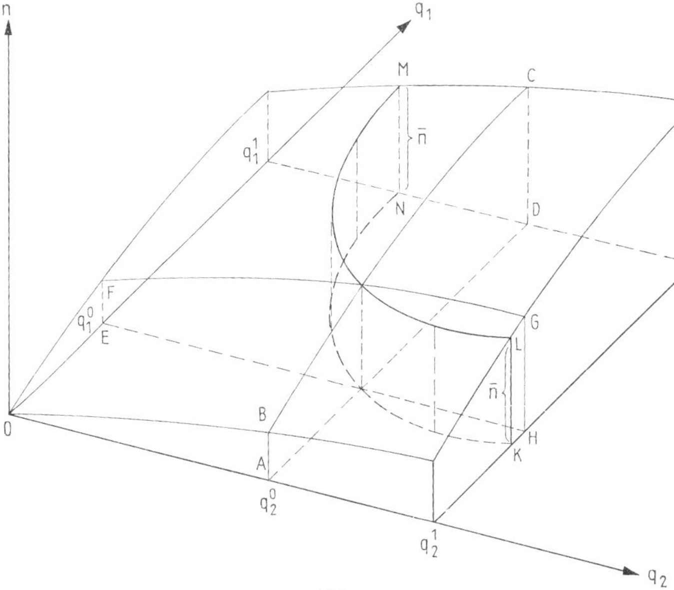

Abb. 3

Um die Beziehungen zwischen den drei relevanten Variablen (q_1, q_2, n) isoliert darstellen zu können, wird das Nutzengebirge auf verschiedene Weise geschnitten:

(1) Schnitt senkrecht zur Grundfläche und parallel zur q_1-Achse.

Es ergibt sich eine Schnittfläche (etwa ABCD), deren Begrenzungslinie BC den Zusammenhang zwischen der Gütermenge q_1 und dem Gesamtnutzen n bei konstanter Gütermenge q_2, z. B. in Höhe von q_2^0, angibt und als Nutzenkurve für das Gut 1 bezeichnet wird. Die Nutzenfunktion für Gut 1 bei konstanter Verbrauchsmenge des Gutes 2 (q_2^0) lautet:

$$n = n(q_1, \overline{q_2}) = n(q_1, q_2^0)$$

und kann durch Abb. 4 dargestellt werden:

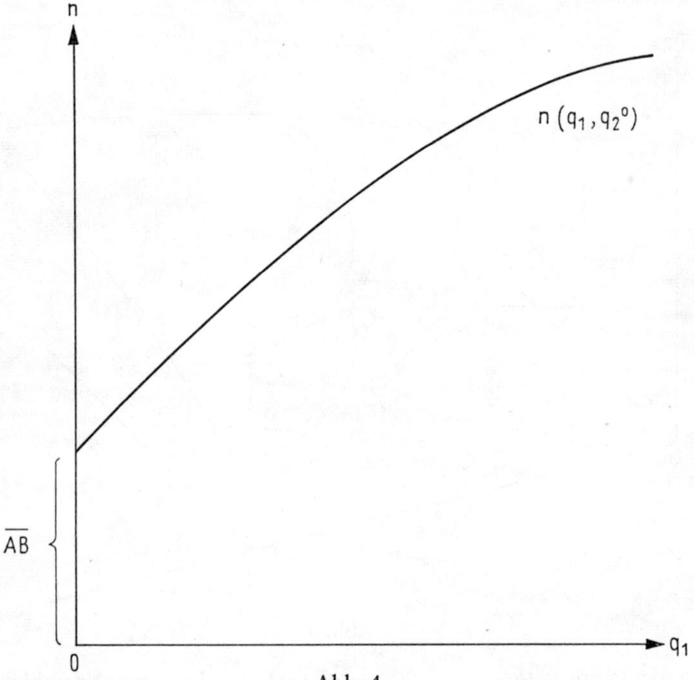

Abb. 4

Die Steigung der Kurve ist in jedem Punkt größer als Null, d. h. die erste partielle Ableitung der Nutzenfunktion nach q_1 ist positiv:

$$\frac{\partial n}{\partial q_1} > 0$$

Der Grenznutzen des Gutes 1 ist also positiv; ein Mehrverbrauch dieses Gutes bedeutet für den Haushalt einen Nutzenzuwachs (Annahme der Nichtsättigung).

Aus Abb. 4 ist weiter zu ersehen, daß der Grenznutzen des Gutes 1 mit steigender Verbrauchsmenge abnimmt. Die zweite partielle Ableitung ist negativ:

$$\frac{\partial^2 n}{\partial q_1^2} < 0$$

(2) Schnitt senkrecht zur Grundfläche und parallel zur q_2-Achse.

Die Schnittfläche, die wir jetzt erhalten, ist EFGH. Ihre Begrenzungslinie FG ist die Nutzenkurve für Gut 2 bei konstanter Verbrauchsmenge des Gutes 1 (z. B. in Höhe von q_1^0):

$$n = n(q_2, \overline{q_1}) = n(q_2, q_1^0)$$

Diese Kurve hat die gleichen Eigenschaften wie die unter Punkt (1) behandelte Nutzenkurve für das Gut 1.

(3) Schnitt parallel zur Grundfläche.

Es ergibt sich eine Schnittfläche, deren Begrenzungslinie LM den Zusammenhang zwischen q_1 und q_2 bei gegebenem Nutzen $\bar{n}$ beschreibt. Projiziert man diese Begrenzungslinie in die Grundebene, ergibt sich die „*Indifferenzkurve*" NK. Die Indifferenzkurve ist die Verbindungslinie (der geometrische Ort) aller Gütermengenkombinationen oder Güterbündel (q_1, q_2), die den gleichen Nutzen stiften. Im Hinblick auf das Ziel Nutzenmaximierung werden diese Güterbündel vom Haushalt als gleichwertig angesehen, er verhält sich ihnen gegenüber in seiner Wahlentscheidung ‚indifferent'.

Indifferenzkurven sind formal den Höhenlinien einer geographischen Karte vergleichbar. Die (q_1, q_2)-Ebene läßt sich mit einer Schar solcher „Höhenlinien" bedecken. Schreibt man an jede Indifferenzkurve den Nutzenbetrag, den jede Gütermengenkombination auf dieser Kurve gewährt, so erhält man eine zweidimensionale Abbildung der dreidimensionalen Nutzenfunktion $n = n(q_1, q_2)$. Die Technik der zweidimensionalen Darstellung einer Nutzenfunktion zweier Güter unter Verwendung der Indifferenzkurven wurde erstmalig von *Francis Y. Edgeworth* (Mathematical Psychics, 1881) entwickelt, der damit zum Wegbereiter der *Wahlhandlungstheorie* wurde.

Wie *Pareto* gezeigt hat, benötigt man für die Ableitung der individuellen Nachfrage nach Konsumgütern die Kenntnis der absoluten Nutzenbeträge nicht. Bereits gegen Ende des 19. Jahrhunderts waren Zweifel an der kardinalen Meßbarkeit der subjektiven Intensitätsgröße Nutzen aufgetaucht, da kein für die Messung erforderlicher Maßstab gefunden werden konnte. Die kardinale Nutzentheorie wurde durch die *ordinale* Nutzentheorie abgelöst, deren Konzeption wesentlich Pareto zu danken ist.

Der ordinalen Nutzentheorie genügt es, den einzelnen Indifferenzkurven Nutzenindices zuzuordnen mit der Maßgabe, daß von zwei beliebigen, durch Indifferenzkurven repräsentierten „Versorgungslagen“, diejenige einen höheren Nutzenindex erhält, die vom Haushalt präferiert wird. Man kommt zu einer Rangordnung der Nutzen, ohne daß die Größe der Nutzenintensitäten quantitativ gemessen werden müßte.

Nach der Konzeption der ordinalen Nutzentheorie kann für einen Haushalt zu einem bestimmten Zeitpunkt nur eine „Ordnung“, das heißt eine Rangfolge der Nutzengrößen aufgestellt werden. Die Nutzenfunktion ordnet zwar auch weiterhin den einzelnen Gütermengenkombinationen Nutzenzahlen zu, doch dürfen diese nicht kardinal verstanden werden. Sie drücken lediglich die Präferenzen des Haushalts aus, dienen also der Präferenzen-Skalierung. Wir wiederholen: Weder die absolute Höhe des Nutzens, den eine bestimmte Gütermengenkombination dem Haushalt gewährt, noch die Größe des Abstandes (Nutzendifferenz) bis zu einer anderen Kombination lassen sich angeben. (Ebensowenig ist übrigens interpersonale Vergleichbarkeit gegeben.) So ist zwar die Feststellung möglich, eine bestimmte Kombination werde einer anderen vorgezogen, weil sie ‚mehr‘, nicht aber, weil sie etwa ‚doppelt so viel‘ Nutzen stiftet.

Allerdings ist auch der Versuch gemacht worden, selbst bei ordinaler Konzeption des Nutzens die Abstände zwischen einzelnen Nutzenniveaus zu messen.

Gesetzt, es seien für einen Haushalt die drei Güterbündel A, B und C gegeben, wobei er C dem Bündel A, dieses aber B vorzieht: C > A > B. Der Haushalt sei nun vor die Wahl zwischen zwei Alternativen gestellt. Es wird angenommen, er beurteile beide Alternativen unter Weglassung von Risiko-Aspekten nach ihrem Erwartungswert (und das heißt, nicht nach der Streuung des Erwartungswertes):

- Bei der ersten Alternative erhalte der Verbraucher mit Sicherheit (Wahrscheinlichkeit gleich 100%) das Güterbündel A.
- Im zweiten Fall erhalte er mit einer Wahrscheinlichkeit von jeweils 50% entweder Bündel C oder Bündel B.

Erklärt der Haushalt nun, er beurteile den Nutzen beider Alternativen gleich, dann läßt sich daraus folgern, daß der Nutzenabstand zwischen den Güterbündeln A und C in der Bewertung dieses Verbrauchers gleich dem Nutzenabstand zwischen A und B ist. (Vgl. J. v. Neumann/O. Morgenstern, Spieltheorie und wirtschaftliches Verhalten, deutsche Ausgabe 1961, Ziff. 3.3.)

Die Argumentation kann genauso in der Sprache der Indifferenzkurven-Analyse erfolgen. Auch dann ist der operationale Vorteil dieses Ansatzes gering einzuschätzen.

Es bleibt dabei, aussagen läßt sich nur, daß bei ungleichen Nutzenindices der Nutzen der einen Gütermengenkombination größer ist als der der anderen (bzw., daß bei gleichen Nutzenindices der Nutzen beider Kombinationen gleich groß ist).

Bei lediglich ordinal bestimmbarem Nutzen ist die Präferenzordnung des Haushalts nicht länger nur durch *eine* Nutzenfunktion darstellbar. Es sind beliebig viele Nutzenindexfunktionen zu suchen, wobei alle diese Funktionen dieselbe Reihenfolge der Nutzenniveaus aufweisen müssen, gleichgültig, wie deren mathematischer Ausdruck in concreto lautet. Alle Nutzenindexfunktionen, die die Präferenzordnung des

Haushaltes beschreiben, sind durch monotone Transformation ineinander überführbar.

Angenommen sei, die Präferenzordnung des Haushaltes werde durch die ordinale Funktion (Nutzenindexfunktion)

$$n = n(q_1, q_2)$$

wiedergegeben. Dabei sei der Nutzen einer Gütermengenkombination I kleiner als der einer Kombination II, der der Kombination II wiederum kleiner als der Nutzen der Güterkombination III usw. Es gilt also:

$$n_3 > n_2 > n_1.$$

Nun kann $n = n(q_1, q_2)$ z.B. überführt werden in eine Funktion $n^* = f(n) = f\{n(q_1, q_2)\}$, die für die Güterbündel I, II, III usw. dieselbe Reihenfolge der Nutzengrößen sicherstellt, so daß gilt:

$$f(n_3) > f(n_2) > f(n_1).$$

Die Funktion $n^* = f(n)$ ist also dann eine monotone Transformation von n, solange gilt:

$$f(n_2) > f(n_1), \quad \text{wenn } n_2 > n_1.$$

Da die Operation der Überführung einer Funktion in eine andere Funktion hier die Reihenfolge der Nutzenniveaus unberührt läßt, beschreibt die Nutzenfunktion $n^* = f(n)$ – wie alle anderen Nutzenindexfunktionen, die durch monotone Transformationen ineinander überführbar sind – die Präferenzordnung des Haushalts.

Wird in der graphischen Darstellung die Höhe des Nutzengebirges durch monotone Transformation geändert, ist den Güterkombinationen, denen bisher gleicher Nutzen und damit eine Höhenlinie entsprach, weiterhin gleicher Nutzen, also eine Höhenlinie, zugeordnet. Bei Projektion der alten und der neuen Höhenlinie in die (q_1, q_2)-Ebene erhält man die gleiche Indifferenzkurve. Die Indifferenzkurven ändern sich durch monotone Transformation der Nutzenfunktion (Nutzenindexfunktion) nicht.

§ 5 Indifferenzkurven-Analyse

1. Indifferenzkurven-Eigenschaften und Grenzrate der Substitution

Die Indifferenzkurve ist definiert als die Verbindungslinie – der geometrische Ort – aller Gütermengenkombinationen, die dem Haushalt nach seiner eigenen Einschätzung den gleichen subjektiven Nutzen stiften. *Pareto* hat vorgeschlagen, den mehrdeutigen Ausdruck „Nutzen“ (frz. „utilité“) zu ersetzen durch den eindeutigen Ausdruck „Ophelimität“ (frz. „ophélimité“); mit ihm sei unverwechselbar auf die subjektive Bedürfnisbefriedigung verwiesen und die subjektiven Ansichten des Haushalts darüber, welche Güter und Güterkombinationen dazu beitragen. Das Problem, daß sich subjektive Nutzenwertschätzung und objektive Schädlichkeit (Nutzlosigkeit) entgegenstehen können – z. B. beim Zigarettengenuß; Pareto argumentiert mit dem Beispiel des Morphiums – wird damit vermieden. Indifferenzkurven wären mit Pareto als Kurven gleicher Ophelimität zu bezeichnen.

Es bestehen jedoch kaum Bedenken, weiterhin von Nutzen zu sprechen, sofern man sich nur der spezifischen Bedeutung bewußt ist, die der Begriff im Rahmen der Verbrauchsnachfrage-Analye hat.

In Abb. 5 ist eine Indifferenzkurve (I_1) dargestellt. Gemäß der Annahme, zunächst zur Vereinfachung den Zwei-Güter-Fall zu behandeln, sind an den beiden Achsen die Mengen der beiden Güter 1 und 2 abgetragen.

Jede Mengenkombination (q_1, q_2), die durch einen Punkt auf I_1 dargestellt ist, wird von dem Haushalt als gleichwertig mit allen anderen Kombinations-Punkten auf I_1 eingeschätzt, da sie alle dem Haushalt den gleichen Nutzen gewähren. Die Beziehung ist transitiv (im logischen Sinne): Ist eine Mengenkombination I gleichwertig einer Kombination II, diese aber gleichwertig einer Kombination III, so ist auch I gleichwertig III.

Die Eigenschaften der Indifferenzkurven sollen mit Hilfe eines Zahlenbeispiels erläutert werden. Einige der Gütermengen-

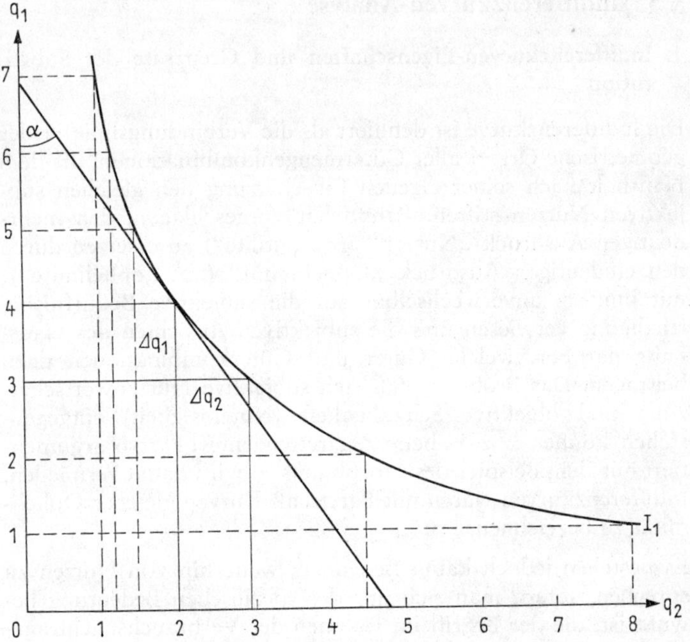

Abb. 5

kombinationen auf I_1 in Abb. 5 werden in der folgenden Tabelle aufgeführt:

Mengen an Gut 1 plus	1	2	3	4	5	6	7
Mengen an Gut 2	8	4,5	2,9	2	1,5	1,2	1
Rate der Substitution von Gut 2 durch Gut 1		3,5	1,6	0,9	0,5	0,3	0,2

Die Menge des Gutes 2, die durch eine Einheit von Gut 1 substituiert (ersetzt) werden kann, ohne daß sich der Gesamtnutzen der Kombination verändert, ist die „Rate der Substitution von Gut 2 durch Gut 1". Die Tabelle zeigt, daß diese Rate bei fortgesetzter Substitution abnimmt. Es ist nämlich die Menge des Gutes 2, die man aufgeben muß, um die Menge des Gutes 1 um eine Einheit zu erhöhen, ohne daß sich dadurch der Gesamtnutzen ändert, umso kleiner, je mehr man von dem Gut 1 bereits besitzt. Weil der Nenner des Bruchs $\frac{\Delta q_2}{\Delta q_1}$ gleich eins gesetzt ist, kann die Rate der Substitution von Gut 2 durch Gut 1 auch definiert werden als jene Menge des Gutes 2, deren Abgang durch den Zugang einer Einheit des Gutes 1 im Urteil des Haushalts gerade ausgeglichen wird.

Stellt man sich die Variation der Menge von Gut 1 unendlich klein (sich null nähernd) vor, so erhält man als „*Grenzrate der Substitution* von Gut 2 durch Gut 1" das Verhältnis der partiellen Differentialquotienten der Funktion $n(q_1, q_2)$.

Die Erkenntnis, daß die Grenzrate der (Güter-)Substitution bei fortgesetzter Substitution fällt (gelegentlich genannt: „Gesetz der abnehmenden Grenzrate der Substitution"), ist ersichtlich ein anderer Ausdruck für den Tatbestand, welchen das „Erste Gossen'sche Gesetz" meint: Weil der Grenznutzen von Gut 1 mit steigender Zahl von Einheiten dieses Gutes abnimmt und der von Gut 2 mit abnehmenden Mengen dieses Gutes zunimmt, ersetzen gleiche Mengen von Gut 1 immer kleinere Mengen von Gut 2, wenn der Gesamtnutzen konstant bleiben soll.

Der Fortschritt der Indifferenzkurven-Analyse gegenüber der dem „Gossen-Gesetz" entsprechenden Aussage, der Grenznutzen falle mit steigender Menge, ist darin zu sehen, daß der Nutzen nicht kardinal meßbar ist, wohl aber die Grenzrate der Substitution als Quotient zwischen Gütermengen.

Die Grenzrate der Substitution von Gut 2 durch Gut 1 ist absolut gleich dem negativen Verhältnis des Grenznutzens von Gut 1 zum Grenznutzen von Gut 2, weil, wir wiederholen es, die Minderung des Gesamtnutzens durch verminderte Menge des einen Gutes durch den Nutzenzuwachs aufgrund der Vermehrung des anderen Gutes genau ausgeglichen wird.

Die Indifferenzkurve ist per definitionem eine Kurve gleichen Nutzens:

$$n = n(q_1, q_2) = \text{const.}$$

Das totale Differential, das heißt die Nutzenänderung bei gleichzeitiger Änderung von q_1 und q_2 entlang der Indifferenzkurve, ist somit gleich Null:

$$dn = \frac{\partial n}{\partial q_1} \cdot dq_1 + \frac{\partial n}{\partial q_2} \cdot dq_2 = 0$$

Oder: Wenn wir $\frac{\partial n}{\partial q_1}$, den Grenznutzen von Gut 1, mit GN_1, und $\frac{\partial n}{\partial q_2}$, den Grenznutzen von Gut 2, mit GN_2 bezeichnen, läßt sich schreiben:

$$dn = GN_1 \cdot dq_1 + GN_2 \cdot dq_2 = 0.$$

Nach entsprechender Umformung ergibt sich, die Grenzrate der Substitution von Gut 2 durch Gut 1 ist gleich dem negativen Verhältnis der Grenznutzen von Gut 1 und Gut 2:

$$\frac{dq_2}{dq_1} = - \frac{GN_1}{GN_2}$$

Die Grenzrate der Substitution ist gleich der Steigung der Indifferenzkurve in einem bestimmten Punkt, gemessen durch den Tangens des Winkels, den eine Tangente an jeden Punkt der Kurve mit einer der beiden Achsen bildet, z. B.:

$$\frac{dq_2}{dq_1} = \operatorname{tg} \alpha.$$

Das Fallen der Indifferenzkurve von links nach rechts wird durch die Notwendigkeit erklärt, zur Erhaltung unveränderten Gesamtnutzens eine Mengenabnahme des einen Gutes durch Mengenzunahme des anderen zu kompensieren. Die Wölbung der Kurve nach unten („Linkskrümmung" der Indifferenzkurve, „konvex" zum Koordinatenursprung) ist geometrischer Ausdruck der Abnahme der Grenzrate der Substitution bei fortgesetzter Substitution.

Eine Indifferenzkurve linearer Form mit Berührung beider Achsen (I in Abb. 6) bedeutet, daß in den Augen des Nachfragers die beiden Güter in festem Mengenverhältnis vollständig substituierbar sind.

Im entgegengesetzten Grenzfall stehen zwei Äste der Kurve parallel zu den Achsen senkrecht aufeinander (I′ in Abb. 6); die beiden Güter sind vollständig komplementär (z. B. ein rechter und ein linker Stiefel), daß heißt kein Gut kann durch das andere bei gleichbleibendem Gesamtnutzen ersetzt werden.

Schließlich spielt in der Theorie der Verbrauchsnachfrage auch die Möglichkeit begrenzter Substituierbarkeit (innerhalb eines gewissen Bereichs von Gütermengenkombinationen) eine gewisse Rolle.

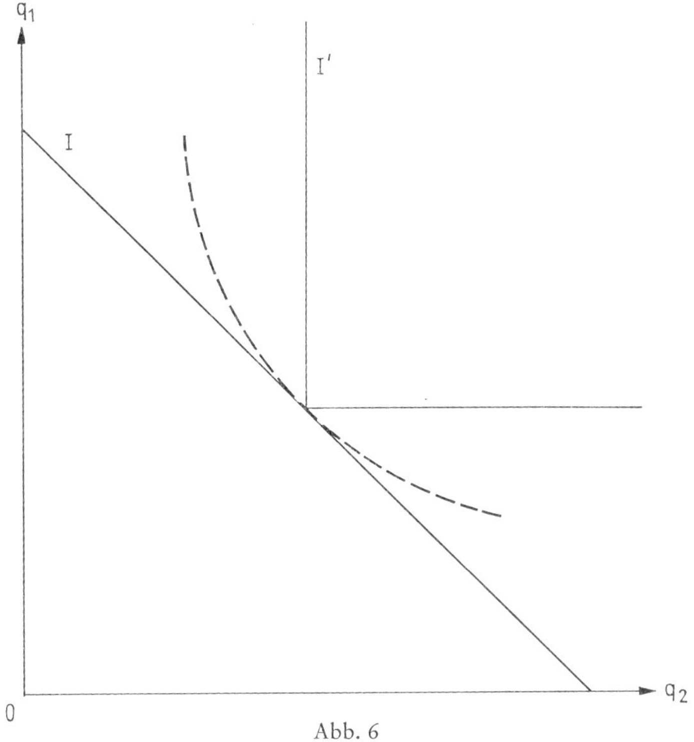

Abb. 6

2. Indifferenzkurvenschar

Die gesamte (q_1, q_2)-Ebene ist mit einer Schar von Indifferenzkurven bedeckt, von denen in Abb. 7 drei (I_1, I_2, I_3) gezeichnet sind.

Die Indifferenzkurven weisen einen umso höheren Nutzenindex auf, je weiter sie vom Ursprung des Koordinatensystems entfernt liegen. Die Nutzenindices sagen nur etwas über die Rangordnung der Nutzenwerte aus, nicht aber über den Nutzenabstand. Die Niveauunterschiede lassen sich nicht in kardinalen Größen ausdrücken.

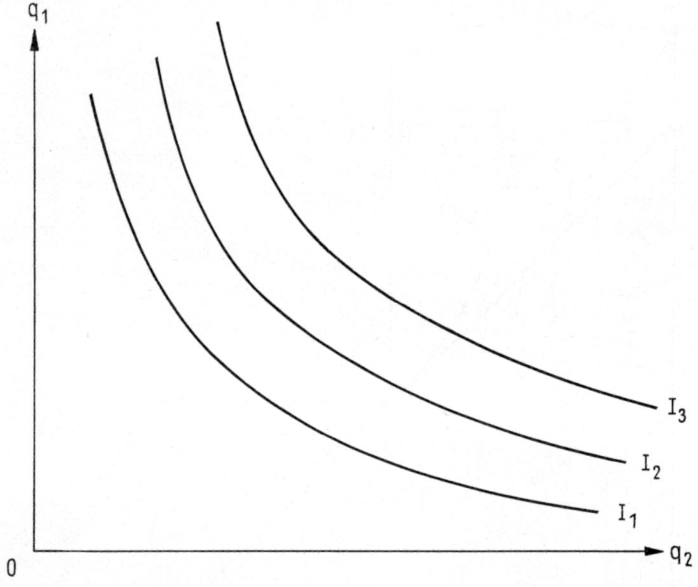

Abb. 7

Indifferenzkurven können sich nicht schneiden, keine Gütermengenkombination kann auf zwei (oder mehr) Kurven zugleich liegen.

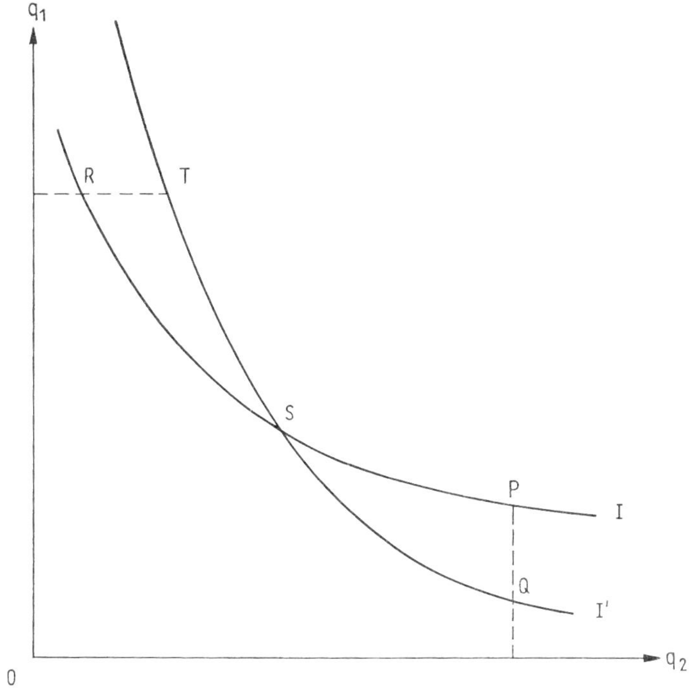

Abb. 8

Würden sich – wie in Abb. 8 dargestellt – zwei Indifferenzkurven schneiden, so ergäbe sich ein logischer Widerspruch: Die durch P verlaufende Indifferenzkurve I müßte einen höheren Nutzenindex aufweisen als die durch Q gehende Kurve I′, da die Kombination P bei gleicher Menge von Gut 2 eine größere Menge von Gut 1 enthält als Q. Betrachtet man hingegen die Mengenkombinationen R und T, so müßte die durch T verlaufende Kurve I′ einen höheren Nutzenindex besitzen als I, die durch R verläuft, denn die Kombination T enthält bei gleicher Menge von Gut 1 mehr von Gut 2 als R. Die Indifferenzkurve I′ müßte demnach links vom Schnittpunkt S einen höheren, rechts davon einen niedrigeren Nutzenindex als I aufweisen. Dies widerspricht der Definition der Indifferenzkurve als Kurve gleichen Nutzens.

Zusammengefaßt:

- Indifferenzkurven verbinden Gütermengenkombinationen gleichen Nutzens (gleicher „Bedürfnisbefriedigung"),
- Indifferenzkurven fallen typischerweise von links oben nach rechts unten, das heißt die Güter sind substitutiv,
- Indifferenzkurven sind linksgekrümmt, das heißt die Grenzrate der Substitution fällt mit zunehmender Substitution,
- Indifferenzkurven haben einen umso höheren Nutzenindex, je weiter sie rechts liegen,
- Indifferenzkurven können sich nicht schneiden.

Der angenommenen Zielsetzung „Nutzenmaximierung" folgend wird der Verbraucher versuchen, auf die mit gegebener Ausgabensumme erreichbare Indifferenzkurve höchsten Nutzens zu gelangen. Zur Bestimmung der nutzenmaximalen Gütermengenkombination müssen Preishöhe und Preisrelation der beiden Güter berücksichtigt werden.

3. Bilanzgerade und Optimumbestimmung

Der Haushalt verfügt in der betrachteten Periode über ein gegebenes Einkommen y, von dem er einen bestimmten Betrag s spart und einen bestimmten Betrag c für den Kauf von Konsumgütern vorsieht: $y = c + s$. Die Konsumsumme (Ausgabensumme) c werde für die beiden Güter 1 und 2 ausgegeben. Sind die Preise (p_1, p_2) gegeben und durch das Verhalten des Verbrauchers nicht zu beeinflussen, so ergeben sich die Mengenkombinationen der beiden Güter, die bei der Konsumsumme c beschaffbar sind, aus der (definitorischen) Bilanzgleichung:

$$p_1 \cdot q_1 + p_2 \cdot q_2 = c$$

oder

$$q_1 = \frac{c}{p_1} - \frac{p_2}{p_1} \cdot q_2$$

bzw.

$$q_2 = \frac{c}{p_2} - \frac{p_1}{p_2} \cdot q_1 .$$

Die „*Bilanzgerade*“ oder „Budgetlinie“ („budget-restraint line“) MN in Abb. 9 ist der geometrische Ort aller Mengenkombinationen (q_1, q_2), die bei gegebenen Preisen und gegebener Ausgabensumme beschafft werden können.

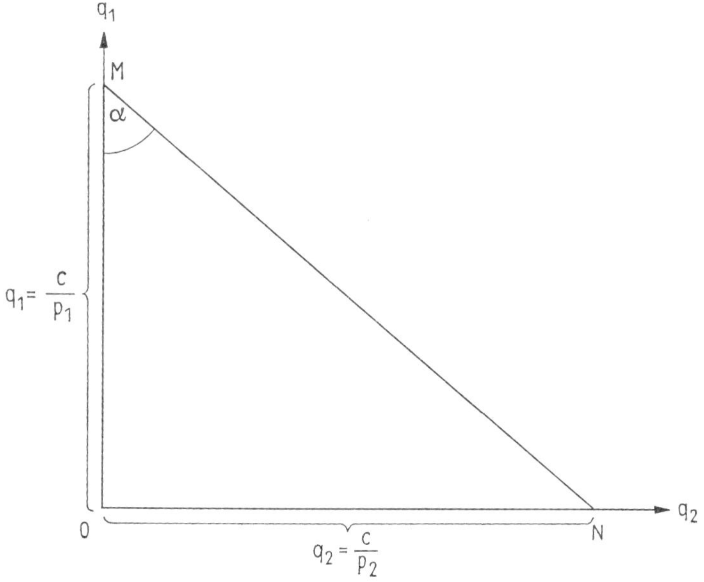

Abb. 9

Wird, wie im Punkt M, die gesamte Konsumsumme für das Gut 1 ausgegeben, ist q_2 also gleich Null, so folgt aus der Bilanzgleichung:

$$q_1 = \frac{c}{p_1} = OM.$$

Für den Punkt N, in dem nur Gut 2 beschafft wird, gilt entsprechend:

$$q_2 = \frac{c}{p_2} = ON.$$

Für das Steigungsmaß der Kurve ergibt sich so:

$$\operatorname{tg} \alpha = \frac{ON}{OM} = \frac{c}{p_2} : \frac{c}{p_1} = \frac{p_1}{p_2}.$$

Das bedeutet: Die Neigung der Bilanzgeraden ist durch das Verhältnis der Preise der beiden Güter bestimmt. Deshalb bezeichnet man die Bilanzgerade auch als „Preislinie". Wird eine Einheit von Gut 1 weniger gekauft, so wird ein Ausgabenbetrag in Höhe von p_1 verfügbar. Für diesen Betrag können $\frac{p_1}{p_2}$ Mengeneinheiten von Gut 2 gekauft werden. Die Preisrelation bemißt demnach die Substitutionsmöglichkeit der Güter bei gegebener Ausgabensumme.

Das Indifferenzkurven-System, das die gegebene Präferenzordnung des Haushalts beschreibt, und die Bilanzgerade als Ausdruck der vorgesehenen Konsumsumme und der gegebenen Preise werden nun in einem Diagramm zusammengefügt (Abb. 10). Dabei geht es darum, die Gütermengenkombination zu finden, bei der die Konsumsumme optimal verwendet, das Nutzenmaximum also realisiert ist.

In Abb. 10 bezeichnet der Punkt S auf der Indifferenzkurve I_2 die Gütermengenkombination, die dem Haushalt die bestmögliche Versorgung (den höchsten Nutzen) gewährt. Der Haushalt befindet sich im *Gleichgewicht*. Unter dem angenommenen Nutzenmaximierungsziel einerseits, den gegebenen Bedingungen andererseits, gibt es für den Haushalt keinen Grund, eine andere als gerade diese Kombination zu wählen.

Die Punkte R und S liegen auf der Bilanzgeraden MN, sind also Kombinationen, die mit der gleichen Ausgabensumme c erreichbar sind. Der Punkt S liegt aber auf einer höheren Indifferenzkurve als der Punkt R und wird daher vom Verbraucher vorgezogen. Die Indifferenzkurve I_2 ist die höchste, die überhaupt mit der Ausgabensumme c erreichbar ist, weil die Bilanzgerade diese Kurve tangiert. Im Berührungspunkt der Bilanzgeraden mit der Indifferenzkurve I_2 liegt das *Nutzenmaximum* (Optimum) des Haushalts, denn dort wird mit der gegebenen Konsum-

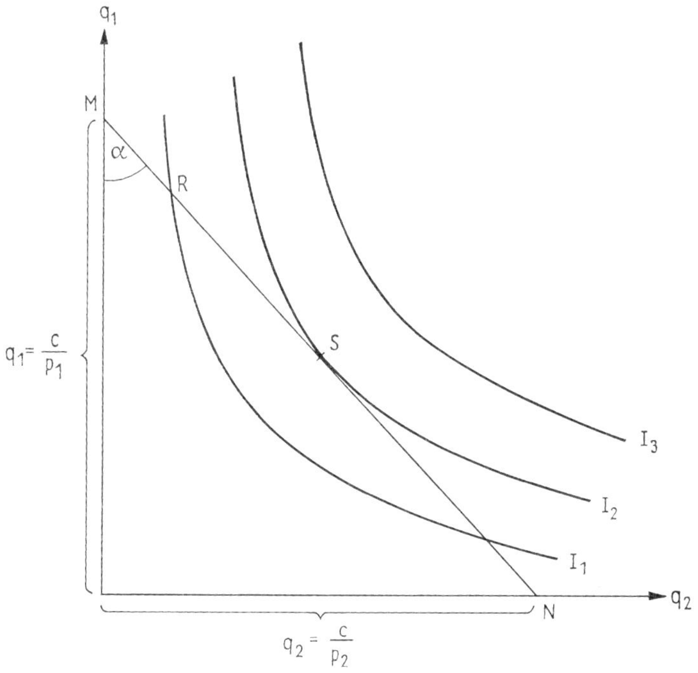

Abb. 10

summe bei den gegebenen Güterpreisen das höchste Nutzen- oder Versorgungsniveau erreicht. Der Haushalt wird von den beiden Gütern die den Koordinaten des Punktes S entsprechenden Mengen zu kaufen suchen.

Mathematisch handelt es sich um die Ermittlung des Maximums einer Nutzenindexfunktion unter Nebenbedingungen (gegebene Konsumsumme und gegebene Güterpreise).

Da sich die Bilanzgerade und die Indifferenzkurve im Punkt S berühren, ist an diesem Punkt die Steigung der beiden Kurven gleich, d. h. das Preisverhältnis entspricht der umgekehrten

Grenzrate der Substitution $\frac{dq_2}{dq_1}$ (in absoluten Größen):

$$\left|\frac{dq_2}{dq_1}\right| = \frac{p_1}{p_2}.$$

Daran zeigt sich: Der Haushalt wird bei gegebenen Güterpreisen (und mithin gegebener Preisrelation) die gegebene Konsumsumme so auf die beiden Güter verteilen, daß die Grenzrate der Substitution der genannten Bedingung genau entspricht.

Die Grenzrate der Substitution von Gut 2 durch Gut 1 ist (absolut), wie zuvor zu sehen war, gleich dem Verhältnis der Grenznutzen von Gut 1 und Gut 2 (vgl. § 5, Ziff. 1):

$$\left|\frac{dq_2}{dq_1}\right| = \frac{GN_1}{GN_2}.$$

Folglich ist im Haushaltsgleichgewicht das Preisverhältnis gleich dem Grenznutzenverhältnis:

$$\frac{p_1}{p_2} = \frac{GN_1}{GN_2}$$

oder

$$\frac{GN_1}{p_1} = \frac{GN_2}{p_2}.$$

Der Haushalt erreicht sein Nutzenmaximum, wenn sich die Grenznutzen der gekauften Güter wie ihre Preise verhalten bzw. wenn der Grenznutzen des Geldes in allen Arten der Einkommensverwendung gleich ist. Dies ist nichts anderes als das „Zweite Gossen'sche Gesetz" (vgl. Bd. I, § 3, Ziff. 3c) in seiner modifizierten Form als Gesetz vom Ausgleich der gewogenen Grenznutzen.

4. Veränderung des Haushaltsgleichgewichts

Dem ökonomischen Gleichgewichts-Verständnis entsprechend (vgl. Bd. I, § 2) muß sich die Lage des Versorgungsoptimums ändern, wenn in den Determinanten der Verbrauchsnachfrage (hier: Preise, Konsumsumme, Bedürfnisstruktur) eine Änderung eintritt. Die Auswirkung einer Veränderung der Konsumsumme und der Preisrelation wird im folgenden untersucht.

Veränderungen der Konsumsumme führen ceteris paribus zu Parallelverschiebungen der Bilanzgeraden. Diese liegt umso weiter vom Ursprung des Koordinatensystems entfernt, je größer die Konsumsumme ist. Es ergeben sich neue Berührungspunkte der Bilanzgeraden mit anderen Indifferenzkurven. Die Verbindungslinie dieser Tangentialpunkte (P, Q, R in Abb. 11) wird als *„Einkommens-Konsum-Kurve"* („expenditure curve", Hicks) oder „Engel'sche Kurve" (nach dem preußischen Statistiker des 19. Jahrhunderts) bezeichnet. Sie ist im Regelfall eine monoton ansteigende Kurve, d. h. mit steigendem (sinkendem)

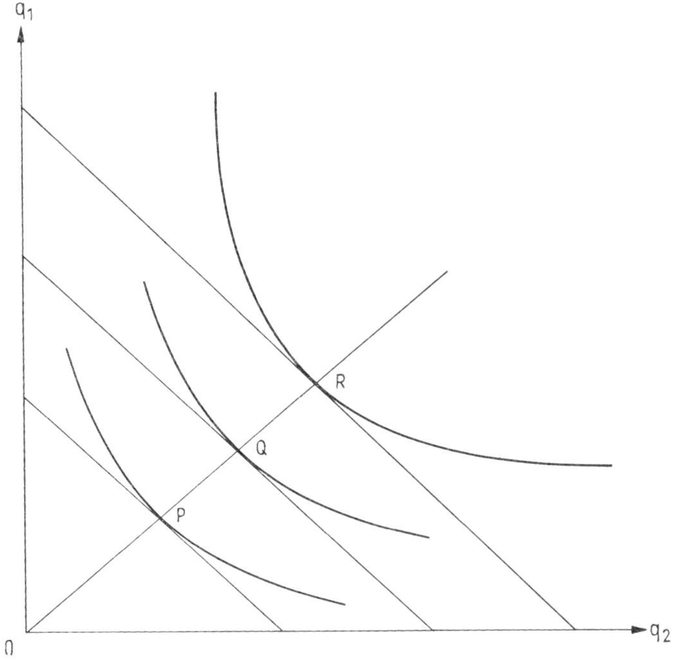

Abb. 11

Einkommen steigt (sinkt) die Nachfrage nach beiden Gütern. In Abb. 11 handelt es sich um den Spezialfall einer linearen Einkommens-Konsum-Kurve.

Geht mit steigender Konsumsumme die Nachfrage nach einem Gut zurück, so handelt es sich um ein „inferiores Gut". Es ist dies ein Gut des minderen Bedarfs, das durch ein Gut des gehobenen Bedarfs ersetzt wird, wenn sich die Einkommenslage des Haushalts verbessert (z. B. Margarine wird ersetzt durch Butter). In Abb. 12 ist Gut 2 das gegenüber Gut 1 inferiore Gut: Die Einkommens-Konsum-Kurve schlägt im Punkt Q rückwärts um und nähert sich der q_1-Achse.

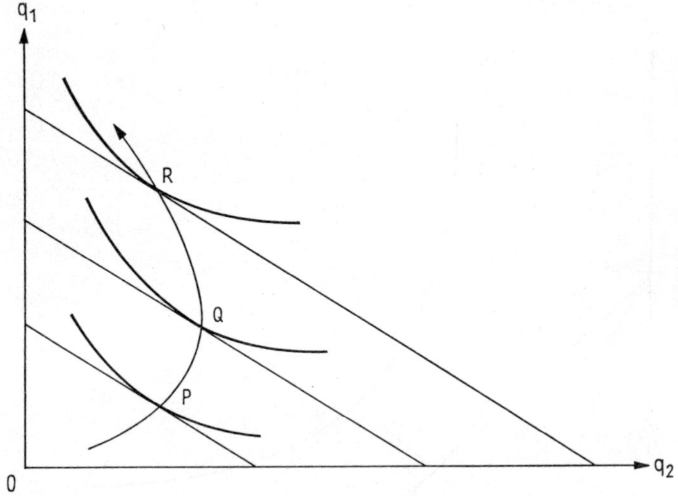

Abb. 12

„*Inferiore Güter*" sind demnach definiert als Güter, deren mengenmäßige Nachfrage mit steigendem Einkommen abnimmt bzw. mit fallendem Einkommen zunimmt.

Eine Veränderung der Preisrelation bewirkt eine Drehung der Bilanzgeraden. Angenommen, der Preis p_2 falle ceteris paribus (also bei konstanter Bedürfnisstruktur und Ausgabensumme sowie unverändertem Preis p_1), so schwenkt die Budgetlinie in Abb. 13 von ihrer ursprünglichen Position MN nach ML. Der Haushalt ist nun in der Lage, statt der Menge ON die Menge OL von Gut 2 zu kaufen, sofern er die gesamte Konsumsumme für dieses Gut auszugeben beabsichtigt.

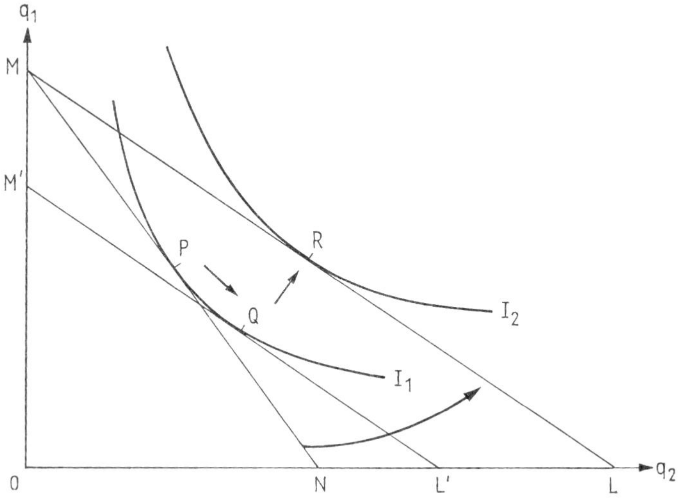

Abb. 13

Der Haushalt kann zwischen zwei Möglichkeiten wählen:

(1) Er kann auf der alten Indifferenzkurve I_1 verharren, d. h. die Ausgabensumme so verringern, daß die Preissenkung im Hinblick auf sein unverändert angestrebtes Nutzenniveau gerade kompensiert wird und die bisherige Versorgungsanlage aufrecht erhalten bleibt. Dem neuen Preisverhältnis entspricht die Bilanzgerade M′ L′. Der Berührungspunkt mit der I_1-Kurve verlagert sich von P nach Q. Das billiger gewordene Gut 2 wird stärker, das relativ teurer gewordene

Gut 1 weniger nachgefragt. Das ist der *Substitutionseffekt* der Preisänderung (auch: Preiseffekt).

(2) Er kann bei unveränderter Ausgabensumme die höhere Indifferenzkurve I_2 am Punkt R erreichen. Zum Substitutionseffekt (P → Q) tritt der *Einkommenseffekt* der Preisänderung (Q → R) hinzu. Dieser ist umso größer, je höher der Anteil der Ausgaben für das betreffende Gut an der gesamten Konsumsumme des Nachfragers ist. Der Einkommenseffekt bedeutet: Durch den Preisfall des einen Gutes ist die Kaufkraft der nominal unveränderten Ausgabensumme größer geworden.

Untersuchen wir das Zusammenwirken beider Effekte, so kommen wir zu keiner definitiven Aussage, weil sich in der Folge des Einkommenseffektes die mengenmäßige Nachfrage ebensogut erhöhen wie vermindern kann.

Die nachgefragte Menge nimmt mit steigender Ausgabensumme (Konsumsumme) im Regelfall zu, im Ausnahmefall der inferioren Güter fällt sie. Der Substitutionseffekt ist wegen der fallenden Grenzrate der Substitution stets eindeutig: Ein relativ billiger gewordenes Gut wird verstärkt nachgefragt. Im Regelfall wirkt der Einkommenseffekt für das im Preis gefallene Gut in dieselbe Richtung wie der Substitutionseffekt; beide Effekte führen bei einer Preissenkung eines Gutes zu einer Erhöhung der Nachfragemenge dieses Gutes. Bei einem inferioren Gut dagegen hat der Einkommenseffekt eine dem Substitutionseffekt entgegengesetzte Richtung. Die Auswirkung auf die mengenmäßige Nachfrage nach diesem Gut ist unbestimmt und hängt von der relativen Stärke der beiden Effekte ab. Ist der Einkommenseffekt schwächer als der Substitutionseffekt, steigt die nachgefragte Menge, ist er stärker, geht die Nachfrage nach dem im Preis gefallenen Gut zurück („Giffen-Fall", s. Abb. 14; vgl. auch § 6, Ziff. 2).

Eine Veränderung der Bedürfnisse führt ceteris paribus zu einer neuen Indifferenzkurvenschar. Über Ausmaß und Richtung solcher Veränderungen des Indifferenzkurven-Systems eines Verbraucherhaushalts läßt sich im allgemeinen nichts gesetzmäßig Eindeutiges aussagen; deshalb wurde dieser Fall einer

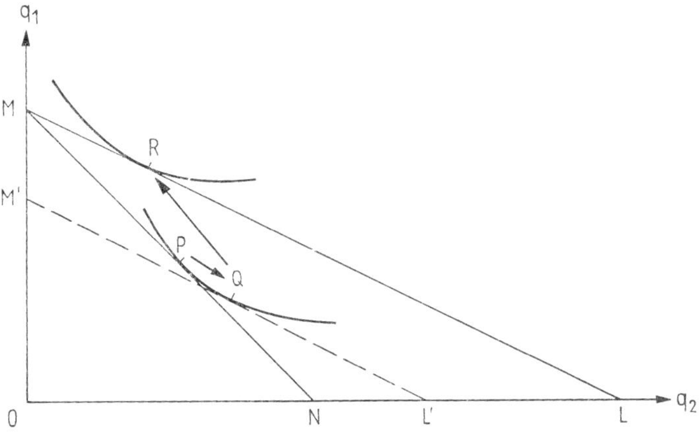

Abb. 14

Variation einer der wichtigen Nachfragedeterminanten hier nicht weiter erörtert.

5. Theorie der offenbarten Präferenz

Die Indifferenzkurven-Analyse der ordinalen Nutzentheorie erwartet vom Haushalt, daß er für alle möglichen Gütermengenkombinationen Aussagen wie die folgenden treffen kann: Die Versorgungslage I wird der Versorgungslage II vorgezogen; oder: II wird gegenüber I präferiert; oder: I und II sind gleichwertige (‚indifferente') Versorgungslagen. Es ist leicht, sich vorzustellen, wie mit zunehmender Anzahl der Güter, die in den Begehrskreis des Haushalts gelangen, die Zahl der erforderlichen Präferenz-Indifferenz-Wahlentscheidungen schnell steigt. Es ist daher wenig wahrscheinlich anzunehmen, der Haushalt wüßte alle möglichen Versorgungslagen, bestimmt von den zahlreichen möglichen, komplizierten Mengenkombinationen, so zu ordnen, daß die resultierende Präferenzordnung den Ansprüchen der Indifferenzkurven-Analyse genügt (z. B. hinsichtlich Konsistenz der Wahlentscheide und Transitivität der gewählten Güterkombinationen).

Hinzu kommt das fragwürdige psychologisch-introspektive Nutzenverständnis in dem vorliegenden ordinalen Nutzenkonzept. Der empirische Nachweis individueller Indifferenzkurven-Systeme, etwa durch Befragungen, war bisher nicht klar zu führen. Ohne Kenntnis seines Indifferenzkurven-Systems ist der Haushalt aber nicht in der Lage, sich rational zu verhalten im Sinne des ökonomischen Prinzips, denn er kann sein Nutzenmaximum nicht antizipieren. Dabei wird noch abgesehen von der Frage, ob der Haushalt sich bei seinen Marktentscheidungen überhaupt an sein Indifferenzkurven-System halten würde, selbst wenn es ihm bekannt wäre.

Die mangelhafte Informiertheit des planenden Wirtschaftssubjektes Haushalt über alle planungsrelevanten Größen bedeutet eine weitere Schwächung des Ansatzes.

So ergibt sich: Ohne Kenntnis des zu Grunde liegenden, „wirklichen" Indifferenzkurven-Systems – die aber nicht erlangbar ist – lassen sich weder Aussagen über die Rationalität der Haushaltsplanung noch über das Marktverhalten des Haushalts in empirisch relevanter Weise ableiten. Jedwedes beobachtetes Verhalten kann als rational erwiesen werden, da für alle möglichen Verhaltensfälle Indifferenzkurven-Systeme denkbar sind, in deren Lichte sie als rational erscheinen.

Angesichts derartiger Schwierigkeiten erwuchs das Bedürfnis, die Theorie der Verbrauchsnachfrage auf eine modifizierte bzw. neue Grundlage zu stellen. *P. A. Samuelson* (Consumption Theory in Terms of Revealed Preference, 1948) konzipierte den neuen Zugang, der von anderen weiterentwickelt wurde, etwa von *I. M. D. Little* (A Reformulation of the Theory of Consumer's Behavior, 1949) und *H. S. Houthakker* (Revealed Preference and the Utility Function, 1950): die Theorie der offenbarten (bekundeten, faktischen) Präferenz oder Wahl (‚revealed preference theory'). Sie versucht, der theoretischen Kritik am ordinalen Nutzenkonzept ebenso Rechnung zu tragen wie dem Erfordernis empirischer Überprüfbarkeit der Aussagen.

Die Theorie setzt nicht an bei der introspektiven Kategorie des subjektiven Nutzens und verzichtet auf deren Transformation in

Indifferenz-Präferenz-Systeme ebenso wie auf die Erforschung von Verhaltensmotiven, wie z. B. Maximierungsstreben. Entsprechend wird die Annahme rationalen Verhaltens gemäß wirtschaftlichem Prinzip weniger scharf gefaßt, wenngleich nicht aufgegeben.

Angeknüpft wird bei dem am Markt beobachtbaren Verbraucherverhalten, welches sich durch die Arten und Mengen der gekauften Güter zu erkennen gibt. Umgekehrt zum bisher geschilderten Ansatz, wo aus der Indifferenzkurvenschar die Nachfrage abgeleitet wird, soll aus dem erkennbaren Marktverhalten auf die zugrundeliegende Präferenzstruktur des Haushalts rückgeschlossen werden. Ausgangspunkt ist die Überlegung: Läßt sich bei herrschenden Preisen und gegebenem Einkommen beobachten, daß der Haushalt eine bestimmte Gütermengenkombination I wählt, so dürfe angenommen werden, er habe mit dieser Marktentscheidung offenbart, er wolle diese Kombination allen anderen vorziehen, die er angesichts der gegebenen Preise und Einkommen auch hätte wählen können.

Geht man aus Gründen einer vereinfachten Darstellung wiederum vom Zwei-Güter-Fall aus, so läßt sich die bereits bekannte Bilanzgerade (Budgetlinie) aufzeigen. Selbstverständlich können q_1 und q_2 auch je als ein Bündel von Gütern aufgefaßt werden.

In Abb. 15 liegen innerhalb des Dreiecks $Oq_1^0q_2^0$ (die es begrenzende Gerade eingeschlossen) alle Gütermengenkombinationen, die der Haushalt bei den gegebenen Preisen und seinem Einkommen wählen kann. Wählt er nun tatsächlich die Kombination im Punkt A, so bekundet er damit, daß er A allen anderen, für ihn möglichen Kombinationen (beispielsweise B und C) vorzieht. Er zeigt aber nicht, daß A etwa auch D und E vorgezogen wird, denn diese Kombinationen sind für den Haushalt in der gegebenen Situation ja gar nicht erreichbar. Diese Überlegungen geben aber noch keinen Aufschluß über die für die Theorie der Verbrauchsnachfrage besonders wichtige Fragestellung: Wie ändert sich das Verhalten des Haushalts (erkennbar an Änderungen bei Arten und Mengen der gekauften Güter), wenn Preise und/oder Einkommen variieren?

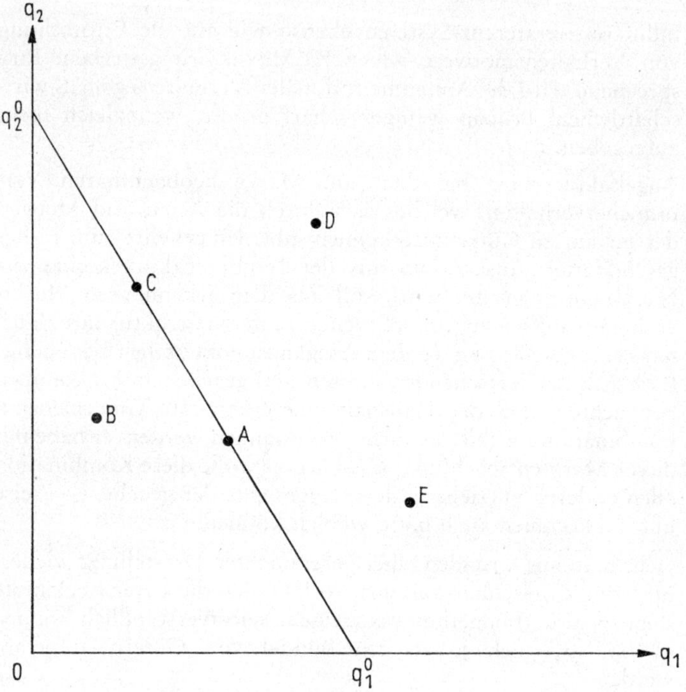

Abb. 15

Hierzu hat die Theorie der offenbarten Präferenz zwei Annahmen, als ‚Verhaltensaxiome' bezeichnet, eingeführt:

(1) *Konsistenzaxiom:* Der Haushalt verhält sich bei seinen Wahlakten konsistent. Widerspruchsfreies Verhalten bedeutet hier: Hat der Haushalt einmal festgestelltermaßen eine Versorgungslage A einer beliebigen Versorgungslage B vorgezogen, so ist anzunehmen, daß er die A entsprechende Gütermengenkombination stets der B entsprechenden vorzieht. Diese Annahme schließt aus, der Haushalt könne auf Grund einer veränderten Preissituation plötzlich B den Vorzug geben, obwohl weiterhin die Wahl beider Güterbündel möglich ist.

(2) *Nichtsättigungsaxiom:* Der Haushalt wählt danach niemals kleinere Gütermengen, wenn ihm die Wahl größerer möglich ist. Diese Annahme schließt das Bestehen einer Sättigungssituation aus. Vielmehr ist durchweg möglich, den Haushalt durch Preissenkung oder Einkommenssteigerung dazu zu veranlassen, ein größeres Gütermengenbündel zu wählen als das bisherige.

Unter beiden Annahmen kann der Substitutionseffekt einer Preisänderung nie negativ sein. Ausgehend von der in Abb. 15 beschriebenen Lage sei angenommen, der Preis von Gut 1 sinkt. In der graphischen Darstellung zeigt sich dies, wie bekannt, in einer entsprechenden Drehung der Bilanzgeraden $q_1^0\, q_2^0$ um den Punkt q_2^0. Es entsteht die Gerade $q_1^1\, q_2^0$ in Abb. 16.

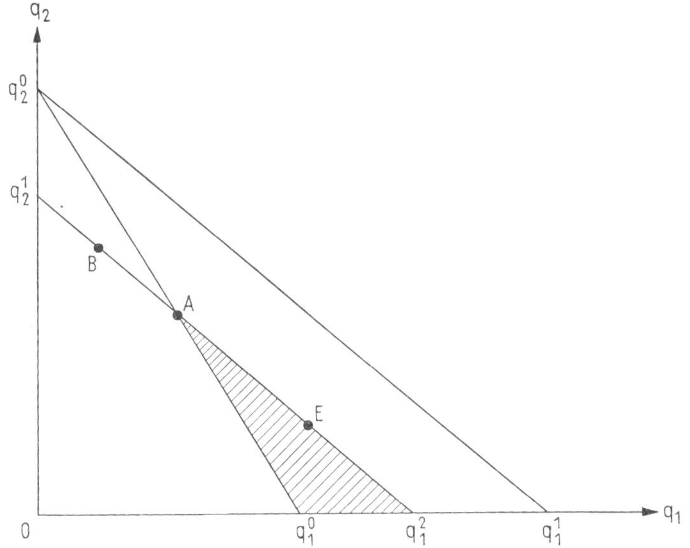

Abb. 16

Um den Einkommenseffekt zu eliminieren und den Substitutionseffekt isoliert betrachten zu können, sei nun unterstellt, das nominale Einkommen des Haushalts werde gerade soweit vermindert, daß das Realeinkommen nach der Preissenkung mit dem vorherigen Realeinkommen übereinstimmt (kompensatorische Einkommensvariation nach Slutsky). In der Abbildung entspricht dem eine Parallelverschiebung der neuen Bilanzgeraden zum Ursprung hin, bis sie gerade die Gütermengenkombination A schneidet (Gerade $q_1^2\, q_2^1$). Das bedeutet, der Haushalt kann die alte Gütermengenkombination auch in der neuen Preissituation gerade noch verwirklichen.

Für eine mögliche Wahl stehen dem Haushalt nunmehr die Gütermengenkombinationen innerhalb der Fläche $Oq_1^2q_2^1$ zur Verfügung. Aufgrund der Annahme konsistenten Verhaltens scheiden aber alle Gütermengenkombinationen innerhalb der Fläche $Oq_1^0Aq_2^1$ aus. Die innerhalb dieser Fläche liegenden Kombinationen lagen bereits vor der neuen Preis-/Einkommenssituation im Bereich der möglichen Wahl, haben sich aber gegenüber A als unterlegen gezeigt. Ausgeschlossen von der Wahl, aufgrund der Konsistenzannahme, ist also z. B. auch der Punkt B.

Würde dennoch die Wahl von B festgestellt, so äußerte sich das inkonsistente Handeln des Haushalts darin, daß er nunmehr eine, verglichen mit der Ausgangslage, relativ teurere Gütermengenkombination wählt, offenbar gerade deshalb, weil sie teurer geworden ist.

Innerhalb der Fläche $q_1^0Aq_1^2$ liegen die Güterkombinationen, die in der Ausgangssituation noch nicht im Bereich der möglichen Wahl des Haushalts lagen. Damit wurde bisher noch nicht gezeigt, daß A auch diesen Versorgungslagen überlegen ist.

Berücksichtigt man nun das Nichtsättigungsaxiom, so ist klar, daß der Haushalt sich für eine Mengenkombination auf der Geraden q_1^2A entscheiden wird. Er wird also entweder bei A bleiben oder einen anderen Punkt auf dieser Geraden, etwa E, wählen.

Damit ist gezeigt, wie unter Annahme einer einkommenskompensierten Preissenkung entweder keine Mengenreaktionen auftreten oder aber das relativ teuerer gewordene Gut 2 durch das relativ billiger gewordene Gut 1 substituiert wird, der Substitutionseffekt mithin nicht negativ sein kann. In welche Richtung eine nicht-kompensatorische Einkommensveränderung wirkt, hängt ab von der Art der Bezogenheit der beiden betrachteten Güter. Über die Richtung des Gesamteffekts indessen kann auch mit Hilfe der Theorie der offenbarten Präferenz keine Aussage getroffen werden.

Nach Samuelson können ebenso alle anderen Aussagen des nutzentheoretischen Ansatzes auf Grundlage der Theorie der offenbarten Präferenz abgeleitet werden. Dies gilt insbesondere für die Ableitung der Nachfragekurve eines Haushalts.

Obwohl das Konzept der offenbarten Präferenz zunächst als eine Alternative zur Indifferenzkurven-Analyse gedacht war, hat sich in der Folgezeit herausgestellt, daß es auch brauchbar ist für den Versuch, tatsächliche Indifferenzkurven-Systeme zu ermitteln. Durch fortlaufende Beobachtung der Wahlakte eines Haushalts, der mit verschiedenen Preis-/Einkommenssituationen konfrontiert wird, sollte sich, unter Anwendung der genannten Verhaltensaxiome, die Lage der Indifferenzkurvenschar dieses Haushalts hinreichend genau approximieren lassen.

So gesehen wäre die Theorie der offenbarten Präferenz keine Weiterentwicklung der ökonomischen Theorie des Haushalts in der Weise, daß sie zu neuen, über die Indifferenzkurven-Analyse hinausführenden Aussagen käme, sondern ein Weg, die bereits bekannten Ergebnisse einfacher und operational befriedigender abzuleiten. Mit der Annahme konsistenten Verhaltens gegenüber der rationalen Verhaltens, streng im hier definierten Sinne, wäre sie auch realitätsnäher fundiert.

Dagegen steht die Ansicht, daß diese „behavioristische Version der ordinalen Nutzentheorie" (H. Luckenbach) eine Überwindung der Indifferenzkurven-Analyse darstellt, indem sie zeigt, wie auf die Indifferenz-Hypothese gänzlich verzichtet werden kann. Konsequenterweise wird dann auch der Ausdruck „offenbarte Präferenz" vermieden und auf die Idee der „konsistenten Wahl" abgestellt.

Neben Zweifeln an der empirischen Bewährbarkeit der Theorie der offenbarten Präferenz in beiderlei Sicht ist sie auch nicht ohne theoretische Kritik geblieben.

Es ist etwa durchaus denkbar, daß eine Gütermengenkombination A in einer bestimmten Preis-/Einkommenssituation nur zufällig gewählt, eine mögliche Kombination C dagegen ebenso zufällig nicht gewählt wird. In diesem Falle könnte zwischen A und C Indifferenz bestehen, eine denkbare Möglichkeit, die vom Ansatz aber ausdrücklich ausgeschlossen wird (vgl. Abb. 15).

Die Konsistenzannahme impliziert die Konstanz der Präferenzstruktur zwischen den einzelnen Wahlakten. Ergibt nun etwa der Vergleich zweier beobachteter Kaufentscheidungen, daß die zweite Entscheidung nicht mit dem Konsistenzaxiom vereinbar ist, so sind mehrere Schlußfolgerungen möglich; die Theorie der offenbarten Präferenz zieht davon nur eine in Betracht, nämlich die, der Haushalt verhalte sich inkonsistent. Denkbar ist aber doch, daß die vermeintliche Inkonsistenz des Handelns auf einer zwischenzeitlichen Veränderung der Präferenzstruktur beruht. Denkbar ist weiterhin, daß der erste der beobachteten Wahlakte bereits Inkonsistenz zum Ausdruck brachte, wohingegen der zweite wieder mit dem Konsistenzaxiom vereinbar wäre.

Es wird deutlich, was die Kritik meint. Wie der zweite Wahlakt auch ausfallen mag, es ist nicht eindeutig ableitbar, ob konsistentes oder inkonsistentes Verhalten vorliegt. Damit ist der Vorwurf verbunden, die Aussagen der Theorie hätten tautologischen Charakter. Der Anspruch der „revealed preference theory", die am besten geeignete Grundlage der Theorie der Verbrauchsnachfrage zu sein, ist in dieser Allgemeinheit kaum akzeptabel.

§ 6 Nachfragefunktionen

1. Nachfragebegriff

Der Begriff „Nachfrage" (wie auch der Begriff „Angebot") wird in der Volkswirtschaftslehre bevorzugt in dreifacher Bedeutung gebraucht; es ist deshalb wichtig, sich stets genau vor Augen zu halten, welche Bedeutung jeweils gemeint ist.

„*Nachfrage*" kann bedeuten:

(a) Die Menge eines Gutes (gemessen in Maßeinheiten wie Stück, Meter, Kilogramm), welche unter bestimmten Bedingungen, insbesondere bei einem bestimmten Preis dieses Gutes, nachgefragt, das heißt gegen Geld zum Tausch begehrt wird. Man spricht demgemäß von „*mengenmäßiger Nachfrage*", „Nachfragemenge" und ähnlichem; das Symbol dafür ist hier q.

(b) Die nachgefragte Menge multipliziert mit dem Preis des Gutes (gemessen in Geldeinheiten wie DM, Sfr), bezeichnet als „*monetäre Nachfrage*", auch „Ausgabensumme" und dergleichen; in Symbolen: $q \cdot p$.

(c) Die funktionale Beziehung zwischen zwei oder mehreren relevanten Variablen, von denen eine die nachgefragte Menge ist, in der Regel zwischen Menge und Preis des betreffenden Gutes, genannt „*Nachfragefunktion*", „Nachfragetabelle" oder, in geometrischer Darstellung, „Nachfragekurve"; symbolisiert z. B. durch $q = f(p)$.

Wenn nicht anderes angegeben wird oder sich aus dem Zusammenhang ergibt, so ist die „Nachfrage" ausgedrückt durch eine Nachfragefunktion. Der Begriff ist also im drittgenannten Sinne gemeint.

2. Individuelle Nachfragefunktionen

In einer anderen Einteilung ist zu unterscheiden zwischen der *individuellen Nachfrage* einer Wirtschaftseinheit und der *Gesamtnachfrage* aller auf einem Markt auftretenden Wirtschaftssubjekte (Marktnachfrage). Individuelle und gesamte Nachfrage nach einem bestimmten Gut werden in jeder der drei Bedeutungen, als mengenmäßige Nachfrage, als monetäre Nachfrage und als Nachfragefunktion gebraucht.

Das in den vorhergehenden Paragraphen eingeführte Instrumentarium ermöglicht die Ableitung individueller Nachfragefunktionen, aus denen sodann in § 6, Ziff. 3, die Gesamtnachfragefunktion entwickelt wird.

Erneut angenommen, daß nur zwei Güter in den Begehrskreis des Haushalts fallen, so hängt die mengenmäßige Nachfrage nach dem Gut 1 bei gegebener Bedürfnisstruktur und Konstanz aller sonstigen nachfrage-relevanten Faktoren, die hier nicht explizit erscheinen, von seinem Preis (p_1), vom Preis des Gutes 2 (p_2) und von der Konsumsumme des Haushalts (c) ab:

$$q_1 = f(p_1, p_2, c).$$

Bei n nachgefragten Gütern ist die nachgefragte Menge des Gutes 1 abhängig vom Preis p_1, von den Preisen der (n-1) anderen Güter ($p_2, p_3, \ldots, p_n$) und der Konsumsumme (c):

$$q_1 = f(p_1, p_2, \ldots, p_n, c).$$

Um die Beziehung zwischen der Nachfragemenge und nur einer Variablen darzustellen, werden die Werte aller übrigen Variablen als unverändert angenommen; sie gelten als „parametrische Konstanten". Auch an dieser Stelle muß betont werden: Diese „Konstanten" sind nicht etwa schlechthin unveränderlich, weder in der Wirklichkeit, noch im Modell; es handelt sich vielmehr um einen einstweiligen, methodischen Kunstgriff des Theoretikers, durch den die Beziehung zwischen einer jeweils interessierenden unabhängigen Variablen und der abhängigen Variablen, hier der Nachfragemenge, eindeutig bestimmbar wird. Im geometrischen Bild: Eine Variation dieser einen veränderlichen Einflußgröße bewirkt eine „Bewegung auf der Kurve", die Variation einer Konstanten eine „Bewegung der Kurve" (vgl. Bd. I, § 21).

Wir greifen aus der Vielzahl möglicher Abhängigkeiten nun die Beziehung zwischen der individuell nachgefragten Menge des Gutes 1 und (erstens) dem Preis dieses Gutes 1, (zweitens) dem Preis eines Gutes 2 sowie (drittens) der Konsumsumme des Haushalts heraus.

Die Beziehung zwischen Nachfragemenge und Preis desselben Gutes ist von besonderer Bedeutung. Durch die Fiktion einer Konstanz der übrigen Variablen gelangt man zur Nachfragefunktion

$$q_1 = f(p_1, \overline{p_2}, \ldots, \overline{p_n}, \bar{c})$$

oder in verkürzter Schreibweise

$$q_1 = f(p_1).$$

Nur nebenbei sei an dieser Stelle daran erinnert, daß es manchmal zweckmäßig ist, zur Kennzeichnung der Funktion das Symbol für die unabhängige Variable zu wiederholen, es findet sich daher auch häufig die Form

$$q_1 = q_1(p_1).$$

Unter Einsatz der Indifferenzkurven-Analyse kann jetzt gezeigt werden, welche Nachfragemengen des Gutes 1 alternativen Preisen von Gut 1 entsprechen. Auf gleiche Weise kann die Form der Beziehung zwischen q_1 und p_2 sowie q_1 und c bestimmt werden. Es wird sich zeigen, daß mit der – nach Form und Lage – gegebenen Indifferenzkurvenschar die Gestalt der Nachfragekurve bereits determiniert ist.

Bei der grafischen Darstellung von Nachfrage- und Angebotsfunktionen ist es in der Wirtschaftstheorie üblich, die abhängige Variable q auf der Abszisse, die bestimmende (unabhängige) Variable p auf der Ordinate abzutragen.

Die Bilanzgerade MN (oberes Koordinatenkreuz in Abb. 17) entspricht dem Preisverhältnis $p_1^1/\overline{p_2}$ bei gegebener Konsumsumme. Das Haushaltsgleichgewicht wird realisiert im Punkt P, d. h. der Haushalt fragt die Menge q_1^1 von Gut 1 nach. Der Preis p_1^1 und die zugehörige Menge q_1^1 werden im unteren Koordinatenkreuz abgetragen. Fällt nun der Preis von Gut 1 auf p_1^2, so dreht sich die Bilanzgerade entsprechend dem neuen Preisverhältnis nach rechts; es ergibt sich der neue Gleichgewichtspunkt Q. Die diesem Haushaltsgleichgewicht entsprechende Nachfragemenge q_1^2 wird zusammen mit p_1^2 wiederum in das untere Koordinatenkreuz eingezeichnet.

Fällt der Preis weiter auf p_1^3, dann p_1^4 usw., so dreht sich die Bilanzgerade erneut, und es ergeben sich weitere Gleichgewichtspunkte (hier R, S). Der geometrische Ort für alle Haushaltsgleichgewichte (P, Q, R, S) heißt „*Preis-Konsum-Kurve*". Wie oben beschrieben, sind im unteren Koordinatenkreuz auf der Ordinate die Preise (p_1^1 bis p_1^4) und auf der Abszisse die zuge-

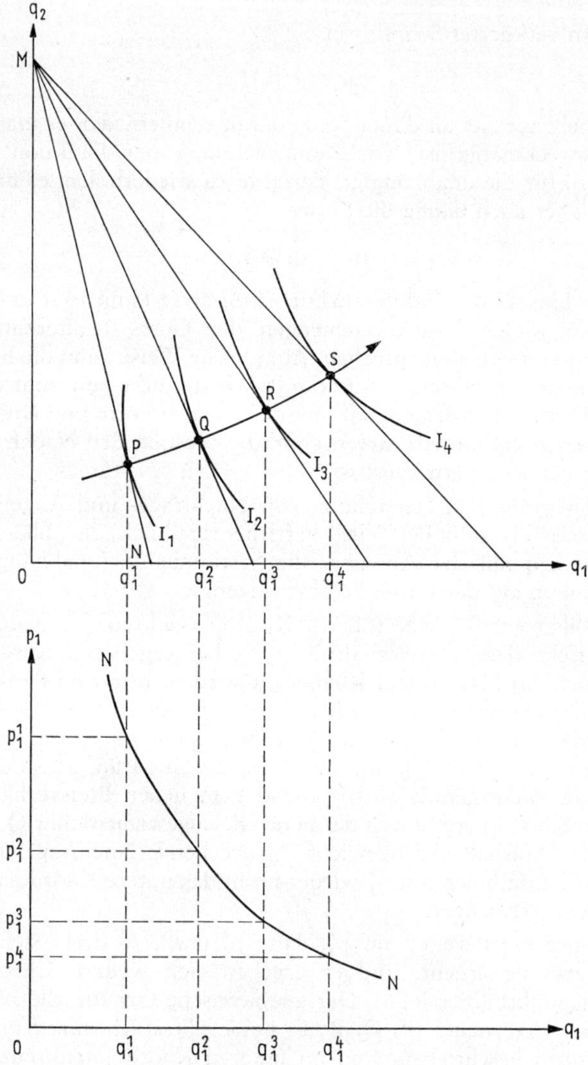
q2
M
S
R
Q
P
I4
I3
I2
I1
N
0
q1
q11
q12
q13
q14
p1
N
p11
p12
p13
p14
N
0
q1
q11
q12
q13
q14

Abb. 17

hörigen Nachfragemengen (q_1^1 bis q_1^4) abgetragen. (p_1^1; q_1^1), (p_1^2; q_1^2) usw. sind die Koordinaten derjenigen Punkte, die miteinander verbunden die *individuelle Nachfragekurve* NN nach dem Gut 1 darstellen:

– Eine Nachfragekurve ist charakterisiert durch ihre „Form" (Neigung) und ihre „Lage" (horizontale Entfernung von der Preisachse). Eine gegebene Lage oder einfach eine ‚gegebene Kurve' bedeutet, die nachgefragte Menge ändert sich ausschließlich als Reaktion auf alternative Preise des nachgefragten Gutes „entlang der Kurve". Dagegen ist eine Änderung der Lage, gleichbedeutend einer Verschiebung der Kurve, die Folge der Variation einer anderen Einflußgröße, z. B. der Konsumsumme.

– Die Kurve ist „statisch": In der gegebenen, augenblicklichen, durch die Annahmen recht restriktiv beschriebenen Marktsituation würden bei den verschiedenen Preisen die entsprechend verzeichneten Mengen nachgefragt werden. Insofern haben alle Punkte der Kurve quasi-fiktiven Charakter. Unmittelbar beobachtet werden kann nur der auf dem Markt vorliegende Preis.

– Die Kontinuierlichkeit (Stetigkeit) der Kurve fingiert Teilbarkeit des Gutes und des Preises in kleinste Größen. Tatsächlich werden sich Preis- und Mengenänderungen in „Sprüngen" vollziehen, dies aber wesentlich nur bei der Betrachtung der Nachfrage eines einzelnen Haushalts, wohingegen die Sprünge vernachlässigbar klein werden mit zunehmender Zahl von Nachfragern, wenn die Gesamtnachfrage auf einem Markt betrachtet wird.

Wichtig ist, daß im Regelfall die Größe der nachgefragten Menge sich umgekehrt zur Höhe des Preises verhält: je höher der Preis, um so geringer die Nachfragemenge. Daher fällt die *typische Nachfragekurve* von links nach rechts (wie in Abb. 17 auch gezeigt); die Nachfragefunktion wird als monoton abnehmend angenommen.

Eine Nachfragekurve kann jedoch auch einen atypischen Verlauf aufweisen; ihre Steigung ist in diesem Ausnahmefall positiv: Die nachgefragte Menge steigt bei einer Preiserhöhung. So beobachtete *Robert Giffen* (1837–1910), wie A. Marshall (deutsch: Handbuch der Volkswirtschaftslehre, Band I, 1905, S. 172) mitteilt, daß die Brotnachfrage bei Beziehern geringer Einkommen im England des vorigen Jahrhunderts mit steigendem Brotpreis zunahm. Der steigende Brotpreis verursachte eine Realeinkommensminderung; die dadurch notwendige Einschränkung der Lebenshaltung wurde auf andere Güter ‚umgelegt', während die Leute um so mehr von dem immer noch relativ billigen Lebensmittel Brot verbrauchten („Giffen-Paradox"). Freilich kann die Nachfrage nach Brot bei ständig steigendem Brotpreis nicht fortwährend zunehmen. Sie wird vielmehr nur bis zu einem bestimmten Punkt ansteigen. Die Nachfragekurve zeigt dann im unteren Bereich einen atypischen, im oberen einen typischen Verlauf. Dies wird in Abb. 18 aus einem entsprechenden Indifferenzkurven-System hergeleitet.

Eine gleichsinnige Veränderung von Preis und Nachfragemenge kann nicht nur im beschriebenen Giffen-Fall eintreten, sondern auch dann, wenn ein Gut „Prestige-Wert" („snob value") besitzt, also gerade wegen seines hohen Preises sozialer Auszeichnung dient, für Massenkonsum bei tiefem Preis aber ungeeignet ist: Die individuelle Nachfrage wird bei fallendem Preis geringer werden (*Snob-Effekt*, vgl. § 3, Ziff. 5).

Will man ceteris paribus den Zusammenhang zwischen nachgefragter Menge eines Gutes (q_1) und dem Preis eines anderen Gutes (p_2) untersuchen, also

$$q_1 = f(\overline{p_1}, p_2, \ldots, \overline{p_n}, \bar{c})$$

oder kurz

$$q_1 = f(p_2),$$

so muß man die Fälle der *substitutiven*, *komplementären* und *unverbundenen* Güter unterscheiden (vgl. Bd. I, § 3). Komplementäre Güter ergänzen sich aus der Sicht der Nachfrager (wie z. B. Pfeife und Tabak); von substitutiven Gütern spricht man, wenn sich die Güter gegenseitig ersetzen können (z. B. Streichhölzer und Feuerzeug; Heizöl und Kohle). Man bezeichnet

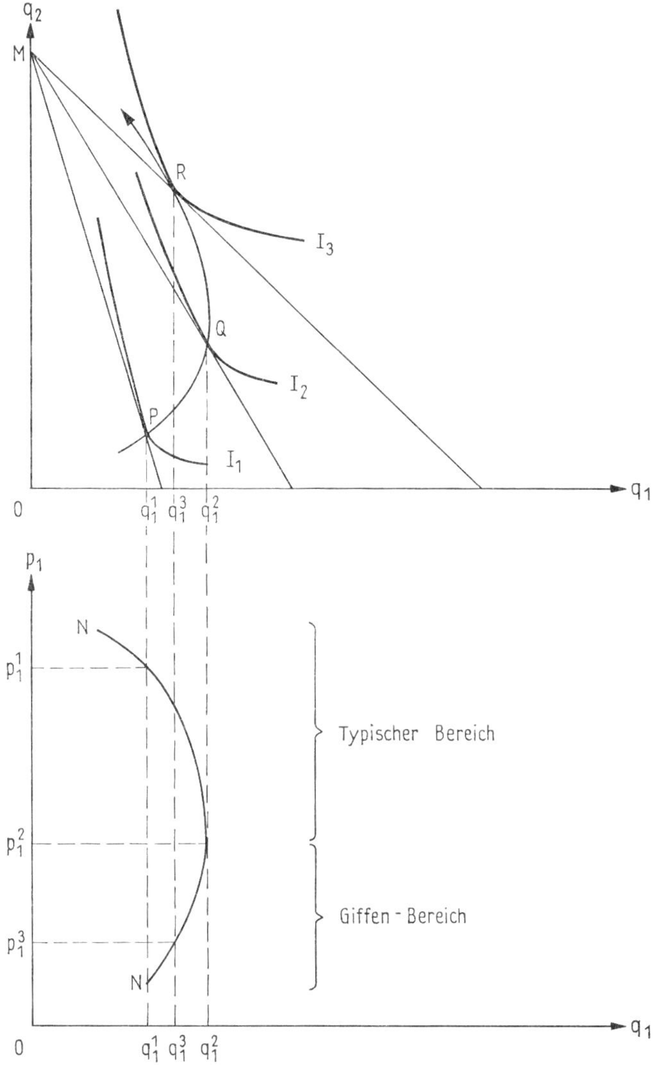

q2
M
R
I3
Q
I2
P
I1
0
q1
q11 q13 q12
p1
N
p11
p12
p13
N
Typischer Bereich
Giffen - Bereich
0
q1
q11 q13 q12

Abb. 18

Güter als unverbundene Güter, wenn in der Vorstellung der Nachfrager keine dieser Verbundenheiten vorliegt.

Besteht zwischen den Gütern 1 und 2 eine komplementäre oder substitutive Beziehung, wird eine Preisänderung für Gut 2 ceteris paribus auf die nachgefragte Menge von Gut 1 einwirken.

Nimmt die Nachfrage nach einem Gut 2 ceteris paribus mit steigendem Preis dieses Gutes ab, wird auch die Nachfrage nach einem dazu komplementären Gut 1 zurückgehen (Abb. 19). Handelt es sich dagegen bei 2 um ein Giffen-Gut, so wird die Nachfrage nach 1 bei konstantem Preis von 1 um so größer sein, je höher p_2 ist.

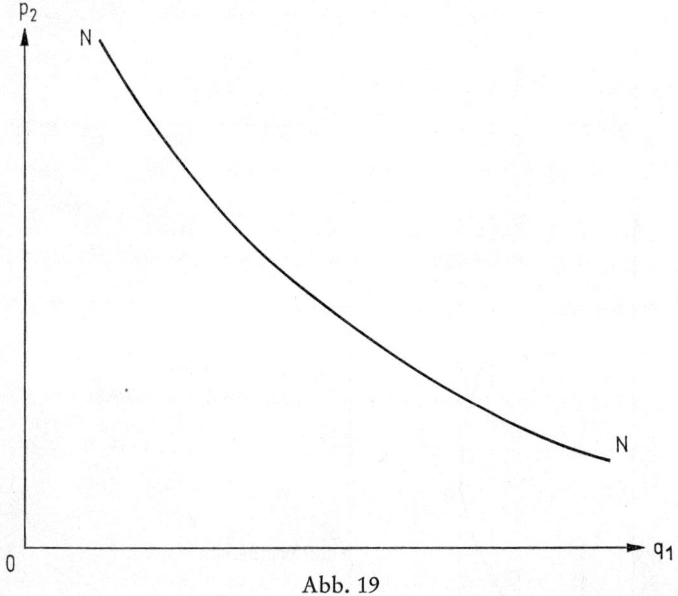

Abb. 19

Besteht zwischen den beiden Gütern eine substitutive Beziehung, so ist im Regelfall die Preiserhöhung für Gut 2 mit einer verstärkten Nachfrage nach Gut 1 verbunden (Abb. 20). Die Stärke der Substitutionsbeziehung zwischen den Gütern spiegelt sich im

Verlauf der Nachfragekurve wider: je enger die substitutive Beziehung der Güter untereinander, um so flacher verläuft die NN-Kurve. Im Fall N_1N_1 (Abb. 20) ist die Substitutionsbeziehung stärker als bei N_2N_2, denn eine Preiserhöhung um Δp_2 bewirkt bei N_1N_1 eine größere Mengenänderung (Δq_1^1) als bei N_2N_2 (Δq_1^2).

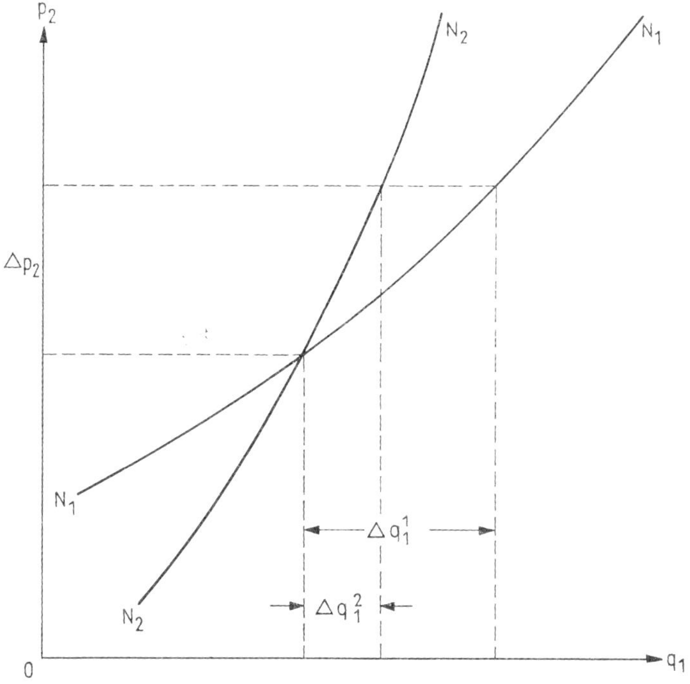

Abb. 20

Im Giffen-Fall ist q_1 um so niedriger, je höher p_2 ist (höheres p_2: größere Nachfrage nach dem Giffen-Gut 2, daher stärkere Substitution von 1 durch 2).

Sind die beiden Güter unverbunden, so wird eine Änderung des Preises für Gut 2 die Nachfrage nach Gut 1 allenfalls über einen

Einkommenseffekt beeinflussen. Bei steigendem Preis von Gut 2 verringert sich die reale Kaufkraft der gegebenen Ausgabensumme. Nur über diesen Einkommenseffekt kann eine Erhöhung von p_2 auf die nachgefragte Menge des unverbundenen Gutes 1 einwirken.

Betrachten wir nun noch ceteris paribus den Einfluß der Konsumsumme c auf die nachgefragte Menge:

$$q_1 = f(\overline{p_1}, \overline{p_2}, \ldots, \overline{p_n}, c)$$

oder einfach

$$q_1 = f(c),$$

so kann man feststellen, in der Regel nimmt die nachgefragte Menge q_1 mit steigender Ausgabensumme zu (typischer Verlauf, Abb. 21). Nur im Fall inferiorer Güter ist eine Erhöhung der Ausgabensumme mit einem Nachfragerückgang verbunden (atypischer Verlauf, Abb. 22). Vgl. diese Aussagen mit denen des § 5, Ziff. 4.

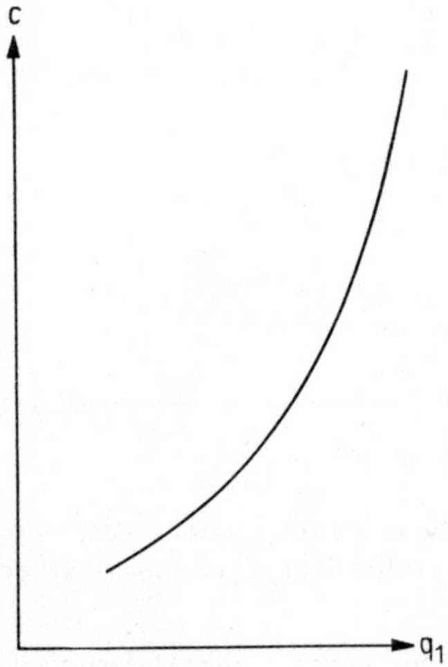

Abb. 21

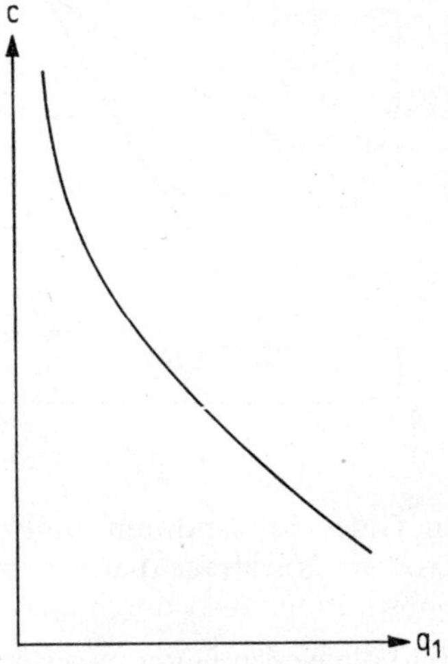

Abb. 22

In der folgenden Übersicht werden die in diesem Kapitel behandelten Nachfragefunktionen zusammengefaßt:

Funktion \ Kurve	nach rechts steigend	nach rechts fallend
$q_1 = f(p_1)$ [$p_2, \ldots, p_n$, c const.]	atypisch (Giffen/Snob)	typisch
$q_1 = f(p_2)$ [$p_1, p_3 \ldots, p_n$, c const.]	komplementäres Gut: atypisch substitutives Gut: typisch	komplementäres Gut: typisch substitutives Gut: atypisch
$q_1 = f(c)$ [$p_1, p_2 \ldots, p_n$ const.]	typisch	atypisch (inferiores Gut)

3. Gesamtnachfragefunktion

Die mengenmäßige Gesamtnachfrage nach einem Gut auf einem (zeitlich und örtlich bestimmten) Markt (vgl. § 15 dieses Bandes) läßt sich aus den individuellen Nachfragekurven der einzelnen Haushalte ermitteln. Es werden dazu die bei jeweils zu alternativen Preisen von allen marktbeteiligten Haushalten nachgefragten Mengen addiert; anders ausgedrückt: Die individuellen Nachfragekurven werden im Wege der horizontalen Aggregation zur Gesamt- oder Marktnachfragekurve vereinigt. In Abb. 23 geschieht dies unter der wiederum vereinfachenden Voraussetzung von lediglich zwei auf dem Markt auftretenden Haushalten a und b.

Es gilt: $Oq^1 = Oq^{a1} + Oq^{b1}$

$$Oq^2 = Oq^{a2} + Oq^{b2} \text{ usw.}$$

Diese horizontale Aggregation ist relativ unproblematisch, sofern angenommen werden darf, die individuellen Nachfragekurven seien nach Form und Lage gegeben. Das würde Konstanz

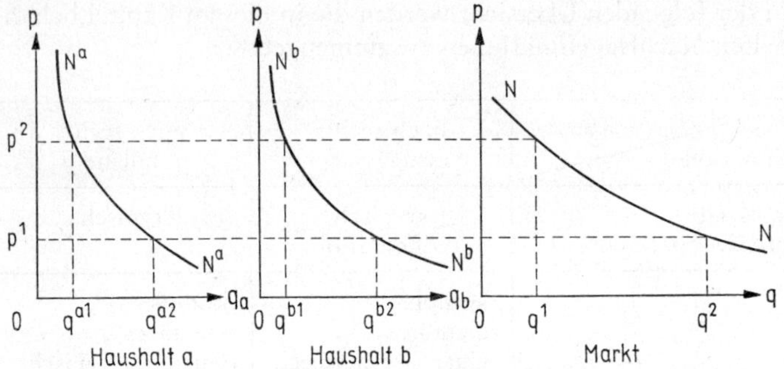

Abb. 23

aller die mengenmäßige Nachfrage beeinflussenden Faktoren mit Ausnahme des Preises des in Rede stehenden Gutes bedeuten. Darf aber eine solche Annahme als sinnvoll angesehen werden? Muß nicht allein auf Grund des Übergangs von der individuellen zur partiellen Ebene der Betrachtung, das heißt von der Analyse eines Nachfragers zu der Untersuchung aller auf einem Markt auftretenden Nachfrager, die ceteris-paribus-Klausel fallen gelassen werden?

Wir stoßen hier auf Grenzen der statischen Partialanalyse, die in einführenden Darstellungen, vergleichbar der vorliegenden, meist kaum beachtet werden. So mag es beispielsweise für die individuelle Analyse angehen, wenn die Konsumsumme des Haushalts als unabhängig von der Menge eines Gutes 1, die der Haushalt nachfragt (q_1), angenommen wird und mithin als unabhängig von dem diese Menge bestimmenden Preis (p_1). Die Konsumsumme ist dann nichts mehr als eine parametrische Konstante der Nachfragefunktion $f(p_1)$, die sich unter allen erörterten Umständen nicht ändert. In marktmäßiger Betrachtung kann das jedoch nicht ohne weiteres sein. Untersuchen wir, wie eine p_1-Änderung die q_1-Mengen verändert, so ist auch zu erwägen, ob nicht über die Mengenänderung eine solche Produktionsänderung bewirkt wird, die das Gesamteinkommen, damit aber auch das Einkommen des einzelnen Haushalts und daher seine Konsumsumme, variiert. Folglich verschöben sich die Nachfragekurven der einzelnen Haushalte, und die oben vorgeführte Darstellung geriete in Widersprüche.

Eine Lösung wird in der weiterführenden Literatur auf verschiedene Weise gesucht: durch Entwicklung des Gegensatzes von kurz- und längerfristiger Analyse, durch Übergang zur dynamischen Betrachtungsweise, durch eingehendere Untersuchung des Verhältnisses von einzelwirtschaftlicher Entscheidung und gesamtwirtschaftlichen Auswirkungen. All das liegt außerhalb des für die Darstellung hier gezogenen Rahmens.

Sehen wir also von dieser Art von Aggregations-Problematik ab, so ist klar, daß vieles von dem, was über individuelle Nachfragefunktionen auszusagen war, auf die Gesamtnachfragefunktion übertragbar ist.

Die Wirkungen, die von Veränderungen der verschiedenen Einflußfaktoren auf die am Markt nachgefragte Menge ausgehen, lassen sich im Preis-Mengen-Diagramm darstellen. Veränderungen des Preises führen unter sonst gleichen Bedingungen zu Bewegungen auf der gegebenen Nachfragekurve. Ändern sich die Parameter der Funktion, d. h. die in der Nachfragefunktion als konstant behandelten Größen, wie die Höhe der Ausgabensumme, so verändert sich die Lage der Kurve.

Eine „Erhöhung der Nachfrage" beispielsweise durch

- Preissteigerungen bei einem substitutiven Gut oder
- Preissenkungen bei einem komplementären Gut oder
- steigendes Einkommen

würde auch in partieller Analyse als Verschiebung der Kurve (nunmehr: der Gesamtnachfragekurve) nach rechts darzustellen sein: Zu jedem Marktpreis p wird – wie Abb. 24 zeigt – eine größere Marktmenge als bisher, $q^2 > q^1$, nachgefragt. Dabei wird es sich in der Regel nicht um eine Parallelverschiebung handeln, doch ist diese als Grenzfall möglich.

Die Gesamtnachfragefunktion drückt also das marktgerichtete Verhalten mehrerer Nachfrager aus. Aber auch Anbieter bilden sich eine Vorstellung darüber, zu welchen Preisen sie welche Mengen absetzen können. Eine derartige Nachfragefunktion,

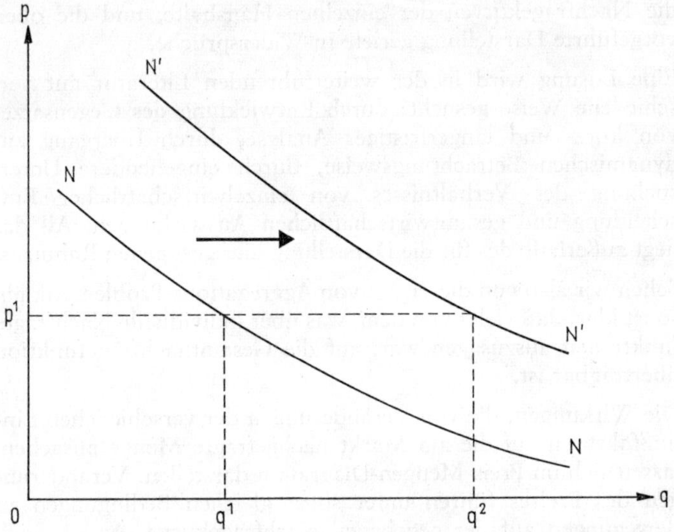

Abb. 24

oft „*Preis-Absatz-Funktion*“ genannt, spiegelt – anders als die erstgenannte – das Verhalten der Nachfrager gesehen mit den Augen des Anbieters („demand as seen by the seller“). Dazu mehr in § 18, Ziff. 1.

§ 7 Elastizität der Nachfrage

1. Elastizitätsbegriffe im Überblick

In der ökonomischen Analyse wird häufig versucht, die Stärke der Wirkung einer variablen Größe auf eine andere numerisch auszudrücken. Wie verändert z. B. eine Einkommensänderung den Konsum, eine Zinsvariation die Investition, eine Erhöhung des Geldlohnes das Angebot von Arbeit usw.? Dabei setzt man regelmäßig die Größe, deren Veränderung bewirkt wird (bzw. bewirkt werden soll), als abhängige Variable in eine funktionale Beziehung zu der bewirkenden Größe als der unabhängigen

Variablen. Dabei bleiben zwar die Kategorien der Kausalität und der Funktionalität in formaler Hinsicht nicht ganz sauber getrennt, das ökonomisch Gemeinte wird jedoch klar.

Die Maßzahl für diese Wirkungsstärke heißt Elastizität. Dieser Begriff wurde im Zusammenhang mit der Theorie der Nachfrage der Idee nach bereits von *Cournot* im Jahre 1838 eingeführt, die Bezeichnung „Elastizität" allerdings prägte erst *Alfred Marshall* (1842–1924): Seine zahlreichen originellen Beiträge zur Wirtschaftstheorie waren Zeitgenossen durch seine einflußreiche Vorlesungstätigkeit längst vertraut, ehe seine „Principles of Economics" 1890 endlich erschienen. Marshall ist Urheber vieler noch heute verwendeter Instrumente der Partialanalyse, nicht nur der Elastizität.

Der Elastizitätsbegriff ist eines der wichtigsten analytischen Werkzeuge des Ökonomen. Wir müssen uns mit ihm daher etwas eingehender befassen.

Als ein Instrument der Analyse kann die „Elastizität" überall dort eingesetzt werden, wo eine funktionale Beziehung zwischen einer abhängigen und einer unabhängigen Variablen vorliegt, also eine Funktion der Form $x = f(y)$.

Elastizität ist definiert als der Quotient

$$\frac{\text{relative (prozentuale) Veränderung der abhängigen Variablen}}{\text{relative (prozentuale) Veränderung der unabhängigen Variablen}}.$$

Sie gibt in einer ersten Annäherung an, um wieviel Prozent die abhängige Variable bei einer einprozentigen Änderung der unabhängigen Variablen variiert.

Es ist $\eta_{x,y}$ die Elastizität von x in bezug auf y:

$$\eta_{x,y} = \frac{dx \cdot 100}{x} : \frac{dy \cdot 100}{y} = \frac{dx}{x} : \frac{dy}{y} = \frac{dx}{dy} : \frac{x}{y}.$$

Die letzte Umformung des Ausdrucks bezeichnet die Elastizität als Verhältnis der Grenzgröße zur Durchschnittsgröße. Anders formuliert gibt die Elastizität das Produkt aus Grenzgröße und dem reziproken Wert der Durchschnittsgröße an:

$$\eta_{x,y} = \frac{dx}{dy} \cdot \frac{y}{x}.$$

Da die Elastizität eine Verhältniszahl ist, ist ihre Größe unabhängig von den verwendeten Maßeinheiten der Variablen (Mengen in kg, Stück usw.; Preise in DM, Pfennigen usw.).

Die Veränderung der abhängigen Variablen steht im Zähler des Elastizitätsausdrucks. Soll nicht, wie bisher, der Einfluß einer y-Änderung auf x, sondern der einer x-Änderung auf y gemessen werden, so wird aus der Funktion $x = f(y)$ die Umkehrfunktion $y = g(x)$ gebildet. Es handelt sich nun nicht mehr um die Elastizität von x in Bezug auf y, sondern um die Elastizität von y in Bezug auf x. Im Elastizitätsausdruck werden Zähler und Nenner vertauscht. Es gilt:

$$\eta_{y,x} = \frac{1}{\eta_{x,y}}.$$

Im folgenden beschränken wir uns zunächst auf Nachfragefunktionen. Dabei sollen Elastizitätsausdrücke gebildet werden für die Nachfragefunktion nach einem Gut 1 im Zwei-Güter-Fall (anstelle der Konsumsumme c fügen wir das Einkommen y ein):

$$q_1 = f(p_1, p_2, y).$$

Werden jeweils zwei der unabhängigen Variablen als konstant angenommen, so gelangt man zu folgenden Elastizitätsbeziehungen, wobei das Symbol η durchweg für Nachfrageelastizitäten verwendet wird:

(a) *Direkte Preiselastizität* der Nachfrage nach Gut 1, das heißt Preiselastizität der Nachfrage nach Gut 1 in bezug auf den Preis von Gut 1 (p_2 und y konstant) gemäß der Funktion $q_1 = f(p_1)$:

$$\eta_{q_1,p_1} = \frac{dq_1}{q_1} : \frac{dp_1}{p_1} = \frac{dq_1}{dp_1} : \frac{q_1}{p_1} = \frac{dq_1}{dp_1} \cdot \frac{p_1}{q_1}.$$

Der reziproke Wert dieses Ausdrucks, also η_{p_1, q_1}, bemißt die Stärke der Reaktion des Preises auf Veränderungen der nachgefragten Menge, bezieht sich also auf die Umkehrfunktion $p_1 = g(q_1)$; er wird nach *H. L. Moore* (Synthetic Economics, 1967, 1. Aufl. 1927, S. 60f.) *Preisflexibilität* genannt. Dabei ist zu beachten, daß sich der Ausdruck Preisflexibilität in der Literatur auch in verschiedenen anderen Bedeutungen findet.

(b) *Kreuz-Preiselastizität* (oder indirekte Preiselastizität) der Nachfrage nach Gut 1, das heißt Preiselastizität der Nachfrage nach Gut 1 in bezug auf den Preis des Gutes 2 (p_1 und y konstant) gemäß der Funktion $q_1 = f(p_2)$:

$$\eta_{q_1,p_2} = \frac{dq_1}{q_1} : \frac{dp_2}{p_2} = \frac{dq_1}{dp_2} : \frac{q_1}{p_2} = \frac{dq_1}{dp_2} \cdot \frac{p_2}{q_1}.$$

(c) *Einkommenselastizität* der Nachfrage nach Gut 1, das heißt Elastizität der Nachfrage nach Gut 1 in bezug auf das Einkommen des Haushalts (p_1 und p_2 konstant) gemäß der Funktion $q_1 = f(y)$:

$$\eta_{q_1,y} = \frac{dq_1}{q_1} : \frac{dy}{y} = \frac{dq_1}{dy} : \frac{q_1}{y} = \frac{dq_1}{dy} \cdot \frac{y}{q_1}.$$

Es wäre selbstverständlich auch möglich, die nachgefragte Menge auf die Konsumsumme (Ausgabensumme) zu beziehen, wie es im vorhergehenden Paragraphen geschah, gemäß der Funktion $q_1 = f(c)$. Dann hätten wir von der Ausgabenelastizität der Nachfrage zu sprechen: $\eta_{q_1,c}$. Üblicher ist jedoch, vor allem in empirischen Untersuchungen, wo Einkommenswerte eher als Konsumwerte zur Verfügung stehen, der Begriff Einkommenselastizität.

Im folgenden werden die drei Elastizitätsausdrücke näher betrachtet.

2. Direkte Preiselastizität

Die direkte Preiselastizität der Nachfrage

$$\eta_{q_1,p_1} = \frac{dq_1}{q_1} : \frac{dp_1}{p_1}$$

gibt an, wie stark die nachgefragte Menge eines Gutes bei einer Preisänderung für dieses Gut variiert. Ist die Elastizität (absolut) größer als eins, die Mengenänderung der Nachfrage bei einer einprozentigen Preisänderung also größer als 1%, spricht man von *elastischer Nachfrage*. Ist die Elastizität (absolut) kleiner als eins (die prozentuale Nachfrageänderung also kleiner als die prozentuale Preisänderung), so sagt man, die Nachfrage sei *unelastisch*. Markante, für die ökonomische Analyse besonders wichtige Fälle sind:

Elastizität in Höhe von eins, Elastizität gleich Null (vollkommen unelastische Nachfrage) und Elastizität mit dem Wert unendlich (vollkommen elastische Nachfrage).

Im Regelfall verändern sich Preis und Nachfragemenge entgegengesetzt, so daß der Elastizitätsausdruck negativ ist.

Ausnahmefälle gleichsinniger Veränderung von Preis und Nachfragemenge sind Giffen-Fall und Snob-Effekt, die wir schon dargestellt haben (§ 6, Ziff. 2). In diesen Ausnahmefällen ist die direkte Preiselastizität der Nachfrage positiv.

In der Elastizitätsanalyse wird häufig — Marshall folgend — der absolute Betrag des Elastizitätswertes verwendet. Man kann dazu gelangen, indem alle Elastizitäten, die in der bisher gegebenen Definition einen negativen numerischen Wert liefern würden, wie zum Beispiel die direkte Preiselastizität der Nachfrage im Regelfall (nach rechts fallende Nachfragekurve), von vornherein negativ definiert werden:

$$\eta_{q_1, p_1} = -\frac{dq_1}{q_1} : \frac{dp_1}{p_1}.$$

Wir schließen uns bis auf weiteres diesem Vorgehen an.

Allgemeine Plausibilitätsüberlegungen legen nahe, die (im Einzelfall empirisch festzustellende) direkte Preiselastizität der Nachfrage in der Regel für gering zu halten bei Gütern dringenden Bedarfs mit geringer Substitutionsmöglichkeit und Gütern, die in der Verwendung eng mit anderen Gütern verbunden sind (komplementäre Güter). Sie wird groß sein bei Gütern nicht lebensnotwendigen Bedarfs („Luxusgüter“), bei Gütern, deren Preis im Verhältnis zum Einkommen hoch ist (z. B. langfristige

Gebrauchsgüter) und Gütern mit Ersatzmöglichkeiten durch und für andere Güter (substitutive Güter). Mit höherem Einkommen wird die direkte Preiselastizität der Nachfrage im allgemeinen abnehmen, da die Ausnutzung kleiner Preisveränderungen durch Veränderung der nachgefragten Menge weniger dringlich wird.

Für die Elastizität der Gesamtnachfrage ist außerdem von Bedeutung, ob bei Preisveränderungen ganze Käuferschichten hinzutreten oder abwandern.

Regelmäßig wird die Elastizität langfristig größer sein als kurzfristig, da die Anpassung an veränderte Preise — in den Verbrauchsgewohnheiten wie in der technischen Nutzung des Gutes — Zeit erfordert.

Zur Illustration werden einige empirische Werte als Ergebnisse von Preiselastizitätsmessungen angeführt:

Gut	direkte Preiselastizität der Nachfrage (gemessen für Schweden)
Fleisch	0,50
Butter und Margarine	0,70
Mehl	0,15
Zucker	0,35

Quelle: Herman Wold, Demand Analysis. A Study in Econometrics, Stockholm, New York 1952, S. 22.

Gut	direkte Preiselastizität der Nachfrage (gemessen für Bundesrepublik Deutschland)
Elektrizität	0,581
Gas	1,823
Kohlen u. ä.	2,142
Heizöl	0,61
Kraftstoff	0,634

Quelle: Rainer Rau, Preis- und Ausgabenelastizitäten für die Nachfrage der Privaten Haushalte nach Energieträgern, in: Mitteilungen des Rheinisch-Westfälischen Instituts für Wirtschaftsforschung, 25. Jg., 1974, S. 127ff.

Gut	direkte Preiselastizität der Nachfrage (gemessen für USA)
Porzellan, Glas etc.	1,54 kurzfristig 2,55 langfristig
Autoersatzteile und -zubehör	0,86 kurzfristig 1,19 langfristig
Sport- und Spielausrüstungen	0,88 kurzfristig 2,38 langfristig
Radio- und Fernsehreparaturen	0,47 kurzfristig 3,84 langfristig
Film/Kino	0,87 kurzfristig 3,66 langfristig

Quelle: H. S. Houthakker und L. D. Taylor, Consumer Demand in the United States: Analyses and Projections, 2nd Edition, Cambridge (Mass.) 1970, S. 82, 110, 125, 128, 130.

Die direkte Preiselastizität der Nachfrage kann mit Hilfe eines graphischen Verfahrens gemessen werden. Dies sei an einer linearen Nachfragekurve AB (in Abb. 25) demonstriert. Es ist zu beachten, daß die Neigung der Nachfragekurve nur die absoluten Änderungen von Mengen und Preisen erkennbar macht, nicht die relativen und damit auch nicht die Elastizität der Nachfrage. Eine lineare Nachfragekurve hat zwar eine konstante Neigung $\left(\frac{dq}{dp} = \text{konstant}\right)$, aber ihre Elastizität ist nicht konstant, weil $\frac{p}{q}$ variiert. Diese ist für jeden Punkt der Kurve zu bestimmen („Punktelastizität").

Für den Punkt P (Abb. 25) gilt:

$$\operatorname{tg}\alpha = \frac{dq}{dp} = \frac{OB}{OA} = \frac{CB}{CP},$$

$$\operatorname{tg}\beta = \frac{p}{q} = \frac{CP}{OC}.$$

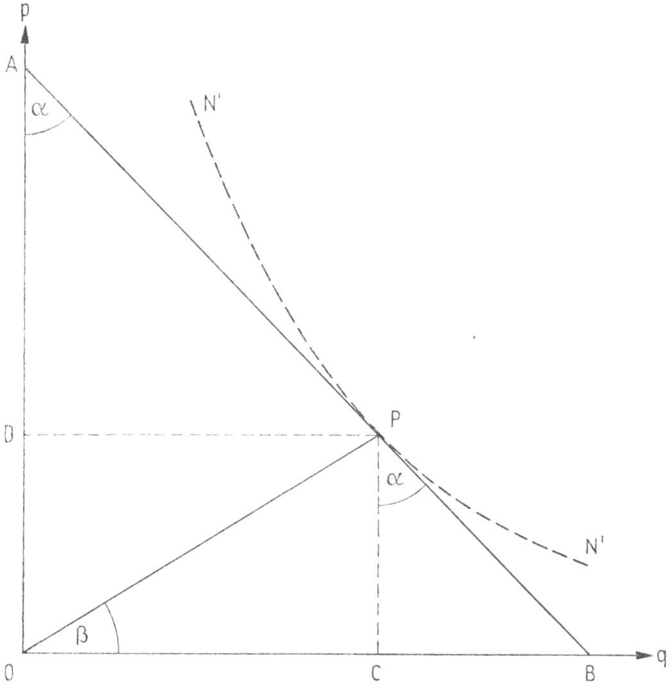

Abb. 25

Daher ist

$$\eta_{q,p} = \frac{dq \cdot p}{dp \cdot q} = \frac{CB \cdot CP}{CP \cdot OC} = \frac{CB}{OC} = \frac{PB}{PA} \text{ (Strahlensatz).}$$

Für den Leser, dem der Strahlensatz – dieser fundamentale Satz der euklidischen Geometrie – nicht gegenwärtig ist: Werden zwei von einem Punkt S ausgehende Strahlen a und b von zwei Parallelen c und d geschnitten, so verhalten sich die Längen der auf dem einen Strahl erzeugten Strecken wie die Längen der entsprechenden Strecken auf dem anderen, und die Längen der parallelen Strecken zwischen den Strahlen verhalten sich wie die

Längen der von S aus bis zu ihnen gemessenen Strecken eines Strahls.

Als allgemeine Regel ergibt sich: Die Elastizität von q in bezug auf p in einem Punkt P der linearen, typischerweise nach rechts fallenden Nachfragekurve AB ist dargestellt durch das Verhältnis von PB zu PA, die Strecke vom Abszissenschnittpunkt bis zum Punkt P dividiert durch die Strecke von P bis zum Ordinatenschnittpunkt.

Ist (wie in der Regel) die Nachfragekurve nicht linear (gestrichelte Kurve N'N' in Abb. 25), so ist in dem Punkt, für den die Elastizität bestimmt werden soll (P), die Tangente an die Nachfragekurve zu legen. Da die Elastizität in P von der Neigung der Kurve in P und den Koordinaten dieses Punktes abhängt — beide sind hier für Kurve und Tangente identisch — wird die Elastizität für den Punkt P der Kurve durch die Abschnitte der an P angelegten Tangente gemessen. Ist z. B. PB doppelt so groß wie PA, so würde ein Preisfall um 1% näherungsweise eine Erhöhung der nachgefragten Menge um 2% hervorrufen, die Elastizität der Nachfrage am Punkt P wäre also 2.

Da im Punkt B (Abb. 25) $p = 0$, ist auch $\frac{p}{q} = 0$, daher $\eta_{q,p} = 0$.

Bei der Bewegung gegen A wächst p, und q geht gegen Null, daher geht η gegen ∞. Im Punkt A mit $q = 0$ ist die Elastizität $\eta_{q,p}$ unendlich groß.

Die Preiselastizität der Nachfrage kann also alle Werte zwischen Null und unendlich annehmen (Abb. 26).

Nachfragekurven, die in jedem Punkt die gleiche Elastizität haben, heißen *iso-elastisch*. Eine Kurve, die in jedem Punkt eine Elastizität von (minus) 1 aufweist, hat die Form einer gleichseitigen Hyperbel mit den Koordinaten als Asymptoten (Abb. 27). Sie wird als „constant outlay curve“ bezeichnet, da die Ausgabensumme als Produkt aus Preis mal Menge bei jedem Preis gleich bleibt. Eine Kurve mit gleichbleibender Elastizität in Höhe von Null steht senkrecht auf der Mengenachse, mit gleichbleibender Elastizität in Höhe von ∞ senkrecht auf der Preisachse (Abb. 27).

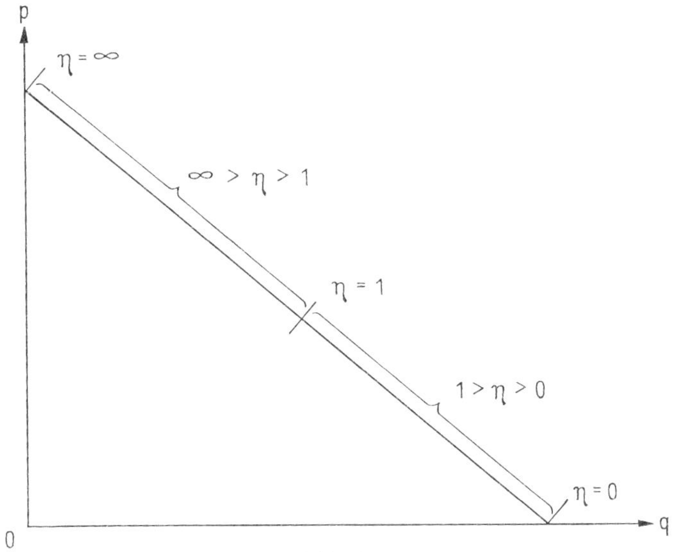

Abb. 26

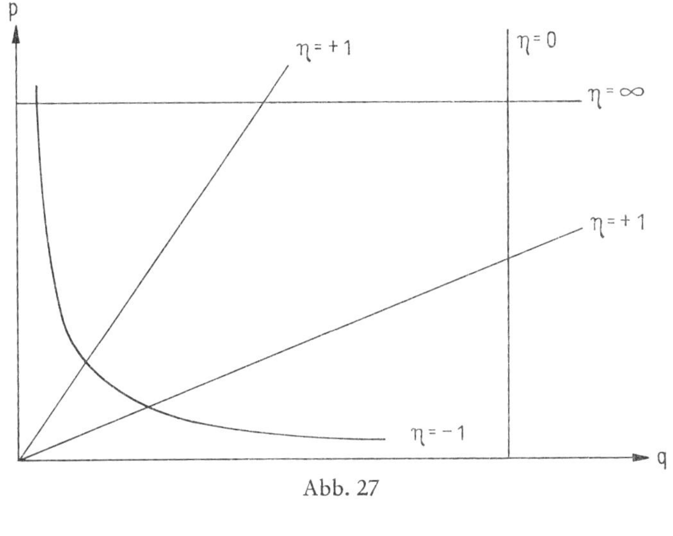

Abb. 27

Dies läßt sich einfach begründen. Die Formel für iso-elastische Kurven lautet:

$$q = p^{\eta} \cdot k.$$

In unserem Falle ist q die Nachfragemenge und p der Preis eines Gutes, es handelt sich also bei η um die direkte Preiselastizität der Nachfrage. Das Symbol k steht für eine beliebige Konstante. k und η sind Parameter von Kurvenscharen.

η kann beliebige Werte annehmen. Als Faustregel darf gelten, daß $\eta > 0$ Parabeln, $\eta < 0$ Hyperbeln ergibt. Vier Fälle sind von besonderem Interesse, drei davon wurden schon erwähnt (vgl. Abb. 27):

a) Für $\eta = 0$ gilt: $q = p^0 \cdot k = k$.

   Die Kurven verlaufen als Geraden parallel zur p-Achse.

b) Für $\eta = 1$ gilt: $q = p \cdot k$.

   Die Kurven verlaufen als Geraden aus dem Ursprung des Koordinatenkreuzes nach rechts ansteigend. Das Steigungsmaß ist gegeben durch $\frac{1}{k}$.

c) Für $\eta = -1$ gilt: $q = p^{-1} \cdot k = \frac{k}{p}$, also $q \cdot p = k$.

   Dabei wurde das Vorzeichen nicht in der oben angegebenen Weise zu plus bereinigt(!). Es handelt sich um die schon erläuterten gleichseitigen Hyperbeln mit den Koordinaten als Asymptoten.

d) Schließlich gilt für $\eta = \infty$: $q = p^{\infty} \cdot k = \infty$ (für jedes $p > 1$).

   Ist der Differentialquotient $\frac{dq}{dp} = \infty$, nimmt auch die Elastizität den Wert ‚unendlich' an. Das ist immer der Fall, wenn Nachfragekurven parallel zur Achse der abhängigen Variablen q verlaufen.

3. Die Amoroso-Robinson-Relation

Bedeutsam für die Beurteilung einer gegebenen Marktsituation ist der Zusammenhang zwischen direkter Preiselastizität der Nachfrage und den Ausgaben der Verbraucher.

Die Ausgabensumme A eines Haushalts für ein Gut ist das Produkt aus Menge q und Preis p ($A = q \cdot p$). In Umkehrung der bisher betrachteten Funktion $q = f(p)$ soll – durch die marktmäßige Betrachtungsweise gerechtfertigt – nun der Preis als abhängig von der gekauften Menge behandelt werden: $p = f(q)$. Dann ist die Ausgabensumme:

$$A = q \cdot f(q).$$

Der Preis pro Mengeneinheit ist danach $\frac{A}{q} = f(q) = p$.

Gefragt wird nach der Veränderung der Ausgaben A bei einer sehr kleinen (infinitesimalen) Änderung der nachgefragten Menge. Man erhält die Grenzausgabe des Nachfragers durch Differentiation der obigen Ausgabengleichung (bei Anwendung der Produktregel der Differentialrechnung mit einer unabhängigen Variablen):

$$\begin{aligned}\frac{dA}{dq} &= p + q\,\frac{dp}{dq}\\ &= p\left(1 + \frac{q}{p}\cdot\frac{dp}{dq}\right)\\ &= p\left(1 + \frac{1}{\frac{p}{q}\cdot\frac{dq}{dp}}\right).\end{aligned}$$

Im Nenner erkennt man den Ausdruck der Elastizität der Nachfrage in bezug auf den Preis, also $\eta_{q,p}$. Berücksichtigen wir, daß für eine nach rechts fallende (typische) Nachfragekurve die Elastizität negativ definiert wurde $\left(\eta_{q,p} = -\frac{p}{q}\cdot\frac{dq}{dp}\right)$, so sind die Grenzausgaben gegeben durch:

$$\frac{dA}{dq} = p \cdot \left(1 - \frac{1}{\eta}\right).$$

Diese Beziehung zwischen Grenzausgabe, Preis (Durchschnittsausgabe) und Preiselastizität der Nachfrage wird als „*Amoroso-Robinson-Relation*" bezeichnet (nach Luigi Amoroso, La curva statica di offerta, 1930, und Joan Robinson, The Economics of Imperfect Competition, 1933). Sie zeigt, daß bei elastischer Nachfrage ($\eta > 1$) die Grenzausgabe positiv ist, die Ausgaben bei einer höheren nachgefragten Menge also größer werden. Ist $\eta = 1$, so ist die Grenzausgabe Null, die Ausgaben bleiben für infinitesimale Mengenänderungen unverändert, sie haben ihr Maximum erreicht. Wird die Elastizität der Nachfrage $\eta < 1$ (unelastische Nachfrage), so wird die Grenzausgabe negativ und die Ausgaben sinken bei einer Erhöhung der Nachfragemenge.

Diese Zusammenhänge kann man sich auch intuitiv klar machen. Bei z. B. fallendem Preis und daher steigender Nachfragemenge wirken Preisrückgang ausgabensenkend und Mengenzunahme ausgabensteigernd. Bei einer angenommenen Elastizität $\eta > 1$ überwiegt definitionsgemäß die Mengenwirkung, das heißt die Ausgaben steigen bei Preissenkung.

Aus der Amoroso-Robinson-Relation folgt ferner: Preis und Grenzausgabe stimmen nur bei einer Elastizität von ∞ überein. Für jeden endlichen Wert der Preiselastizität ist die Grenzausgabe kleiner als der Preis und zwar um den Betrag $\frac{p}{\eta}$. Die Differenz zwischen Preis und Grenzausgabe ist also um so größer, je kleiner die Preiselastizität (absolut) ist.

In verschiedenen Lehrbüchern wird das Vorzeichen in der Amoroso-Robinson-Relation unterschiedlich gewählt. Das sollte nach dem Gesagten den Leser nicht verwirren. Es kommt ja offenbar darauf an, daß der Preis, mit Ausnahme der Elastizität gleich ∞, stets höher als die Grenzausgabe ist, weil auf die Grenzausgabe zwei Effekte (hier: Preissenkung und Mengensteigerung) entgegengesetzt einwirken. Je nach der ursprünglichen Definition von η ergibt sich der gewünschte Effekt bei positivem oder bei negativem Vorzeichen in der Relation.

In Abb. 28 wird für die Funktion $p = f(q)$ die Gleichung $p = 5 - 0{,}5\,q$ angenommen. Als graphische Darstellung dieser Nachfragefunktion ergibt sich die Gerade MN.

Die Gleichung für die Ausgabensumme erhält man durch Multiplikation von Menge und Preis:

$$A = q \cdot p = q \cdot (5 - 0{,}5\,q) = 5\,q - 0{,}5\,q^2.$$

Nach Einsetzen der Werte 0, 1, 2, . . ., für q ergibt sich daraus die Kurve der gesamten Ausgaben, in diesem Falle eine Parabel.

Schließlich ergibt die Differentiation der Gleichung der Ausgabensumme $A = 5\,q - 0{,}5\,q^2$ nach q die Gleichung der Grenzausgaben:

$$\frac{dA}{dq} = 5 - q.$$

Nach Einsetzen der Werte 0, 1, 2, . . ., für q erhält man die Kurve der Grenzausgaben (MT).

Geometrische Darstellungen dieser Art werden in der ökonomischen Analyse vielfach verwendet, z. B. für die Beziehung zwischen Kostensumme („Gesamtkosten"), Stückkosten und Grenzkosten bei veränderten Produktionsmengen eines Gutes (vgl. § 13). Die folgenden geometrischen Beziehungen gelten dann analog.

Die Ausgabenkurve stellt die Ausgabensumme bei den verschiedenen, auf der Abszisse abgezeichneten Mengen q dar. Bei $q = 4$ im Punkt E z. B. sind sie $A = ED = 12$. Zugleich sind die Ausgaben dargestellt durch den Inhalt des Rechtecks OEBC, nämlich als Produkt der Menge $q = OE = 4$ mit dem Preis pro Stück $p = OC = 3$. Den Preis pro Stück erhält man als Quotienten von Gesamtausgaben durch Stückzahl, also

$$p = \frac{A}{q} = \frac{DE}{OE} = \frac{12}{4} = 3.$$

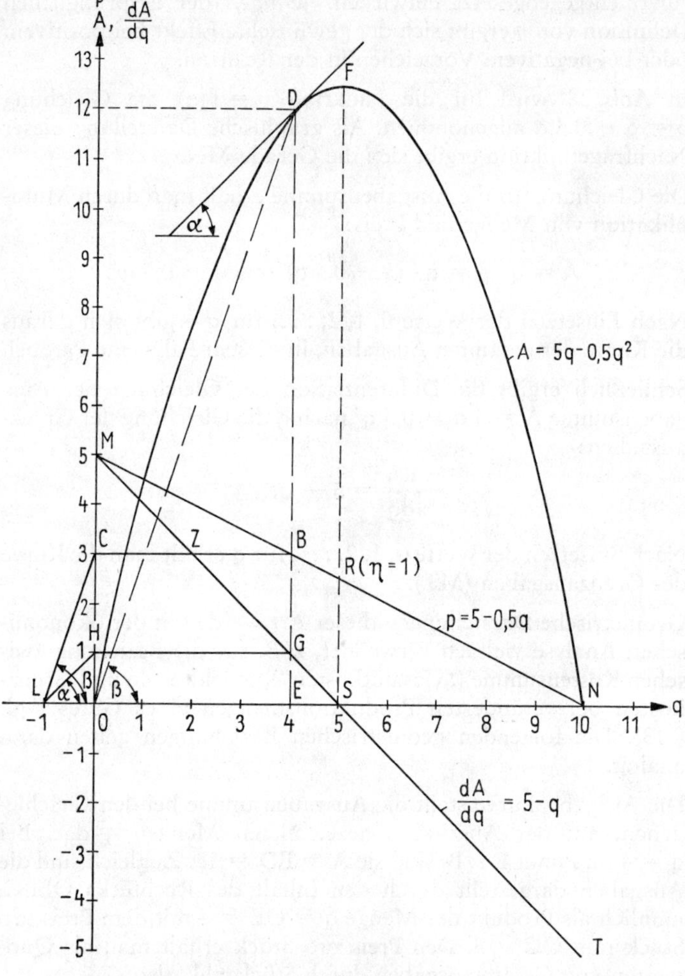
p
A, dA/dq
13
12
11
10
9
8
7
6
5
4
3
2
1
-1
-2
-3
-4
-5
F
D
α
A = 5q − 0,5q²
M
C
Z
B
R(η = 1)
p = 5 − 0,5q
H
G
L
α
β
β
E
S
N
q
-1
0
1
2
3
4
5
6
7
8
9
10
11
dA/dq = 5 − q
T

Abb. 28

In geometrischer Darstellung ergibt sich p als tg β. Dieser wird ersichtlich bei wachsender Größe von q kleiner, das bedeutet, bei zunehmender nachgefragter Menge fällt der Preis. Die Ausgaben nehmen zu im Bereich $\eta > 1$ der Nachfragekurve MN. Sie erreichen ihr Maximum bei der Menge q = OS = 5 und haben hier die Höhe von A = SF = 12,5; die direkte Preiselastizität der Nachfrage im Punkt R der Kurve MN ist bei dieser Menge $\eta = 1$. Im Bereich $\eta < 1$ nehmen die Ausgaben bei steigender Menge ab. Sie werden Null bei der Menge q = ON = 10 (wo p = 0).

Ähnliche Aussagen lassen sich über die Grenzausgaben treffen; Ausdruck dieser marginalen Veränderungen der Ausgabensumme A ist die Kurve MT. Sie ergibt sich aus der Steigung der Ausgabenkurve, genauer: aus den Steigungen der Tangenten an jedem Punkt der Ausgabenkurve. Im Beispiel der Abb. 28 sind deren Werte von Null bis zur Menge q = OS = 5 positiv, bei dieser Menge Null und danach negativ. Daher geht die Kurve der Grenzausgaben im Punkt S aus dem positiven in den negativen Bereich über. Dasselbe ergibt sich aus der Gleichung der Kurve der Grenzausgaben, die durch Differentiation der Gleichung für A nach q als $\frac{dA}{dq} = 5 - q$ gewonnen wurde. Bei q = 5 wird der Quotient Null, vorher ist er positiv, nachher negativ. Die Grenzausgabe am Punkt D der Ausgabenkurve ist gegeben durch tg α ($\alpha = 45°$, tg $45° = 1$), also gleich EG = 1. Man findet G, indem man α am Punkt L abträgt (OL = |1|). Dann erhält man tg α = OH : OL = OH : 1 = OH = GE = 1. Entsprechend erhält man durch Einzeichnen des Winkels β in L die Höhe des Preises (der Durchschnittsausgabe) zu tg β = OC : OL = OC : 1 = OC = EB = 3.

Schließlich ist die Ausgabensumme bei einer bestimmten Nachfragemenge q gleich der Summe der Grenzausgaben bis zu dieser Menge, nämlich aller Ausgabenzuwächse von der Menge q = 0 an. So sind bei der Menge q = OE die gesamten Ausgaben einmal dargestellt durch die Fläche OEBC (Menge mal Stückpreis), zum andern durch die Fläche MOEG (Summe der Grenzausgaben). Die Kurve der Grenzausgaben MT kann daher gefunden werden, indem man CB in Z halbiert und die Punkte M, Z und G miteinander verbindet; MCZ und ZGB sind kongruente Dreiecke.

Die Bedeutung der Amoroso-Robinson-Relation als Beziehung zwischen Grenzausgaben, Preis und Elastizität wird in Abb. 28 anschaulich.

Zum Beispiel sind bei q = OE und p = EB die Grenzausgaben EG, das heißt, die Differenz zwischen Preis und Grenzausgaben ist BG. Sie nimmt ersichtlich zu, wenn die Elastizität von M aus nach N ständig kleiner wird.

Durch Einsetzen verschiedener Werte für η ergeben sich zum Beispiel die Grenzausgaben gemäß der Relation

$$\frac{dA}{dq} = p\left(1 - \frac{1}{\eta}\right)$$

wie folgt:

Elastizität	$= \infty$	2	1	0,5	0,1
Grenzausgaben	$= p$	0,5p	0	−p	−9p

Durch Einsetzen geometrisch ermittelter Werte in die Formel ergibt sich z. B.:

$$EG = EB\left(1 - \frac{1}{\frac{NB}{BM}}\right).$$

Die hier aufgeführten Beziehungen spielen nicht nur in der Theorie der Haushaltsnachfrage eine Rolle. Sie finden auch Anwendung zur Bestimmung des Angebotes eines Gutes.

Die Ausgaben der Nachfrager (Käufer) entsprechen dem Umsatz (Erlös) der Anbieter (Verkäufer). Die Ausgabenfunktion ist vom Standpunkt der Anbieter gesehen eine Umsatzfunktion:

$$U = q \cdot f(q).$$

Durch deren Differentiation erhält man den Grenzumsatz (oder Grenzerlös) des Anbieters. Die Amoroso-Robinson-Relation zeigt dann den Zusammenhang zwischen Grenzumsatz, Preis (Durchschnittsumsatz oder -erlös) und Preiselastizität der Nachfrage auf:

$$\frac{dU}{dq} = p\left(1 - \frac{1}{\eta}\right).$$

4. Kreuz-Preiselastizität

Die relative Veränderung der nachgefragten Menge eines Gutes 1 im Verhältnis zur relativen Preisveränderung eines Gutes 2 (bei Konstanz der übrigen, die Nachfrage nach 1 beeinflussenden Größen) wird als Kreuz-Preiselastizität bezeichnet:

$$\eta_{q_1, p_2} = \frac{dq_1}{q_1} : \frac{dp_2}{p_2}.$$

Das Gut 1, dessen Preis unverändert bleibt, wird durch die Preisveränderung von Gut 2 relativ billiger oder teurer. Handelt es sich bei 1 und 2 um substitutive Güter, so wird im Normalfall bei einer Preiserhöhung von Gut 2 die Nachfragemenge von Gut 1 zunehmen, denn Gut 1 ist bei konstantem (absoluten) Preis relativ billiger geworden. Sinkt p_2 bei Konstanz von p_1, so wird Gut 1 relativ teurer, die Nachfrage nach diesem Gut wird zurückgehen. Die mengenmäßige Nachfrage nach Gut 1 verändert sich gleichsinnig zur Preisveränderung von Gut 2; das Vorzeichen des Elastizitätsausdrucks für substitutive Güter ist positiv.

Im Grenzfall einer Kreuz-Preiselastizität von $+\infty$ sind beide Güter vollständige Substitute, das heißt, sie sind in den Augen der Nachfrager völlig gleichartig (es wird z. B. kein Unterschied zwischen Zigaretten verschiedener Marken gesehen).

Handelt es sich um komplementäre Güter, so wird sich im Normalfall nicht nur die Nachfragemenge von Gut 2, sondern auch von Gut 1 entgegengesetzt zur Preisveränderung von Gut 2 verändern; das Vorzeichen des Elastizitätsausdrucks für komplementäre Güter ist negativ, sofern wir es nicht durch eine entsprechende Definition des Elastizitätsbegriffs positiv machen, wie oben gezeigt wurde.

Ist die Kreuz-Preiselastizität auch numerisch gleich der direkten Preiselastizität, so sind die Güter in den Augen der Nachfrager vollständig komplementär; sie müssen zur Erzielung eines bestimmten Effekts in einem festen, gleichbleibenden Mengenverhältnis zusammenwirken. (Z. B. Griff und Klinge, die zu einem einzigen Gut ‚Messer' werden: Steigt etwa der Klingenpreis um 1 % und fällt daher die Klingennachfrage um 2 %, so fällt auch die Griffnachfrage bei konstantem Griffpreis um 2 %, weil niemand mit einem Griff allein etwas anfangen kann).

Bleibt die Nachfrage nach Gut 1 bei Preisbewegungen von Gut 2 unverändert, so sind die Güter unverbunden. Die Kreuz-Preiselastizität ist Null. Das gilt, sofern von Realeinkommenswirkungen der p_2-Variation abgesehen werden kann.

In dieser Weise kann sich die Art der Verbundenheit oder die Unverbundenheit zweier Güter in der Nachfrage durch die Kreuz-Preiselastizität ausdrücken lassen.

Ein der Kreuz-Preiselastizität formal entsprechender Ausdruck wird auch in der Marktformenlehre verwandt („*Triffin-Koeffizient*", vgl. § 16, Ziff. 4). Dabei handelt es sich aber nicht nur um eine Beziehung zwischen Mengen und Preisen verschiedener Güter allein, sondern auch um eine Beziehung zwischen verschiedenen Anbietern (Preissetzung des einen — Absatzmenge eines anderen).

5. Einkommenselastizität

Sie ist als das Verhältnis der relativen Änderung der mengenmäßigen Nachfrage nach einem Gut zu der relativen Änderung des Einkommens definiert. Die untersuchte Funktion ist also:

$$q = f(y),$$

die Preise des betrachteten Gutes und aller anderen Güter werden dabei als konstant angenommen. Der Elastizitätsausdruck lautet:

$$\eta_{q,y} = \frac{dq}{q} : \frac{dy}{y} .$$

Die Einkommenselastizität der Nachfrage ist in der Regel positiv, da — wie oben gezeigt wurde — die mengenmäßige Nachfrage mit steigendem Einkommen zunimmt (vgl. § 5, Ziff. 4). Nur im Ausnahmefall der „inferioren" Güter nimmt $\eta_{q,y}$ negative Werte an.

Da der Preis des betrachteten Gutes p_1 konstant gehalten wird, gibt die Einkommenselastizität gleichzeitig an, wie sich die monetäre Nachfrage (die Ausgabe für das Gut) infolge der Einkommensvariation ändert:

$$\eta_{q_1,y} = \frac{dq_1}{dy} : \frac{q_1}{y} = \frac{dq_1 \overline{p_1}}{dy} : \frac{q_1 \overline{p_1}}{y} .$$

Aus diesem Grund erfolgt die numerische Bestimmung von Einkommenselastizitäten auch mit Hilfe von Angaben über die für die einzelnen Güter getätigten Ausgaben.

Die Einkommenselastizität sinkt um so stärker, je mehr durch steigendes Einkommen der „Sättigungspunkt" des Bedarfs nach dem betreffenden Gut erreicht wird. Z. B. ist anzunehmen, daß die Ausgaben für Salz oder Margarine sehr bald eine nur äußerst geringe Einkommenselastizität haben. Die Ausgaben für „inferiore" Güter nehmen ja sogar bei steigendem Einkommen absolut ab, weil sie durch qualitativ höherwertige Güter ersetzt werden. Dagegen wird die Elastizität für Luxusgüter hoch sein. Güter, deren Beschaffung zu den Routine-Ausgaben des Haushalts gehört, haben eine geringere Elastizität als solche, die aus „überschüssigem" Einkommen gekauft werden.

Die Statistiker *Ernst Engel* und *Hermann Schwabe*, Begründer der deutschen Wirtschaftsstatistik, stellten 1857 bzw. 1886 die nach ihnen genannten „Gesetze "auf, wonach die Ausgaben für Nahrungsmittel einerseits, für Wohnung andererseits mit steigendem Einkommen zwar absolut zunehmen, relativ aber abnehmen. Die Einkommenselastizität ist positiv und kleiner als 1.

In der folgenden Tabelle sind einige empirische Werte für ausgewählte Güter zusammengestellt:

Gut	Einkommenselastizität der Nachfrage (gemessen für Schweden)
Fleisch	0,30
Butter und Margarine	0,60
Mehl	−0,55
Zucker	0,30

Quelle: Herman Wold, Demand Analysis. A Study in Econometrics, Stockholm, New York 1952, S. 22.

Gut	Einkommenselastizität der Nachfrage (gemessen für USA)
Auto und Autozubehör	2,92 kurzfristig
	1,49 langfristig
Möbel und Hausrat	1,62 kurzfristig
	1,25 langfristig

Quelle: H. S. Houthakker und L. D. Taylor, Consumer Demand in the United States: Analysis and Projections, 2nd Edition, Cambridge (Mass.) 1970, S. 189.

Ist die Elastizität der Nachfrage nach einem Gut in bezug auf den Preis gering, aber in bezug auf das Einkommen hoch, so wird sich das — bei zugleich geringer Elastizität des Angebots in bezug auf den Preis — in Rezessionen mit sinkendem Einkommen für die Absatzlage besonders ungünstig auswirken.

III. Produktionsunternehmungen und ihre Wirtschaftsplanung

§ 8 Unternehmungen

1. Unternehmungen im Modell der Verkehrswirtschaft

Die Volkswirtschaftslehre betrachtet grundsätzlich die gesamtwirtschaftlichen Erscheinungen in der verkehrswirtschaftlichen Ordnung als Ergebnisse von Entscheidungen zahlreicher Wirtschaftssubjekte und erklärt sie durch deren Wirtschaftspläne – „methodologischer Individualismus" (J. A. Schumpeter). Diese Pläne werden marktorientiert aufgestellt, die Wirtschaftseinheiten legen ihnen tatsächliche und erwartete Marktgrößen zugrunde, und sie bestimmen ihrerseits bei ihrer Durchführung wieder die Marktgrößen. Wie die Wirtschaftspläne der „Haushalte" zur Erklärung der Nachfrage nach Verbrauchsgütern verwendet wurden, wird im folgenden das Güterangebot aus den Wirtschaftsplanungen der „Unternehmungen", im engeren dann der „Produktionsunternehmungen", hergeleitet. (Zur begrifflichen Abgrenzung zwischen „Unternehmungen" und „Betrieben" vgl. Bd. I, S. 59f.). Das Güterangebot steht im Zusammenhang mit der Nachfrage der Unternehmungen nach Faktorleistungen, damit der Höhe der Faktoreinkommen und damit wiederum der Nachfrage der Haushalte nach den von den Unternehmungen angebotenen Produkten.

In Marktwirtschaften sind die Unternehmungen also in den Wirtschaftskreislauf wie folgt eingegliedert: Sie beschaffen sich Produktionsfaktoren bzw. Faktorleistungen wie Arbeit, Kapital usw. auf (Faktor-) „Beschaffungsmärkten", und sie setzen ihre Produkte ab auf (Güter-) „Absatzmärkten" (vgl. § 1, Abb. 1). Auf diesen Märkten stehen sie jeweils in Beziehung zur Marktgegenseite (Lieferanten, Kunden) einerseits, zu den Konkurrenten auf der gleichen Marktseite andererseits.

Unternehmungen können zunächst als Wirtschaftseinheiten definiert werden, die auf relative Dauer eingerichtet, „Produktion für Fremdbedarf" durchführen, wovon auch die Tätigkeit z. B. von Unternehmungen des Handels, des Verkehrs usw. umfaßt wird. Eine solche Definition ist wirtschaftssystemindifferent, da sie nur auf die Aspekte Faktorkombination und Beachtung des wirtschaftlichen Prinzips abhebt (E. Gutenberg).

Innerhalb der im Prinzip als Einheit zu betrachtenden Wirtschaftswissenschaft ist das Wirtschaften der Unternehmungen das besondere Forschungsgebiet der „Betriebswirtschaftslehre" (vgl. Bd. I, § 8). Aber auch die Volkswirtschaftslehre, die sich mit gesamtwirtschaftlichen Erscheinungen (Abläufen, Zuständen usw.) befaßt, greift zu deren Erklärung im Rahmen des verkehrswirtschaftlichen Ordnungsmodells auf die (mikroökonomischen) Verhaltensweisen der einzelnen Wirtschaftssubjekte zurück. Die volkswirtschaftliche Mikroökonomik — die durchaus ein gewisses Eigenleben neben der Betriebswirtschaftslehre führt — soll jene Erkenntnisse über einzelwirtschaftliches Verhalten liefern, mit deren Hilfe dann die aus dem Zusammenspiel der individuellen Dispositionen hervorgehenden makroökonomischen Wirkungszusammenhänge analysierbar werden. Besonderes Interesse wird dabei den Beziehungen der Wirtschaftseinheiten untereinander, besonders der Unternehmungen, auf den Märkten gewidmet.

Die wirtschaftliche Entscheidungsfreiheit der Unternehmungen, lediglich eingeschränkt von den staatlich gesetzten ‚Rahmenbedingungen', ist ein konstitutives Element des verkehrswirtschaftlichen Ordnungsmodells. Eigener Initiative und Verantwortung, Gewinnreiz und Risikobereitschaft ist ein großer Spielraum gewährt. Es wird klar, weshalb auch die Wirtschaftstheorie den Entscheidungen der Unternehmungen zu Recht große Beachtung beilegt.

2. Gliederung der Unternehmungen

Unternehmungen können nach ökonomischen, rechtlichen, technischen und anderen Kriterien eingeteilt werden. Jede derartige Typologie versucht die Vielfalt der Unternehmungen durch Hervorhebung charakteristischer Merkmale überschaubarer zu machen.

(a) Nach dem *Unternehmungszweck* werden unterschieden: erwerbswirtschaftliche, bedarfswirtschaftliche und gemeinwirtschaftliche Unternehmungen (vgl. G. Weisser, Art. „Wirtschaft“, in: Handbuch der Soziologie, Stuttgart 1956, S. 1043).

Als *erwerbswirtschaftliche* gelten danach Unternehmungen, die unter Beachtung bestimmter Nebenbedingungen das Gewinnmaximum anstreben. *Bedarfswirtschaftlich* geführte Unternehmungen sollen dagegen bei gegebenen Nebenbedingungen bestimmte Bedarfe optimal befriedigen. *Gemeinwirtschaftliche* Unternehmungen haben schließlich „unmittelbar dem Wohl einer übergeordneten Gesamtheit zu dienen, an deren Förderung ein als öffentlich geltendes Interesse besteht“ (G. Weisser).

Diese wichtige Unterscheidung darf nicht isoliert und zu betont gesehen werden, sonst liegen ideologisch gefärbte Mißverständnisse nahe. Erstens müssen selbstverständlich auch erwerbswirtschaftliche Unternehmungen sich am Bedarf orientieren, eine Produktion ‚am Markt vorbei‘ führt zum wirtschaftlichen Scheitern. Allerdings können bestimmte Bedürfnisse mit zu wenig Kaufkraft ausgestattet sein, so daß wirtschaftspolitische, sogar wirtschaftsverfassungsmäßige Maßnahmen notwendig werden, um Unternehmungen zu fördern oder zu gründen, die auf Gewinnstreben verzichten (z. B. im Wohnungsbau der Nachkriegszeit). Zweitens ist Gewinnmaximierung ohnehin nur eines unter den in Wirklichkeit anzutreffenden Zielen (vgl. § 9, Ziff. 2). Drittens will bedacht sein, wer denn entscheiden kann (und soll), was dem ‚Wohl der Gesamtheit‘ dient. Die begrenzte Aussagekraft auch dieses Zuordnungskriteriums wird sichtbar.

(b) Nach dem *Eigentümer* werden „private“ und „öffentliche Unternehmungen“ unterschieden. *Privatunternehmungen* sind regelmäßig auch Erwerbsunternehmungen. Dagegen sind *öffentliche Unternehmungen* (Bahnen, Hafengesellschaften usw.) Unternehmungen, die ganz oder überwiegend im Eigentum öffentlich-rechtlicher Körperschaften stehen, nicht notwendig bedarfswirtschaftlicher oder gemeinwirtschaftlicher Natur. Es finden sich zahlreiche Zwischenformen zwischen Gewinnerzielung einerseits, Kostendeckung durch Absatz, Subventionierung aus öffentlichen Mitteln, Erhebung von Gebühren, und weiterem andererseits. Eine erkennbare Tendenz zeigt das Vordringen der ‚Öffentlichen Hand' in Bereiche, die bisher privaten Unternehmungen vorbehalten waren, häufig in Form von *gemischtwirtschaftlichen Unternehmungen*, in diesen kann der öffentliche Anteil dominieren, muß aber nicht. Der Unternehmenszweck, die Zielsetzung der Unternehmung, z. B. Gewinnerzielung, kann davon unberührt bleiben.

Öffentliche Unternehmungen in ausgewählten Ländern der Europäischen Gemeinschaft (1973)

Land / in v. H.	Anteil an der Gesamtbeschäftigung	Anteil an der Wertschöpfung[1])
Bundesrepublik Deutschland	8,3	10,8
Belgien[2])	4,7	6,4
Frankreich	10,7	11,5
Großbritannien	7,5	10,2
Italien[3])	13,2	13,8
Niederlande	5,2	11,9
Österreich[3])	23,0	21,9

[1]) Mit Ausnahme von Belgien und Großbritannien Beitrag der Unternehmen zum Nettosozialprodukt.

[2]) Die Angaben für Belgien sind geschätzt.

[3]) Die Angaben für Italien und Österreich beziehen sich auf das Jahr 1972.

Quelle: Die Bedeutung der Öffentlichen Wirtschaft in der Europäischen Gemeinschaft – Jahrbuch der Europäischen Zentrale der Öffentlichen Wirtschaft (CEEP) 1975 – eigene Zusammenstellung.

Einen Eindruck von dem relativen Gewicht öffentlicher Unternehmungen in einer Reihe von Ländern vermittelt die obige

Tabelle. Ihren Informationswert einschränkend ist anzumerken, daß die Kriterien für die berücksichtigten Unternehmen sowenig einheitlich sind wie die Bezugsgrößen in den nationalen Gesamtrechnungen.

(c) Gliederungen nach *Wirtschaftsbereichen* (Branchen) können nach zahlreichen Kriterien vorgenommen werden. Nach Colin Clark (The Conditions of Economic Progress, London 1940) wird unterschieden: Unternehmungen der primären Produktion (Grundstoffgewinnung durch Bergbau, Landwirtschaft, Fischerei usw.), der sekundären Produktion (verarbeitende Industrie) und der tertiären Produktion (Dienstleistungen).

Erwerbstätige[1]) *nach Wirtschaftsbereichen (Ergebnisse des Mikrozensus)*

Wirtschaftsbereich[2])	1968	1969	1970	1971	1972	1973	1973
	in v. H.						in 1000
Land- und Forstwirtschaft	10,1	9,7	9,0	8,3	7,2	7,1	1 932
Produzierendes Gewerbe	47,0	47,8	48,4	48,3	48,1	47,8	12 947
Handel und Verkehr	17,6	17,1	17,3	17,6	17,8	18,0	4 862
Sonstige Wirtschaftsbereiche (Dienstleistungen)	25,3	25,4	25,4	25,8	26,9	27,1	7 326
Insgesamt	100	100	100	100	100	100	27 067

[1]) einschl. Soldaten.

[2]) nach der Systematik der Wirtschaftszweige, Fassung für den Mikrozensus ab April 1971.

Quelle: Statistisches Bundesamt (Hrsg.): Wirtschaft und Statistik Heft 5, 1972, S. 269 und Heft 9, S. 511; Wirtschaft und Statistik Heft 10, 1974, S. 702f.

Etwas abweichend läßt sich eine 4-Gruppen-Einteilung vornehmen: Land- und Forstwirtschaft, produzierendes Gewerbe, Handel und Verkehr, sonstige Wirtschaftsbereiche. Die ersten beiden Gruppen können weiterhin zum Sachleistungssektor zusammengefaßt werden (Unternehmungen der Rohstoffgewinnung, Produktionsmittel- und Verbrauchsgüterherstellung), die anderen beiden zum Dienstleistungssektor (Unternehmungen von Handel, Verkehr, Kredit- und Versicherungswesen usw.).

(d) Nach der *Rechtsform*, von der auch Kapitalbeschaffung, Ertragsbeteiligung und Haftung abhängen, werden im wesentlichen unterschieden: *Personenunternehmungen* (Einzelunternehmen, offene Handelsgesellschaften (OHG), Kommanditgesellschaften (KG), Stille Gesellschaften) – *Kapitalgesellschaften* (Aktiengesellschaften (AG), Gesellschaften mit beschränkter Haftung (GmbH), Kommanditgesellschaften auf Aktien (KGaA), (bergrechtliche) Gewerkschaften – *Genossenschaften* mit beschränkter oder unbeschränkter Haftpflicht (eGmbH bzw. eGmuH) – *öffentliche Unternehmen* in nicht privatrechtlicher Form (Körperschaften, Anstalten).

(e) Durch die Darstellung der *Größenordnung* der Unternehmungen wird der Einblick in die Wirtschaftsstruktur vertieft und erweitert. Geeignete Kriterien für die Unternehmungsgröße sind unter anderem: Zahl der Arbeitsstätten und ihrer Beschäftigten, Produktionsmenge, Kapitalausstattung, Bilanzvolumen, Umsatz usw. (vgl. die Tabelle auf der folgenden Seite).

(f) Nach der Form der gewerblichen Organisation und verwendeten Produktionstechnik lassen sich Gruppen bilden wie Handwerk, Verlagssystem, Industrie usw. *Industrielle Unternehmungen* i. e. S. sind gekennzeichnet durch anteilmäßig wachsende Bedeutung des Kapitaleinsatzes, des Großbetriebes, der Maschinentechnik und standardisierter technischer Verfahren, zunehmende Bedeutung spezialisierter Arbeitsleistungen, Ausgliederung organisatorischer, dispositiver, absatzmäßiger, finanzrechnerischer usw. Funktionen aus dem eigentlichen Produktionsprozeß. Die Produktion ist für den „anonymen" Markt bestimmt.

Arbeitsstätten und Beschäftigte nach Größenklassen (Ergebnis der Arbeitsstättenzählung am 6. Juni 1961 und am 27. Mai 1970)

Arbeitsstätten mit . . . Beschäftigten	Arbeitsstätten				
	1961		1970		Zu- (+) bzw. Abnahme (−) 1970 gegen 1961
	Anzahl	%	Anzahl	%	
1	863 543	*33,4*	618 998	*27,1*	*−28,3*
2– 4	1 080 375	*41,8*	985 924	*43,1*	*− 8,7*
5– 9	346 087	*13,4*	361 735	*15,8*	*+ 4,5*
10– 19	142 848	*5,5*	156 231	*6,8*	*+ 9,4*
20– 49	90 075	*3,5*	98 733	*4,3*	*+ 9,6*
50– 99	32 626	*1,3*	34 855	*1,5*	*+ 6,8*
100–199	15 669	*0,6*	17 294	*0,8*	*+10,4*
200–499	8 976	*0,3*	10 172	*0,4*	*+13,3*
500–999	2 430	*0,1*	2 867	*0,1*	*+18,0*
1 000 und mehr	1 505	*0,1*	1 630	*0,1*	*+ 8,3*
Insgesamt	2 584 134	*100*	2 288 439	*100*	*−11,4*

Arbeitsstätten mit . . . Beschäftigten	Beschäftigte				
	1961		1970		Zu- (+) bzw. Abnahme (−) 1970 gegen 1961
	1 000	%	1 000	%	
1	863,5	*3,7*	619,0	*2,5*	*−28,3*
2– 4	2 854,3	*12,4*	2 633,1	*10,8*	*− 7,8*
5– 9	2 205,3	*9,6*	2 312,1	*9,5*	*+ 4,8*
10– 19	1 900,6	*8,3*	2 084,7	*8,6*	*+ 9,7*
20– 49	2 739,7	*11,9*	2 993,0	*12,3*	*+ 9,2*
50– 99	2 244,2	*9,8*	2 400,6	*9,8*	*+ 7,0*
100–199	2 157,5	*9,4*	2 387,8	*9,8*	*+10,7*
200–499	2 723,1	*11,8*	3 081,5	*12,6*	*+13,2*
500–999	1 659,1	*7,2*	1 958,3	*8,0*	*+18,0*
1 000 und mehr	3 664,1	*15,9*	3 936,8	*16,1*	*+ 7,4*
Insgesamt	23 011,3	*100*	24 406,9	*100*	*+ 6,1*

Quelle: Statistisches Bundesamt (Hrsg.): Wirtschaft und Statistik, Heft 9, 1972, S. 511.

Das Handwerk betreibt traditionell Auftragsproduktion für den individuellen Kunden. Der Kapitaleinsatz ist meist relativ gering – nicht zum Beispiel in modernen Großhandwerksunternehmen –, es dominiert beim Leistungsvorgang die Handarbeit. Die Funktionen von Kapitalgeber, Unternehmer und Produzent sind häufig in Personalunion vereinigt. Eine bestimmte Ausbildungsordnung prägt das berufsständische Bild. Die Unterschiede zwischen industrieller und handwerklicher Organisationsform sind nur graduell (auch bezüglich Betriebsgröße, Arbeitsteilung usw.). Der dem Handwerk für die weitere technisch-industrielle Entwicklung vorhergesagte Niedergang ist nicht eingetreten (Aufkommen neuer, z. B. der Reparaturhandwerke).

Weitere Unterteilungen sind möglich.

Die produktions-, kosten- und angebotstheoretischen Erörterungen dieses Bandes beziehen sich auf „*Erwerbsunternehmungen*". Darunter werden wirtschaftlich selbständige Erwerbswirtschaften verstanden, die zur Erreichung ihres Unternehmungszieles (Zielsystems) nach einheitlichem Wirtschaftsplan Sachgüter und/oder Leistungen produzieren und marktmäßig umsetzen. Erwerbswirtschaftliches Prinzip und Prinzip der wirtschaftlichen Entscheidungsfreiheit sind aber wirtschaftssystembezogene Merkmale marktwirtschaftlicher Unternehmungen.

§ 9 Der Wirtschaftsplan der Unternehmung

1. Die Unternehmung als Wirtschaftssubjekt

Wie wir wissen, ist jedes rational handelnde Wirtschaftssubjekt gekennzeichnet durch die Einheitlichkeit seiner Zielsetzung und Wirtschaftsplanung. Nur so ist Konsistenz und Einheitlichkeit aller wirtschaftlichen Aktivitäten der Entscheidungseinheit vorstellbar.

Im Verkehrswirtschaftsmodell hat grundsätzlich jeder Eigentümer die Entscheidungskompetenz in seiner Unternehmung. Von bestimmten Unternehmungsgrößen ab wird es jedoch für

Einzelpersonen unmöglich, Wirtschaftspläne allein aufzustellen. Aus diesem Grund wird der Komplex der Gesamtentscheidung an mehrere Entscheidungsträger delegiert, darunter auch an Nicht-Eigentümer (leitende Angestellte, „Manager"). Diese sind den Eignern verantwortlich, und sie werden ihrerseits Kompetenzen an nachgeordnete Instanzen weitergeben. Das Alleinbestimmungsprinzip der (des) Eigentümer(s) wird empirisch auch durchbrochen durch Mitwirkung der Arbeitnehmer (in der Bundesrepublik Deutschland durch die „Mitbestimmung"). Überdies sind Einflüsse von Staatsseite denkbar.

Die Gesamtentscheidung wird somit arbeitsteilig in Teilentscheidungen zerlegt. Da der Planungsvorgang innerhalb der Unternehmung nun abhängig ist von deren Organisationsstruktur, besteht das Grundproblem darin, die Entscheidungsbefugnisse so aufzuteilen und abzugrenzen, daß sich aus den Entscheidungen der einzelnen Kompetenzträger eine als optimal anzusehende Gesamtentscheidung ergibt.

Die als Wirtschaftssubjekte handelnden Wirtschaftsgebilde ‚Unternehmungen' werden also vertreten durch Personen oder Personengruppen, welche die mit Aufstellung des Wirtschaftsplanes für alle Beteiligten verbindlichen Entscheidungen durchführen.

Die Wirtschaftstheorie nennt die oberste Plan- und Entscheidungsinstanz häufig „Unternehmer" und bestimmt als deren Funktion die dispositive „Kombination von Produktionsfaktoren" (in Abgrenzung gegen den „Betriebsleiter" etwa, der den technischen Produktionsablauf im Betrieb lenkt).

2. Planziele

Wirtschaftspläne werden von der Wirtschaftstheorie prinzipiell als zielbezogen betrachtet. Der neoklassische Ansatz postuliert darüber hinaus, das Verhalten von Wirtschaftssubjekten sei auf einen erstrebten „optimalen" Zustand hin ausgerichtet. Mittelentscheidungen sind daher nicht autonom, sondern von der Zielvorstellung abhängig. Nur wenn die Leitmaxime konkret angegeben ist, an der die Entscheidungsträger ihre Mittelwahl ausrichten, können sinnvolle Aussagen (auch Prognosen) über die Mittelkombination zur Zielerreichung gemacht werden. Aus diesem Grund hat die Zielfestlegung am Anfang jedes Planungsprozesses für das gesamte wirtschaftliche Handeln zentrale Bedeutung.

Die Zielentscheidung gehört zum Aufgabenbereich der Unternehmensführung, des „Unternehmers". Da aus dem obersten Unternehmungsziel Unterziele und Entscheidungsregeln für alle Unternehmungsbereiche abgeleitet werden, folgt aus der Zielkonzeption die integrative Steuerung aller Planungshandlungen der Unternehmensmitglieder, so daß schrittweise ein gemeinsamer Wirtschaftsplan entsteht.

Zielaussagen sind Werturteile; sie beruhen auf subjektiven, z. T. metaökonomischen Wertvorstellungen der Entscheidungsträger, die intersubjektiv nicht auf „richtig" oder „falsch" hin überprüft werden können. Es kann mit wissenschaftlichen Methoden nicht bewiesen werden, welche Ziele angestrebt werden sollen. Jedoch können Aussagen darüber getroffen werden, was vorliegende Zielformulierungen implizit enthalten und welche Ziele miteinander vereinbar bzw. unvereinbar sind.

Wenn auch die Zielvorstellung rational nicht nachprüfbar ist, so doch die Geeignetheit eines geplanten Mitteleinsatzes zur Zielverfolgung.

Da die Ziele von den Entscheidungsträgern autonom gesetzt werden, wird in wirtschaftstheoretischen Betrachtungen allgemein von gegebenen Zielen ausgegangen. Analytisch läßt sich die Zielentscheidung durch eine *Zielfunktion* abbilden, die eindeutige Angaben über die Zielvariablen (auch Zielmerkmale oder Entscheidungsziele genannt), das angestrebte Ausmaß der Zielerfüllung (Zielausprägung oder -wert) und die Planungsperiode macht. Im folgenden sollen verschiedene Zielsetzungen erläutert werden:

(a) Neoklassische Untersuchungen des Unternehmungshandelns gehen von der Voraussetzung aus, der Unternehmer wolle seinen absoluten *Gewinn* (Zielvariable) *kurzfristig* (Planungsperiode) *maximieren* (Zielerfüllungsgrad). Als Gewinn wird, wie in der

Volkswirtschaftslehre üblich, die auf die Planungsperiode bezogene, in Geldeinheiten ausgedrückte Differenz zwischen Umsätzen (Erlösen) und Kosten definiert.

Der Betriebswirtschaftslehre genügt dieser einfache Gewinnbegriff nicht. Dort wird zumindest unterschieden zwischen (1) dem pagatorischen Gewinn (Gesamtertrag minus Gesamtaufwand), für dessen Berechnung Zusatzkosten wie Eigenkapitalzinsen und Unternehmerlohn nicht berücksichtigt werden, dafür jedoch neutrale, das heißt nicht auf den Betriebszweck bezogene Aufwendungen und Erträge, und (2) dem kalkulatorischen Gewinn (Gesamtleistung minus Gesamtkosten), bei dessen Ermittlung alle betrieblich notwendigen Kosten einschließlich Eigenkapitalzinsen und Unternehmerlohn in das Kalkül eingehen (vgl. Erich Kosiol, Buchhaltung und Bilanz, 2. Aufl. 1967).

Die Zielgröße „Gewinn" ist zugeschnitten auf den (die) Eigenkapitalgeber. Sind aber leitende Angestellte Beteiligte, so sind auch deren Einkommen einzubeziehen.

(b) Der Unternehmungserfolg ist zielaussagekräftiger bestimmt, wenn der absolute Gewinn in Beziehung gesetzt wird zum eingesetzten Kapital. Je nach Art der gewählten Bezugsgröße ergeben sich die Erfolgsrelationen *Eigenkapitalrentabilität* (Gewinn zu Eigenkapital) und *Gesamtkapital-* (Unternehmungs-)*Rentabilität* (Gewinn plus Fremdkapitalzinsen zu Gesamtkapital). Eine weitere Rentabilitätskennziffer ist die *Umsatzrentabilität* (Gewinn zu Umsatz).

(c) Der Annahme, Unternehmungen erstrebten grundsätzlich Gewinnmaximierung, ist mit verschiedenen Begründungen widersprochen worden. Im Ergebnis teilweise sozialpsychologisch-soziologisch orientierter Unternehmungsforschung ergab sich, selbst erwerbswirtschaftliche Unternehmungen verfolgen, manchmal sogar primär, nicht-monetäre Ziele [vgl. nachfolg. Punkt (f)]. Des weiteren zeigten Untersuchungen des Verhaltens innerhalb gegebener oligopolistischer und monopolistischer Marktstrukturen (vgl. §§ 18 und 19) Streben nach Sicherheit, „Ruhe", Bewahrung der Unabhängigkeit, Unternehmenswachstum usw. als dominierende Leitmaximen.

Von besonderem Gewicht ist die Tatsache unvollkommener Information im Planungszeitpunkt; stets ist ja der Entscheidungseinheit nur begrenzte Einsicht in Zukünftiges gestattet. Daher wird aus der Frage, ob Unternehmungen ihren Gewinn maximieren wollen, die Frage, ob sie es überhaupt können (E. Heinen, Die Zielfunktion der Unternehmung, 1962, S. 30).

Kann die Unternehmungsführung den Entscheidungskomplex aber nicht voll übersehen, so entscheidet sie sich für eine solche Zielfunktion, die hinsichtlich des angestrebten Ausmaßes der Zielerfüllung ein bestimmtes *Anspruchsniveau* setzt („Satisfizierung"). Sobald in diesem Sinne eine Zielentscheidung getroffen wurde, kann der Suchprozeß nach „zulässigen" Handlungsalternativen beginnen. Der Entscheidungsträger strebt anstelle maximalen Gewinns einen *befriedigenden* (angemessenen, auskömmlichen, branchenüblichen) Gewinn an. Was unter „befriedigend" etwa jeweils verstanden wird, hängt von den individuellen Maßstäben der Entscheidungseinheit ihr Anspruchsniveau betreffend ab und wird insbesondere von Erfolgslagen (Gewinne, Verluste) der Vergangenheit beeinflußt; allgemein wird mit zunehmenden Erfolgen auch das Anspruchsniveau steigen.

Der Satisfizierungsansatz, soweit er nur mit unvollkommener Information im Planungszeitpunkt begründet wird, berücksichtigt freilich nicht, daß die Suche nach Alternativen von deren erwarteten zusätzlichen Zielbeitrag und den zusätzlichen Suchkosten abhängt; beide sind zunächst unbekannt, so daß die Suche selbst zum ökonomischen Problem wird. Seine Lösung, also die Wahl des Zeitpunktes, zu dem der Suchprozeß abgebrochen werden darf, ist schwierig.

Unabhängig von diesem Problem der Suche bleibt zu fragen, welche Alternative gewählt wird, wenn mehrere dem geforderten Niveau genügen. Bei Fortfall des Maximierungsprinzips scheint, da nur nach „zulässig" – „unzulässig" geurteilt werden kann, die Lösung indeterminiert. Wird jedoch unterstellt, die rational entscheidende Unternehmung werde unter den verfügbaren Möglichkeiten jedenfalls die mit dem höchsten Zielerreichungsgrad auswählen, so wird der Satisfizierungs-Zielansatz wohl wieder verlassen. Unabhängig davon wird im allgemeinen das Bestreben, eine Senkung des Anspruchsniveaus zu vermeiden, stärker sein als das Bestreben, es anzuheben.

(d) Auch der *Periodenumsatz* (Absatzmenge × Preis) kann die Zielgröße sein, und zwar sowohl in der Zielausprägung „Maximierung" als auch „Satisfizierung". Insbesondere Großunternehmungen, die ein breitgefächertes Produktionsprogramm aufweisen, sehen vielfach die Umsatzhöhe als Ziel und Maßstab ihres wirtschaftlichen Erfolges an. Die Bestimmung des Periodenumsatzes ist zudem unproblematischer als die des Periodengewinns; es muß lediglich die eine Komponente der Gewinnermittlung betrachtet werden, während die erheblich schwierigere Kostenerhebung und -verteilung hier umgangen werden kann.

Vielfach finden sich die Einkommen der leitenden Angestellten mit der Umsatzhöhe verknüpft. So scheint Umsatzmaximierung besonders bei Unternehmungen angestrebt zu werden, bei denen Eigentümer- und Unternehmerfunktion getrennt auftreten und die unter oligopolistischer Konkurrenz operieren.

(e) Als relatives Ziel formuliert wird die Umsatzhöhe ins Verhältnis gebracht zum Branchenumsatz (*Marktanteil*), zum eingesetzten Kapital (*Umschlagshäufigkeit des Kapitals*) usw.

(f) Neben den monetären (in Geldgrößen ausdrückbaren oder quantitativ erfaßbaren) Zielsetzungen (wie Gewinn, Umsatz, Liquiditätsstatus) werden zunehmend andere, *nicht-monetäre Ziele* beachtet. Zu nennen sind:

- Streben nach Macht und sozialem Prestige, das sich zeigen kann in Konzernbildung, Firmenaufkauf (um sie „der Konkurrenz vor der Nase wegzuschnappen") wie auch in repräsentativen Bauten, Verwenden spektakulärer technischer Neuerungen usw.;
- Streben nach Sicherheit und Unabhängigkeit;
- Streben nach Selbstentwicklung, beruflicher Vollkommenheit, schöpferischer Betätigung, „Freude am geschaffenen Werk" usw.;
- Pflege der Firmentradition und des „good will";

– Streben nach dem Wohlergehen der Belegschaft, der die Unternehmung umgebenden sozialen Gemeinschaft (Stadt, Region oder Staat)usw.;
– sonstige ethische und soziale Zielsetzungen.

Dabei ist nicht ausgeschlossen, daß Gewinn gleichwohl indirekt angestrebt oder als Indikator angesehen wird.

Die Analyse der Konsequenzen derartiger Zielsetzungen auf den Wirtschaftsplan der Unternehmung steht jedoch vor schwerwiegenden Problemen. Neben der Schwierigkeit, wie diese vielfältigen Ziele exakt zu erfassen sind, erweist es sich als sehr nachteilig, daß formal gleichlautende Zielsetzungen von den Entscheidungsträgern (subjektiv) unterschiedlich interpretiert werden können. So wird die Analyse dieser Zielvorstellungen nicht ohne weiteres zu allgemein gültigen Aussagen über die unternehmerischen Aktivitäten führen können. Sie trägt nur mittelbar zum Verständnis des Unternehmerverhaltens und der unternehmerischen Mittelwahl bei.

(g) Die Ansichten darüber, welche Ziele faktisch vorherrschen, gehen auseinander. Aber selbst dann, wenn nicht Gewinnziele im Vordergrund stehen, bleibt festzuhalten, daß keine auf ihre wirtschaftlich unabhängige Existenz bedachte Erwerbsunternehmung andauernd auf Gewinnstreben verzichten kann. Die Zielgröße „Gewinn“ wird sich jedenfalls in Gestalt einer Nebenbedingung finden. Das Kombinieren einander zugeordneter Ziele zu „*Zielsystemen*“, die eine vielfältige Struktur aufweisen, ist in der Praxis häufig anzutreffen. Bei mehreren Zielen sind Zielkonflikte meist nicht auszuschließen. Daher muß für jedes Zielsystem die Rangordnung der Zielvariablen geregelt sein. So können etwa Nebenziele Ober- bzw. Untergrenzen abstecken, innerhalb derer das (die) Hauptziel(e) erreicht werden soll(en). Beispielsweise läßt sich mit der Umsatzmaximierung eine bestimmte Grenze für den absoluten Gewinn oder die Kapitalrentabilität verbinden, die nicht unterschritten werden darf.

Die Aufstellung solcher Zielsysteme ist umso wahrscheinlicher, je mehr Personen für die Zielaufstellung kompetent und je kontroverser ihre Interessen sind. Zum einen können die Verantwortlichen der verschiedenen Bereiche der Unternehmung (wie Produktion, Verkauf, Finanzierung) voneinander abweichende Zielvorstellungen besitzen, die harmonisiert werden müssen. Andererseits stimmen die an dem Unternehmen beteiligten Gruppen, wie Kapitaleigner, „Manager“, Belegschaft usw. schwerlich immer darin überein, was erreicht werden soll.

Die vom Zielsystem geforderte Ordnung der Ziele führt meist zu einer „Hierarchie“ der Ziele, in der Zwischenziele als Mittel fungieren, um die obersten oder Hauptziele zu realisieren. Die Trennung von „Ziel“ und „Mittel“ ist im konkreten Fall dann nicht leicht vollziehbar. Ein gleiches Problem kennt die Theorie der Wirtschaftspolitik.

Nach neueren Erkenntnissen spielt die „Unternehmungsführung nach dem Ergebnis“ („management by return“), d. h. der Einsatz der Zielplanung als Instrument der Führung der Mitarbeiter wie der Unternehmung im ganzen, praktisch eine große Rolle.

(h) Handelt es sich darum, eine Zielvariable unter Beobachtung von Nebenbedingungen zu *optimieren*, so bieten sich mehrere mathematische Lösungsverfahren an, von denen heute die *Lineare Programmierung* (Lineare Optimierung) im Vordergrund steht (vgl. § 14, Ziff. 5). Als Nebenbedingungen können sowohl technische Rahmenbedingungen (Anlagekapazitäten, Personalbestand, mengenmäßige Einkaufsbeschränkungen usw.) als auch weitere Zielsetzungen berücksichtigt werden, sofern diese quantitativ und linear darstellbar sind. In diesem Zusammenhang ist die Aufrechterhaltung der Zahlungsbereitschaft ein besonders bedeutsames Ziel, denn Illiquidität führt zum Konkurs. Formal tritt das *Liquiditätsziel* stets als Nebenbedingung auf, die vorschreibt, der vorhandene Zahlungsmittelbestand müsse stets größer oder gleich dem erforderlichen Zahlungsmittelbestand sein.

(i) Abschließend sei hervorgehoben: Zielsetzungen sind hinsichtlich ihrer Realisierbarkeit stets so ungewiß wie die Ergebnisse der wirtschaftlichen Aktivität überhaupt. Weil tatsächliches und erwartetes Geschehen naturgemäß fast immer voneinander abweichen, sind Planrevisionen unumgänglich. Davon ist prinzipiell auch die Zielkonzeption nicht ausgenommen. Wann und inwieweit Unternehmungen ihre Zielsetzungen im Zuge ihres Anpassungsverhaltens bei unterschiedlichen Erfolgslagen verändern, ist ein beachtetes Untersuchungsfeld geworden.

3. Plandaten, Aktions- und Erwartungsparameter

Bei ihren laufenden Planungen und Entscheidungen hat die Unternehmung zu prüfen, welche Größen ihres Wirtschaftsplans verändert werden sollen und welche dieser Größen durch sie überhaupt beeinflußt werden können.

Nach der Möglichkeit, die für den Wirtschaftsplan relevanten Größen zu beeinflussen, lassen sich diese in drei Gruppen einteilen: Plandaten, Aktionsparameter und Erwartungsparameter (nach Ragnar Frisch, 1933).

Als *Plandaten* werden solche Gegebenheiten bezeichnet, von denen die Entscheidungseinheit annimmt, sie lägen ihr vor und seien durch sie nicht beeinflußbar. Es handelt sich um Tatsachen, Umstände, Regelungen usw., denen sich die Unternehmung glaubt anpassen zu müssen. Solche Daten können gesamtwirtschaftlicher und einzelwirtschaftlicher Natur sein.

Zu den *gesamtwirtschaftlichen Daten* zählen: die Bevölkerung hinsichtlich ihrer Größe, Zusammensetzung, Bedürfnisse, des Umfanges und der Qualität des aus ihr hervorgehenden Arbeitsangebots; der Wirtschaftsraum einschließlich Klima, Bodenbeschaffenheit, Art und Menge der Rohstoffvorkommen, Infrastruktur usw.; die Kapitalausstattung; der Stand der technischen und organisatorischen Entwicklung; Wirtschaftsgesinnung, Rechtsnormen und Geschäftssitten; die Qualität der staatlichen und sozialen Ordnung. Jeweils hat nur ein Teil der insgesamt vorhandenen gesamtwirtschaftlichen Daten Bedeutung für die Wirtschaftsplanung einer einzelnen Unternehmung.

Der Spielraum freier Entscheidung wird für die Unternehmung jedoch auch eingeengt von *einzelwirtschaftlichen Daten*, Gegebenheiten, die von der Unternehmung als für ihren Fall spezifisch angesehen werden. Dabei kann es sich handeln um unternehmungsinterne Umstände, etwa Resultate eigener früherer Entscheidungen wie gegebene Personalstärke, Ausstattung mit Gebäuden und Maschinen (bestimmt nach Quantität und Qualität), Liquidität, Verschuldung usw.; aus der Marktverknüpfung sich ergebende Bedingungen und Verhältnisse bei Beschaffung und Absatz (einschließlich Wettbewerbs- und Nachfrageintensitäten, Aktionen der Mitbewerber und Marktgegner); um aus der Gesetzgebung herrührende Bestimmungen (wie speziell relevante Steuer- oder Abschreibungssätze, Genehmigungsauflagen und -verfahren, Kontingentierungen usw.).

Die Grenze zwischen einzel- und gesamtwirtschaftlichen Daten ist fließend so wie die Grenze zwischen Daten und beeinflußbaren Plangrößen mit wachsender Länge des Planungszeitraumes sich verschiebt.

Größen, die die Entscheidungseinheit von sich aus festlegen (fixieren oder variieren) kann, heißen *Aktionsparameter*. Wichtig ist wiederum, daß die subjektive Einschätzung vorliegt, die betreffenden Größen festsetzen zu können. So kann z. B. ein Anbieter eines Gutes eine bestimmte Preis-Absatzfunktion — jedem Preis entspricht eine bestimmte Absatzmenge — als Ausdruck für die gegebene Nachfrage nach seinem Produkt auffassen, diese Funktion also als Datum annehmen. Er kann sodann meinen, den Preis oder die Produktmenge autonom — als seinen Aktionsparameter — festlegen zu können. Ob diese Einschätzung seiner Handlungsmöglichkeiten berechtigt war, muß der Verlauf der Wirtschaftsperiode zeigen.

Als *Erwartungsparameter* werden solche Plangrößen bezeichnet, von denen die Unternehmung annimmt, sie könne sie zwar nicht direkt festsetzen, aber doch indirekt beeinflussen. Derartige Größen hängen primär ab von den laufenden Entscheidungen anderer Wirtschaftssubjekte, doch glaubt die betrachtete Entscheidungseinheit, durch Festsetzung der eigenen Aktionsparameter auf jene einwirken zu können. Erwartungsparameter sind also keine realisierten Größen, sondern „konjekturale", das heißt in der Vorstellung der Planungseinheit vorhandene Größen, hinsichtlich deren Entwicklung sie bestimmte Erwartungen hegt. Im Beispiel einer gegebenen konjekturalen Preis-Absatzfunktion einer Unternehmung („demand as seen by the seller") – einer Beziehung zwischen Preis und erwartetem Absatz – ist der Preis Aktionsparameter des Verkäufers, die Absatzmenge sein Erwartungsparameter (auf den er durch seine Preissetzung in bestimmter Weise einzuwirken hofft) und die Preis-Absatzfunktion insgesamt Plandatum, weil Ausdruck der Reaktion der Nachfrage, wie der Verkäufer sie als gegeben und nicht beeinflußbar ansieht.

In der Regel ist bei der behandelten Dreiteilung der planungsrelevanten Größen an quantitativ meßbare Größen zu denken. Um es nochmals zu betonen: Es kommt bei dieser Einteilung nicht auf die tatsächlichen Möglichkeiten der Unternehmung an, Einfluß auszuüben; es zählt lediglich ihre Einschätzung, nach der eine Plangröße Parameter ist, wenn sie annimmt, diese beeinflussen zu können, Datum, wenn sie glaubt, dies sei ihr unmöglich.

Eine Unternehmung tritt auf zahlreichen Märkten als Anbieter und als Nachfrager auf. Ihre jeweilige Marktstellung und mithin ihre Einschätzung davon, welche Marktgrößen sie als gegeben ansehen muß oder beeinflussen kann, wird von Fall zu Fall recht unterschiedlich sein. Plandaten und Parameter sind Größen in Wirtschaftsplänen. Ob sie sich im Vollzug der Planungen wie geplant oder erwartet realisieren, hängt nicht allein von der Qualität der Planentscheidungen ab. Die Planausführung bringt faktische Ergebnisse; inwieweit diese von den ex ante-Größen abweichen, lehrt der Soll-Ist-Vergleich am Ende der Wirtschaftsperiode.

4. Lang- und kurzfristige Planung

Die unternehmerische Planung erfolgt mit dem Zweck, die selbstgesteckte(n) Zielsetzung(en) zu erreichen. Dabei ist zu unterscheiden zwischen lang- und kurzfristiger Planung. Eingerichtet als Dauerveranstaltung für Produktion und Absatz bestimmter Sachgüter und/oder Leistungen, kann eine Unternehmung ihre Gebäude, Anlagen, Maschinenbestände usw. nicht jeweils sofort und vollständig schwankenden Produktionsmengen anpassen.

Auch dauerhafte Geschäftsbeziehungen und Verträge (über Pachten, Lieferungen, Anstellungen usw.) vermag sie nicht jederzeit abzuändern.

Eine Wirtschaftsperiode, für die bestimmte Produktionsfaktoren nach Art und Menge nicht variiert werden können, heißt *kurzfristig*. Entscheidend ist, daß wenigstens ein Produktionsfaktor – in der Regel ist an die vorhandene Ausstattung zu denken – als für die Planung gegeben („fix“) angenommen wird.

Der Rahmen der maximal möglichen Produktion ist durch den Begriff „*Produktionskapazität*“ (oder „-potential“) gekennzeichnet: So wie es kurzfristig Produktmengen gibt, die nicht erstellt werden können, weil die vorhandene Ausstattung das technische Leistungsvermögen beschränkt, so gibt es andererseits Mengen, bei denen die Kapazität nur teilweise genutzt wird. Unter denkbar vielen Auslastungsgraden befindet sich die „normale“ oder „Standard“-Auslastung, die unter bestimmten Voraussetzungen zugleich die „optimale“ sein kann.

Mit den in bezug auf die kurzfristig möglichen Produktmengen „fixen“ Produktionsfaktoren werden die „variablen“ Faktoren kombiniert, deren Einsatzmengen ex definitione beliebig variierbar sind, wie Arbeitsleistungen, Roh-, Hilfs- und Betriebsstoffe, Dienstleistungen Dritter usw.

Langfristig bedeutet demgegenüber, alle Produktionsfaktoren sind variabel, das heißt ihre Einsatzmengen lassen sich jeder gewünschten Produktmenge anpassen.

Zweifellos sind die Grenzen zwischen Einsatzmengen, die rascher und vollständiger oder weniger rasch und vollständig den veränderlichen Situationen, namentlich der Absatzlage, angepaßt werden können, für konkrete Fälle nicht leicht zu ziehen. Gleichwohl handelt es sich um eine prinzipiell sehr wichtige Unterscheidung: Planungen, wie eine Unternehmung erstmals zu errichten, ihren geeigneten Standort zu finden oder eine bestehende Unternehmung zu erweitern oder durchgreifend zu verändern, haben eine andere Dimension als Planungen, die sich auf den laufenden Produktionsprozeß und die Ausnutzung einer gegebenen Ausstattung beziehen. Über die kalendermäßige Zeit

(Monate, Jahre), auf die sich unternehmerische Planungen auch beziehen, ist mit der betrachteten Unterscheidung nichts ausgesagt.

Für die kurzfristige Planung wird angenommen, mit der Ausstattung der Unternehmung in Form von Anlagen aller Art sei auch eine bestimmte Produktionstechnik gegeben. Anders ausgedrückt: Es liegt eine bestimmte „*Produktionsfunktion*" vor (vgl. § 11, Ziff. 4). Sie enthält die „technischen" Informationen darüber, welche Veränderungen in den Mengeneinsätzen der variablen Faktoren erforderlich sind, um die jeweilige, von der Unternehmung geplante, Produktionsmenge zu erreichen. Mit ihr sind also – neben der Qualität der Faktoren – die möglichen mengenmäßigen Faktorkombinationen festgelegt. Diese realen (Mengen-)Beziehungen sind die Basis der wirtschaftlichen Produktionsplanung.

Um über die zu produzierende Menge entscheiden zu können, benötigt die Unternehmung des weiteren die „wirtschaftlichen" Informationen, mit denen die von der Produktionsfunktion erfaßten Mengenbeziehungen in Wertbeziehungen, nämlich zwischen Kosten und Erlösen, umzuwandeln sind. Vor allem ist hier an die Preise auf den Beschaffungs- und Absatzmärkten zu denken, die je nach der Marktstellung der Unternehmung von dieser als Daten hingenommen oder von ihr beeinflußt werden. Unter *Kosten* wird hier – übereinstimmend mit der Betriebswirtschaftslehre – der bewertete Güterverzehr zur Leistungserstellung verstanden (‚Güter' meint hier Faktoreinsatz, ‚Leistung' Produktionsausbringung). Die Bewertung erfolgt in Geldeinheiten, also mittels Geldpreisen.

Die Analyse dieser Beziehungen unterscheidet zwischen *fixen* und *variablen* Kosten (vgl. § 13, Ziff. 2). Als „fix" sind Kosten anzusetzen, die von der geplanten Produktmenge nicht abhängen, sondern vorgegeben auftreten. Produktionsfaktoren, deren Einsatzmengen mit der Produktmenge variieren, verursachen dagegen von der Planung als „variabel" betrachtete Kosten. In kurzer Frist gibt es sowohl fixe als auch variable Kosten. Langfristig planen aber heißt, alle Kosten als variabel anzusehen. Dabei wird keineswegs eine längere Produktionsperiode unterstellt, sondern es wird vielmehr untersucht, welche Kosten sich ergeben würden, wenn *alle* Faktoren variabel, also in ihren Einsatzmengen vollständig jeder geplanten Produktmenge anzupassen wären. In langfristiger Planung werden also Größen zu Aktions- bzw. Erwartungsparametern, die in kurzfristiger Planung Daten sind.

Investitionsentscheidungen betreffen die Sachgüterbestände in der Unternehmung und damit den Umfang der Kapazität, sind daher langfristige Entscheidungen: Anlagen, die erstellt, und Faktorleistungen, die dauerhaft beschafft werden sollen, werden zu variablen Produktionsfaktoren und die zugehörigen Kosten zu variablen Kosten. Für Investierungen müssen Geldmittel verausgabt werden, die erst in einer Reihe von Wirtschaftsperioden in Form von Erlösen wieder eingenommen werden. Der Rückgewinn investierten Kapitals ist nicht gewährleistet (Produktionsrisiko), womit die Planung der Finanzierung zum notwendigen Bestandteil der langfristigen Gesamtplanung der Unternehmung wird. In der Praxis erlangt die langfristige Planung darüber hinaus besondere Bedeutung in den Fällen von Unternehmungsgründung, Erschließen neuer Produktionszweige oder dem Anwenden neuer Produktionsverfahren.

5. Planung bei unvollkommener Information

Die in ein Entscheidungsmodell eingesetzten Größen können in der Realität niemals als objektiv ‚richtig' und bekannt vorausgesetzt werden. Insbesondere angesichts einer ungewissen Zukunft, deren Entwicklung von einer Vielzahl mehr oder weniger bekannter Einflußfaktoren abhängt, können je nach „Umweltentwicklung" die Resultate einer bestimmten Entscheidung unterschiedlich ausfallen. Vor allem sind Verhaltensweisen der Mitanbieter und der Nachfrager sowie der allgemeine wirtschaftliche Trend beim gegenwärtigen Stand der Prognosetechniken nicht sicher vorherzusagen.

Allgemein stellt sich also das „*Informationsproblem*". Es besteht darin, wie für die Planung relevanten Daten beschafft und — unter Einschluß der „Lernprozesse" — Erfahrungen verwertet werden können. Als moderne Hilfsmittel zur Analyse von Informationen (eingeschlossen deren Gewinnung und Speicherung) dienen die Elektronische Datenverarbeitung und die allgemeine Kybernetik als einer Lehre, die die Selbstregelung von komplexen Systemen, wie z. B. auch der Unternehmung, untersucht, wobei den Problemen des Informationsaustauschs sowie der Anpassung des Verhaltens an veränderte Daten große Beachtung widerfährt. Aber auch diese Instrumente vermögen bisher nicht, das Informationsproblem befriedigend zu lösen.

Es lassen sich drei Situationen rationaler Entscheidung unterscheiden, je nach dem Sicherheitsgrad der Erwartungen (und mithin Informationsstand) der Entscheidungseinheit:

(a) *Sicherheit*: Hier handelt es sich um den Fall vollkommener Informiertheit. Alle entscheidungsrelevanten Daten sind genau und vollständig bekannt, und jede Handlungsalternative führt zu dem jeweils erwarteten Ergebnis. Man spricht daher auch von „einwertigen" Erwartungen.

(b) *Risiko* im Sinne von *Frank H. Knight* (Risk, Uncertainty, and Profit, 1921): In diesem Fall werden unterschiedliche Entwicklungen der Unternehmens-„Umwelt" für möglich gehalten, deren Eintrittswahrscheinlichkeiten aufgrund spezieller Erfahrungen bzw. Messungen objektiv bekannt sind. Die Unsicherheit ist meßbar. Jede Aktionsparameterkombination führt daher je nach Umweltentwicklung zu einem anderen, bekannten Wert der Erwartungsparameter. Mit anderen Worten, für die Erwartungsparameter lassen sich empirisch-statistisch objektive Wahrscheinlichkeitsverteilungen aufstellen, die mit Sicherheit bekannt sind. So können z. B. im Produktionsbereich über mehrere Perioden hinweg die „Ausschuß"zahlen eines Produkts beobachtet und notiert werden. Als Ergebnis entsteht eine Häufigkeitsverteilung, die angibt, mit welcher Wahrscheinlichkeit die einzelnen „Ausschuß"zahlen auftreten. Setzt man Konstanz im Zeitablauf für die Produktionsbedingungen, welche die Produktqualität beeinflussen, voraus, so kann die gefundene objektive Wahrscheinlichkeitsverteilung als Basis für zu treffende Entscheidungen herangezogen werden. Das Risiko einer Einzelentscheidung kann demnach berechnet werden.

Sind die möglichen Folgen einer Entscheidung sowie deren objektive Eintrittswahrscheinlichkeiten bekannt, so ist die Entscheidung „unter Risiko“ analysierbar: Berechnet werden der mathematische Erwartungswert μ als Maß für den durchschnittlichen Wert der Erwartungsparameter sowie die Standardabweichung σ als durchschnittliche Abweichung vom Erwartungswert und somit als objektiver Risikomaßstab.

Bezeichnet man mit e_i den Wert eines Erwartungsparameters im Umweltzustand i und die Eintrittswahrscheinlichkeit dieses Ergebnisses mit w_i, so ergeben sich für μ und σ:

$$\mu = \sum_i e_i w_i \qquad \text{bzw.}$$

$$\sigma = \sqrt{\sum_i (e_i - \mu)^2 \cdot w_i} \quad \text{mit} \quad \sum_i w_i = 1.$$

Der Erwartungswert ist jedoch nur eine Durchschnittsgröße, die sich bei unendlich identischer Wiederholung der Entscheidungssituationen ergibt. Im *Einzelfall* ist es ungewiß, welches e_i als Ergebnis auftritt. Somit hängt die Entscheidung der Unternehmung nun nicht mehr allein vom Erwartungswert der Erwartungsparameter ab, sondern auch von der individuellen Bereitschaft, Risiko zu übernehmen. Für jede Handlungsalternative muß sie den Erwartungswert und das objektive Risiko gemäß ihrer individuellen Risikoneigung, die sie ebenfalls kennen und bewerten muß, gegeneinander abwägen. Erst dann ist eine rationale Entscheidung möglich. Für dieselbe Entscheidungssituation wird die Einzelentscheidung anders ausfallen, je nachdem, ob der Entscheidungsträger risikoscheu, risikoneutral oder risikofreudig ist.

(c) *Ungewißheit* im Sinne von Knight: Ungewißheit ist gegeben bei einer einmaligen Entscheidung, der keine objektive Wahrscheinlichkeitsverteilung aufgrund von Erfahrungen oder Messungen zugrunde liegt. Es ist dies der Regelfall der unternehmerischen Entscheidung — wegen ungenauer und lückenhafter Information können keine objektiven Aussagen über die möglichen Umweltsituationen und die Eintrittswahrscheinlichkeiten der erwarteten Ereignisse getroffen werden.

Bei dem Versuch, die Rationalität von Entscheidungen unter Ungewißheit zu sichern, muß daher der Entscheidungsträger Ersatzgrößen in seine Entscheidung einbeziehen. Eine dieser Möglichkeiten, sich zu behelfen, besteht darin, den für *möglich* gehaltenen Ergebnissen einer Handlung *subjektive* (= geschätzte) Eintrittswahrscheinlichkeiten zuzuordnen. Analytisch erfolgt die Entscheidung dann analog zu (b).

Hat das betreffende Wirtschaftssubjekt dagegen nicht einmal mehr subjektive Anhaltspunkte für die Eintrittswahrscheinlichkeiten, das heißt keine festen subjektiven Erwartungen, so ist es schwierig, noch von rationaler unternehmerischer Entscheidung zu sprechen. Spezielle Lösungsansätze liefert die *Spieltheorie* von *Morgenstern/Neumann* und die mathematisch-statistische *Entscheidungstheorie* (vgl. W. Krelle, G. Gäfgen). Es werden unterschiedliche Kriterien vorgeschlagen, die Erfolgs- und Sicherheitsstreben jeweils gleichzeitig berücksichtigen und dem Planungsträger als Entscheidungsregeln bei der Wahl der Strategie dienen sollen (z. B. Minimax-, Maximax-, Laplace-, Hurwicz-Kriterium; vgl. dazu D. Schneider, Investition und Finanzierung 1974, insb. Kap. A III). Die Hoffnung, damit werde realitätsnäher das Verhalten der Entscheidungsträger bei unzureichender oder fehlender Information beschrieben, scheint nicht bestätigt.

§ 10 Das Standardmodell zur Analyse des Wirtschaftsplans der Unternehmung

1. Der marginalanalytische Ansatz im Grundriß

Bei der Behandlung des Konsumentenverhaltens hatten wir die ‚rein' ökonomische Theorie mit den Ansätzen einer realitätsnäheren, soziologisch-psychologischen Theorie zu konfrontieren. Vergleichbares findet sich in der Theorie der Unternehmung, wenn das Standardmodell auf marginalanalytischer Grundlage Erklärungsansätzen gegenübersteht, die sich auf Ergebnisse empirischer Unternehmungsforschung stützen.

Die Mannigfaltigkeit der Ziele, Bedingungen, Erwartungen usw., die in der Realität die Planentscheidungen der Unternehmungen beeinflussen, wurde erst durch empirische Beobachtungen der theoretischen Forschung bekannt gemacht. Theorie hebt stets bestimmte Züge des Erkenntnisgegenstandes heraus unter Abstrahierung von anderen und gelangt so zu axiomatisierten Modellen, die dann deduktiver Behandlung zugänglich sind.

Bereits bei *Adam Smith* und der ihm folgenden nationalökonomischen Klassik findet sich der Ideal-Typus der erwerbswirtschaftlichen („kapitalistischen") Unternehmung, die streng und unbedingt *Gewinnmaximierung* anstrebt. Dieser Typus von Unternehmung ist noch heute wesentlicher Bestandteil des neoklassischen Ansatzes und ist in Verbindung mit dem Marginalprinzip zur Analyse aller nur erdenklichen Fälle verwendet worden. Der ideologische Meinungsstreit um das Gewinnmaximierungsprinzip sei nur erwähnt.

Unterstellt wird zunächst, der Wirtschaftsplan lege die Gesamtheit der Aktivitäten der Unternehmung für eine bestimmte Periode fest. In der Realität werden Entscheidungen mehr oder weniger kontinuierlich und nach einzelnen Bereichen getrennt getroffen, etwa bezüglich Produktionsgestaltung, Finanzierung, Absatz, Werbung usw. Im Modell wird angenommen, alle diese Entscheidungen erfolgten am Anfang der Planungsperiode gleichzeitig und konsistent, führten also zu einer abgestimmten Einheit und seien für die bezeichnete Periode verbindlich. Hier schließt die Annahme an, daß die so gefällten Planentscheidungen während der Planungsperiode keine Revision erfahren. Ein wichtiger analytischer Ansatz ist mit allem gewonnen: Die vorausschauende Planung kann dem tatsächlichen Ergebnis gegenübergestellt werden; die Abweichungen zwischen den geplanten und den realisierten Größen bestimmen Art und Richtung erforderlicher Planrevisionen und damit den vor Beginn der nächsten Periode aufzustellenden neuen Wirtschaftsplan.

Nach dem Setzen der Unternehmungsziele, sie gehen als Prämissen in das Entscheidungsmodell ein, können die zielerreichenden Aktivitäten eindeutig festgelegt werden. Im hier zu behandelnden Standardmodell wird als oberstes Ziel, auf das sich alle zieladäquaten Mittelentscheidungen beziehen, *kurz-*

fristige Gewinnmaximierung unterstellt. Der daraus resultierende Modelltyp formalisiert die Problemstellung derart, daß sich das Maximum des Gewinns als Lösungswert eines Systems von Gleichungen eindeutig ergibt.

Die Unternehmung erscheint in diesem Modell als homogene Entscheidungseinheit, die gedanklich als durch *eine Person* repräsentiert zu sehen ist. Für die Unternehmung als Wirtschaftssubjekt betrachtet, sind „Unternehmer", oberste Entscheidungsinstanz oder Unternehmensführung gleichbedeutende Bezeichnungen. Doch die „Unternehmer-Unternehmung" (E. Gutenberg) ist nicht die Regel. Oft ist die Festlegung des Wirtschaftsplans eine Viel-Personen-Entscheidung. Das daran anknüpfende Organisationsproblem, die Kompetenzen der Beteiligten aufzuteilen und abzugrenzen, sowie das Koordinierungsproblem, deren Motivationen und persönliche Zielsetzungen zu harmonisieren, bleiben unberücksichtigt. Vielmehr wird angenommen, alle Entscheidungsträger richten sich ausschließlich und in vollkommener Weise am obersten Unternehmungsziel aus.

Es wurde bereits festgestellt, daß bei unvollkommener Information die Zielprämisse „Gewinnmaximierung" die Mittelwahl nur bedingt determiniert. Das Erreichen des maximalen Gewinns im strengen Sinne verlangt vollkommene Information: Neben den relevanten Daten und allen Handlungsalternativen müssen auch die Erwartungsparameter „sicher" sein. Erst bei *einwertigen Erwartungen* gelingt es, den Wirtschaftsplan eindeutig zu determinieren und intersubjektiv nachvollziehbar zu machen.

Damit sind die zunächst wesentlichen Prämissen genannt, unter denen das Standardmodell besteht. Die Methode der Marginalanalyse wird im übrigen verwendet, um die Schlußfolgerungen aus dem Modell zu gewinnen. Wiederum (vgl. mit § 6) ist das Verhältnis zwischen den infinitesimalen Veränderungen bestimmter Größen Gegenstand der Analyse. In einer ersten Überschau ist das Standardmodell, das in den folgenden Paragraphen entwickelt werden soll, folgendermaßen zu charakterisieren:

- Die *Gesamtkosten* sind eine steigende Funktion der Produktmenge, da die Produktion jeder zusätzlichen Gütereinheit zusätzliche Kosten verursacht.
- Der *Gesamtumsatz* (Absatzmenge mal Stückpreis) ist ebenfalls eine Funktion der Produktmenge. Er wächst bei konstantem Stückpreis proportional zur Absatzmenge, die der Produktmenge hier gleichgesetzt wird, da unterstellt wird, Lagerhaltung oder aber Lagerveränderung treten nicht auf. Sinkt der Erlös pro Stück mit zunehmender Absatzmenge, so steigt der Gesamtumsatz zuerst unterproportional und fällt schließlich.
- Die optimale Produktmenge, die den *Gewinn maximiert*, gilt es zu determinieren. Dazu wird die Produktmenge, von der sowohl Gesamtkosten als auch Gesamtumsatz abhängen, um sehr kleine (genau genommen: unendlich kleine) Einheiten erhöht, solange, wie die dadurch hervorgerufene marginale Veränderung des Umsatzes (Grenzumsatz) größer ist als die entsprechende Veränderung der Kosten (Grenzkosten), mithin ein Grenzgewinn auftritt. Die gewinnmaximale Produktmenge ist derart marginalanalytisch exakt bestimmbar: Da mit steigender Produktmenge die Gesamtkosten steigen, sind auch die Grenzkosten immer positiv; von einer bestimmten Produktmenge an steigen sie. Der Grenzumsatz ist je nach Marktform (vgl. § 16) konstant oder fallend. Gibt es daher einen Schnittpunkt der steigenden Grenzkostenkurve mit der konstanten oder fallenden Kurve des Grenzumsatzes, so ist für die dazugehörige Produktmenge die Bedingung „Grenzkosten = Grenzumsatz" erfüllt und das Gewinnmaximum gefunden.

2. Kritik am marginalanalytischen Ansatz

Die Prämissen des Standardmodells der Marginalanalyse sind restriktiv, das Modell ist daher in vielfacher Hinsicht kritisiert worden. Der empirische Gehalt der Prämissen und damit auch die Übertragbarkeit der aus dem Modell abgeleiteten Aussagen auf die Realität werden als zu gering erachtet. Das Standardmodell könne darum nicht als Grundlage zu explikativen und prognostischen Aussagen über Unternehmerverhalten und Unternehmerentscheidungen dienen; es böte keine „Theorie" im methodologisch strengen Sinne (vgl. Bd. I, § 9). Die Kritik betont des weiteren die folgenden Punkte:

- Das Modell enthalte lediglich Preis-Mengen-Beziehungen. Das übrige absatzpolitische Instrumentarium (Werbung, Produktgestaltung, Qualitätsänderung, Absatzmethoden einschließlich Service, Verkaufsförderung usw.) werde außer acht gelassen bzw. in seinem Einsatz als konstant angenommen.
- Im Modell gehe man davon aus, die produzierende Unternehmung setze ihre Produkte selbst auf dem Markt an die Haushalte ab. Probleme daraus, daß Endprodukte auf dem Weg vom Produzenten zum Haushalt in der Regel mehrere Handelsstufen durchlaufen, würden umgangen.
- Das Verhalten des Unternehmers sei nicht so rational, wie es im Standardmodell unterstellt werde. Vielmehr gingen subjektive Motive und Wertungen, Gewohnheiten, Vorurteile und spontane Überlegungen ins Entscheidungskalkül ein. Die Abhängigkeit der Entscheidung von der konkreten Persönlichkeit des Disponenten sei offensichtlich.
- Im Zusammenhang mit der Kritik an der Rationalitätsprämisse sei auch das Problem der internen Organisationsstruktur der Unternehmung nicht so einfach, als daß es durch die Fiktion des „Unternehmers" im Modell „gelöst" und ausgeklammert werden könne.
- Die Prämisse der vollkommenen Information besage, der Entscheidende wisse alle Handlungsalternativen und ihre Resultate; er könne also von einer eindeutigen, quantitativen Zuordnung der einzelnen Aktions- und Erwartungsparameter ausgehen. Es gibt kein Unsicherheitsmoment. Dagegen scheine aber die Entscheidung unter Ungewißheit den Regelfall der unternehmerischen Entscheidung darzustellen (vgl. § 9, Ziff. 5).
- Da von vollkommener Information ausgegangen werde, könne das Modell auch den zeitlichen Aspekt der Planung und des Planvollzugs vernachlässigen. So werde nicht nur

unterstellt, daß der Wirtschaftsplan am Anfang jeder Periode aufgestellt und während der Periode nicht mehr revidiert wird, sondern auch, daß die Reaktionsgeschwindigkeit auf Datenänderungen unendlich groß sei. Das aber befände sich in Konflikt mit den Tatsachen.

– Die Umstellung des Produktionsprozesses oder andere Anpassungsprozesse finden im Modell ohne Friktionen statt. Dies setze in der formalen Behandlung Differenzierbarkeit der entsprechenden Funktionen voraus. Diese Forderung werde oft als Stetigkeitspostulat bezeichnet; sie gehe jedoch über das Stetigkeitspostulat hinaus. Aus der Forderung der Differenzierbarkeit lasse sich nämlich als technische Voraussetzung ableiten, daß alle ökonomischen Größen infinitesimal verändert werden können, was nicht der Fall sei.

– Schließlich wird häufig kritisiert, daß nur eine Zielsetzung unterstellt wird. Empirische Untersuchungen zeigten aber, daß Unternehmungen nicht immer und ausschließlich Gewinnmaximierung betreiben. Vermißt werden in diesem Modell andere Zielvorstellungen (Zielvariable und Zielerfüllungsgrade) und deren Kombination zu einer pluralistischen Zielkonzeption. Das Unternehmensmodell sei folglich nicht „weit genug" verfaßt, um alle Typen von ökonomischen Entscheidungen und Handlungsweisen der Unternehmer in der Realität erfassen und damit Grundlage ihrer Erklärung bzw. Prognose sein zu können.

Dieser Kritik ist stets entgegengehalten worden: Ein komplexes Unternehmungsmodell, das die genannten Einwände berücksichtigt, wäre realitätsnäher gestaltet. Es würde allerdings schnell sehr kompliziert und anspruchsvoll werden und – im Gegensatz zum Standardmodell – zu weniger exakten, mathematisch nicht mehr eindeutig ableitbaren Aussagen über die Mittelwahl führen (vgl. § 9, Ziff. 2 und 5).

Was die Kritik an der Zielfunktion anbelangt, so ist zwar anzuerkennen, daß die Unternehmungen in der Realität eine Vielzahl von Zielvariablen verfolgen, von denen der Gewinn nur eine ist. Für eine erwerbswirtschaftliche, auf Dauer angelegte

Unternehmung stellt der Gewinn jedoch eine unverzichtbare Zielgröße dar. Die Annahme der Gewinnerzielung kann daher nicht als realitätsfremd, sondern lediglich als unvollständig bezeichnet werden. Sie scheint durchaus geeignet zu sein, das Unternehmungsverhalten in einer ersten Annäherung modellhaft abzubilden.

Grundsätzlich ist zu der Kritik anzumerken: Es ist jeweils im Einzelfall zu prüfen, inwieweit die Aussagen dieses Denkmodells auf die Realität übertragen werden können; die Mittelaussagen haben ja lediglich unter den genannten Prämissen Gültigkeit. So kann z. B. nicht bestritten werden, daß die Entscheidungsträger in vielen Fällen Routineentscheidungen treffen, die nicht immer wieder anhand des obersten Unternehmensziels überprüft werden. Ist aber der Anteil der ökonomisch-rationalen Entscheidungen in der Unternehmung in dem Maße gewährleistet, um einen dominierenden Einfluß auf den Wirtschaftsplan auszuüben, so kann der marginalanalytische Ansatz zumindest die wahrscheinliche Wirkung einer Datenänderung aufzeigen. Sie kann veranschaulichen, in welche Richtung Änderungen von Aktionsparametern vermutlich vorgenommen werden und unter welchen Bedingungen diese Änderungen bestimmte Größenordnungen annehmen. Im übrigen sei auf die Ausführungen zur Kritik an der traditionellen Theorie des Haushalts verwiesen (§ 3, Ziff. 5).

3. Determinismus von Entscheidungen und Modellen

Sind alle technischen und wirtschaftlichen Informationen, von denen Kosten und Umsätze abhängen, mit Sicherheit gegeben, so sind Handlungsalternativen und ihre Resultate durch eine differenzierbare Funktion darstellbar. Wird zudem rationales Verhalten unterstellt, so ergibt sich die gewinnoptimale Produktmenge durch einfache Rechnung. Der Unternehmer paßt sich gemäß der angenommenen Zielsetzung ‚Gewinnmaximierung' den Daten an und ändert seine Planung nur, wenn sich die Daten ändern. Sein Handeln ist durch die Zielsetzung und die relevanten Daten *determiniert*. Für „echte" Entscheidungen des Unternehmers ist kein Platz.

Modelle dieser Form stellen bestimmte Beziehungen zwischen Variablen durch ein Gleichungssystem dar, bei dem die Existenz einer Maximum-Lösung bereits in den Prämissen niedergelegt ist; ihr Lösungswert wird als „*Gleichgewicht*" bezeichnet, da bei seiner Realisation Impulse für Änderungen des wirtschaftlichen Verhaltens fehlen (vgl. Bd. I, § 11, Ziff. 3). Dies ist nicht als Abbildung eines empirisch beobachteten Zustandes gemeint, auch dann nicht, wenn durch Berücksichtigung der verschiedenen Marktformen unterschiedliche Modelle gebildet werden. Solche deterministischen Modelle sollen primär als Bezugs- und Vergleichssysteme Erklärungswert haben: In der komplexen Realität nicht ohne weiteres erkennbare Zusammenhänge werden in isolierender Abstraktion formuliert, und so hofft man zu Theoremen zu gelangen, die an der Realität erprobt werden können.

Möglichkeit und Notwendigkeit „echter" Entscheidungen als Wahlhandlungen zwischen sich ausschließenden Alternativen ergeben sich in der Realität zunächst in der schon behandelten „konstitutiven Entscheidung": Setzung einer Zielfunktion. Von prinzipieller Bedeutung für die Planung ist aber, daß sie als zukunftbezogenes Wahlhandeln künftige Daten einzubeziehen hat, die niemals irrtumsfrei vollständig gewußt werden können. Die Planung muß also mit Erwartungsgrößen operieren. In der Bildung solcher Größen müssen Entscheidungen fallen, auch wenn möglichst alle Informationen gesammelt und berücksichtigt werden, die für Voraussagen wichtig sind. Im Abwägen von Chancen und Risiken fehlt die objektive Gewißheit, welche die Rationalität bloßen Rechnens voraussetzt; hier liegt der Kern „echter" Entscheidungen.

Die Entwicklung neuer Methoden wie Prozeßanalyse, Programmierung, Simulation und Spieltheorie dient dazu, die Voraussetzungen für die Rationalität unternehmerischer Entscheidungen zu verbessern. Doch auch hier bleibt der Unternehmung letzten Endes immer ein Raum, in dem sie Gewinn- und Sicherheitsstreben nach subjektiven Maßstäben gegeneinander abwägen muß. Auf diesen, in voller Entfaltung stehenden Bereich der Forschung kann hier nicht näher eingegangen werden.

IV. Produktions- und Kostentheorie

§ 11 Produktionstheoretische Grundbegriffe

1. Produktion, Produktionsfaktoren, Produkte

Nur ein geringer Teil der menschlichen Bedürfnisse kann unmittelbar durch unbearbeitet in der Natur vorhandene Güter befriedigt werden. Das erklärt sich vor allem aus der Beschaffenheit (z. B. Erz) oder dem Standort (z. B. Erdöl) solcher Güter. Sie können oft erst dann Bedürfnisse befriedigen, also wirtschaftlichen Nutzen stiften, wenn sie in geeigneter Weise aufbereitet und umgeformt sind. Dieser Transformationsprozeß wird *Produktion* genannt. Im folgenden geht es um die *Produktion von Gütern*, wie sie sich in *Produktionsunternehmungen* (Produktionswirtschaftseinheiten) vollzieht. Dabei wird zur weiteren Einschränkung des Problemkreises auf *erwerbswirtschaftlich* geführte, rein *gewinnorientierte* Unternehmen abgehoben, die zudem anstreben, den *Unternehmensgewinn zu maximieren.*

Die im Produktionsprozeß eingesetzten Güter werden als *Produktionsfaktoren* (oder kurz: Faktoren) bezeichnet; die produzierten Güter heißen *Produkte.*

Traditionsgemäß unterscheidet man in der Volkswirtschaftslehre — gesamtwirtschaftlich wie einzelwirtschaftlich — drei Arten von Produktionsfaktoren (vgl. Bd. I, § 6, Ziff. 3):

(1) *Arbeit*

Alle manuellen und geistigen Tätigkeiten von Menschen, die durch *Lohn* (Gehalt, Honorar usw.) entgolten werden. Es kann zweckmäßig sein, die leitende Tätigkeit von Unternehmern als gesonderten Produktionsfaktor (dispositive Arbeit) aufzufassen.

(2) *Boden*

Bewirtschaftete Bestände nicht produzierter Naturgaben (Bodenschätze, Felder, Wälder, Gewässer), deren Nutzung im Produktionsprozeß *Bodenertrag* (Bodenrente) erbringt.

(3) *Kapital (Realkapital)*

Produkte zeitlich vorgelagerter Produktionsprozesse, die bei der Produktion anderer Produkte eingesetzt werden, also produzierte Produktionsmittel (z. B. Werkzeuge, Maschinen, Gebäude). Der ihnen zugerechnete Anteil an der Produktion heißt *Kapitalertrag* oder *Kapitalzins.*

Für bestimmte Fragestellungen ist eine Unterscheidung der Produktionsfaktoren in *Verbrauchs-* und *Bestands-* (oder Potential-)faktoren sinnvoll:

Verbrauchsfaktoren verlieren im Produktionsprozeß ihre ursprüngliche Form oder gehen in ihm vollständig unter. Bestandsfaktoren bleiben hingegen erhalten. Ihre Eigenschaft, produktive Leistungen abzugeben, schwindet jedoch in der Regel mit ihrem Einsatz.

Beispiele: „Boden" als Verbrauchsfaktor (Kohle, Naturdünger), als Bestandsfaktor (Lagerplatz, Ackerland); „Kapital" als Verbrauchsfaktor (Schmierstoffe, Halbfertigfabrikate), als Bestandsfaktor (Maschinen, Geschäftshäuser).

Obwohl nicht völlig vergleichbar, wirkt auch der Faktor Arbeit zuweilen wie ein Bestandsfaktor (z. B. die Arbeitsleistungen einer kurzfristig nicht kündbaren Belegschaft), zuweilen wie ein Verbrauchsfaktor (z. B. die stundenweise Tätigkeit freier Mitarbeiter, Tagelöhner usw.).

Die genannten Produktionsfaktoren lassen sich weiter unterteilen oder auch anders gruppieren. Davon macht vorwiegend die Betriebswirtschaftslehre Gebrauch (vgl. E. Gutenberg, Grundlagen der Betriebswirtschaftslehre, 1. Band, 19. Aufl., 1972).

Produkte können nach ihrem Verwendungszweck gegliedert werden in:

Konsumgüter: produzierte Güter, die unmittelbar dazu dienen, den Bedarf der Endverbraucher zu decken.

Kapitalgüter (Investitionsgüter): produzierte Güter, die als Produktionsfaktoren eingesetzt werden. Sie sind „Produkt" und „Produktionsfaktor" in einem.

Zu beachten ist die leicht abweichende Abgrenzung in der volkswirtschaftlichen Gesamtrechnung, wo zwischen *Konsum* und *Investition* danach unterschieden wird, ob die Güter an Haushalte abgesetzt worden oder im Unternehmensbereich verblieben sind (vgl. Bd. I, § 3, Ziff. 2; § 17, Ziff. 2).

Die Unterteilung in Bestands- und Verbrauchsgüter ist auch auf Produkte anwendbar. Hinsichtlich der Kapitalgüter vgl. die für den Produktionsfaktor Kapital genannten Beispiele. Konsumgüter befriedigen Bedürfnisse, indem sie entweder physisch verzehrt (*Verbrauchsgüter* im engeren Sinne, z. B. Lebensmittel) oder wiederholt benutzt werden (Bestands- oder *Gebrauchsgüter*, z. B. Möbel), wodurch aber in der Regel ihr konsumtives Leistungsvermögen abnimmt (vgl. § 2, Ziff. 3).

2. Anwendung des wirtschaftlichen Prinzips

Wirtschaftlich rationale Produktionsentscheidungen folgen definitionsgemäß dem wirtschaftlichen Prinzip: Mit gegebenen Mitteln ist der höchstmögliche Erfolg, ein gegebener Zweck ist mit dem geringstmöglichen Mitteleinsatz zu erstreben (vgl. Bd. I, § 2, Ziff. 3).

In der Unternehmensplanung kann das wirtschaftliche Prinzip nur dann voll verwirklicht werden, wenn simultan Einsatz- und Ausstoßmengen bewertet und diejenigen unter ihnen ermittelt und geplant werden, welche eine gegebene unternehmerische Zielfunktion *am besten* erfüllen. Man bezeichnet daher solches Vorgehen als *Optimierung*.

Um den Vorgang der Optimierung zu verdeutlichen, sei schrittweise verfolgt, wie die Mengen und Werte gefunden werden, die unter den relevanten Entscheidungsalternativen eine zieloptimale Lösung garantieren. Dabei ist vereinfachend angenommen, daß einige Entscheidungen bereits vorher gefallen bzw. bestimmte Größen dem jeweiligen Unternehmen von außen (exogen) vorgegeben sind. Insbesondere sind die Werte (Preise) der Produktionsfaktoren und Produkte als gegeben und unbeeinflußbar unterstellt. Weiter wird angenommen, die Entscheidung über die Produktarten und Produktionsverfahren sei bereits langfristig erfolgt und daher kurzfristig als Datum zu betrachten (vgl. § 11, Ziff. 3). Die kurzfristige Produktionsplanung beschränkt sich damit auf die Festlegung der optimalen Faktoreinsatz- und Produktmengen bei einem gegebenen Produktionsverfahren. Die Ermittlung dieser Mengen vollzieht sich auf zwei Ebenen:

Zunächst gebietet das wirtschaftliche Prinzip, keine Faktormengen zu verschwenden. Faktormengen sind verschwendet, wenn die gleiche Produktmenge auch bei Verringerung der Menge mindestens eines Faktors und Konstanz aller anderen hergestellt werden kann. Die Produktion wird dann als *ineffizient* bezeichnet. Kann die gleiche Produktmenge bei Verringerung einer Faktormenge nur durch gleichzeitige Erhöhung mindestens einer anderen Faktormenge erzeugt werden, ist die Produktion *effizient* in diesem quantitativen Sinne. Vergleicht man bloß die Mengen, erlauben unterschiedliche Faktormengenkombinationen zur Herstellung der gleichen Produktmenge dann keine Auswahl gemäß dem wirtschaftlichen Prinzip, wenn die eine Kombination zwar ein geringeres Quantum eines Faktors als die andere erfordert, dafür aber eine größere Menge eines anderen Faktors beansprucht.

Das wirtschaftliche Prinzip nicht nur im reinen Mengenvergleich anwenden zu wollen, erfordert, die heterogenen Faktormengen mit Preisen zu bewerten und dadurch vergleichbar zu machen. Die verschiedenen Faktormengen (in Stück, Liter, Meter usw. gemessen) werden nach Multiplikation mit (gegebenenfalls konstanten) Faktorpreisen addierbar. Die Summen preisbewerteter Faktoreinsatzmengen heißen *Kosten.* Das wirtschaftliche Prinzip verlangt, jede geplante Produktmenge *kostenminimal*, das heißt mit den geringstmöglichen Kosten zu erzeugen (vgl. § 13, insbes. Ziff. 1).

Auf der Ebene quantitativer Beziehungen werden also aus den möglichen Faktorkombinationen die effizienten ausgewählt. Auf der Ebene wertmäßiger Beziehungen wird unter allen effizienten Alternativen die kostenminimale ermittelt. Im Rahmen seiner Produktionsplanung wird jede rational handelnde Unternehmung diesen Auswahlprozeß bei gleicher Information in gleicher Weise durchführen.

Die dann noch offene Frage, welche Produktmenge bzw. (bei multipler Produktion) welche Produktmengen ein Unternehmen tatsächlich herzustellen plant, kann dagegen nur untersucht werden, wenn vom Entscheidungsträger ein Unternehmensziel (z. B. Gewinnmaximierung wie hier) oder ein Zielsystem (z. B. Umsatzmaximierung bei Sicherung eines bestimmten Mindestgewinns) vorgegeben wird (vgl. § 9, Ziff. 2). Danach erst kann dasjenige Produktionsprogramm mit dem höchsten Zielbeitrag, das insoweit *optimale* Produktionsprogramm (Güterangebot), ausgewählt werden (vgl. § 14, Ziff. 3c und 4; §§ 17, 18, 19).

3. Produktionstechnik, Produktionsarten

Um ein bestimmtes Gut herzustellen, gibt es meist mehrere technische Produktionsverfahren. Darüber hinaus werden neue Verfahren zur Produktion vorhandener wie neuartiger Güter entwickelt. Produktionsverfahren unterscheiden sich in der angewandten Produktionstechnik (Konstruktion und Generation der Maschinen, Ausbildungsstand der Arbeitnehmer, Umfang der Handarbeit usw.).

Werden neue Verfahren entwickelt und durchgesetzt, die den bisherigen überlegen sind, spricht man von *technischem Fortschritt*. Technischer Fortschritt basiert fast immer auf wissenschaftlichen Erkenntnissen, oft der Natur- und Ingenieurwissenschaften, aber auch der Gesellschafts-, speziell der Wirtschaftswissenschaften. Im Wechselspiel von Grundlagenforschung und angewandter Forschung werden diese neuen Erkenntnisse gewonnen. Werden solche „*Erfindungen*" („inventions") ausgewertet, ergeben sich „*Neuerungen*" („innovations") im Produktionsprozeß. Als Produzenten haben die Unternehmer die bedeutsame Funktion, die wirtschaftlichen Chancen zu erkennen und zu nutzen, die durch solche Neuerungen eröffnet werden.

Eine Unternehmung muß sich also ggf. zwischen alternativen Produktionsverfahren entscheiden, wenn sie die Produktion eines bestimmten Gutes aufnehmen will. Nach dem wirtschaftlichen Prinzip wird unter allen Produktionsverfahren dasjenige ausgewählt, bei dem die geplanten Produktmengen mit den geringstmöglichen Kosten produziert werden können.

Nachfolgend ist ein gegebener Stand der Produktionstechnik vorausgesetzt. Dabei wird unterstellt, das Unternehmen habe stets das wirtschaftlichste Verfahren erkannt und eingesetzt. Sich in dieser Weise zu verhalten ist unter Umständen schwierig: Es kann der Fall eintreten, daß bei geringen Produktmengen ein anderes Verfahren als bei großen Produktmengen wirtschaftlich ist. Auch können Faktorpreisänderungen im Zeitablauf die optimalen Faktoreinsatzmengen so verändern, daß andere Verfahren kostengünstiger werden.

Die Unternehmung muß deshalb für den gesamten Planungszeitraum nicht nur festlegen, welche Produktarten sie produzieren will, sondern sie muß auch abschätzen, welche Produktmengen erzeugt werden sollen und in welchem Verhältnis Faktormengen dazu benötigt werden. Ist die Entscheidung für ein bestimmtes Verfahren gefallen, wird sie kurzfristig selbst dann nicht revidiert werden, wenn vorübergehend andere Verfahren optimal sind, aber die Umstellungskosten den Vorteil der Umstellung übersteigen. Erst wenn das bestehende Verfahren voraussichtlich dauerhaft anderen Verfahren unterlegen ist, wird die Produktion umgestellt werden.

Produktionsarten werden danach gruppiert, wieviel Produktarten mit dem gewählten Produktionsverfahren hergestellt werden und in welchem Verhältnis die eingesetzten bzw. ausgestoßenen Mengen dabei stehen. Die wichtigsten Produktionsarten sind:

(a) *Einfache Produktion:* Es wird nur eine einzige Produktart erzeugt (Einprodukterzeugung).

(b) *Kuppelproduktion:* Es werden naturbedingt oder wirtschaftlich notwendig mehrere Produktarten in einem festen bzw. nahezu festen Mengenverhältnis erzeugt (z. B. Rindfleisch und Rindsleder, Koks und Gas).

(c) *Gemeinsame Produktion:* Es werden mehrere Produktarten in einem variablen Mengenverhältnis erzeugt (z. B. Erdölderivate). Man spricht daher auch von Komplementärproduktion mit variablem Produktverhältnis.

(d) *Limitationale Produktion:* Um eine bestimmte Produktmenge zu erzeugen, müssen die Produktionsfaktoren in einem bestimmten festen Verhältnis kombiniert eingesetzt werden (z. B. Autoproduktion). Ist dieses effiziente Einsatzverhältnis für jede Produktmenge gleich, spricht man von einer *linear limitationalen* Produktion.

(e) *Substitutionale Produktion:* Für jede Produktmenge gibt es mehrere effiziente Mengenverhältnisse der kombiniert eingesetzten Produktionsfaktoren (z. B. Getreideanbau, Schokoladenherstellung).

Die Beziehungen zwischen den genannten Produktionsarten, die unterschiedlichen Begriffsebenen angehören, können schematisch verdeutlicht werden:

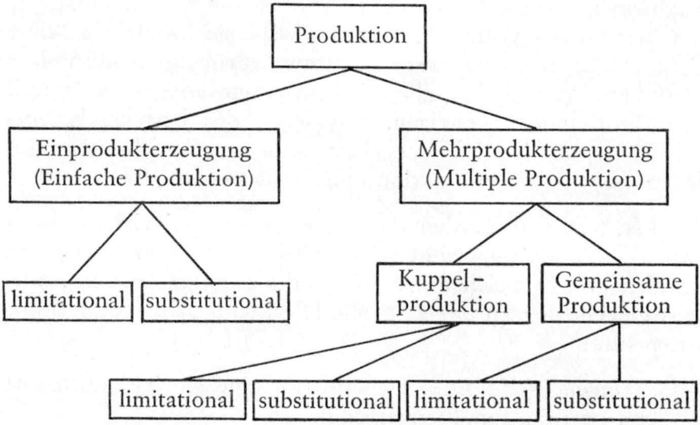

Abb. 29

4. Produktionsfunktion

Die Produktionstheorie behandelt die Produktmengen *(„Ausstoß", „output")* als abhängig von den eingesetzten Produktionsfaktormengen *(„Einsatz", „input")*. Dieser Zusammenhang wird durch die *Produktionsfunktion* dargestellt (vgl. auch Bd. III, Kap. I, § 2). Sind v_i ($i = 1, \ldots, n$) Mengen der eingesetzten Produktionsfaktoren und q_j ($j = 1, \ldots, m$) Mengen der erzeugten Produkte, so lautet die allgemeine, d. h. für alle Produktionsarten geltende Form der Produktionsfunktion in impliziter Schreibweise:

$$h(v_1, v_2, \ldots, v_n; q_1, q_2, \ldots, q_m) = 0.$$

Bei einfacher Produktion (Erzeugung nur eines einzigen Gutes) läßt sich die Produktionsfunktion explizit wie folgt schreiben:

$$q = f(v_1, v_2, \ldots, v_n) \text{ ceteris paribus.}$$

Ökonomisch soll damit ausgedrückt werden: Jede Variation der Ausstoßmenge wird allein durch eine Veränderung in den Faktoreinsatzmengen erklärt. Alle anderen Einflußgrößen werden als exogen gegeben betrachtet. Diese Vorstellung läßt sich etwa im Hinblick auf die Faktorqualität – ebenfalls ein wichtiger Bestimmungsgrund für die produzierte Gütermenge – rechtfertigen, wenn Verbesserungen oder Verschlechterungen in der Qualität der Produktionsfaktoren Ausdruck produktionstechnischer Änderungen sind, die durch die Annahme einer für die kurze Frist gegebenen Produktionstechnik ausgeklammert bleiben (vgl. § 11, Ziff. 2).

Eine Produktionsfunktion kann empirisch bzw. statistisch begründet sein oder rein hypothetische Beziehungen zwischen Input und Output angeben, deren produktionstheoretische Voraussetzungen und Konsequenzen analytisch-deduktiv untersucht werden sollen.

Die Produktionsfunktion $q = f(v_1, v_2, \ldots, v_n)$ wird in § 12 und in § 14, Ziff. 2, näher spezifiziert, indem verschiedene funktionale Abhängigkeiten zwischen Produkt- und Faktormengen sowie zwischen den Faktormengen unterstellt werden. Bei der Analyse der speziellen Funktionstypen sind verschiedene Begriffe üblich, um die Beziehungen zwischen den Faktormengen bzw. zwischen Faktormenge und Produktmenge zu kennzeichnen. Die wichtigsten Begriffe seien vorweg definiert, wobei nur 1 Faktor bzw. seine Veränderung bei Konstanz aller übrigen Faktoren betrachtet wird:

(partielle) *Grenzproduktivität* $\left(\frac{\partial q}{\partial v_i}\right)$: Ableitung der Produktmenge q nach der Produktionsfaktormenge v_i.

(partielles) *Grenzprodukt* $\left(\frac{\partial q}{\partial v_i} \cdot dv_i\right)$: Veränderung der Ausstoßmenge, wenn die Einsatzmenge v_i um eine marginale Einheit dv_i verändert wird.

(partielles) *Durchschnittsprodukt* $\left(\frac{q}{v_i}\right)$: Quotient aus absoluter Produktmenge und absoluter Einsatzmenge eines Faktors, das heißt Produktmenge pro Faktoreinheit. Das Durchschnittsprodukt wird auch als durchschnittliche Faktorproduktivität bezeichnet.

(partieller) *Produktionskoeffizient* $\left(\frac{v_i}{q}\right)$: Reziproker Wert des Durchschnittsproduktes eines Faktors i. Er bezeichnet die Faktoreinsatzmenge pro Produkteinheit.

(partielle) *Produktionselastizität* $\left(\pi_q, v_i = \frac{\partial q}{q} : \frac{\partial v_i}{v_i} = \frac{\partial q}{\partial v_i} \cdot \frac{v_i}{q}\right)$: Relative Veränderung der Ausstoßmenge q aufgrund einer relativen Veränderung der Einsatzmenge v_i. Die Produktionselastizität ist gleich dem Produkt aus Grenzproduktivität und Produktionskoeffizient oder gleich dem Quotienten aus Grenzproduktivität und Durchschnittsprodukt.

Grenzrate der (Faktor-)Substitution $\left(\frac{dv_i}{dv_j}\right)$: Marginale Veränderung des Produktionsfaktors i, die bei einer marginalen Veränderung des Produktionsfaktors j erforderlich ist, um die Produktmenge q konstant zu halten. Die Grenzrate der Substitution ist nur für Produktionsprozesse mit substitutionalen Faktoren sinnvoll anwendbar.

Faktorintensität $\left(\frac{v_i}{v_j}\right)$: Einsatzmengenverhältnis zweier in einem Produktionsprozeß eingesetzter Faktoren. Bedeutet beispielsweise v_i Arbeits- und v_j Kapitaleinsatz, spricht man von der

Arbeitsintensität des Kapitals. Der reziproke Ausdruck v_j/v_i bezeichnet dann die *Kapitalintensität* der Arbeit. Der Intensitätsgrad, also die Tatsache, ob ein Produktionsprozeß mehr oder weniger kapital- bzw. arbeitsintensiv ist, drückt sich im Zahlenwert des Quotienten aus.

Bei gleichzeitiger Betrachtung *aller* Faktoren ist produktionstheoretisch besonders bedeutsam die sog. *Niveauvariation*: Bei einer Niveauvariation werden die Mengen aller Faktoren im gleichen Einsatzverhältnis verändert (konstante Faktorintensität). Die dadurch bewirkte Produktmengenänderung (Zuwachs oder Abnahme) ist als *Niveaugrenzprodukt* bzw. *-ertrag* oder *Skalengrenzertrag* (oft verkürzt *Niveauerträge* oder *Skalenerträge*, engl. „returns to scale“, genannt) zu bezeichnen. Diese Änderungsrate ist konstant, nimmt zu oder ab, je nachdem, ob die Produktmenge infolge des proportional (also im gleichen Verhältnis) vermehrten bzw. verminderten Faktoreinsatzes proportional, überproportional oder unterproportional variiert. Dies kann analytisch folgendermaßen verdeutlicht werden:

Bei Einsatz quantitativ festgelegter Faktormengen $v_1^0, v_2^0, \ldots, v_n^0$ wird eine bestimmte Produktmenge q^0 erzeugt:

$$q^0 = f(v_1^0, v_2^0, \ldots, v_n^0)$$

Eine Niveauvariation (von q^0 auf q^1) ist analytisch als Multiplikation aller Faktormengen mit einer Konstanten λ zu fassen:

$$q^1 = f(\lambda v_1^0, \lambda v_2^0, \ldots, \lambda v_n^0)$$

Läßt sich die resultierende Produktmenge q^1 als Multiplikation der Ausgangsmenge q^0 mit einem Faktor λ^c darstellen,

$$q^1 = \lambda^c \cdot q^0 = \lambda^c \cdot f(v_1^0, v_2^0, \ldots, v_n^0),$$

dann wird die Produktionsfunktion *homogen vom Grade c* genannt, andernfalls ist sie *inhomogen*.

Nimmt nun c den speziellen Wert 1 an, dann führt eine Veränderung aller Faktormengen in gleicher Proportion zu einer dazu proportionalen Veränderung der Produktmenge. Die Funktion heißt dann *linear-homogen* oder *homogen vom Grade 1* und weist *konstante Skalenerträge* („constant returns to scale“) auf.

Ist $c > 1$, dann wächst die Produktmenge überproportional (*steigende Skalenerträge*, „increasing returns to scale"). Bei einem Exponenten $c < 1$ wächst die Produktmenge dagegen unterproportional (*fallende Skalenerträge*, „decreasing returns to scale").

§ 12 Produktionsplanung mit variablen Faktormengen

In diesem Paragraphen wird zunächst der substitutionale, dann der limitationale Fall einer einfachen Produktion erörtert, an der unbeschränkt variable Faktormengen beteiligt sind. Dies geschieht anhand spezieller Produktionsfunktionen, oft als „*Ertragsgesetz*", *Cobb-Douglas-Funktionstyp* und *Leontief-Funktion* bezeichnet (vgl. auch Band III, Kap. I, § 2, Ziff. 4). Die auf diesen Produktionsmodellen basierende Kostenplanung ist Gegenstand von § 13. In § 14, Ziff. 2, wird nochmals die Produktionsplanung bei Einprodukterzeugung aufgegriffen, dann jedoch unter der Voraussetzung, daß *alle* Faktormengen nur beschränkt verfügbar sind. Unter der gleichen Voraussetzung wird schließlich in § 14, Ziff. 3 und 4, die Analyse auf Mehrproduktfälle erweitert.

1. Substitutionale Produktion

a) Klassische Produktionsfunktion (Ertragsgesetz)

Zum intuitiven Verständnis des gemeinten Sachverhalts läßt sich das vor allem von klassischen Ökonomen verfochtene „*Ertragsgesetz*" (nach der hier gebrauchten Terminologie eigentlich „*Produktmengengesetz*") in der folgenden Weise erläutern. Ein bestimmtes Produkt werde in bestimmter Menge hergestellt durch Kombination eines mengenmäßig konstanten Produktionsfaktors (oder einer festen Kombination verschiedener Faktoren) mit mindestens einem anderen Produktionsfaktor, der mengenmäßig variiert. Der Einfachheit halber sei die Qualität von Produkt und Faktoren als gegeben vorausgesetzt. Das Ertragsgesetz behauptet dann, daß *aus technischen Gründen* die Kombination einer ganz bestimmten Menge des variablen

Faktors mit dem fixen Faktor in dem Sinne optimal ist, daß bei dieser Faktormengenkombination die Produktmenge (= physischer Ertrag) pro Einheit des variablen Faktors am größten ist. Bei allen anderen Faktorkombinationen ist sie geringer. Mit Ausdehnung der Produktion (Mehreinsatz des variablen Faktors) von Null aus steigt das partielle Durchschnittsprodukt dieses Faktors zunächst, erreicht sein Maximum und fällt dann. Dasselbe gilt für die partielle Grenzproduktivität, die schließlich negativ wird. Die Begründung des Ertragsgesetzes ist durch ein Beispiel aus der landwirtschaftlichen Erzeugung gut zu veranschaulichen. Ein Acker in der Größe von beispielsweise 1 Hektar (konstanter Produktionsfaktor) werde zum einen in seiner ganzen Ausdehnung allein von einem einzigen oder von nur wenigen Landarbeitern, so gut es geht, bebaut; zum anderen würden sich übermäßig viele Arbeiter darauf drängen und sich gegenseitig bei der Arbeit behindern (variabler Faktor). Es ist unmittelbar einzusehen, daß der maximale physische Ertrag pro Arbeiter nicht in den beiden Grenzfällen zu erwarten sein wird, sondern irgendwo dazwischen anfallen muß.

In Abb. 30 ist eine Produktionsfunktion dreidimensional dargestellt, welche die produktionstheoretische Aussage des Ertragsgesetzes enthält. Die möglichen (nicht negativen) Einsatzmengen v zweier Produktionsfaktoren 1 und 2 sind in einer zwischen den beiden Achsen v_1 und v_2 aufgespannten Ebene erfaßt, das heißt jedem Punkt auf dieser Ebene entspricht ein bestimmtes Einsatzmengenverhältnis. Zum Beispiel bedeutet Punkt B eine Einsatzmenge OA (= CB) des Faktors 2 und OC (= AB) des Faktors 1, Punkt A eine Einsatzmenge OA des Faktors 2 und Null des Faktors 1, Punkt C eine Einsatzmenge OC des Faktors 1 und Null des Faktors 2. Sind weitere Produktionsfaktoren an der Produktion beteiligt, werden dafür konstante positive Einsatzmengen unterstellt.

Jedem Punkt in der (v_1, v_2)-Ebene, das heißt jeder Einsatzmengenkombination, ist eine bestimmte Ausstoßmenge q zugeordnet, die als Höhe senkrecht über diesem Punkt (in Richtung der q-Achse) abgetragen ist. Über die (v_1, v_2)-Ebene wölbt sich somit ein „*Ertragsgebirge*", dessen Oberfläche die Menge aller

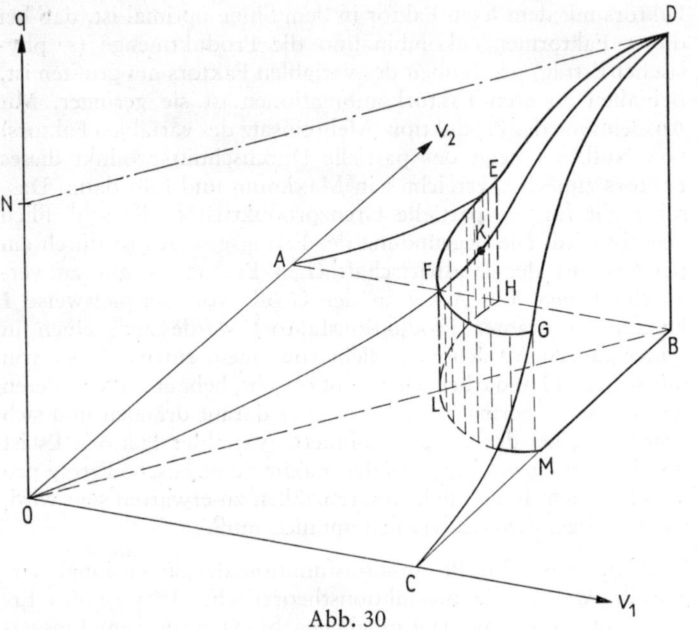

Abb. 30

Produktmengen bildet, die jeweils mit der Faktorkombination, welche senkrecht darunter als Punkt in der (v_1, v_2)-Ebene markiert ist, produziert werden können. Beispielsweise entspricht dem Punkt B eine Produktmenge BD (= ON); bei O, A und C ist die Produktmenge Null.

Hat das Ertragsgebirge die in Abb. 30 wiedergegebene Form, gilt in partieller Betrachtung folgendes: Bei konstanter Einsatzmenge des Faktors 2 (z. B. OA) steigt die Produktmenge mit kontinuierlicher Erhöhung der Faktormenge v_1 zunächst überproportional, später unterproportional (vgl. Linienzug AED). Im Punkt D ist die Produktmenge am größten. Wird die Faktormenge v_1 über OC hinaus erhöht, fällt die Produktmenge absolut. Gleiches ergibt sich bei Konstanz der Einsatzmenge v_1 (z. B. in Höhe von OC) und kontinuierlicher Erhöhung der Faktormenge v_2 (vgl. Linienzug CGD).

– Die Faktoren sind insoweit substituierbar, als die gleiche Produktmenge (z. B. Höhenlinie EFG) mit unterschiedlichen Faktorkombinationen (entlang der Linie HLM) erzeugt werden kann.

– Die Faktoren sind insoweit nicht vollständig substituierbar, als keine Produktmenge ausschließlich mit einem Produktionsfaktor erzeugt werden kann. So wird nichts produziert, wenn beispielsweise v_2 entlang OA variiert und v_1 gleich Null ist.

Die partielle Analyse kann zweidimensional fortgeführt werden. Das Ertragsgebirge wird daher zunächst entlang AEDBH vertikal durchschnitten, um die Veränderung der Produktmenge bei Variation einer Faktormenge (v_1) und konstantem Einsatz des zweiten Faktors ($\bar{v}_2$ = OA in Abb. 30) zu diskutieren. Dieser Ausschnitt ist in Abb. 31 wiedergegeben.

In § 13, Ziff. 1 (Abb. 36 und 37) wird dann die (v_1, v_2)-Ebene aus Abb. 30 isoliert dargestellt, wobei Linien gleicher Höhe (z. B. EFG) durch senkrechte Projektion in der genannten Ebene abgebildet werden (z. B. der Höhenlinie EFG entspricht in Abb. 30 die Projektion HLM in der Ebene). Dies erlaubt, die Beziehungen zwischen den beiden Faktormengen zu erörtern und (zweidimensional) zu veranschaulichen.

In Abb. 31 ist also die aus Abb. 30 „herausgeschnittene" Beziehung zwischen Produktmenge q und Faktormenge v_1 bei Konstanz der anderen Faktormenge ($\bar{v}_2$) dargestellt. Die alternativen Einsatzmengen v_1 werden von Null aus auf der Abszisse abgetragen, die zugehörigen Produktmengen q auf der Ordinate. Die Kurve OEMD ist das Abbild der ertragsgesetzlichen Produktionsfunktion $q = q(v_1, \bar{v}_2)$. Diese Produktmengenkurve („Ertragskurve") zeigt die Veränderung der Produktmenge in Abhängigkeit von der Einsatzmenge v_1 bei gegebener Menge $\bar{v}_2$.

Die *Durchschnittsprodukte* $\frac{q}{v_1}$ entsprechen dem Tangens jeweils des Winkels, den ein im Ursprung des Koordinatensystems beginnender Fahrstrahl zu jedem Punkt der Produktmengenkurve mit der Abszisse bildet (z. B. $\text{tg}\,\alpha = EH : OH$ für den Fahrstrahl OE). Die durchschnittliche Produktmenge ist an der Kurven-

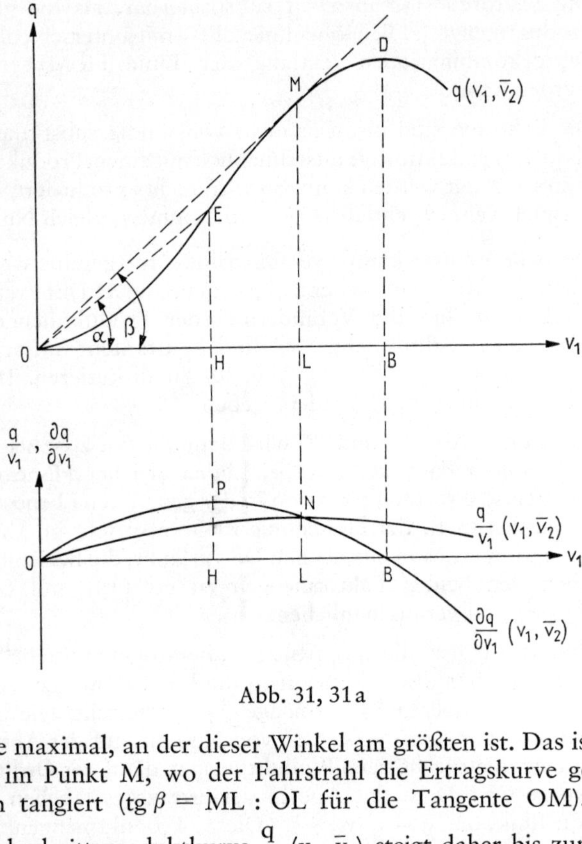

Abb. 31, 31a

stelle maximal, an der dieser Winkel am größten ist. Das ist der Fall im Punkt M, wo der Fahrstrahl die Ertragskurve gerade noch tangiert (tg β = ML : OL für die Tangente OM). Die Durchschnittsproduktkurve $\frac{q}{v_1}$ $(v_1, \bar{v}_2)$ steigt daher bis zur Einsatzmenge OL (Punkt N in Abb. 31a) und fällt danach fortgesetzt. Die technische Begründung des Ertragsgesetzes ist auch an diesem Kurvenverlauf erkennbar: Das Durchschnittsprodukt nimmt zu, dann ab, weil der betrachtete Faktor v_1 – bezogen auf die Einsatzmengen der übrigen Faktoren – zunächst in einer unteroptimalen, dann in einer überoptimalen Menge eingesetzt ist.

Die ebenfalls in Abb. 31a eingezeichnete Kurve der *Grenzproduktivität* $\frac{\partial q}{\partial v_1}(v_1, \bar{v}_2)$ als partielle Ableitung der Gesamtproduktkurve nach der Einsatzmenge v_1 drückt die Steigung der q-Kurve in jedem Punkt aus. Sie wird gemessen durch den Tangens des jeweiligen Winkels, den eine an jeden Punkt der Kurve angelegte Tangente mit der Abszisse bzw. ihrer gedachten Verlängerung bildet. Die Kurvensteigung ist im Wendepunkt E am größten, also bei der Einsatzmenge OH. Ab da (Punkt P in Abb. 31a) wird die Grenzproduktivität fortgesetzt kleiner, in B Null und bei noch weiterer Zunahme der Einsatzmenge v_1 negativ (das Gesamtprodukt schrumpft absolut). Im Punkt M (bzw. Punkt N) sind Durchschnittsprodukt und Grenzproduktivität gleich groß. Im Abschnitt HL nimmt das Durchschnittsprodukt noch zu, während die Grenzproduktivität bereits abnimmt. Bezogen auf das Durchschnittsprodukt ist jene Einsatzmenge des Faktors 1 optimal, bei der das Durchschnittsprodukt am größten ist. Diese Menge wird sich nur dann ändern, wenn sich die als konstant behandelten Mengen der übrigen Faktoren und/oder die Produktionstechnik ändern (Variation der Funktionsparameter und damit Verschiebung der q-Kurve).

Eine allgemeine Geltung der ertragsgesetzlichen Produktionsfunktion wird bezweifelt. Sie wurde als „Gesetz vom abnehmenden Bodenertrag" (zutreffender wäre: Gesetz vom abnehmenden Arbeits- oder Kapitalertragszuwachs auf gegebenem Boden) zuerst für die landwirtschaftliche Produktion formuliert: Die klassischen Nationalökonomen waren davon überzeugt, der Produktionsfaktor „Boden" sei nicht vermehrbar und (bei gegebener Produktionstechnik) wäre der Ertrag einer gegebenen Bodenfläche auch durch Mehreinsatz von Arbeit und anderen variablen Faktoren nicht unbegrenzt zu erhöhen.

Vertreter früherer Lehrmeinungen glaubten, im Unterschied zu abnehmenden Ertragszuwächsen in der Landwirtschaft sei im Handwerk mit gleichbleibenden, in der Industrie sogar mit zunehmenden Ertragszuwächsen zu rechnen. Dabei wurden die Bedingungen, unter denen das Ertragsgesetz gilt, nicht genau beachtet. Einmal sind Ertragszuwächse, die auf veränderter

Produktionstechnik beruhen, nicht in das Ertragsgesetz einzubeziehen; die Ertragszunahme in der Industrie durch Übergang zur „Massenproduktion" mit entsprechender Technik fällt also nicht unter das Ertragsgesetz. Vor allem aber wird, wie schon hervorgehoben, für das Ertragsgesetz unterstellt, daß mindestens ein Faktor mengenmäßig konstant gehalten wird. Werden alle Einsatzfaktoren mengenmäßig verändert, so handelt es sich um eine Veränderung des „Produktionsniveaus" (der „Produktionsskala"). Ob die dabei auftretenden durchschnittlichen oder marginalen *Niveauerträge* bzw. *Skalenerträge* („returns to scale") konstant, zunehmend oder abnehmend sind, wird bei Formulierung der ertragsgesetzlichen Produktion zumeist offen gelassen, da regelmäßig – wie oben auch – nur der Fall der partiellen Faktorvariation untersucht wird. In Abb. 30 (vgl. Linienzug OKD) sind zunächst bis zum Wendepunkt K überproportional steigende (OK), später unterproportional steigende (KD) und schließlich (ab D) fallende Niveauerträge *unterstellt*. Dies kann mit der Existenz eines dritten Produktionsfaktors (hier z. B. Kapital) begründet werden, dessen Einsatzmenge unabhängig von den Einsatzmengenkombinationen der Faktoren 1 und 2, die hier die Linie OLB bilden, stets konstant ist. Die unterstellte Entwicklung der Niveauerträge erklärt sich dann aus einer zunächst unteroptimalen Auslastung, später aus einer Überlastung des konstanten dritten Faktors.

b) Neoklassische Produktionsfunktion (Cobb-Douglas-Funktionstyp)

Aus Abb. 30 wurde für den Fall einfacher Produktion mit zwei Produktionsfaktoren die klassische (ertragsgesetzliche) Produktionsfunktion gewonnen und in Abb. 31 graphisch dargestellt. Analog dazu wird in Abb. 32 für den gleichen Produktionsfall jene Produktionsfunktion veranschaulicht, die als neoklassisch gilt (zum Begriff „Neoklassik" vgl. § 3, Ziff. 1).

Folgende Eigenschaften dieses Funktionstyps können der Abbildung unmittelbar entnommen werden:

– Bei Konstanz der Faktormenge v_2 in Höhe von OA und damit partieller Variation der Faktormenge v_1 entlang AHB

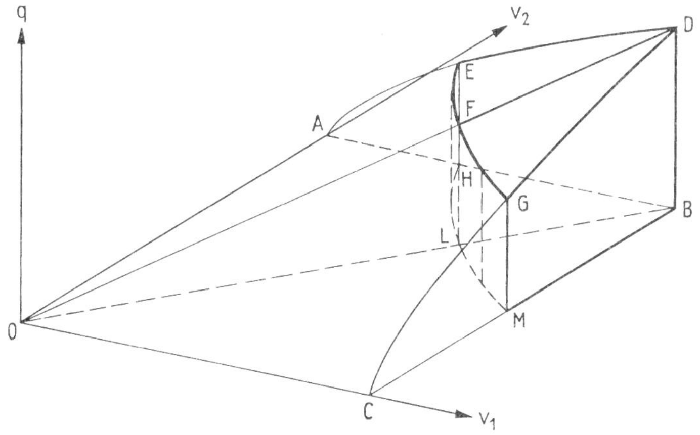

Abb. 32

(= OC) nimmt die Produktmenge entlang AED stets unterproportional zu, ohne ein Maximum zu erreichen. Das heißt mit anderen Worten, die Grenzproduktivität nimmt ständig ab, wird aber nie Null. Man kommt zum gleichen Ergebnis (Kurve CGD), wenn bei Konstanz des Faktors 1 in Höhe von OC der Faktor 2 entlang CMB (= OA) variiert wird.

- Bei proportionaler Veränderung *beider* Faktormengen, also bei totaler Faktorvariation (Bewegung entlang OLB in Abb. 32) verändert sich auch die Produktmenge entlang OFD proportional; es werden konstante Niveau(grenz)erträge erzielt. Diese Eigenschaft wird – wie oben erwähnt – linear-homogen oder homogen vom Grade eins genannt. Sie ist für neoklassische Produktionsfunktionen nicht zwingend, soll jedoch im folgenden als gegeben angenommen werden.
- Veränderbare Faktoreinsatz-Relationen erlauben es, die gleiche Produktmenge mit unterschiedlichen Faktormengenkombinationen zu erzeugen. So wird zum Beispiel mit all den

Faktormengenkombinationen, die durch die Kurve HLM bezeichnet werden, stets die gleiche Produktmenge produziert (z. B. HE = LF = MG). Hier liegt *substitutionale Produktion* vor. Die Substituierbarkeit der Faktormengen ist allerdings begrenzt, weil keine Faktormenge völlig durch eine andere substituiert werden kann. Ist auch nur eine Faktormenge Null, dann ist unabhängig von der Einsatzmenge des anderen Faktors auch die Produktmenge stets Null (vgl. z. B. die Punkte A und C).

Wie in Abschnitt 1 a) wird zunächst der Zusammenhang zwischen Produkt- und Einsatzmenge des Faktors 1 bei konstanter Einsatzmenge des Faktors 2 in Höhe von OA betrachtet. Davon getrennt werden die produktionstheoretischen Beziehungen zwischen den Faktoreinsatzmengen anhand der (v_1, v_2)-Ebene in § 13, Ziff. 3b erörtert.

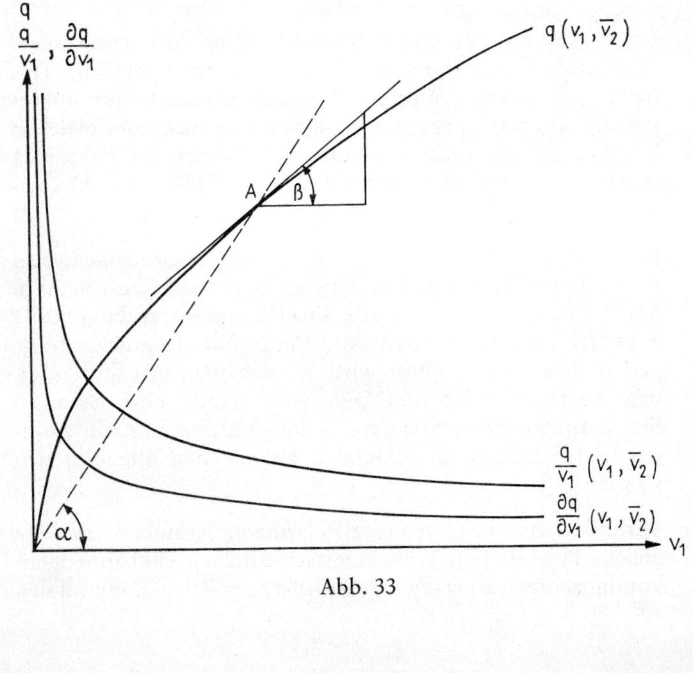

Abb. 33

Ein vertikaler Schnitt durch das Ertragsgebirge z. B. entlang AEDB in Abb. 32 ermöglicht es, in Abb. 33 die Produktionsfunktion $q = q(v_1, \bar{v}_2)$ isoliert darzustellen (Abhängigkeit der Produktmenge q von der Einsatzmenge v_1 bei konstant gegebenem Einsatz des Faktors 2, hier $\bar{v}_2 = OA$ in Abb. 32). Die Produktmenge nimmt zwar mit steigendem Faktoreinsatz stetig zu, Durchschnittsproduktmenge und Produktmengenzuwachs sinken jedoch kontinuierlich und konvergieren gegen Null. Die Grenzproduktivitätskurve $\frac{\partial q}{\partial v_1}(v_1, \bar{v}_2)$ verläuft stets unterhalb der Durchschnittskurve $\frac{q}{v_1}(v_1, \bar{v}_2)$, denn in jedem Punkt der Produktionsfunktion, z. B. im Punkt A in Abb. 33, ist der Steigungswinkel α des Fahrstrahls (Maß des Durchschnittsprodukts) größer als der Tangentenwinkel β (Maß der Grenzproduktivität).

Im Gegensatz zur klassischen (ertragsgesetzlichen) Produktionsfunktion fehlen bei der neoklassischen die Bereiche zunehmender Durchschnitts- und Grenzprodukte sowie negativer Grenzproduktivitäten bei fortschreitender partieller Faktorvariation. Es ist von Fall zu Fall festzustellen, ob in der Realität solche Bereiche vorkommen oder nicht. Vor allem aus dem Sektor der landwirtschaftlichen Produktion sind verschiedene empirische Untersuchungen bekannt, die für relevante Faktormengen entweder den Verlauf der klassischen oder den der neoklassischen Produktionsfunktion bestätigen.

Die neoklassische Produktionsfunktion ist inbesondere in der Form linearer Homogenität von Bedeutung in der makroökonomischen Theorie. *C. H. Cobb* und *P. H. Douglas*, mit deren Namen dieser Funktionstyp meist verknüpft wird, verwendeten ihn in der folgenden Form: $q = a \cdot v_1^m \cdot v_2^n$, wobei $n + m = 1$ als Bedingung für lineare Homogenität erfüllt ist. (Cobb und Douglas, A Theory of Production, The American Economic Review 18 (1928) Suppl.; Douglas, The Theory of Wages, New York 1934).

Die Gleichung enthält a, m und n als parametrische Konstanten, wobei m und n mit den partiellen Produktionselastizitäten von

v_1 bzw. v_2 identisch sind. Dies läßt sich beweisen, indem die Funktion z. B. partiell nach v_1 differenziert wird:

$$\frac{\partial q}{\partial v_1} = a \cdot m \cdot v_1^{m-1} \cdot v_2^n$$

$$= a \cdot m \frac{v_1^m}{v_1} \cdot v_2^n$$

$$= \frac{m}{v_1} \cdot q$$

Diesen Ausdruck in die Formel für die Produktionselastizität von v_1 eingesetzt, ergibt:

$$\pi_{q,\, v_1} = \frac{\partial q}{\partial v_1} \cdot \frac{v_1}{q} = \frac{m}{v_1} \cdot q \cdot \frac{v_1}{q} = m$$

Der Beweis für n erfolgt entsprechend.

Die beiden in der Ausgangsgleichung enthaltenen Elastizitäten (m und n) ergänzen sich zu eins. Diese Hypothese wurde seit Cobb/Douglas für die Produktionsfaktoren Arbeit und Kapital durch zahlreiche ökonometrische Tests gestützt, die sich jedoch überwiegend auf den Output von Wirtschaftszweigen oder die Gesamtproduktion einer Volkswirtschaft beziehen. Für die Produktionselastizität der Arbeit wurde ein Schätzwert von ungefähr 0,65, für die des Kapitals von rund 0,35 ermittelt (vgl. D. F. Heathfield, Production Functions, 1971). Bezüglich der Bundesrepublik Deutschland schätzte die Deutsche Bundesbank folgende Gleichung (vgl. Monatsberichte der Deutschen Bundesbank, Okt. 1973):

$$Y = 0{,}183 \cdot K^{0{,}378} \cdot A^{0{,}689} \cdot e^{t \cdot 0{,}014}$$

(Bestimmtheitsmaß $R^2 = 0{,}998$; Durbin/Watson-Koeffizient = 1,93),

wobei Y = Bruttoinlandsprodukt (Mrd. DM in Preisen von 1962), K = genutzter Sachkapitalbestand (Mrd. DM in Preisen von 1962), A = Arbeitsvolumen (Mrd. Std.) und e^t = Restkomponente.

Obwohl inzwischen der Cobb-Douglas-Funktionstyp hauptsächlich dazu dient, sektorale und gesamtwirtschaftliche Produktionsprozesse darzustellen, bleibt er prinzipiell auch auf die einzelwirtschaftliche Produktion anwendbar.

Beiden Produktionsfunktionen, der klassischen wie der neoklassischen, ist die Annahme gemeinsam, daß die Faktorintensitäten (Faktoreinsatzverhältnisse) variieren können, weil (in Grenzen) substitutionale Produktionsfaktoren zugrunde liegen. Jede Produktmenge kann demnach prinzipiell (bei totaler Betrachtung) mit beliebig vielen, sich in ihrer Zusammensetzung unterscheidenden Faktormengenkombinationen produziert werden. Es ist problematisch, dies mikroökonomisch zu verallgemeinern. Bei manchen Gütern lassen schon technische Zwänge eine solche Produktionsweise nicht zu. Überdies impliziert die klassisch/neoklassische Hypothese Faktoren, die sich produktionstechnischen Erfordernissen vollständig und rasch anpassen können. Sie dürfte daher auch insoweit unter gegenwärtigen Produktionsverhältnissen nur sehr eingeschränkt gelten. Insbesondere wird die Substitutionalität des Faktoreinsatzes für die industrielle Produktion bestritten, wo ein anderer Typ von Produktionsfunktion besser zu passen scheint.

2. Linear limitationale Produktion (Leontief-Funktion)

Es überwiegt die Ansicht, im industriellen Produktionsbereich seien die Faktormengen nicht beliebig kombinierbar, vielmehr müßten die Produktionsfaktoren stets in einem festen Mengenverhältnis eingesetzt werden, um eine bestimmte Produktmenge erzeugen zu können. Zum Beispiel: Ein Schweißer produziert während einer Stunde mit dem Schweißbrenner eine Naht bestimmter Länge. Die Produktmenge (hier die Schweißnahtlänge) läßt sich nur dann vergrößern, wenn alle Produktionsfaktoren vermehrt eingesetzt werden: So könnte der Schweißer mit seinem Gerät z. B. zwei Stunden arbeiten, benötigte dann aber auch die doppelte Menge Schweißdraht und Gas. Der Mehreinsatz nur eines Produktionsfaktors (etwa Arbeitszeit oder Schweißmaterial) wäre ineffizient, also verschwendet, weil hierdurch die Produktmenge nicht zu erhöhen ist. Andererseits kann auch nicht die gleiche Nahtlänge (gleiche Produktmenge) durch mehr (weniger) Schweißdraht und weniger (mehr) Arbeitszeit erzeugt werden. Die Produktionsfaktoren stehen also in einem komplementären Verhältnis zueinander, wodurch der Produktionsvorgang gewissen Einschränkungen unterworfen ist. Man spricht von einem *limitationalen* Produktionsprozeß, denn der jeweils knappere (weniger vorhandene) Faktor limitiert die mögliche Ausstoßmenge. Bleibt das effiziente Faktormengenverhältnis für alle Produktmengen konstant, wird der Produktionsprozeß *linear limitational* genannt.

Die beschriebenen Zusammenhänge sind wieder für zwei Faktoren und ein Produkt in Abb. 34 graphisch veranschaulicht:

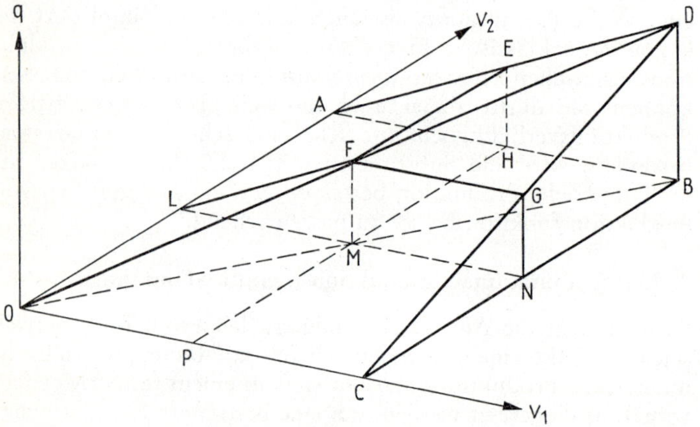

Abb. 34

Eine (totale) Variation der Faktoreinsatzmengen in festem Verhältnis entlang OMB läßt die Produktmenge proportional entlang OFD ansteigen. Die Produktionfunktion ist linear homogen; es werden konstante Niveau(grenz)erträge erzielt. Im Punkt M wird z. B. durch Einsatz von OL des Faktors 2 und OP des Faktors 1 die Produktmenge MF erzeugt. Durch weitere Erhöhung nur einer Faktormenge (z. B. v_1 entlang MN) ist die Produktmenge nicht mehr zu steigern (MF = NG).

Um die Folgerungen daraus verdeutlichen zu können, wird in Abb. 35 die Schnittfläche LFGNM aus Abb. 34 dargestellt. Bei konstanter Einsatzmenge $\bar{v}_2$ in Höhe von OL (vgl. Abb. 34) ist folglich die Grenzproduktivität des Faktors 1 bei dessen (partieller) Variation im Bereich von L bis M (gleich O bis P) positiv und konstant (= LR). Die Produktmenge wächst mit jeder zusätzlichen v_1-Einheit entlang LF jeweils um den gleichen Betrag. Die Grenzproduktivität ist dagegen Null, wenn sich v_1 über M hinaus in Richtung N erhöht. Eine v_1-Vermehrung bewirkt keinen Produktmengenzuwachs mehr, die q-Kurve steigt nicht weiter an, sie verläuft ab F parallel zur v_1-Achse (Abb. 35).

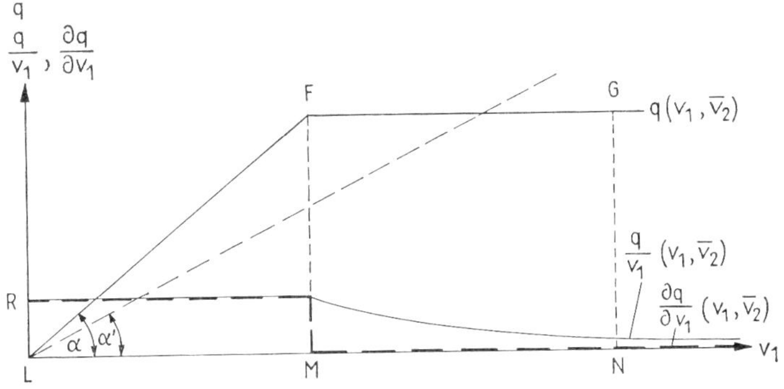

Abb. 35

Bis zum Punkt M sind Durchschnittsprodukt und Grenzproduktivität gleich groß und konstant in Höhe von LR (Steigungswinkel α und Fahrstrahlwinkel α sind gleich). Während die Grenzproduktivität danach Null wird, fällt die Durchschnittsproduktkurve kontinuierlich und konvergiert gegen Null (stetig kleiner werdender Fahrstrahlwinkel, z. B. α').

Dieser Typ der Produktionsfunktion ist als *Leontief-Produktionsfunktion* in die Literatur eingegangen (benannt nach W. W. Leontief, Interrelation of Prices, Output, Savings, and Investment, in: The Review of Economic Statistics, Bd. 19, 1937, S.109ff.; Leontief, The Structure of the American Economy, 1919–1939,

Oxford 1941). Er wird sowohl in der Produktions- und Kostenplanung von Unternehmen als auch bei der Untersuchung gesamtwirtschaftlicher Produktionsverflechtungen (Input-Output-Analysen, vgl. Bd. I, § 25) angewendet.

§ 13 Kostenplanung

1. Isoquantenanalyse und Minimalkostenkombination

In § 12 wurden in verschiedenen Produktionsmodellen die quantitativen Beziehungen der Faktoreinsatzmengen („Mengengerüst" der Kosten) zu den Produktmengen betrachtet. Unter den vielen möglichen Faktoreinsatzkombinationen werden nun diejenigen gesucht, die dem wirtschaftlichen Prinzip entsprechen. Zunächst sind die ineffizienten Faktorkombinationen zu eliminieren (vgl. § 11, Ziff. 2). Sodann hat die Bewertung der verbleibenden (effizienten) Faktormengen („*Realkosten*") mit ihren Preisen zu erfolgen. Das ergibt die *Kosten* der Produktion, nämlich die aufgewendeten Produktionsfaktoren in ihrem ökonomischen Wertausdruck (Kosten = Faktormengen × Faktorpreise). Dadurch wird es möglich, die kostenminimale Faktorkombination auszuwählen. Ziel der Analyse ist es also, die Faktorkombination für *jede Produktmenge* zu ermitteln, bei der die geringstmöglichen Kosten entstehen. Mathematisch wird diese Beziehung zwischen Produktmenge und (minimalen) Kosten durch eine *Kostenfunktion* (Kostenkurve) beschrieben.

Für die Bewertung der Einsatzfaktoren besteht die Annahme, deren Preise seien Daten und seien somit unbeeinflußt von den Entscheidungen im Unternehmen. Sie wird aufgehoben, wenn die Begegnung von Unternehmen und Haushalten auf den Faktormärkten zu untersuchen ist (vgl. Bd. III, Kap. I und II).

Damit sich ein Unternehmen für *eine bestimmte Produktmenge* (Absatzmenge) entscheiden kann, muß dann neben den Faktoren auch das produzierte Gut mit einem Preis bewertet werden (vgl. § 14, Ziff. 3c und 4, und §§ 17, 18, 19).

Um die gesuchten Kostenfunktionen zu erhalten, sind zunächst die wirtschaftlichen (kostenminimalen) Faktormengenkombinationen zu bestimmen. Dazu können aus § 12 die dreidimensionalen Darstellungen der verschiedenen produktionstheoretischen Hypothesen alternativ herangezogen werden, indem die Grundfläche des jeweiligen Ertragsgebirges, auf der alle Kombinationen der Einsatzmengen v_1 und v_2 liegen, für ausgewählte Produktmengen (Höhenlinien des Ertragsgebirges) als Projektionsebene benutzt wird. Dies soll ausführlich nur an einem Fall demonstriert werden. Exemplarisch wird aus der Abb. 30 die Abb. 36 entwickelt. Es geschieht, indem beliebig viele in die (v_1, v_2)-Ebene projizierte Kurven jeweils gleicher Produktmenge (in Abb. 30: HLM als Projektion der Höhenlinie EFG) übernommen werden (Kurve J_1 mit den Punkten DRSTQ in Abb. 36). In Abb. 37 werden mehrere solcher Projektionskurven wiedergegeben (J_1, J_2, J_3). Sie sind jeweils der geometrische Ort aller Faktormengenkombinationen, mit denen eine gleiche Produktmenge produziert werden kann. Sie werden daher *Isoquanten* (Linien gleicher Menge) genannt. Die Indices zeigen die unterschiedlichen Produktmengenhöhen an.

Die Isoquanten sind den in Kap. II behandelten Indifferenzkurven nur formal ähnlich. Eine Indifferenzkurve ist der geometrische Ort aller Gütermengenkombinationen, die gleichen Nutzen stiften. Die Nutzenhöhe ist dabei lediglich ordinal meßbar. Produktmengen kann man dagegen kardinal messen. Jeder Isoquante entspricht somit eine exakt bestimmbare Produktmenge. Die formale Analogie zur Indifferenzkurvenanalyse erlaubt es jedoch, die folgenden Ausführungen kurz zu halten:

Der effiziente Substitutionsbereich der Isoquante J_1 liegt in Abb. 36 zwischen R und Q. Beispielsweise ist Punkt D deshalb ineffizient, weil hier zur Herstellung der dieser Isoquante entsprechenden Produktmenge von beiden Faktoren höhere Mengen als bei Produktion im Punkt R eingesetzt werden müßten. Deshalb sind im weiteren nur noch solche Faktorkombinationen zu betrachten, die zwischen den beiden Tangentialpunkten R und Q liegen.

Eine Bewegung auf der Isoquante, z. B. von S nach T, entspricht einer teilweisen Substitution einer Faktormenge (dv_2)

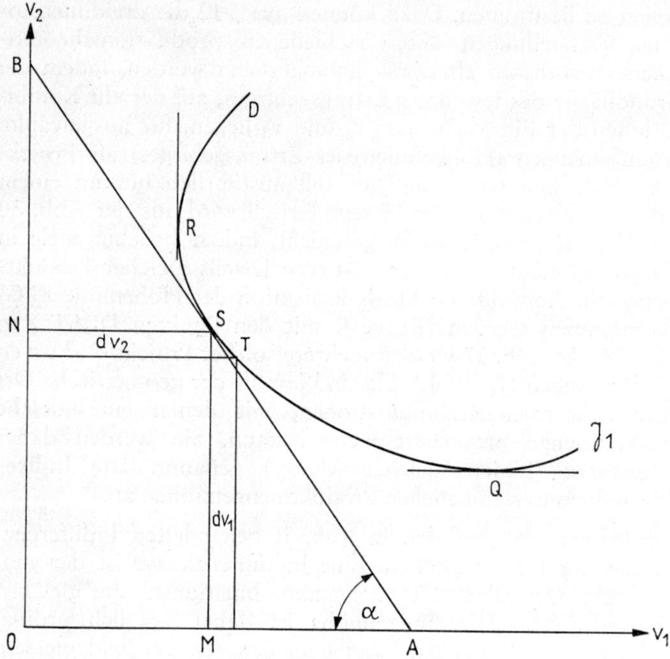

Abb. 36

durch die andere (dv_1). Da die Isoquante als geometrischer Ort von Faktormengenkombinationen *gleicher* Produktmenge definiert wurde, führt diese Substitution zu keiner Veränderung der Produktmenge ($dq = 0$). Das heißt: Die Verringerung der Produktmenge um das Grenzprodukt $\frac{\partial q}{\partial v_2} \cdot dv_2$ wird gerade ausgeglichen durch die gleichzeitige Erhöhung der Produktmenge um das Grenzprodukt $\frac{\partial q}{\partial v_1} \cdot dv_1$, also

$$dq = \frac{\partial q}{\partial v_2} \cdot dv_2 + \frac{\partial q}{\partial v_1} \cdot dv_1 = 0$$

Setzt man für die partiellen Grenzproduktivitäten die Ausdrücke GP_1 und GP_2, also $\frac{\partial q}{\partial v_1} = GP_1$ und $\frac{\partial q}{\partial v_2} = GP_2$, ergibt sich durch Umformung:

$$-\frac{dv_2}{dv_1} = \frac{GP_1}{GP_2}$$

In jedem Punkt der Isoquante (z. B. in S) ist das mit -1 multiplizierte Steigungsmaß $\left(-\operatorname{tg}\alpha = -\frac{dv_2}{dv_1}\right)$ der Tangente AB an diesen Punkt gleich dem reziproken Verhältnis der Grenzproduktivitäten. In Abb. 36 ist wegen der zur Veranschaulichung gewählten Differenzdarstellung der an sich infinitesimale Ausdruck dv_2/dv_1 nur näherungsweise gleich dem Tangens des Tangentenwinkels α. Die Isoquantensteigung wird als (technische) *Grenzrate der (Faktor-)Substitution* bezeichnet. Jeder Faktormengenkombination (v_1, v_2) entspricht im effizienten Isoquantenbereich genau eine Grenzrate der Substitution dv_2/dv_1 bzw. dv_1/dv_2. Die Frage nach der kostenminimalen Faktormengenkombination ist daher beantwortet, wenn die *kostenminimale Grenzrate der Substitution* ermittelt werden kann.

Zu diesem Zweck werden zunächst die Kosten der Faktormengen v_1 und v_2 ermittelt. Mit r_1 bzw. r_2 als Preise für die Faktoren 1 bzw. 2 sind die Faktorkosten:

$$K = r_1 v_1 + r_2 v_2 .$$

Durch Umformung ergibt sich die lineare Funktion

$$v_2 = \frac{K}{r_2} - \frac{r_1}{r_2} v_1 .$$

Sind Faktorpreise und Kostensumme in ihrer Höhe gegeben, ist die Funktion im v_1/v_2-Quadranten darstellbar. In den Abb. 36 und 37 wird sie als Gerade AB durch die Steigung

$$\operatorname{tg}\alpha = -\frac{r_1}{r_2} = -\frac{OB}{OA}$$

und den Ordinatenabschnitt $OB = \frac{K}{r_2}$ festgelegt. Es handelt sich um eine *Isokostenlinie*, weil sie den geometrischen Ort aller Faktormengenkombinationen mit gleichhohen Gesamtkosten bildet. Einer Erhöhung (Verringerung) der Kostensumme entspricht eine Parallelverschiebung der Isokostenlinie nach rechts (links). Variationen des Faktorpreisverhältnisses r_1/r_2 führen zu einer Drehung dieser Geraden (veränderter Steigungswinkel).

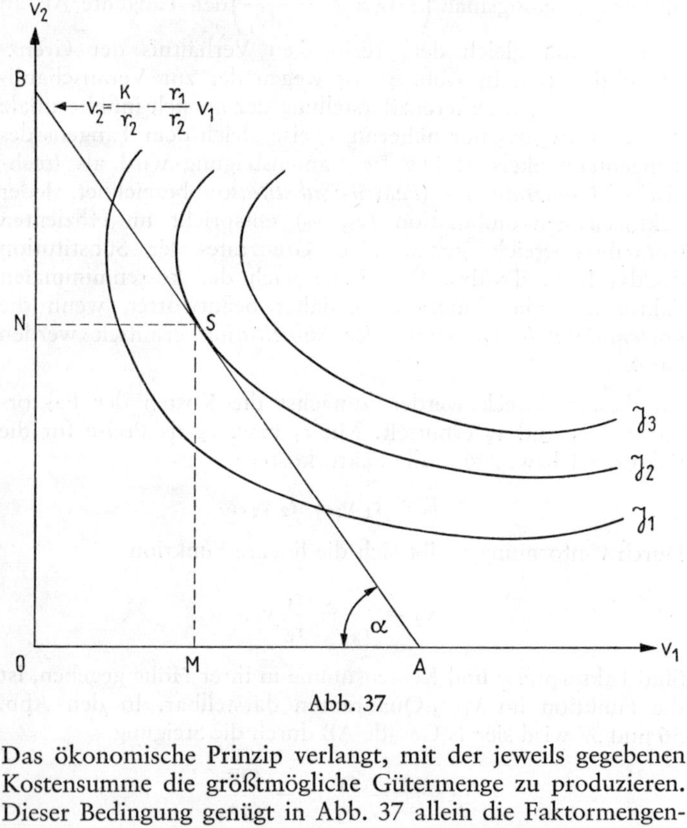

Abb. 37

Das ökonomische Prinzip verlangt, mit der jeweils gegebenen Kostensumme die größtmögliche Gütermenge zu produzieren. Dieser Bedingung genügt in Abb. 37 allein die Faktormengenkombination im Punkt S mit den Koordinaten $v_1 = OM$ und $v_2 = ON$. Sie liegt auf der Isokostenlinie AB und gleichzeitig auf der Isoquante J_2, die von allen Isoquanten, welche mit der gegebenen Kostensumme erreicht werden können, am weitesten vom Koordinatenursprung entfernt liegt, also die relativ mengenhöchste ist. Außerdem wird im Punkt S das ökonomische Prinzip auch insoweit beachtet, als die Produktion einer (durch J_2 in ihrer Höhe) gegebenen Produktmenge zu minimalen Kosten möglich ist, da die dem Nullpunkt am nächsten liegende Isokostenlinie AB gerade noch berührt wird.

Diese *Minimalkostenkombination* ist also für jede beliebige Produktmenge q dort erreicht, wo eine gegebene Isokostenlinie eine Isoquante bzw. eine gegebene Isoquante eine Isokostenkurve tangiert. Da in diesem Punkt beide Kurven die gleiche Steigung haben, gilt hier:

$$-\frac{r_1}{r_2} = \frac{dv_2}{dv_1} \text{ bzw. } -\frac{r_2}{r_1} = \frac{dv_1}{dv_2}.$$

Dieses aus der graphischen Darstellung gewonnene Ergebnis kann auch anders abgeleitet werden:

Gesucht ist das Minimum der Kostenfunktion

$$K = v_1 r_1 + v_2 r_2$$

unter der Bedingung, daß eine bestimmte Produktmenge q^0 produziert wird:

$$q^0 = f(v_1, v_2).$$

Diese Funktion kann wegen der unterstellten Konstanz der Produktmenge umgeschrieben werden in

$$v_1 = g(v_2, q^0).$$

Dies ist eine Funktionsgleichung für die Isoquanten in Abb. 37. Unter Beachtung dieser funktionalen Abhängigkeit der Faktormenge v_1 von der Menge v_2 kann die Kostenfunktion nach v_2 differenziert werden:

$$\frac{dK}{dv_2} = \frac{dv_1}{dv_2} r_1 + r_2.$$

Notwendige Bedingung für ein Minimum der Gesamtkosten ist, daß die Ableitung den Wert Null annimmt, $\frac{dv_1}{dv_2} r_1 + r_2 = O$. Daraus ergibt sich:

$$\frac{dv_1}{dv_2} = - \frac{r_2}{r_1}.$$

Eine Minimalkostenkombination liegt demnach vor, wenn die Grenzrate der Substitution gleich dem negativen reziproken Verhältnis der Faktorpreise ist. Die Verbindung aller Isoquantenpunkte, die diese Bedingung erfüllen (Tangentialpunkte von Isoquanten und Isokostenlinien), heißt *Skalalinie* oder *Expansionspfad*. Diese Kurve ist der geometrische Ort aller Faktoreinsatzmengenkombinationen, mit denen kontinuierlich wachsende Produktmengen unter Beachtung des ökonomischen Prinzips bei konstantem Faktorpreisverhältnis hergestellt werden. Je nach der speziellen Form und Lage der Isoquanten, die aus der Produktionsfunktion abgeleitet werden, ergibt sich ein proportionaler, unter- oder überproportionaler Expansionspfad, d. h., ergeben sich konstante, sinkende oder wachsende Faktoreinsatzmengenverhältnisse $\left(\text{Faktorintensitäten } \frac{v_i}{v_j}\right)$ mit steigender Produktmenge. Die kostenminimalen Faktorintensitäten sind demnach an der Steigung der Expansionslinie abzulesen. Steigungsmaß ist der Tangens des Winkels, den eine Tangente an jeden Punkt des Expansionspfades (bzw. des Winkels, den bei linearem Verlauf der Expansionspfad selbst) mit der Abszissenrichtung bildet.

In Abb. 38 ist der Fall sinkender Faktormengenrelationen dargestellt. Die Skala- oder Expansionslinie OE verläuft unterproportional. Aus der fortlaufenden Erhöhung der Kostensumme um den gleichen Betrag (K_{10}, K_{20}, K_{30} usw.) folgt nicht zwangsläufig, daß auch die Produktmenge in der gleichen Proportion zunimmt, was durch die willkürlich angenommenen Mengenindices der Isoquanten ausgedrückt sein soll. Das gilt ebenso im Fall konstanter Faktormengenverhältnisse (alle Tangentialpunkte lägen auf der Strecke OA) wie im Fall steigender Faktormengenrelationen (Skalalinie verliefe oberhalb OA). Die Produktmenge nimmt

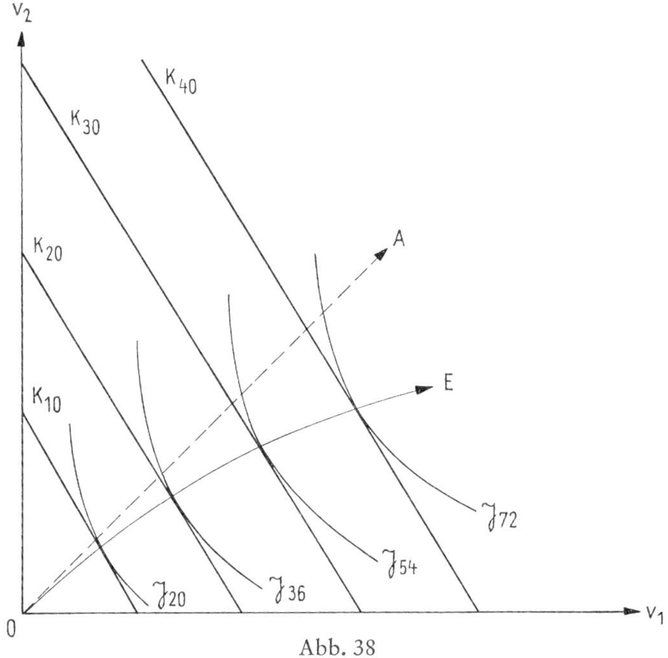

Abb. 38

nur dann in gleicher Proportion zu, wenn die zugrunde liegende Produktionsfunktion linear-homogen ist.

2. Einteilung der Kosten

Sind Produktionstechnik (Form der Produktionsfunktion) und damit die Isoquanten gegeben, und sind die Faktorpreise und damit die Isokostenkurve bekannt, steht die jeweilige Minimalkostenkombination fest. Sie bezeichnet unter den vielen möglichen Einsatzmengenkombinationen zur Erzeugung einer bestimmten Produktmenge (Bewegung auf einer Isoquante) diejenige, die am wirtschaftlichsten ist. Jeder Produktmenge ist damit eindeutig ein Faktorbündel zugeordnet. Bewertet man das jeweilige Faktorbündel mit den vorgegebenen Preisen, ergeben sich für jede Produktmenge die Minimalkosten in ihrem Wertausdruck. Diese Zuordnung kann analytisch entweder so erfaßt werden, daß die Produktmenge als eine Funktion der Kosten,

$$q = q(K) \text{ ceteris paribus,}$$

oder die Kostensumme als eine Funktion der ausgebrachten Menge (inverse Funktion),

$$K = K(q) \text{ ceteris paribus,}$$

verstanden wird.

Bisher wurden nur solche Faktoren betrachtet, deren Einsatzmenge veränderbar ist, da nur sie die Minimalkostenkombination beeinflussen. Solche mit der Produktmenge variierenden Kosten (hier für den Einsatz von v_1 und v_2) werden *variable Kosten* genannt. Daneben können Faktoren eingesetzt werden, deren Menge konstant und damit unabhängig von der jeweils erzeugten Produktmenge bleibt. Wird – wie im folgenden – unterstellt, daß zur Produktion auch solche „fixen" Faktormengen benötigt werden, ergeben sich zusätzlich Faktorkosten, die man *fixe Kosten* nennt, weil sie eben unabhängig von der jeweils produzierten Gütermenge in gleicher Höhe anfallen.

Diese Einteilung in fixe und variable Kosten ist stark vereinfachend. Man kann z. B. unterscheiden zwischen variablen Kosten, die bei jeder Veränderung der Ausstoßmenge variieren, variablen Kosten, die diskontinuierlich sind, das heißt variieren, wenn die Ausstoßveränderung einen bestimmten Wert überschreitet („sprungfixe Kosten") und fixen Kosten, die über sehr weite Bereiche des Ausstoßes konstant bleiben (Betriebsbereitschaftskosten).

Bezeichnet man die Gesamtkosten mit K, die fixen Kosten mit FK, die variablen Kosten mit VK, die Durchschnitts-(Stück-)Kosten mit DK, die fixen Kosten pro Stück mit DFK (durchschnittliche Fixkosten), die variablen Kosten je Stück mit DVK (durchschnittliche variable Kosten), die Ausstoßmenge mit q, so gelten die allgemeinen Gleichungen:

$$K = FK + VK = FK + f(q),$$

$$DK = \frac{K}{q} = \frac{FK}{q} + \frac{f(q)}{q} = DFK + DVK.$$

Folglich sind nicht nur K und VK, sondern auch DK, DVK und DFK funktional abhängig von der Produktmenge q (ceteris paribus) und jeweils als Kurve darstellbar.

Für die Kostentheorie ist zudem wichtig der Begriff der *Grenzkosten* (GK). Sie sind die Veränderung der Gesamtkosten im Verhältnis zur Veränderung der Ausstoßmenge um eine infinitesimale Einheit, auszudrücken durch den Differentialquotienten $\frac{dK}{dq}$. Die Grenzkostenkurve ist dann ebenfalls das Abbild einer Funktion von q.

Da sich die fixen Kosten mit der Ausstoßmenge nicht ändern (der Differentialquotient einer Konstanten nach einer Variablen ist Null), sind die Grenzkosten nur abhängig von den variablen Kosten.

Die mannigfaltigen Beziehungen zwischen den einzelnen Kostengrößen und der Produktmenge zu kennen hilft, wichtigen ökonomischen Fragestellungen nachgehen zu können. Die Frage, warum ein Unternehmen beispielsweise seine Produktions- und Absatzmenge begrenzt, kann nicht durch den Hinweis auf fehlende Nachfrage nach größeren Mengen beantwortet werden, wenn die Nachfrage vom Preis abhängt und bei Preissenkung ausgedehnt werden könnte. Hier kann die Kostenentwicklung ausschlaggebend sein wie auch in dem Fall, wo ein Unternehmen seine Produktion nicht unbegrenzt steigert, obwohl zu konstanten Preisen beliebige Faktormengen zu beschaffen sind und jede gewünschte Produktmenge abzusetzen wäre. Entscheidend ist vor allem, wie sich die Stückkosten produktionsbedingt entwickeln. Zwar fallen die fixen Kosten pro Stück fortgesetzt, weil sie sich bei vergrößertem Ausstoß auf immer mehr Produkteinheiten verteilen, doch die gesamten Stückkosten würden nur dann fallen, wenn auch die variablen Stückkosten fallen oder zumindest um weniger steigen, als dic durchschnittlichen Fixkosten sinken. Ist jedoch bei Erhöhung der Produktion von einem bestimmten Punkt ab mit steigenden Stückkosten zu rechnen, wäre unter Umständen die Produktion auf die Menge zu beschränken, bei der die Stückkosten minimal sind. So erklärt etwa das „Ertragsgesetz“, warum von einer gewissen

Menge an der Einfluß der fallenden fixen Kosten pro Stück durch den der steigenden variablen ausgeglichen und überboten wird, so daß die gesamten Stückkosten steigen. Die verringerte technische Ergiebigkeit des Einsatzes von Faktoren bei veränderter Proportion der Einsatzmengen steht nämlich in diesem Fall einer fortgesetzten Produktionsausdehnung im Wege.

3. Kostenplanung bei substitutionaler Produktion

a) Klassische (ertragsgesetzliche) Kostenfunktion

Zur tabellarischen und graphischen Ableitung der ertragsgesetzlichen Kostenbeziehungen wird im folgenden Beispiel eine Entwicklung der Gesamtkosten im Verhältnis zur Ausstoßmenge angenommen, in welcher die ertragsgesetzliche Produktionsfunktion (vgl. § 12, Ziff. 1 a) durch nicht proportionalen Kostenzuwachs (Inversion der produktionstheoretischen Aussage) wirksam ist.

Ausstoß (q)	Gesamtkosten (K)	Durchschnittl. variable Kosten (DVK)	Stückkosten (DK)	Grenzkosten (GK)
0	10	–	∞	
1	21	11	21	11
2	28	9	14	7
3	32	7,3	10,6	4
4	34	6	8,5	2
5	35	5	7	1
6	36	4,3	6	1
7	38	4	5,43	2
8	42	4	5,25	4
9	49	4,3	5,4	7
10	60	5	6	11
			variable Kosten (VK)	50
			+ fixe Kosten (FK)	10
			= Gesamtkosten (K)	60

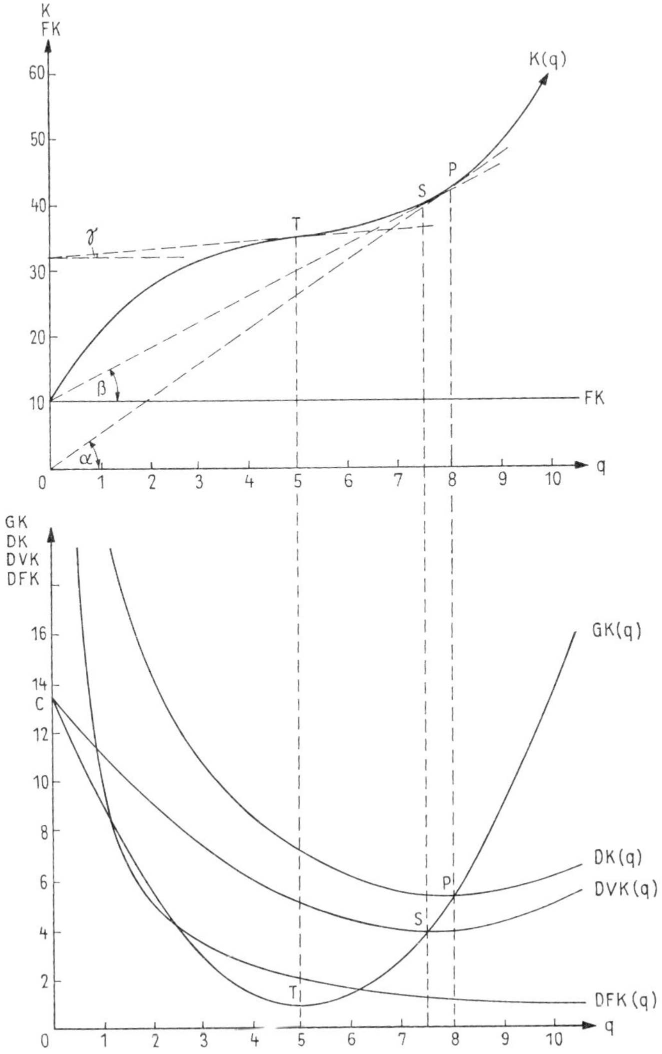

Abb. 39

Die geometrischen Darstellungen in Abb. 39, deren produktionstheoretischen Gehalt die Abb. 31 und 31a vermittelt haben, zeigen übereinstimmend mit den Tabellenwerten folgende Beziehungen:

- Für jede Ausstoßmenge sind die Gesamtkosten (K) gleich der Summe der fixen Kosten (FK) und der variablen Kosten (VK). Die variablen Kosten entsprechen dem senkrechten Abstand zwischen jedem Punkt der Gesamtkostenkurve K(q) und der Fixkostenlinie FK. Eine veränderte Höhe der fixen Kosten verändert nur die Lage, nicht die Gestalt der „S-förmigen“ Gesamtkostenkurve K = K(q).
- Die Stückkosten (Durchschnittskosten, DK) sind die variablen Kosten pro Stück plus fixe Kosten pro Stück. Die fixen Kosten pro Stück (DFK) ergeben als Kurve eine gleichseitige, rechtwinklige Hyperbel; sie sind ferner erkennbar als senkrechter Abstand zwischen der Durchschnittskostenkurve DK(q) und der Kurve der durchschnittlichen variablen Kosten DVK(q).
- Aus der Gesamtkostenkurve K(q) ist die jeweilige Höhe der Stückkosten abzuleiten als Quotient von Gesamtkosten durch Stückzahl K:q. Er ist bestimmt durch den Tangens des Fahrstrahls aus O zu dem betreffenden Punkt der Gesamtkostenkurve (tg α). Wo dieser Fahrstrahl die Gesamtkostenkurve tangiert, ist tg α am kleinsten; bei dieser Menge erreichen die Stückkosten ihr Minimum (*Betriebsoptimum* im produktionstechnischen Sinn). Dem entspricht auf der DK-Kurve deren tiefster Punkt. Nach den Tabellenwerten und den beiden Darstellungen (Punkt P) wird dieses Minimum bei der Ausstoßmenge 8 erreicht.
- Entsprechend ergeben sich die jeweilige Höhe und das Minimum der variablen Kosten pro Stück (DVK) durch den Tangens des Winkels β. Dieses Minimum liegt bei einem Ausstoß zwischen 7 und 8 (Punkt S). Man spricht vom *Betriebsminimum*, um anzudeuten, daß der Produktpreis mindestens die durchschnittlichen variablen Kosten decken muß, um unter der Voraussetzung der Gewinnmaximierung (bzw.

Verlustminimierung) den Betrieb kurzfristig aufrechterhalten zu können.

- Die Gesamtkosten seien $K = aq^3 + bq^2 + cq + d$ (kubische Funktion). Folglich sind die variablen Kosten $VK = aq^3 + bq^2 + cq$ und die fixen Kosten $FK = d$. Die durchschnittlichen variablen Kosten ergeben sich dann als

$$DVK = \frac{VK}{q} = aq^2 + bq + c.$$

Die DVK-Kurve beginnt also bei $q = O$ an der Ordinate in Höhe von $DVK = c$. Am gleichen Punkt beginnt die „U-förmige“ Grenzkostenkurve GK(q), denn die Grenzkosten, nämlich die Veränderung der Gesamtkosten bei Variation der Produktmenge um eine marginale Einheit, ergeben sich durch Differenzieren der Gesamtkosten nach q, so daß gilt: $GK = 3\,aq^2 + 2\,bq + c$. Die Grenzkosten sind also bei $q = O$ ebenfalls gleich c.

- Die Grenzkosten haben ihr Minimum bei einem Ausstoß von 5. Sie sind für jede Produktmenge in der Darstellung der Gesamtkosten abzulesen durch die Steigung dieser Kurve an jedem Punkt, der Tiefstpunkt daher dort, wo die Neigung am geringsten ist (Wendepunkt). Die Steigung wird gemessen durch den Tangens des Winkels, den die Tangente mit der Horizontalen bildet; das Minimum ist daher bestimmt durch den kleinsten Tangens des Winkels γ (Punkt T).

- Für den Punkt S der Kostenkurve K(q) ist Winkel γ = Winkel β, für den Punkt P Winkel γ = Winkel α. Das heißt: Die durchschnittlichen variablen Kosten (DVK) und die Stückkosten (DK) sind in ihrem jeweiligen Minimum den Grenzkosten (GK) gleich.

- Weil sowohl die gesamten Durchschnittskosten (Stückkosten) DK als auch die durchschnittlichen variablen Kosten DVK jeweils in ihrem Minimum gleich den Grenzkosten sind, schneidet die Grenzkostenkurve GK(q) die Kurve der variablen Stückkosten DVK(q) und die Kurve der Stückkosten DK(q) jeweils in ihrem Minimum. Wenn die Grenzkosten tiefer sind als die Stückkosten, fallen die Stückkosten mit wachsendem Ausstoß; wenn sie höher sind, steigen sie. Entsprechendes gilt für die variablen Kosten je Stück. Mit wachsender Ausstoßmenge werden also nacheinander zuerst das Minimum der Grenzkosten GK, danach das Minimum der durchschnittlichen variablen Kosten DVK und zuletzt das Minimum der totalen Stückkosten DK erreicht.

Von den entwickelten Kostenbeziehungen haben die Grenzkosten GK besondere Bedeutung, da sie die Veränderungen der Gesamtkosten ausdrücken, die mit den Änderungen des Umsatzes (Erlöses) verglichen werden müssen, um das Gewinnmaximum zu bestimmen (vgl. §§ 17, 18, 19).

Bedeutsam ist dabei, daß die Höhe der fixen Kosten FK keinen Einfluß auf die Grenzkosten hat. Erhöht man die fixen Kosten, so verändern sich die Stückkosten, aber weder die durchschnittlichen variablen Kosten noch die Grenzkosten. In der geometrischen Darstellung würde die nach oben verschobene Kurve der Stückkosten wieder in ihrem Minimum von der unveränderten Grenzkostenkurve geschnitten werden. Die Gesamtkosten sind bei größerer Produktmenge immer höher als bei kleinerer. Der Verlauf der Grenzkostenkurve zeigt jedoch, daß die Zuwächse zu den Gesamtkosten zuerst kleiner, nach einem Minimum aber größer werden. Die Kurve wird um so flacher verlaufen, je weniger die festen Faktoren (z. B. Anlagen) in der Kombination eine Rolle spielen (vgl. die Gestalt des Ertragsgebirges in Abb. 30).

Wenn zum Beispiel zu jeder Maschine ein Arbeiter gehört, wird die Grenzkostenkurve für die Kombination von Arbeitsmengen mit dieser Maschine eine kräftige Aufwärtskrümmung aufweisen. Wenn dagegen, wie etwa in Straßenbaubetrieben, die Maschinen in erheblichem Umfang mit variablen Arbeitsmengen verbunden werden können, wird die Grenzkostenkurve flach und vielleicht über eine Strecke hinweg horizontal verlaufen. Dem entsprechen die Verläufe der Kurven der variablen und der gesamten Stückkosten.

Wie noch gezeigt wird, deckt sich die Grenzkostenkurve vom Minimum der durchschnittlichen variablen Kosten ab unter bestimmten Bedingungen mit der „Angebotskurve" des Unternehmens, die alternative Angebotsmengen mit alternativen Preisen pro Einheit des betreffenden Gutes verbindet (vgl. § 17, Ziff. 1).

An dieser Stelle scheint es angebracht, den Leser daran zu erinnern, daß die hier angeführten funktionalen Beziehungen und ihr geometrisches Abbild, die im vorangegangenen und im folgenden gezeichneten Kurven, *statisch* sind. Streng genommen dürfte daher nicht von steigenden und fallenden, zunehmenden und abnehmenden Größen oder ähnlichem die Rede sein. Es handelt sich nämlich gar nicht um zeitbeanspruchende dynamische Abläufe, sondern vielmehr um Alternativen, die unter ceteris-paribus-Bedingungen gelten. Die auf den Achsen der Diagramme abgetragen Variablen sind nicht verschieden datiert, sie beziehen sich auf gleiche Zeitpunkte bzw. Zeiträume (vgl. Band I, § 11, Ziff. 4). In der wirtschaftstheoretischen Literatur pflegen jedoch viele Autoren aus Gründen der Anschaulichkeit von dieser korrekten, aber umständlichen Ausdrucksweise („wenn – dann") abzuweichen, weil sie annehmen, daß sie der Leser nicht mißverstehen wird. Wie man sieht, schließen auch wir uns dieser Übung oft an.

b) Neoklassische Kostenfunktionen

Ausgangspunkt sind wiederum die durch Projektion aus einem bestimmten Ertragsgebirge (Abb. 32) gewonnenen Isoquanten als geometrischer Ort aller Faktormengenkombinationen, die jeweils die gleiche Produktmenge ermöglichen (Abb. 40). Im Gegensatz zum Isoquantenverlauf in den Abb. 36 und 37 besitzen die Isoquanten der neoklassischen Produktionsfunktion keinen ineffizienten Substitutionsbereich. Es existieren keine Faktormengenkombinationen, mit denen die gleiche Produktmenge auch bei verringertem Quantum eines Faktors erzeugt werden kann, ohne vom anderen Faktor mehr einsetzen zu müssen. Graphisch ist dieser Unterschied zum Isoquantenverlauf bei ertragsgesetzlicher Produktionsfunktion daran zu erkennen, daß sich die Isoquantenäste asymptotisch den Koordinatenachsen v_1 bzw. v_2 nähern.

Es kann darauf verzichtet werden, die Minimalkostenkombination abzuleiten, weil sich gegenüber der exemplarischen Ableitung für das ertragsgesetzliche Produktionsgebirge im wesentlichen nichts ändert (vgl. § 13, Ziff. 1).

Stattdessen soll am Beispiel der neoklassischen Produktionsfunktion analysiert werden (in der ertragsgesetzlichen Argumentation wurde dies nur angedeutet), welche Beziehungen zwischen einer Veränderung der Faktorpreisrelation und der daraufhin erfolgenden Faktormengensubstitution bestehen.

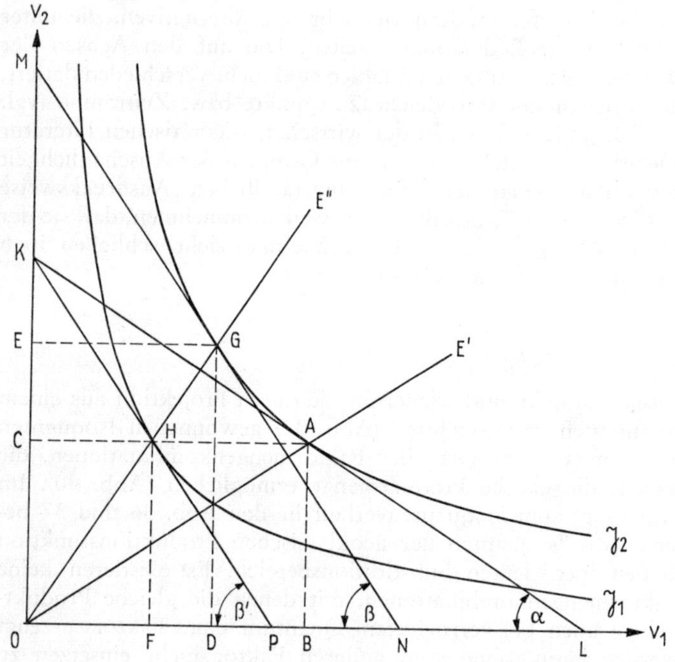

Abb. 40

In Abb. 40 sei der ursprüngliche Produktionspunkt A. Mit der Menge OB des Faktors 1 und OC des Faktors 2 wird die der Isoquante J_2 entsprechende Produktmenge erzeugt. Das negative Faktorpreisverhältnis r_1/r_2 sei gleich tgα, so daß in Punkt A die Minimalkostenkombination vorliegt (Tangentialpunkt von Isoquante J_2 und Isokostenkurve KL). Nun steige das Preisverhältnis wegen einer Preiserhöhung für Faktor 1 auf r_1/r_2 gleich tgβ (Isokostenlinie NM). Soll weiter zu minimalen Kosten produziert werden, können nun die bisherigen Einsatzmengen nicht beibehalten werden. Während bislang das kostenminimale Faktormengenverhältnis v_2/v_1 durch die Expansionslinie OE′ beschrieben wurde, muß dieses Verhältnis nach Änderung der Faktorpreisrelation der Expansionslinie OE″ entsprechen.

Ein Unternehmen hat prinzipiell zwei Möglichkeiten, auf die Veränderung des Faktorpreisverhältnisses zu reagieren:

- Es wird die gleiche Produktmenge wie zuvor produziert, das heißt, der neue Produktionspunkt liegt weiterhin auf der Isoquante J_2. In diesem Fall muß sich die Kostensumme vergrößern, da durch die Preiserhöhung für Faktor 1 Mehrkosten entstehen; gleichzeitig wird durch Bewegung auf der Isoquante J_2 solange der nun relativ teurer gewordene Faktor 1 durch den relativ billiger gewordenen Faktor 2 substituiert, bis die Grenzrate der Substitution gleich dem neuen Preisverhältnis tgβ ist. Dies ist in Abb. 40 im Punkt G der Fall. Der Einsatz des verteuerten Faktors 1 ist um DB auf OD geschrumpft, der des preiskonstanten Faktors ist um CE auf OE gestiegen. Die Bewegung von A nach G stellt den *Substitutionseffekt* der Faktorpreisänderung dar.

- Alternativ kann das Unternehmen die ursprüngliche Kostensumme (Isokostenlinie KL) konstant halten. Wegen des gestiegenden Faktorpreises r_1 ist es dann nötig, den Faktormengeneinsatz zu verringern, wodurch aber auch die Produktmenge sinkt. In Abb. 40 entspricht die Isoquante J_1 der neuen, niedrigeren Produktmenge. Der gewählte neue Produktionspunkt ist H (Tangentialpunkt der Isoquante J_1 und der Isokostenlinie KP) mit den Einsatzmengen v_1 = OF und

$v_2 = OC$. In der Bewegung von G nach H drückt sich der *Mengeneffekt* (Expansions- bzw. Kontraktionseffekt) der Faktorpreisänderung aus.

Die bei Erhöhung des Faktorpreises r_1 und konstant gehaltener Kostensumme erfolgende Verlagerung der Einsatzmengenkombination von A nach H läßt sich also in einen Substitutionseffekt (von A nach G) und in einen Mengeneffekt (von G nach H) zerlegen.

Im Falle der in Abb. 40 zugrunde gelegten Cobb-Douglas-Produktionsfunktion entspricht die relative Veränderung des Faktormengenverhältnisses genau der (vorangegangenen) relativen Veränderung des Faktorpreisverhältnisses:

$$\left|\frac{d\left(\frac{v_1}{v_2}\right)}{\left(\frac{v_1}{v_2}\right)}\right| = \left|\frac{d\left(\frac{r_1}{r_2}\right)}{\left(\frac{r_1}{r_2}\right)}\right|$$

Das Verhältnis dieser beiden relativen Veränderungen heißt *Substitutionselastizität* (σ):

$$\sigma_{\frac{v_1}{v_2}, \frac{r_1}{r_2}} = \left|\frac{d\left(\frac{v_1}{v_2}\right)}{\left(\frac{v_1}{v_2}\right)}\right| : \left|\frac{d\left(\frac{r_1}{r_2}\right)}{\left(\frac{r_1}{r_2}\right)}\right|$$

Sind, wie bei der Cobb-Douglas-Funktion, die beiden relativen Veränderungen von Faktormengenverhältnis und Faktorpreisverhältnis stets gleich, dann ist die Substitutionselastizität immer gleich eins.

Neben der speziellen Cobb-Douglas-Funktion sind verschiedene andere neoklassische Produktionsfunktionen entwickelt worden, deren Substitutionselastizität zwar nicht eins, aber im gesamten Funktionsbereich stets konstant ist. Solche Funktionen werden als *CES-Funktionen* (“Constant Elasticity of Substitution”) bezeichnet. Funktionen mit variabler Substitutionselastizität heißen entsprechend *VES-Funktionen* ("Variable Elasticity of Substitution").

Wie sich aus den bisherigen Ausführungen ergibt, ist im Fall der Cobb-Douglas-Funktion bei konstanten Faktorpreisen auch das Faktoreinsatzverhältnis konstant. Aus der Eigenschaft der linearen Homogenität folgt, daß eine Verdoppelung (Verdreifachung usw.) der Einsatzmengen auch die Produktmenge verdoppelt (verdreifacht usw.). Diese Wirkung *totaler* Faktorvariation ist in Abb. 32 entlang der linearen Produktmengenkurve OFD zu verfolgen. Werden nun die Einsatzmengen mit den konstanten Preisen multipliziert und addiert, dann ergibt sich notwendig auch eine lineare Beziehung zwischen Kostensumme und Produktmenge. Soweit keine fixen Kosten zu berücksichtigen sind, muß diese neoklassische Kostenkurve eine im Koordinatenursprung beginnende Gerade sein; Durchschnittskosten, durchschnittliche variable Kosten und Grenzkosten sind dann konstant und gleich groß, weshalb sich dafür graphisch eine Parallele zur Abszisse ergibt (Abb. 41).

Werden produktmengenunabhängige (fixe) Faktormengen mit entsprechend konstantem Kostenbeitrag eingesetzt, dann verschiebt sich die Kostenfunktion in Abb. 41 um diesen Betrag nach oben.

Der in Abb. 33 wiedergegebene Fall einer neoklassischen Produktionsfunktion bei *partieller* Faktorvariation (also Konstanz

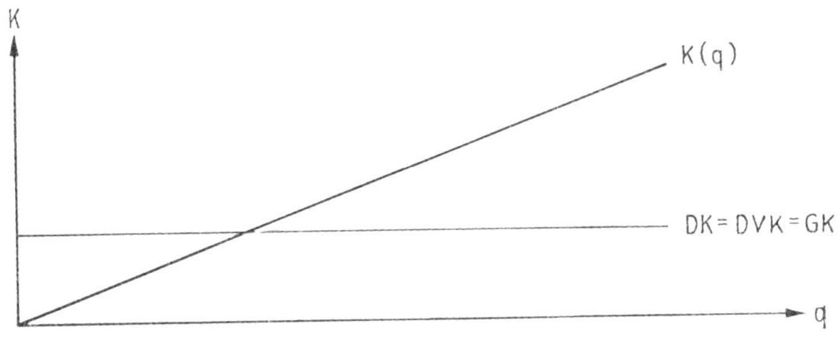

Abb. 41

eines Faktors) führt – siehe die genannte Abb. – zu fortlaufend fallenden Grenzproduktivitäten $\frac{\partial q}{\partial v_1}$. Eine daraus bei konstanten Faktorpreisen abgeleitete Kostenfunktion impliziert demgemäß steigende Grenzkosten und verläuft somit progressiv. Diese Kurve genügt aber nicht in allen Punkten der Bedingung der Minimalkostenkombination. Ist nämlich der eine Faktor nur begrenzt vorhanden (hier $\bar{v}_2$), wäre es für das Unternehmen wirtschaftlicher, bei Produktionsausdehnung zunächst beide Faktoreinsätze proportional bis zur völligen Ausschöpfung des begrenzten Faktors zu erhöhen (Niveauvariation). In diesem Produktmengenbereich verläuft wegen der gegebenen linearen Homogenität (Cobb-Douglas-Funktion, vgl. Abb. 32) auch die

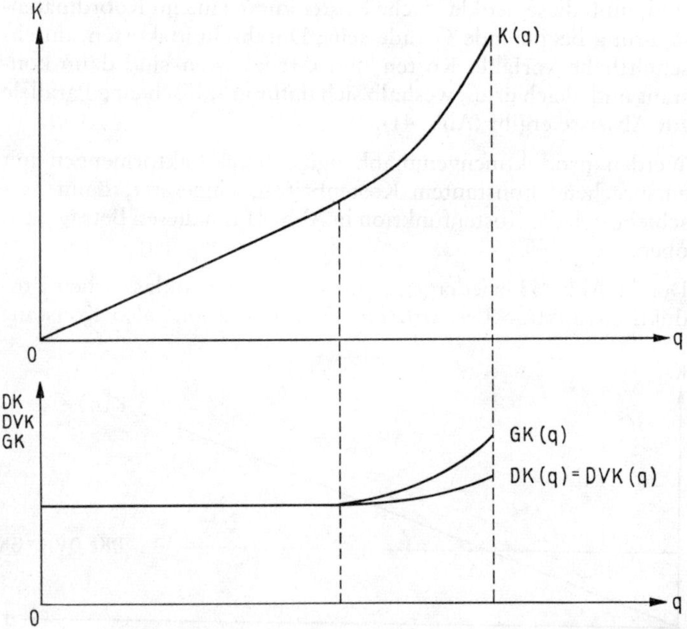

Abb. 41 a

Kostenkurve linear (konstante Grenzkosten). Bei darüber hinausgehender Produktionsexpansion bewirkt der nun in seiner größtmöglichen Einsatzmenge fixierte Faktor sinkende Grenzproduktivitäten des anderen, zunehmend eingesetzten Faktors. Folglich nehmen die Kosten überproportional zu, der weitere Verlauf der Kostenkurve ist progressiv (steigende Grenzkosten). Diese Zusammenhänge veranschaulicht Abb. 41a, wo von weiteren fixen Produktionsfaktoren abgesehen wurde.

Treten zusätzlich zu den v_1- und v_2-Kosten fixe Kosten auf (produktmengenunabhängige Kosten eines dritten Produktionsfaktors), verschiebt sich die Gesamtkostenkurve K(q) um diesen Betrag nach oben. In diesem Fall verläuft die DK-Kurve „U-förmig". Nach Auffassung zahlreicher Autoren kommen derartige (proportional/progressive) Kostenverläufe der tatsächlichen Kostensituation vieler Unternehmen am nächsten.

4. Kostenplanung bei linear limitationaler Produktion

In Abb. 42 ist die (v_1, v_2)-Ebene aus Abb. 34 dargestellt. Die Isoquanten J_1, J_2, J_3 sind jeweils der geometrische Ort aller Faktormengenkombinationen, die zum gleichen quantitativen Produktionsergebnis führen. Effizient sind nur die auf der Geraden OE liegenden Isoquantenpunkte.

Alle anderen Isoquantenpunkte stellen ineffiziente Faktorkombinationen dar, weil stets die gleiche Produktmenge auch bei Reduktion einer Faktormenge und Konstanz der anderen hergestellt werden kann. Führt man in das Diagramm eine Isokostenfunktion KK' ein, deren Steigung dem (negativen) Verhältnis der Faktorpreise r_1/r_2 entspricht, dann ist unmittelbar ersichtlich, daß eine Änderung dieser Steigung (tgα) keine Änderung des Faktormengenverhältnisses induzieren kann. Die der geringsten Kostensumme entsprechende Gerade berührt eine gegebene Isoquante stets in deren Eckpunkt. Deshalb ist die Substitutionselastizität einer linear limitationalen Produktionsfunktion gleich Null, das effiziente und kostenminimale Faktormengenverhältnis ist unabhängig von der Faktorpreis-

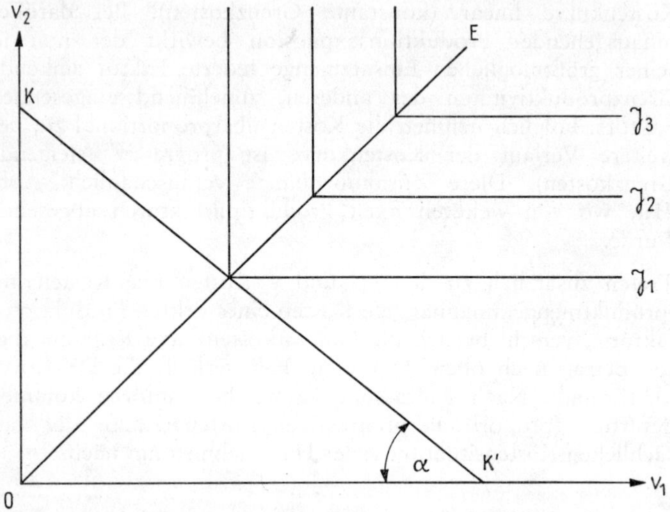

Abb. 42

relation immer konstant. Da limitationale Produktion dazu zwingt, spezifische Produktionsfaktoren in einem bestimmten Verhältnis einzusetzen, bleibt die Einsatzmenge auch eines verteuerten Faktors unentbehrlich, sie ist nicht ersetzbar.

Linear limitationale Produktionsfunktionen weisen ein konstantes Niveaugrenzprodukt auf (vgl. Linienzug OFD in Abb. 34), weshalb bei gegebenen Faktorpreisen auch die Kostenfunktion linear verlaufen muß. In Abb. 43 ist bei Darstellung dieser Kostenfunktion zusätzlich zu den variablen Faktormengen v_1, v_2 der Einsatz von produktmengenunabhängigen Faktoren angenommen. Diese verursachen fixe Kosten in Höhe von OA.

Sowohl die Grenzkosten $\left(GK = \frac{dK}{dq}\right)$ als auch die durchschnittlichen variablen Kosten $\left(DVK = \frac{VK}{q}\right)$ sind konstant und gleich

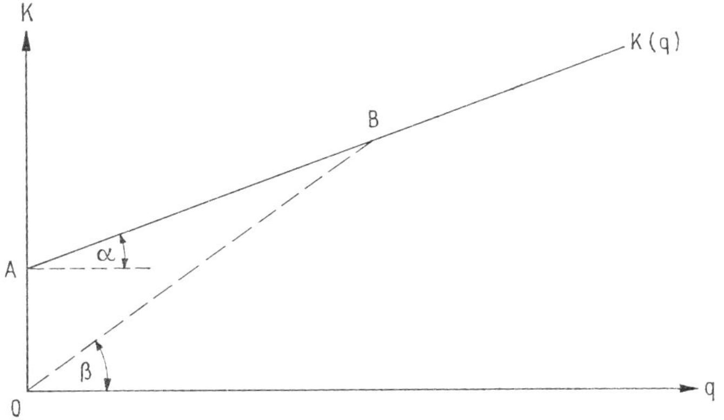

Abb. 43

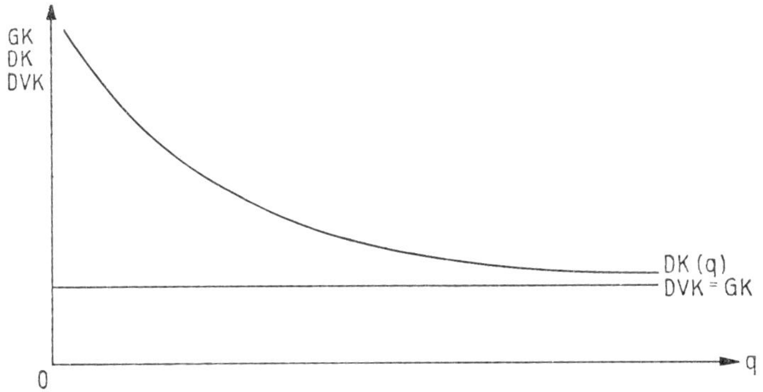

Abb. 44

tg α. Die gesamten Durchschnittskosten $\left(DK = \frac{K}{q}\right)$ sind gleich dem Tangens des Winkels, den ein Fahrstrahl zu einem beliebigen Punkt der Kostenkurve mit der Abszisse bildet (z. B. tg β für Punkt B). Sie verlaufen mit wachsender Produktmenge q degressiv („L-förmig") und konvergieren gegen die konstanten Grenzkosten (Abb. 44).

Bisher wurde für jedes Produkt nur ein Produktionsprozeß analysiert. Es soll nun noch kurz der Fall betrachtet werden, der zur Herstellung desselben Produktes mehrere Prozesse (Verfahren) mit unerschiedlichen effizienten Einsatzmengenrelationen vorsieht. Jedem Prozeß entspricht dann eine eigene Produktionsfunktion und damit auch ein eigenes Isoquantenschema. In Abb. 45 sind einige Isoquanten von zwei Prozessen (I und II) zur Herstellung desselben Produktes dargestellt. J_{I_1} und J_{II_1} sind die den beiden Prozessen entsprechenden Isoquanten gleicher Produktmenge. Ebenso sind J_{I_2} und J_{II_2} durch die gleiche Produktmenge, die größer als bei den mit 1 indizierten Isoquanten ist, gekennzeichnet.

Um die Minimalkostenkombination zu realisieren (vgl. § 13, Ziff. 1), wird Prozeß I bei einem Faktorpreisverhältnis in Höhe von tg α gewählt, Prozeß II bei einem Preisverhältnis in Höhe von tg α'.

Beträgt das Preisverhältnis tgα'', kann die Produktmenge sowohl allein mit Prozeß I als auch ausschließlich mit Prozeß II

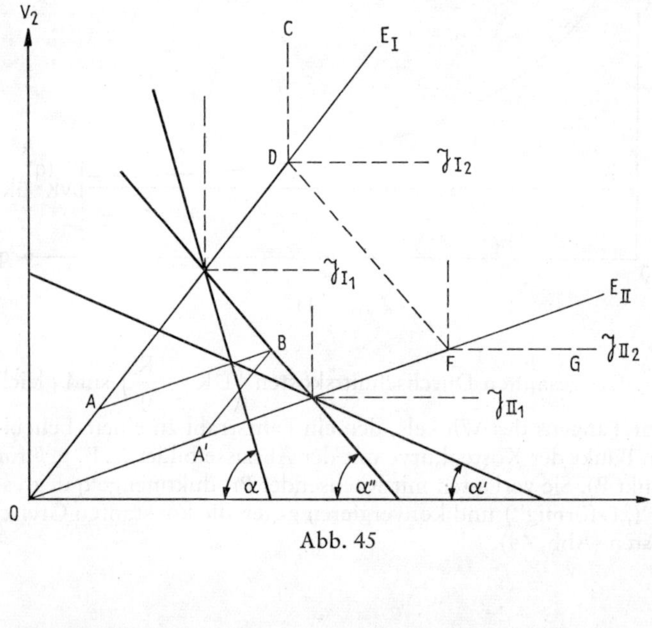

Abb. 45

zu den gleichen minimalen Kosten produziert werden. Es läßt sich dann aber auch eine beliebige Kombination beider Prozesse durchführen, z. B. Prozeß I in Höhe von OA und zusätzlich Prozeß II in Höhe von AB = OA'. Auch diese Kombination erlaubt die Produktion der betreffenden Produktmenge zu den gleichen minimalen Kosten, immer vorausgesetzt, daß das Faktorpreisverhältnis tg α'' beträgt. Man kann deshalb für jede Produktmenge eine gemeinsame Isoquante für beide Prozesse betrachten (vgl. für das Produktionsniveau 2 den Linienzug CDFG in Abb. 45).

Stehen sehr viele (im Grenzfall unendlich viele) Prozesse zur Herstellung eines Gutes zur Verfügung (vgl. Abb. 46), geht die Gesamtheit der limitationalen Produktionsprozesse in einen

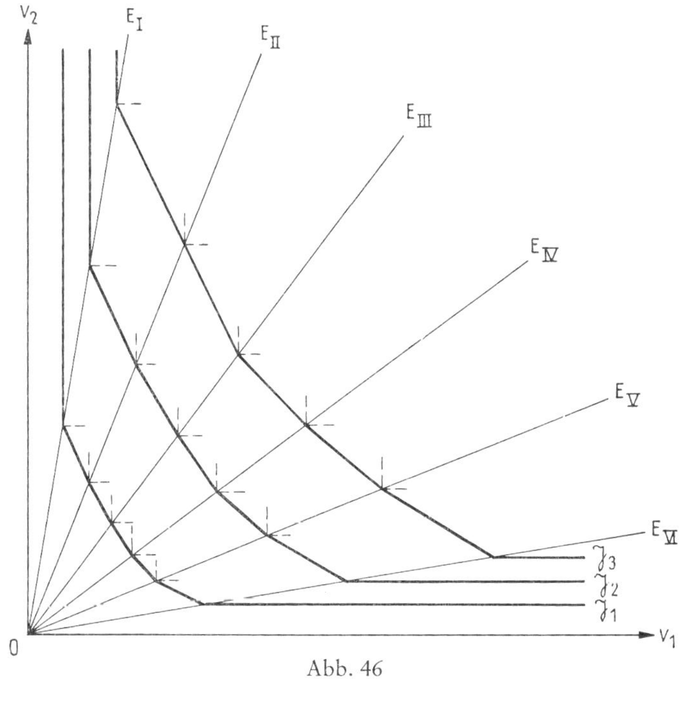

Abb. 46

Produktionsprozeß mit kontinuierlicher Substitution über. Aus diesem Grunde muß es nicht widersprüchlich oder unrealistisch sein, in makroökonomischen Modellen mit substitutionalen Prozessen zu arbeiten, wenn man in Modellen für einzelne Unternehmen limitationale Produktionsprozesse annimmt.

5. Langfristige Kostenplanung

Die vorigen Abschnitte beschäftigten sich mit der kurzfristigen Kostenplanung. Soweit die Einsatzmenge eines Produktionsfaktors gegeben war, erfolgte die Faktoranpassung an den geplanten Ausstoß partiell: Die Einsatzmenge der mit dem fixen Faktor (z. B. eine Betriebsanlage) zusammenwirkenden variablen Faktoren (vor allem Arbeit) wird vergrößert oder verkleinert. Langfristig sind jedoch auch die kurzfristig fixen Faktoren variabel, die Planung wird umfassend (vgl. § 9, Ziff. 4).

Man spricht daher von totaler Anpassung (aller Faktormengen an den geplanten Ausstoß). Dies trifft ebenso zu für die Kostenplanung in langer Sicht. Beispielsweise werden die mit Betriebsanlagen verbundenen Kosten variabel, die langfristige Planung kennt keine fixen Kosten.

Die „lange Frist" hat also – trotz des Ausdrucks – keine irgendwie bestimmbare zeitliche Erstreckung; analytisch ist nur die hypothetische Möglichkeit gemeint, alle eingesetzten Faktormengen „optimal" der Produktmenge anzupassen (Marshall: „operational time").

Aus den aufgewiesenen Beziehungen folgt als Faustregel, daß der Ersatz vorhandener, zwar technisch nicht modernster, aber noch arbeitsfähiger Anlagen durch technisch überlegene nur dann vorteilhaft ist, wenn die gesamten Stückkosten bei Verwendung der neuen Anlage (fixe plus variable Kosten pro Stück) tiefer sind als die variablen Kosten pro Stück bei Weiterverwendung der alten Anlage.

Für die kurzfristige Planung spielt zunächst nur die Deckung der variablen Kosten eine Rolle, da die fixen Kosten vom Ausstoß unabhängig sind. Ein nach Deckung der variablen Kosten verbleibender Erlösüberschuß, der auf die Kosten der Anlagen verrechnet werden kann, hat den Charakter einer Rente (Marshall: „Quasirente", vgl. Bd. III, Kap. IV, § 3). In langfristiger Planung dagegen wird zumindest die volle Kostendeckung angestrebt.

Die Frage, ob das Gesetz vom nicht-proportionalen Ertragszuwachs auch langfristig gültig sein kann, wäre zu verneinen, wenn die totale Planung langfristig die Beibehaltung einer optimalen Faktorkombination ermöglicht, so daß jede Ausstoßmenge zu unveränderten, geringsten Stückkosten möglich wäre. Erfahrungsgemäß gibt es aber oft eine für die einzelnen Industrien und ihre Märkte zwar sehr unterschiedliche, aber doch deutliche optimale Betriebs- und Unternehmungsgröße, nach deren Überschreiten Unwirtschaftlichkeiten die Vorteile der Großproduktion ausgleichen und aufheben, so daß die Stückkosten steigen.

Gemäß den technischen Produktionsbedingungen und Absatzverhältnissen werden in den meisten Industrien bei Vergrößerung der Betriebe reale Einsparungen in der Produktion wie beim Absatz durch spezialisiertere Arbeit und Maschinen sowie Ausnutzung leistungsfähigerer Methoden möglich sein. Preisvorteile können hinzukommen. Dieser Bereich fallender Stückkosten bei zunehmendem Produktionsumfang kann aber zu einem kritischen Punkt führen, von dem an überproportionale Kostenzuwächse eintreten. Namentlich wird verwiesen auf die wachsenden Kosten der Organisation und Kontrolle infolge der größer werdenden Unübersichtlichkeit und der geringer werdenden Eignung vermehrt eingesetzter Arbeit, welche Umschulungs- und Anlernkosten verursacht. Zudem können abermals Preisnachteile etwa bei Marktausdehnung durch erhöhte Transportkosten und steigende Preise für Faktorleistungen hinzukommen. Allerdings wird die allgemeine Gültigkeit solcher Aussagen bestritten.

Tritt dieser kritische Punkt überhaupt nicht auf, so müßte sich ein Monopol im Produktangebot herausbilden, weil die kostenmäßig überlegene Firma ihr Angebot unbegrenzt ausweiten könnte. Je nach Produktionstechnik und Marktverhältnissen entscheidet sich, ob die besonderen Bedingungen der jeweiligen Industrie zu wenigen großen, vielen kleinen Unternehmungen oder sonstigen Strukturen führen.

Anknüpfend an die bisherigen Überlegungen sollen jetzt die Eigenschaften einer (Stück-)Kostenkurve beschrieben werden, die auf der langfristigen Planung der Produktion mit variablen Faktoren beruht. Jeder Punkt auf einer solchen langfristigen Stückkostenkurve setzt also die volle Anpassung aller Faktoren an die geplante Produktmenge voraus, das heißt sowohl der Anlagen wie ihres Ausnutzungsgrades. Fixe Kosten fehlen, daher handelt es sich nur um variable Stückkosten.

Da unveränderte Faktorpreise und Produktionstechnik unterstellt sind, wäre das Ertragsgesetz nicht wirksam, wenn alle die Produktionsmenge bestimmenden Faktormengen bei jeder Ausstoßmenge in der gleichen, unveränderten optimalen Kombination eingesetzt werden. Die Stückkosten wären konstant, und die langfristige Stückkostenkurve verliefe parallel zur Mengensachse. Es kann aber angenommen werden, daß

1. die langfristige Stückkostenkurve selbst ein Minimum hat,
2. nicht jeder Punkt auf der Kurve (als Plankurve) tatsächlich zu erreichen ist.

Auch langfristig können die Voraussetzungen des Ertragsgesetzes gelten, so daß eine optimale Faktorkombination nicht bei jeder Ausstoßmenge beizubehalten ist. Gründe dafür wurden schon angeführt. Ein weiterer Grund wäre, daß nicht alle mitwirkenden Faktoren in kleinste Einheiten teilbar sind, sondern manche in technisch bestimmter Größe eingesetzt werden müssen.

Als umfassendste unteilbare Einheit hat hierbei die Unternehmung selbst zu gelten, das heißt die Einheit ihrer Planung und obersten Leitung; sie erklärt – abgesehen von sonstigen Gründen – den „U-förmigen" Verlauf der langfristigen Stückkostenkurve. Daß auf dieser Kurve nicht jeder Punkt durch Anpassung der Anlagen erreichbar ist, erklärt sich durch kleinere „unteilbare Einheiten" wie Maschinenaggregate, Fließbänder usw., die jeweils nur in größeren Kapazitäten zu verändern sind. Unteilbare Einheiten produktiver Leistungen haben ein Minimum ihrer Kosten pro Einheit des Ausstoßes bei einer bestimmten Ausstoßmenge.

In Abb. 47 zeigen die mit $DK_k(q)$ bezeichneten Kurven den Verlauf der kurzfristigen Stückkosten bei einer veränderten Ausstoßmenge mit je einer gegebenen festen Betriebsanlage. Die Kurve $DK_l(q)$ zeigt, wie die Stückkosten sich verändern, wenn in längerer Periode sowohl Anlage wie Ausnutzung der Anlage angepaßt sind. Die Minima der kurzfristigen Stückkosten beziehen sich im Bilde auf drei verschiedene Anlagen, wobei die Anlage bei einem Ausstoß OB die optimale Größe hat. Die DK_l-Kurve ist kontinuierlich gezeichnet. Ist aber die Anlage nicht in kleinste Einheiten teilbar, wird bei Ausdehnung der Produktion über OA hinaus zunächst die Überausnutzung der Kapazität vorteilhafter sein, von dem mit A_1 bezeichneten Punkt an wird die größere Anlage in Betrieb genommen und zunächst unter ihrer Kapazität, bei B mit optimaler Ausnutzung verwendet werden, usw.

Die DK_l-Kurve kann als „Umhüllende" nicht durch die Minima der DK_k-Kurven laufen, da sie dann alle kurzfristigen Kurven (ausgenommen die Kurve mit dem Minimum OB) schneiden müßte. Das aber würde – ökonomisch interpretiert – bedeuten, daß die Kosten tiefer sein könnten, wenn der Betrieb seine Anlagen nicht durch volle Anpassung aller Faktoren optimal gestaltet; ein offenbar nicht möglicher Sachverhalt.

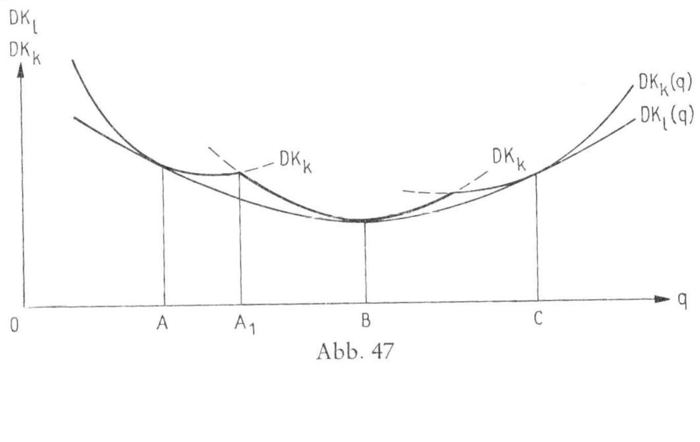

Abb. 47

§ 14 Produktionsplanung bei konstanten Faktorbeständen

1. Überblick

In den letzten beiden Paragraphen wurde für die variablen Einsatzmengen der Produktionsfaktoren unbeschränkte Verfügbarkeit unterstellt. Die Analyse begann damit, die effiziente Einsatzmengenrelation zu bestimmen, welche die Kosten für jede Produktmenge minimiert. Daraufhin konnten die entsprechenden Kostenfunktionen abgeleitet werden.

Die Annahme unbegrenzt verfügbarer Faktormengen werde nun aufgehoben. Das Unternehmen, so sei stattdessen angenommen, verfügt über einen festen Bestand an Produktionsfaktoren, der kurzfristig nicht zu vergrößern ist (kurzfristig konstante Faktorbestände). Beispiele hierfür seien begrenzte Maschinenkapazitäten, Engpässe bei der Rohstoffbeschaffung, ein kurzfristig nicht erweiterbarer Personalbestand usw., soweit solche Beschränkungen simultan auftreten. Nach dem wirtschaftlichen Prinzip sind die gegebenen Faktorbestände effizient und kostenminimal zu nutzen. Daraus folgt die Frage, welche Produktmenge unter der Bedingung begrenzter Faktormengen maximal produziert werden kann. Die Überlegungen dazu implizieren die Kostenplanung insoweit, als wiederum die Faktorpreise konstant vorgegeben sind und damit die Kostensumme mit den verwendeten Faktormengen schwankt.

In § 14, Ziff. 2a, wird gezeigt, wie im Fall einfacher Produktion der volle Einsatz der gegebenen Faktormengen jedenfalls dann möglich ist, wenn die Faktoren wechselseitig substituierbar sind, also die Isoquanten einen entsprechenden Substitutionsbereich aufweisen. Bei limitationalen Produktionsprozessen wäre es dagegen Zufall, wenn die gegebenen Faktormengen voll eingesetzt werden könnten (§ 14, Ziff. 2b), es sei denn, zwei limitationale Produktionsverfahren mit geeigneten Faktorintensitäten können kombiniert werden (§ 14, Ziff. 2c). Liegt gemeinsame Produktion vor, also Mehrprodukterzeugung mit variablem Produktmengenverhältnis, kann die Frage nach den maximal produzierbaren Produktmengen nicht beantwortet werden, weil es eine Vielzahl von Produktmengenkombinationen gibt, die mit den gegebenen Faktormengen produziert werden können (§ 14, Ziff. 3). Dabei gelten nur solche Kombinationen als effizient, bei denen jede einzelne Produktmenge nur noch bei gleichzeitiger Verringerung mindestens einer anderen Produktmenge erhöht werden kann. Um eine anschauliche graphische Darstellung der unternehmerischen Planung dieser multiplen Produktion zu ermöglichen, sollen nur zwei Faktoren und zwei Produkte betrachtet werden (Zweiprodukterzeugung). Durch solche Vereinfachung läßt sich aus den Isoquanten für die beiden Produkte eine „*Transformationskurve*" gewinnen, die auch als „Substitutionslinie" oder „Kapazitätslinie" (engl. „transformation curve", „production possibility curve", „production frontier") bezeichnet wird. Sie ist der geometrische Ort aller effizienten Produktmengenkombinationen bei gegebenen Faktormengen.

Mit der Bestimmung der größtmöglichen Produktmengen bzw. Produktmengenkombinationen sind die dem wirtschaftlichen Prinzip genügenden Produktionsmöglichkeiten abgegrenzt. Es muß dann im Rahmen der Produktions- und Absatzplanung entschieden werden, welche dieser Produktmengen produziert werden sollen. Diese Frage wiederum kann nur bei Kenntnis bzw. Vorgabe eines Produktionszieles beantwortet werden. Für den Fall der einfachen Produktion wird das Problem in den §§ 17, 18 und 19 ausführlich behandelt, wobei die Maximierung des Periodengewinns als Zielsetzung unterstellt ist. Für Mehrproduktprozesse finden sich in § 14, Ziff. 3c und 4 einige grob umrissene Lösungsansätze. Dabei kann nur kurz angedeutet werden, wie sich die Analyse erweitert, sobald *mehr als zwei* wahlweise mögliche Produkte berücksichtigt werden (§ 14, Ziff. 4). Es handelt sich allgemein um die Optimierung von Produktionsprogrammen (*lineare Programmierung* und *nichtlineare Programmierung*). Mit diesen neueren produktionstheoretischen Konzepten beschäftigt sich intensiv die betriebswirtschaftliche „Unternehmensforschung" („Operations Research").

2. Ausnutzung gegebener Faktormengen bei Einprodukterzeugung

a) *Substitutionale Produktion*

Für die Produktion eines Produktes stehen konstant gegebene Faktormengen $\overline{v_1}, \overline{v_2}$ zur Verfügung. Der Produktionsprozeß sei substitutional. Die entsprechenden Isoquanten sind in Abb. 48 wiedergegeben. Die Faktormengen $\overline{v_1}$ und $\overline{v_2}$ entsprechen den Strecken OM und ON. Alle Punkte innerhalb des Rechtecks OMPN bezeichnen Faktorkombinationen als Produktionspunkte, die beide Faktormengen nicht voll auslasten. Alle Punkte auf den Strecken MP bzw. NP lassen Mengen eines Faktors ungenutzt, allein der Punkt P bezeichnet vollen Einsatz beider Faktormengen.

Bei Realisierung der Minimalkostenkombinationen wird – ausgehend von einer gegebenen Faktorpreisrelation, bestimmt durch tg α, bei steigender Kostensumme (Parallelverschiebung der Isokostenlinie KK′ nach rechts) – die Produktion entlang der (nicht notwendig linearen) Expansionslinie OE ausgedehnt

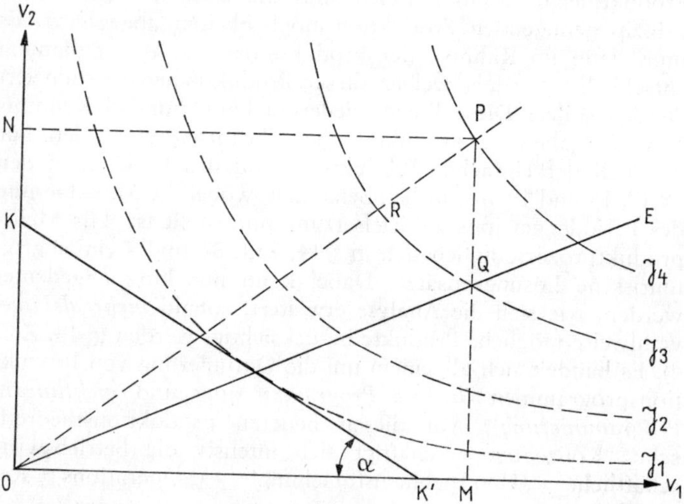

Abb. 48

bis zum Punkt Q. Dort bleibt die Faktormenge $\overline{v_2}$ in Höhe von PQ ungenutzt. Unter der Annahme, daß diese Überschußmenge nicht anderweitig besser verwendet werden kann, ist die weitere Ausdehnung der Produktion von Q nach P wirtschaftlich sinnvoll, obwohl die Grenzrate der Substitution in P ungleich dem Faktorpreisverhältnis (tgα) ist. Die Bewegung von Q nach P kann auch hier in einen Substitutionseffekt QR und einen Mengeneffekt RP zerlegt werden. In P wird die größtmögliche Produktmenge, deren Höhe der Isoquante J_4 entspricht, erzeugt.

Voller und effizienter Einsatz der beiden gegebenen Faktormengen ist also möglich, wenn die Faktoren in der hier angenommenen Weise gegeneinander substituierbar sind.

b) Limitationale Produktion

Die gleichen Überlegungen werden nun für den Fall einer limitationalen Produktionsfunktion angestellt: Wieder stehen zwei begrenzte Faktormengen $\overline{v_1}$ und $\overline{v_2}$ zur Herstellung eines bestimmten Produktes bereit (Strecken OM und ON in Abb. 49).

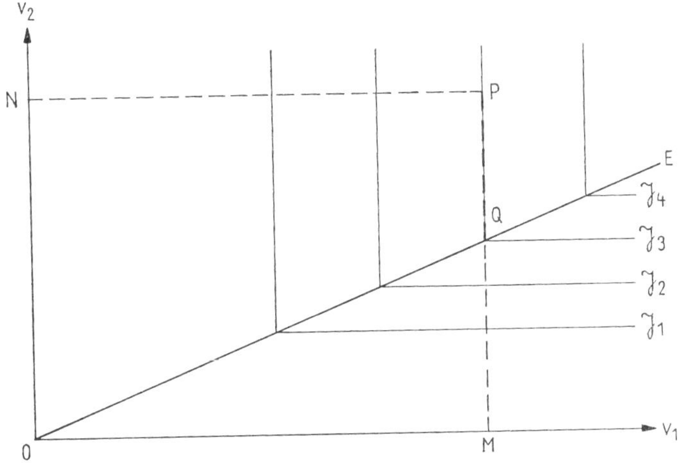

Abb. 49

In diesem Fall wird unabhängig vom Faktorpreisverhältnis die Produktion zunächst entlang der Expansionslinie OE bis Q ausgedehnt. Ein effizienter Einsatz der nicht genutzten Faktormenge v_2 in Höhe von PQ ist nicht möglich. Der zusätzliche Einsatz des Faktors 2 in Höhe von PQ steigert die Produktmenge gegenüber dem Punkt Q nicht, ist also ineffizient. P und Q liegen auf der gleichen Isoquante J_3.

Daraus folgt: Voller und effizienter Einsatz der beiden gegebenen Faktormengen ist bei linear limitationalen Produktionsarten nicht möglich, es sei denn, die Expansions- oder Prozeßlinie verliefe zufällig durch den Punkt, welcher vollen Einsatz beider Faktormengen anzeigt, im dargestellten Falle also durch P.

c) *Kombination von zwei limitationalen Produktionsprozessen*

Im Gegensatz zu dem soeben abgeleiteten Ergebnis können zwei gegebene Faktormengen dann voll und effizient verwendet werden, wenn wenigstens zwei limitationale Produktionsverfahren mit geeigneten effizienten Faktorintensitäten (Faktoreinsatzmengenverhältnissen) anzuwenden sind:

In Abb. 50 sind zwei Prozesse I und II zur Herstellung eines Produktes dargestellt. Es ist nun zu zeigen, wie durch Kombination beider Prozesse der Produktionspunkt P erreicht werden kann, bei dem beide Faktormengen $\overline{v_1}$ und $\overline{v_2}$ voll genutzt werden, so daß die der Isoquante J_3 entsprechende höchstmögliche Produktmenge produziert wird.

Aufgrund eines gegebenen Faktorpreisverhältnisses (tg α) ist Prozeß I kostenminimal für jede Produktmenge (vgl. § 13, Ziff. 4). Zunächst wird deshalb die Produktion entlang der Expansionslinie OE_I bis zum Punkt Q auf der Isoquante J_{I_2} ausgedehnt. Ist der ungenutzte Teil QP der Faktormenge $\overline{v_1}$ nicht anderweitig verwendbar, wäre es ökonomisch sinnvoll, die Produktion weiter auszudehnen bis Punkt P, weil dort eine höhere Produktmenge entsprechend der Isoquante J_3 erzeugt werden kann.

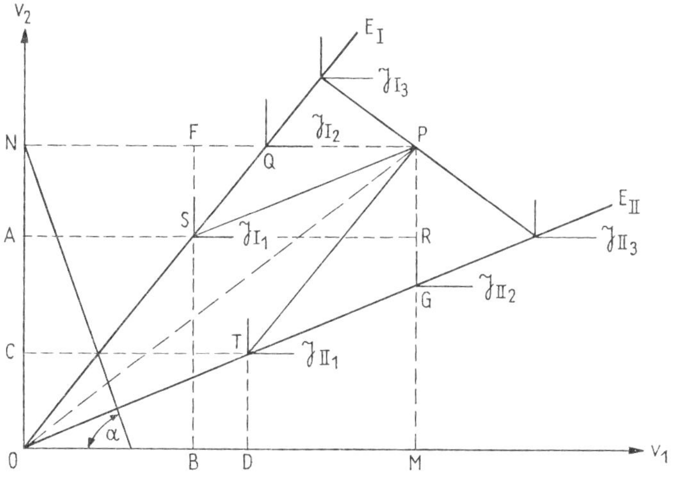

Abb. 50

Der Punkt P ist zu erreichen, indem die beiden Produktionsprozesse kombiniert werden: Mit Prozeß I wird von O bis Punkt S unter Einsatz von OA des Faktors 2 und OB des Faktors 1 produziert. Zusätzlich wird Prozeß II von O bis T (gleich S bis P) unter Verwendung der restlichen Faktormengen OC = SF (Faktor 2) und OD = SR (Faktor 1) eingesetzt. (Die Dreiecke ODT und SRP sind kongruent.)

Nach den Regeln der Vektor-Rechnung ergibt sich durch Addition von OS und OT der Vektor OP; die Koordinaten des Punktes P bilden die Summe der Koordinaten von S und T.

Da OT = SP und OS = TP, ist zu verstehen, daß die Anknüpfung des Prozesses II an den Punkt S des Prozesses I ebenso zur Erreichung des Punktes P führt wie die Anknüpfung des Prozesses I an den Punkt T des Prozesses II. Je steiler OE_I ist, um so mehr rückt S nach links und T nach rechts. Das bedeutet ökonomisch: Je weniger intensiv in dem einen Prozeß einer der beiden Faktoren einzusetzen ist, um so stärker muß der andere

Produktionsprozeß ausgeweitet werden, damit der „Überschußfaktor“ voll ausgelastet werden kann.

Schneiden die Expansionslinien beider Prozesse die gleiche Seite des Rechtecks ONPM (z. B. OE_I und OE_{II} schneiden PM), so gibt es keine Kombination, bei der beide Faktormengen voll ausgenutzt werden können. Es sind also auch Prozesse denkbar, deren effiziente Faktorintensitäten (Steigungen der Expansionslinien) Werte annehmen, die keine Kombination zulassen, durch welche die gegebenen Faktormengen voll ausgeschöpft werden.

Veränderungen, die sich ergeben, wenn über die Form der Isoquanten und über die Prozeßverläufe andere Annahmen getroffen werden, sind hier nicht zu behandeln. Sie sind Gegenstand eines Konzeptes, das als „lineare Programmierung“ bzw. „Prozeßanalyse“ bezeichnet wird (vgl. dazu § 14, Ziff. 4).

3. Ausnutzung gegebener Faktormengen bei Mehrprodukterzeugung

a) Substitutionale Produktion

Die vorgegebenen Mengen $\overline{v_1}$ und $\overline{v_2}$ der beiden Faktoren sollen jetzt zur gemeinsamen Produktion der beiden Produkte 1 und 2 verwendbar sein, das heißt, zwei Produktarten werden nebeneinander mit denselben Faktorarten produziert, wobei das Verhältnis der Ausstoßmengen q_1 und q_2 variabel ist. Genau genommen finden zwei Produktionsprozesse statt, in denen jeweils ein Produkt hergestellt wird, doch beanspruchen beide Produktionen Faktormengen aus ein und demselben Vorrat an Faktoren. In diesem Sinne wird hier von einem komplementären Mehrproduktprozeß gesprochen (vgl. § 11, Ziff. 3). Darzustellen sind die Mengenkombinationen (q_1, q_2) der beiden Produkte, die bei gegebener Produktionstechnik und Faktorausstattung möglich sind.

Wie sich aus den vorstehenden Ausführungen ergab (§ 14, Ziff. 2a), ist der volle Einsatz beider Faktormengen möglich, wenn die Faktoren substitutiv sind. Jetzt soll die Substitutionsmöglichkeit in beiden Produktionen bestehen: Der gesamte Faktorbestand kann also für jedes der beiden Produkte eingesetzt werden, so daß ein Mehr an einem Produkt durch ein Minder am anderen erkauft werden muß.

Dieses Austauschverhältnis zwischen der Menge verschiedener Produkte ist – marginal betrachtet – die „Grenzrate der Produktsubstitution“, $\frac{dq_2}{dq_1}$ bzw. $\frac{dq_1}{dq_2}$. Sie ist zu unterscheiden von der schon bekannten „Grenzrate der Faktorsubstitution“ $\frac{dv_2}{dv_1}$ bzw. $\frac{dv_1}{dv_2}$. Letztere ist bezeichnet durch die Steigung einer Isoquante in jedem ihrer Punkte, erstere durch die Steigung der jetzt zu entwickelnden „*Transformationskurve*“. Zwischen diesen beiden Substitutionsraten besteht eine eindeutige Beziehung: Die Form der Isoquanten bestimmt die der Transformationskurve.

Aus den in Abb. 51 dargestellten Isoquantenscharen wird in Abb. 52 die Transformationskurve entwickelt.

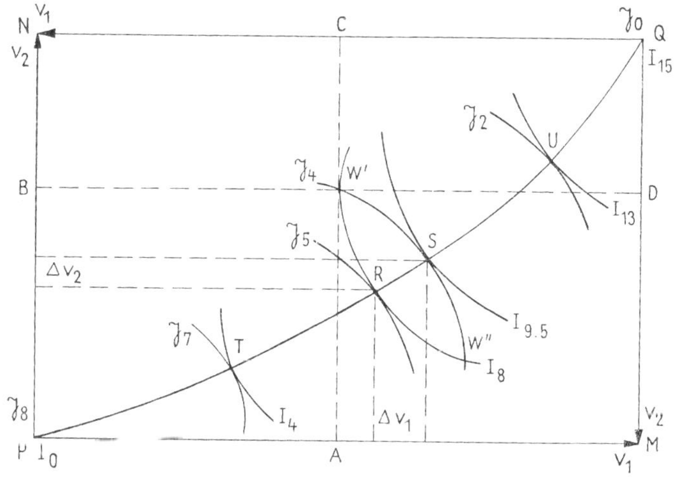

Abb. 51

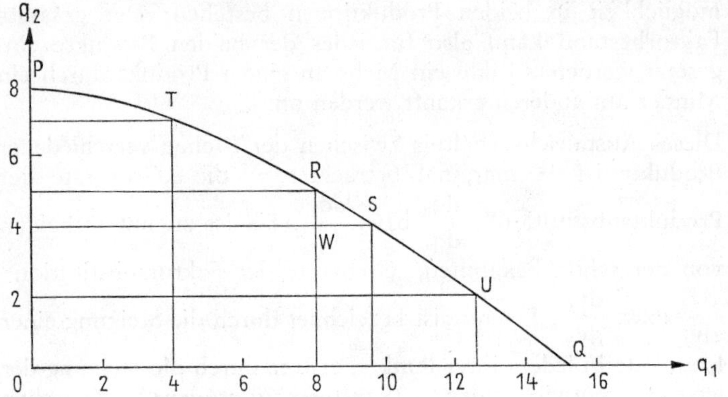

Abb. 52

Das Kasten-(Box-)Diagramm der Abb. 51 wird mit den vorgegebenen Faktormengen $\overline{v_1}$ (= PM = QN) und $\overline{v_2}$ (= PN = QM) als Seitenlängen gebildet. Eine auf Mengen q_1 des Produkts 1 bezogene Isoquantenschar, repräsentiert durch einige mit I bezeichnete Kurven, geht von P aus, eine auf Mengen q_2 des Produkts 2 bezogene, repräsentiert durch die J-Kurven, von Q aus. Die Indices der Isoquanten bezeichnen die unterschiedlich großen Produktmengen q_1 und q_2.

Jeder Punkt (einschließlich der Randpunkte) des Kastendiagramms liegt zugleich auf einer I- und einer J-Isoquante und bedeutet somit vollen Einsatz beider Faktormengen für eine Produktmengenkombination (q_1, q_2). So liegt der Punkt W′ auf I_8 und J_4, das heißt, für $q_1 = 8$ wird die Menge PA des Faktors 1 und PB des Faktors 2 beansprucht, der Rest AM = CQ des Faktors 1 und BN = DQ des Faktors 2 für die Menge $q_2 = 4$. Die gleiche Produktmengenkombination mit verändertem, aber wiederum vollem Einsatz beider Faktorenmengen liegt im Punkt W″ vor.

Diese beiden Faktoreinsatzkombinationen sind jedoch nicht effizient, denn auch mit R auf I_8 und S auf J_4 wären diese Produktmengen kombiniert zu erzeugen, wobei die mit Δv_1

und Δv_2 bezeichneten Faktormengen eingespart wären. Diese können zur Ausweitung einer oder beider Produktmengen eingesetzt werden, das heißt im Bereich RS können höhere Isoquanten erreicht werden (etwa J_5 mit R; $I_{9,5}$ mit S).

Nur Berührungspunkte von Isoquanten wie T, R, S und U bezeichnen volle und effiziente Nutzung der gesamten Faktormengen. Geht man von einem solchen Punkt aus, so erfordert eine höhere Isoquante der einen Schar, daß die der anderen Schar zurückgenommen wird. Die Verbindungslinie aller derartigen Berührungspunkte wie PTRSUQ sei als *Effizienzkurve* bezeichnet. Sie kann linear oder nichtlinear (wie in Abb. 51 angenommen) sein.

Bei Isoquanten der angenommenen Form kann es nur je einen Tangentialpunkt geben, der beiden Isoquanten gemeinsam ist. Wie vorher abgeleitet, stellt die Steigung der Kurven die Relation der Grenzproduktivität beider Faktoren als Rate der Faktorsubstitution dar. An den Tangentialpunkten ist das Verhältnis der Grenzproduktivitäten der Faktoren in der einen Produktion gleich dem in der anderen Produktion.

Die Effizienzkurve kann nun als *Transformationskurve* dargestellt werden. Dazu werden die Mengenindices der sich berührenden Isoquanten als Koordinaten von Punkten eines Quadranten verwendet, der nicht – wie bisher – Faktor-, sondern Produktmengen als Achsenskalierung verwendet. Die Mengenindices der Punkte P, T, R, S, U, Q sind aus Abb. 51 in Abb. 52 zu übertragen. Die Verbindungslinie all solcher Punkte ergibt die zwischen P und Q verlaufende Transformationskurve (Kapazitätslinie).

Die Kurve ist statisch, das heißt, ein veränderter Faktormengenbestand verschiebt und eine veränderte Produktionstechnik verformt die Isoquanten, wodurch sich auch Gestalt und Lage der Transformationskurve ändern.

Die Steigung der Kurve in jedem Punkt ist Ausdruck der Grenzrate der Produktsubstitution bzw. der Transformation. Wegen der Form der Kurve in Abb. 52 nimmt bei einer Bewegung auf der Kurve in Richtung auf die q_2-Achse die Grenzrate der Transformation $-\frac{dq_2}{dq_1}$ fortgesetzt ab: Die Zusatzmenge q_2 bezogen auf eine marginale Abnahme von q_1 wird immer kleiner.

Hat die Transformationskurve die in Abb. 52 angenommene Gestalt, ist der als „Produktionsblock" zu bezeichnende Bereich OPQ konvex: Verbindet man zwei beliebige Punkte der Begrenzungslinien, so liegt diese Verbindungslinie innerhalb des Bereichs. Zwischen konkaven und konvexen Formen zu unterscheiden ist wichtig bei der Lösung von sogenannten „Programmierungsaufgaben". Hierauf kann nicht weiter eingegangen werden, doch sollen lineare Streckenabschnitte solcher Transformationskurven unten behandelt werden.

Werden die zu den Punkten W′ und W″ gehörenden Mengenindices aus Abb. 51 übertragen, so erhält man den Punkt W. Dieser ist (trotz vollen Faktoreinsatzes) nicht effizient: Jeder Punkt auf dem Abschnitt RS der Transformationskurve ist erreichbar und bezeichnet eine größere Menge eines der oder beider Produkte. Die Feststellung, daß Punkte, welche nicht auf der Transformationskurve liegen, auf ungenutzte Faktormengen hinweisen, ist also nicht genau: Die Nutzung kann voll sein, ist dann aber nicht effizient.

b) Limitationale Produktion

Die Annahmen werden entsprechend geändert: In der Fertigung jedes der beiden Produkte soll der komplementäre Faktoreinsatz vollständig limitational sein.

Die Prozeßlinien PA und QB in Abb. 53 verbinden in diesem Fall die Eckpunkte rechtwinkliger Isoquanten. Alle Produktmengen q_1 werden mit der konstanten Faktorintensität $\frac{v_2}{v_1} = \operatorname{tg}\alpha$, die von q_2 mit $\frac{v_2}{v_1} = \operatorname{tg}\beta$ produziert. Beide Produktionsfunktionen sollen linear-homogen sein, so daß die Prozeßlinien PA und QB auch mit einer Skala der Produktmengen versehen werden können: Verdoppelung der Faktoreinsätze z. B. verdoppelt auch die Produktmenge.

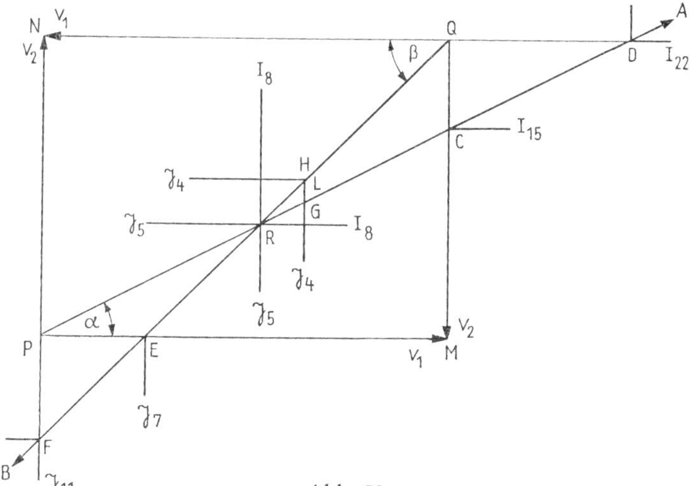

Abb. 53

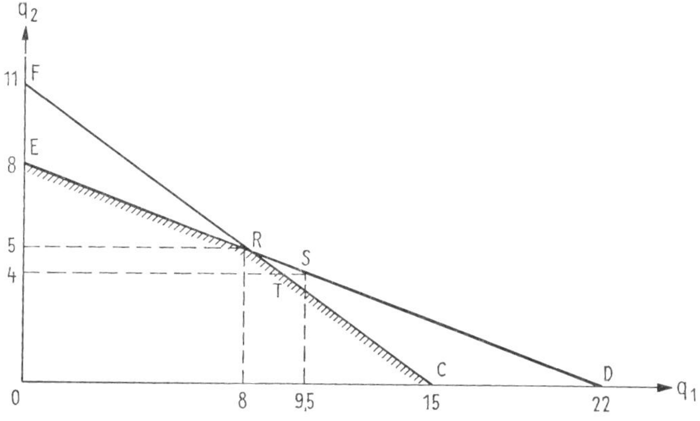

Abb. 54

Da in der Darstellung $\operatorname{tg}\alpha < \operatorname{tg}\beta$, ist der Prozeß PA relativ intensiver im Einsatz des Faktors 1, QB relativ intensiver im Einsatz des Faktors 2. Die isolierte Durchführung des Prozesses PA (mit $q_2 = 0$) schöpft in C den Bestand $\overline{v_1} = PM$ vollständig aus, läßt aber CQ der Faktormenge $\overline{v_2}$ ungenutzt. Andererseits würde QB bei isolierter Durchführung im Punkt E die Menge $\overline{v_2} = QM$ vollständig einsetzen, aber von der Faktormenge $\overline{v_1}$ EP ungenutzt lassen. Nur der Punkt R als Berührungspunkt der Ecken der Isoquanten I_8 und J_5 bezeichnet volle und effiziente Nutzung beider Faktormengen bei gleichzeitiger Durchführung beider Prozesse. Die Effizienzkurve wird also zu einem Effizienzpunkt.

Wäre nur die Menge des Faktors 1 mit $\overline{v_1}$ begrenzt, so könnte im Prozeß PA der Punkt C, im Prozeß QB der Punkt F erreicht werden. Die Punkte C und F, mit den angenommenen Mengenindices nach Abb. 54 übertragen, ergeben also die „Eckpunkte" der durch $\overline{v_1}$ bestimmten Kapazitätslinie CF. – Bei analoger Annahme bezüglich $\overline{v_2}$ als einziger Faktorbegrenzung ergibt sich die auf diesen Faktor bezügliche Kapazitätslinie DE. Der Schnittpunkt der beiden Kapazitätslinien in Abb. 54 entspricht dem Punkt R in Abb. 53.

Alle Punkte außerhalb des Bereichs CRE in Abb. 54 sind demnach Kombinationen von Produktmengen q_1 und q_2, die bei den gegebenen Faktorbeständen nicht realisierbar sind; alle Punkte auf dem Streckenzug ERC nützen die Menge eines Faktors effizient aus, jedoch nur der Punkt R die Menge beider Faktoren.

Aus der vorherigen Abb. 51 sei der Punkt S mit den Mengenindices $q_1 = 9{,}5$ und $q_2 = 4$ in Abb. 54 eingetragen. Es zeigt sich, daß er jetzt nicht erreichbar ist, weil schon im Punkt T die Kapazitätsbeschränkung durch $\overline{v_1}$ wirksam wird.

Die Koordinaten der Abb. 54 sind Produktmengen, die ungenutzt bleibenden Faktormengen sind also in dieser Darstellung nicht ersichtlich. In Abb. 53 sei angenommen, daß von R aus die Produktion von q_2 um eine Einheit bis zum Punkt H verringert wird. Dadurch wird die Menge RG an v_1 für die Ausweitung der Produktion von q_1 verfügbar; auf PA kann der Punkt L erreicht werden. Von der ebenfalls frei gewordenen Menge GH an v_2 kann aber nur GL zum Einsatz gelangen, LH bleibt ungenutzt.

c) *Exkurs: Bestimmung des ökonomischen Optimums*

Durch die Ableitung von Transformationskurven für substitutionale und linear limitationale Produktionsprozesse sind alle mit gegebenen Faktormengen maximal produzierbaren Produktmengenkombinationen ermittelt worden. Welche Kombination tatsächlich realisiert wird, hängt – wie mehrfach hervorgehoben – vom Produktionsziel ab.

In geschlossenen Hauswirtschaften, also Wirtschaftseinheiten, die die Güter selbst produzieren, die sie verbrauchen, kann als Produktionsziel beispielsweise die Maximierung des Nutzenniveaus der Haushaltsmitglieder angenommen werden. Für diesen Fall wird im folgenden zunächst die optimale Gütermengenkombination mit Hilfe von Indifferenzkurven ermittelt. Ähnliche Überlegungen gibt es auch für eine Volkswirtschaft als Ganzes. Alle Wirtschaftseinheiten werden hier gedanklich zu einer Einheit zusammengefaßt, in der dann ebenfalls, wie in geschlossenen Hauswirtschaften, für den eigenen Verbrauch produziert wird.

Entscheidungen in Unternehmen fallen dagegen nicht durch direkte Nutzenbewertung der Güter. Aus dem Katalog der möglichen und höchst komplexen Unternehmensziele (vgl. Kap. III) wird hier, wie immer wieder betont, nur das – allerdings wichtige – Ziel der Gewinnmaximierung betrachtet. Danach möchte die Unternehmung die größtmögliche Differenz zwischen den Kosten, das heißt, der Summe der mit Preisen bewerteten Faktormengen, und dem Umsatz (Erlös) als Summe der mit Preisen bewerteten Produktmengen (Absatzmengen), also einen maximalen Gewinn erwirtschaften. Um das Prinzip dieser Optimierung zu zeigen (hier nur für die Mehrprodukterzeugung; vgl. §§ 17, 18, 19 hinsichtlich der Einprodukterzeugung) geschieht die Darstellung wiederum unter stark einschränkenden Voraussetzungen. Von Lagerbewegungen wird abgesehen, weshalb die Mengen der Produktion gleich den Absatzmengen sind. Alle Beschaffungs- und Absatzpreise werden als gegeben und unbeeinflußbar unterstellt. Es existieren nur zwei Einsatzfaktoren, deren Mengen konstant und anderweitig unverwendbar sind, so daß durch Faktorersparnis kein

Vorteil erlangt werden kann. Bei konstanten Faktormengen und -preisen sind folglich auch die Produktionskosten konstant. Der Gewinn ist mithin dann maximiert, wenn der höchstmögliche Umsatz erzielt wird.

In den Abb. 55 und 56 sind die Transformationskurven PQ aus Abb. 52 und ERC aus Abb. 54 gemeinsam dargestellt. Lage und Form dieser Kurven sind von Faktorpreisen völlig unbeeinflußt, weil sie aus Isoquanten entwickelt sind, die nur Beziehungen zwischen Einsatz- und Ausstoßmengen ausdrücken. Da die gegebenen Faktormengen annahmegemäß jedenfalls bereitstehen und somit die Produktionskapazität bestimmen, können auch durch Einschränkung der Produktmengen keine Kosten eingespart werden. Wirtschaftlich wird daher nach Möglichkeit anzustreben sein, die Kapazität voll auszuschöpfen.

Unter den bei gegebener Faktorausstattung und Produktionstechnik möglichen Produktmengenkombinationen (q_1, q_2) kann auch — anhand Abb. 55 — das gesamtwirtschaftliche Optimum durch direkte Nutzenbewertung gesucht werden: Schnittpunkte der Transformationskurven mit den gesellschaftlichen Indifferenzkurven, z. B. T und U, gewährleisten zwar, wie alle Punkte auf den Transformationskurven, volle Nutzung der Faktormengen, aber kein Optimum, weil durch Bewegung entlang der Transformationskurven Indifferenzkurven mit höherem Nutzenindex erreicht werden können. Für die Transformationskurve ERC wird die Indifferenzkurve mit dem höchsten Nutzenindex I_2 im Punkt R erreicht; für die Kurve PQ liegt das Optimum im Punkt S, das heißt im Berührungspunkt mit der Indifferenzkurve I_3. Es ergibt sich: Die Produktmengenkombination, die den höchsten „gesellschaftlichen Nutzen" stiftet, wird durch den Punkt bezeichnet, in dem eine Transformationskurve eine Indifferenzkurve tangiert.

Eine ähnliche Lösung ergibt sich, wenn als unternehmerisches Produktionsziel Gewinnmaximierung verfolgt wird, was im vorliegenden Spezialfall konstanter Faktormengen und -preise gleichzeitig Umsatzmaximierung bedeutet. Es wird also die Produktmengenkombination gesucht, die maximalen Umsatz

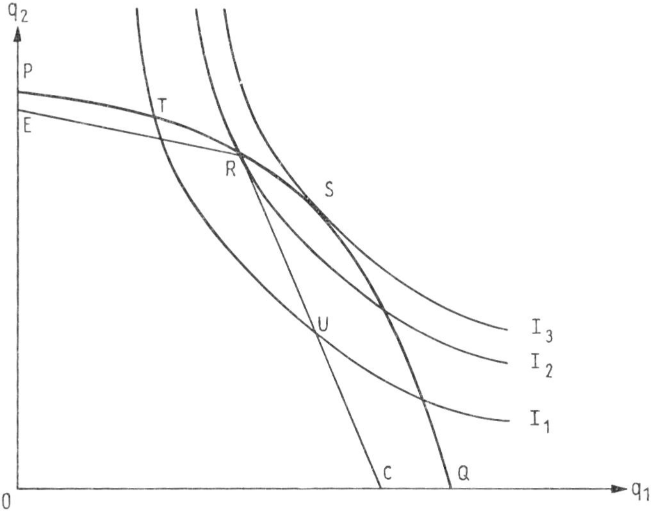

Abb. 55

verspricht. Die Gleichung für den Umsatz lautet:

$$U = p_1 q_1 + p_2 q_2.$$

Durch Umformung dieser Umsatzgleichung ergibt sich die Funktionsgleichung

$$q_2 = \frac{U}{p_2} - \frac{p_1}{p_2} q_1,$$

die als Gerade in der durch die Produktmengen q_1, q_2 aufgespannten Ebene (Abb. 56) darzustellen ist. Diese Kurve heißt *Iso-Umsatz-* oder *Iso-Erlös-Gerade*, da sie den geometrischen Ort aller Produktmengenkombinationen (q_1, q_2) gleicher Umsatz- bzw. Erlössumme bildet.

Durch parametrische Variation der Umsatzhöhe U ergibt sich eine Schar paralleler Geraden, wobei die Erlöshöhe mit zuneh-

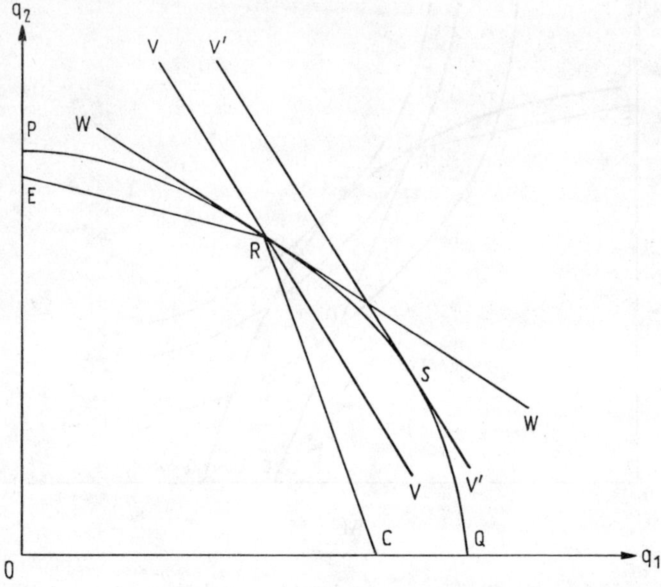

Abb. 56

mender Entfernung vom Koordinatenursprung steigt. Zwei solcher Iso-Erlös-Geraden sind in Abb. 56 mit VV bzw. V′V′ bezeichnet. Ihre Steigerung ist durch die Preisrelation p_1/p_2 bestimmt. Der Gesamterlös ist dort am größten, wo eine Iso-Erlös-Kurve eine Transformationskurve tangiert, also bei der Produktmengenkombination, die auf beiden Kurven liegt. Dies ist für die Transformationskurve PQ im Punkt S, für die Kurve ERC im Punkt R der Fall. Ändert sich das Preisverhältnis p_1/p_2, dann dreht sich die Iso-Erlös-Gerade, z. B. von VV zu WW. Die optimale Produktmengenkombination liegt jetzt für beide Transformationskurven im Punkt R. Die Iso-Erlös-Gerade kann sich also bei linear-limitationalen Produktionsprozessen, wie sie in der Transformationskurve ERC zum Ausdruck kommen, bis zu einem gewissen Grade drehen (das Preisverhältnis kann sich ändern), ohne den Optimalpunkt zu verlassen. Ist die Iso-Erlös-Gerade steiler als der Kurvenabschnitt RC, ist C der optimale Punkt, das heißt, es wird nur noch Produkt 1 produziert. Dieser Fall bezeichnet eine „*Ecklösung*".

Punkte wie R und S dürfen nicht als solche der Gleichheit von Kosten und Umsatz mißdeutet werden. Die Transformationskurve ist keine Kostenkurve. Die wegen konstanter Faktormengen und -preise konstanten Kosten können im Optimum über oder unter dem Umsatz liegen. Eine Gleichheit wäre reiner Zufall. Der maximal mögliche Gewinn kannn deshalb auch bei maximalem Umsatz positiv, Null oder negativ sein. Im letzteren Falle wäre der Verlust minimiert worden.

4. Der Ansatz der linearen Programmierung

Die Optimierung eines Produktionsprogramms mit je zwei Faktoren und Produkten ist – wie in den vorhergehenden Abschnitten zu sehen war – relativ anschaulich zu zeichnen und ohne großen Aufwand zu rechnen. Das Problem wird komplexer bei mehr als zwei Faktoren bzw. mehr als zwei Produkten. Für den Fall substitutionaler Produktionsprozesse (*nichtlineare* Optimierung) gibt es bis heute keinen allgemeinen Lösungsalgorithmus. Allerdings ist für Spezialfälle eine Reihe von Lösungen erarbeitet worden. Dagegen existieren allgemeine Lösungsverfahren für den Fall einer *linear* limitationalen, also homogenen Produktionsfunktion. Hier kann nur kurz das Prinzip erklärt werden:

Es sollen n Faktoren mit vorgegebenen konstanten Mengen $\overline{v}_1, \overline{v}_2, \ldots, \overline{v}_n$ verfügbar sein, die bei der Erzeugung von m Produkten eingesetzt werden können. Der Einsatz eventueller Überschußmengen der überdies preiskonstanten Faktoren in anderen Produktionsprozessen sei wiederum ausgeschlossen, so daß das Ziel Gewinnmaximierung durch Maximierung des Umsatzes angestrebt werden kann. Gesucht sind die Produktmengen $q_1, q_2, \ldots, q_m$, bei deren Produktion und Absatz der Umsatz maximiert wird. Die Aufgabe kann in einer Zielfunktion formalisiert werden:

$$U = \sum_{j=1}^{m} p_j q_j \rightarrow \text{Max.!}$$

Die Produktmengen sind durch die konstanten Faktormengen und die gegebene Produktionstechnik beschränkt. Es sei a_{ij} die effiziente Menge des Produktionsfaktors i, die zur Schaffung einer Einheit des Produktes j erforderlich ist. Dann ist $a_{ij}q_j$ die Menge des Faktors i, die insgesamt für Produkt j verbraucht wird. Die Summe der für alle Produkte verbrauchten Mengen eines Faktors darf höchstens gleich der insgesamt vorgegebenen Faktormenge sein, mithin:

$$\sum_{j=1}^{m} a_{ij} q_j \leqq \overline{v_i} \quad (i = 1, 2, \ldots, n)$$

Für jeden Produktionsfaktor muß eine solche Kapazitätsbeschränkung formuliert werden, also ergeben sich insgesamt n Ungleichungen.

Neben den Ungleichungen, durch die die Kapazitätsrestriktionen formalisiert werden, gibt es noch weitere Beschränkungen für die Produktmengen: Es gibt keine negative Produktmenge, weil dies ökonomisch unsinnig wäre. Dagegen kann es vorteilhaft sein, von einem Produkt nichts zu produzieren, um für andere Produkte Kapazitäten zu schaffen, die einen höheren Zielbeitrag liefern. Daher gelten folgende Nichtnegativitätsbedingungen:

$$q_j \geqq 0 \quad (j = 1, 2, \ldots, m)$$

Formal besteht die zu lösende Aufgabe nun aus den folgenden drei Teilen:

- der zu maximierenden Zielfunktion,
- den Kapazitätsrestriktionen,
- den Nichtnegativitätsbedingungen.

Im Falle von vier Faktoren und zwei Produkten beispielsweise lautet das Gesamtsystem:

Zielfunktion: $p_1q_1 + p_2q_2 = U \rightarrow$ Max.!

Kapazitäts-
restriktionen:

$$a_{11}q_1 + a_{12}q_2 \leqq \overline{v_1}$$
$$a_{21}q_1 + a_{22}q_2 \leqq \overline{v_2}$$
$$a_{31}q_1 + a_{32}q_2 \leqq \overline{v_3}$$
$$a_{41}q_1 + a_{42}q_2 \leqq \overline{v_4}$$

Nichtnegativitäts-
bedingungen:

$$q_1 \geqq 0\,;\; q_2 \geqq 0$$

Gesucht werden die Produktmengen q_1 und q_2, die alle Ungleichungen bzw. Gleichungen erfüllen und den maximalen Zielwert U_{max} ergeben, wenn sie in die Zielfunktion eingesetzt werden. Die bekannteste Methode, die schrittweise zu der gesuchten Lösung führt, ist die im Jahre 1947 von *G. B. Dantzig* entwickelte *Simplex-Methode*. Danach sind andere Verfahren geschaffen worden, die teilweise schneller zur gesuchten Lösung führen. Sie können hier nicht dargelegt werden. Vielmehr soll abschließend der Lösungsweg der linearen Optimierung graphisch veranschaulicht werden:

In Abb. 57 sind vier Geraden (I–IV) eingezeichnet, die den vier Kapazitätsrestriktionen für den Fall entsprechen, daß die verbrauchten Mengen nicht kleiner, sondern gerade gleich den vorhandenen Mengen sind. Alle Punkte links von jeder dieser Geraden stellen Produktmengenkombinationen dar, bei denen die betreffende Faktormenge nicht voll beansprucht wird. Andererseits verlangen die Nichtnegativitätsbedingungen, daß sich die Produktmengenkombinationen rechts bzw. oberhalb der beiden Mengenkoordinaten befinden. Die „zulässigen" Produktmengenkombinationen, das heißt, die Kombinationen von Produktmengen, die keine Beschränkungsbedingung verletzen, liegen also innerhalb des Bereichs OPQRST oder auf dessen Begrenzungslinien. Alle Punkte auf der gebrochenen Linie PQRST nutzen die Kapazität je eines Faktors voll aus, die Eckpunkte

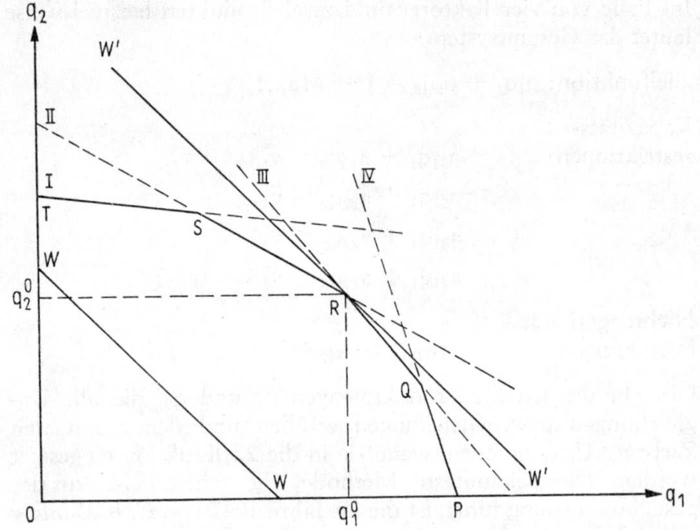

Abb. 57

S, R und Q die Kapazität von je zwei Faktoren. So liegt z. B. Punkt S sowohl auf der Beschränkungslinie I als auch auf der Linie II. Die diesen Restriktionen entsprechenden Produktionsfaktoren sind also beide voll ausgelastet.

Um die optimale Kombination zu bestimmen, werden in die Darstellung Iso-Erlös(Umsatz)-Geraden (vgl. § 14, Ziff. 3c) eingeführt. Eine solche Gerade ist z. B. WW in Abb. 57. Bei parametrischer Erhöhung des Umsatzwertes verschiebt sich die Gerade parallel nach rechts, z. B. bis W'W'. Diese Kurve, die durch Punkt R der Transformationskurve TSRQP verläuft, impliziert den höchstmöglichen realisierbaren Umsatzwert, wenn die Unternehmung die entsprechende Produktmengenkombination (q_1^0, q_2^0) wählt. R genügt gerade noch den bestehenden Produktionsbeschränkungen, liegt also im zulässigen Lösungsraum. Bei anderen Produktpreisrelationen als der hier angenommenen könnten z. B. auch S oder Q derartige optimale

Produktionspunkte sein. Auch bei ihnen wären dann, wie im Punkt R, jeweils zwei Faktoren voll, die beiden restlichen nicht ganz ausgelastet. Bestünde ein Produktpreisverhältnis, bei dem die optimalen Produktionsprogramme mit den Eckpunkten T oder P zusammenfallen, werden sogar drei Faktoren nur zum Teil eingesetzt. So wird z. B. in Punkt T allein Gut 2 hergestellt, wobei jedoch lediglich Faktor I voll ausgelastet wäre, denn T liegt ausschließlich auf der Beschränkungslinie I.

V. Angebots- und Preistheorie

In den folgenden beiden Kapiteln werden Themen behandelt, die eng miteinander verzahnt sind. Im Mittelpunkt stehen das Verhalten von Wirtschaftssubjekten als Anbieter von Gütern und als Nachfrager nach Gütern und das sich daraus ergebende Geflecht interaktioneller ökonomischer Beziehungen. Dabei führen Markttheorie, Konkurrenz- und Wettbewerbstheorie von eingehender individueller Analyse über die partielle Analyse zu gewissen Aspekten einer totalen Analyse. Im Kapitel V soll dazu die *Preistheorie* in ihrer neoklassischen Fassung, im Kapitel VI die *Wettbewerbstheorie* in ihren neueren Ausprägungen dargelegt werden. Teilweise unterscheiden sich Preistheorie und Wettbewerbstheorie thematisch, teilweise gehen sie an gleiche Probleme mit unterschiedlichen Fragestellungen heran; sie bedienen sich verschiedener Methoden und einer unterschiedlichen Terminologie und gelangen schon deshalb nicht immer zu den gleichen Schlußfolgerungen. Ihre getrennte Behandlung in zwei Kapiteln erscheint daher geboten, auch wenn dies einige Wiederholungen mit sich bringt.

§ 15 Märkte

1. Der Marktbegriff in der Wirtschaftstheorie

In verkehrswirtschaftlich geordneten Gesellschaftswirtschaften treten Produktionswirtschaftseinheiten (Unternehmungen) und Verbrauchswirtschaftseinheiten (Haushalte) als Anbieter von Produkten und von Produktionsfaktorleistungen und als Nachfrager nach diesen Gütern und Leistungen auf Märkten miteinander in ökonomische Beziehungen (vgl. Bd. I, § 15, Ziff. 3). Märkte sind die zentrale Koordinierungsinstanz in der Verkehrswirtschaft. In diesem Band interessieren hauptsächlich die Märkte für Produkte, die für Produktionsfaktoren werden im Band III zur Sprache kommen.

Die Wirtschaftstheorie definiert „Markt“ als den gedachten Ort, an dem sich Angebot von und Nachfrage nach einem bestimmten Gut treffen.

In entwickelten Marktwirtschaften mit einem hohen Grad von Arbeitsteilung bestehen konkrete Märkte von großer Vielfalt (z. B. Arbeitsmärkte, Gemüsemärkte, Gebrauchtwagenmärkte) und in mannigfachen Organisationsformen (Auktionen, Börsen, Wochenmärkte, Supermärkte, Einzelhandelsgeschäfte, Galerien usw.). Sie gelten der Wirtschaftstheorie als Ausprägung eines einheitlichen Prinzips. Die Eigenschaften von spezifischen realen Märkten bleiben unberücksichtigt, der Markt der Wirtschaftstheorie ist insoweit also ein abstrakter, „gedachter Ort“.

Das „Zusammentreffen von Angebot und Nachfrage“ ist als ökonomisches Beziehungsgefüge zwischen Anbietern und Nachfragern zu verstehen, als Hinweis auf die zwischen beiden Gruppen von Wirtschaftssubjekten erfolgenden Tauschakte.

In der Wirtschaftstheorie werden die Begriffe „Angebot“ und „Nachfrage“ zumeist in folgenden Bedeutungen verwendet: als angebotene bzw. nachgefragte *Mengen*, als in Geldeinheiten ausgedrückte *Werte* (monetäres Angebot bzw. monetäre Nachfrage) und als funktionale Beziehungen zwischen Mengen und Preisen (oder, seltener, anderen relevanten Variablen, z. B. Werbungskosten), dargestellt durch *Angebots- und Nachfragekurven* (vgl. § 6, Ziff. 1). In der oben gebrauchten Definition des Marktes sind mit diesen Ausdrücken Angebots- und Nachfragekurven gemeint.

Ein erstes, schwieriges Problem liegt dabei in der genauen Bestimmung des auf dem gedachten Markt getauschten Gutes. Einfach ausgedrückt: Was steht auf der Abszissenachse eines Angebots-Nachfrage-Diagramms (vgl. Bd. I, Abb. 13)? Die einfachste Lösung des Problems besteht darin, homogene (in den Augen der Marktteilnehmer völlig gleichartige) Gutseinheiten zu unterstellen. Dann genügt eine einfache Darstellung durch zwei Kurven, wie sie im Band I gegeben wurde, um das Prinzip hinlänglich zu verdeutlichen. Für eindringendere Untersuchungen sind aber differenziertere Modelle erforderlich. Darauf kann hier noch nicht eingegangen werden.

In diesem Zusammenhang ergibt sich jedoch ein weiteres Problem. Die Theorie darf an der in der Realität gegebenen Tatsache nicht vorbeisehen, daß alle Güter in einer mehr oder weniger „dichten" Beziehung zueinander stehen. Sie können entweder in der Verbrauchsnutzenstiftung oder in ihrem produktiven Beitrag komplementär (sich ergänzend) oder substitutiv (sich ersetzend) sein. Jedenfalls sind sie über eine Konkurrenzbeziehung verbunden, denn nachfrageseitig ist die zum Kauf der Güter bestimmte Ausgabensumme in Höhe der Einnahmen (gegebenfalls zuzüglich des Vermögens) beschränkt, und bei ihrer Produktion muß die Knappheit der Produktionsfaktoren in Rechnung gestellt werden (vgl. Bd. I, § 2, Ziff. 2b). Diese umfassende, wechselseitige Abhängigkeit (*Interdependenz*) erfordert letztlich Modelle der Preisbildung, in denen auf ein begrenzendes Marktkonzept überhaupt verzichtet wird (*R. Triffin*): „Markt" und „Volkswirtschaft" werden identifiziert. Darauf ist später zurückzukommen. Hier ist nur zu bedenken, daß die übliche Markt-Betrachtungsweise (*Partialanalyse*) aus der allseitigen Interdependenz von Preisen und Mengen heraus lediglich einen Ausschnitt mehr oder weniger willkürlich isoliert untersucht.

Eine weitere Vereinfachung der Preistheorie besteht darin, Angebot und Nachfrage als voneinander unabhängige Variablen zu behandeln. Das ist nicht unbedingt realistisch, da z. B. eine Verschiebung der Nachfragekurve und damit Veränderung der Produktmenge über eine Änderung der Faktorpreise (Kosten) ihrerseits die Angebotskurve verlagern kann.

Obwohl für einfache Analysen erforderlich und ausreichend, ist die Fiktion unabhängiger Kurvenverschiebungen aber doch eine zweite, bedenkliche Begrenzung der Aussagekraft des Modells. Die Theorie wurde auch unter diesem Gesichtspunkt weiterentwickelt, doch soll es hier mit diesem Hinweis sein Bewenden haben.

Es bleibt festzuhalten: In erster, einfachster Annäherung wird der Markt, als der gedachte Ort, auf dem sich Angebot und Nachfrage treffen, durch eine statische Nachfrage- und eine statische Angebotskurve dargestellt. Die Nachfragekurve wurde in Kap. II bereits abgeleitet, die Angebotskurve wird im folgenden genauer erörtert. Der hauptsächliche Sinn dafür, dieses einfache Marktmodell zu entwickeln, liegt in der Bestimmung des Gleichgewichtspreises bzw. der bei Gleichgewicht umgesetzten Gütermenge. Dabei beschreibt „Gleichgewicht" eine imaginäre Preis-Mengen-Kombination, der unter den gegebenen Bedingungen kein Impuls zur Veränderung innewohnt (Herrschen eines Zustandes ohne *immanente* Änderungstendenz). Mit Hilfe dieses Konzeptes lassen sich auf einem Markt gleichgewichtige von ungleichgewichtigen Preis-Mengen-Kombinationen trennen und etwaige Änderungstendenzen als zielgerichtete Bewegungen hin zu einem Zustand des Gleichgewichts begreifen.

2. Kennzeichnende Elemente des Marktmodells

Zur Charakterisierung von Marktmodellen findet sich im Schrifttum eine überaus reiche und leider keineswegs einheitliche Nomenklatur. So werden etwa die verschiedenen Einteilungskriterien für die Marktelemente abweichend voneinander gruppiert und gewichtet. Daher ist es gerechtfertigt, hier zunächst ohne Anlehnung an einen bestimmten Autor einen systematischen Überblick zu entwickeln. Der Leser muß sich aber darüber im klaren sein, daß gleiche Ausdrücke bei verschiedenen Autoren, auch denen der gegenwärtig gängigen Lehrbücher, durchaus Unterschiedliches bedeuten können. Beim Literaturstudium ist daher sorgfältig zu beachten, wie der betreffende Autor jeweils die verwendeten Begriffe definiert.

Noch ein zweiter einleitender Hinweis ist angebracht. Im Kap. VI, insbesondere im § 23, finden sich im Zusammenhange mit dem Wettbewerbsbegriff ähnliche, wenn auch nicht gleiche Unterscheidungen, wie im Folgenden. Handelt es sich hier um denkmögliche Elemente abstrakter Marktmodelle, so dort um Normen, die der Wettbewerbspolitik des Staates Kriterien für Eingriffe bieten sollen. Welche dieser Elemente zur Konstruktion eines bestimmten Marktmodells benutzt werden, ist eine Frage, die nach dem Untersuchungszweck zu entscheiden ist.

Ein „Markt" kann beschrieben werden unter dem Gesichtspunkt seiner *Vollständigkeit* (Unvollständigkeit), seiner *Homogenität*

(Heterogenität), seiner *Offenheit* (Geschlossenheit) und *Freiheit* (Regulierung), ferner im Hinblick auf die *Struktur* (Form) der Marktangebots- und Marktnachfrageseite und schließlich durch die *Verhaltensweisen* der Marktteilnehmer als Anbieter und als Nachfrager.

Zunächst soll im Überblick gesagt werden, was mit diesen Kriterien gemeint ist, dann soll auf die wichtigeren näher eingegangen werden. Dabei kann man verschieden vorgehen. Hier wird im Prinzip so verfahren, daß jeweils ein denkbarer, wenn auch nie rein verwirklichter Grenzfall beschrieben und benannt wird, während die übrigen Fälle als Abweichungen von diesem Grenzfall einzuordnen sind.

a) Vollständigkeit (Unvollständigkeit) des Marktes

Kriterium ist die Existenz bzw. Nicht-Existenz von *Friktionen*, d. h. von Faktoren, die bei einer Marktstörung eine volle und sofortige Anpassung von Preisen und Mengen an den neuen Gleichgewichtspunkt (im Grenzfall gleich dem alten) hemmen oder verhindern. Je mehr solcher Friktionen bestehen, um so unvollständiger ist der Markt.

Vollständigkeit liegt vor, wenn Friktionen gänzlich fehlen. Das setzt voraus:

aa) Volle *Teilbarkeit* des betreffenden Gutes in kleinste, streng genommen infinitesimale Einheiten. Teilbarkeit ist der erste Bestimmungsgrund für den Grad der Anpassungsfähigkeit von Produkten und Produktionsfaktoren in Angebot und Nachfrage an Datenänderungen. Das Teilbarkeitsaxiom ermöglicht es, stetige Kosten-, Umsatz-, Angebots-, Nachfrage- und dergleichen Funktionen aufzustellen und die entsprechenden Kurven kontinuierlich zu zeichnen, wie es allgemein üblich ist. Können dagegen die Güter nur sprungweise, das heißt in diskreter Variation, oder im Extrem gar nicht angepaßt werden, liegt unvollständige Teilbarkeit bzw. Unteilbarkeit vor.

ab) Volle *Beweglichkeit* (Mobilität) von Angebot und Nachfrage. Damit ist einmal die Veränderung der ökonomischen

Größen im Raum und zum anderen die in der Zeit gemeint. Es wird unterstellt, daß Angebots- und Nachfragemengen mit unendlicher Geschwindigkeit auf Datenänderungen, z. B. erhöhte Preisgebote, reagieren. In einem reziproken Verhältnis zur Reaktionsgeschwindigkeit steht die Anpassungsdauer, die bei unendlicher Reaktionsgeschwindigkeit gleich Null ist. Bei endlicher Anpassungsdauer benötigen die Wirtschaftssubjekte realiter Zeit, um sich mit Preisen und Mengen (oder anderen Parametern) veränderten Datenkonstellationen in einer Weise anzugleichen, die ihre Ziele wieder optimal erfüllt. Der Grenzfall einer Anpassungsdauer von Null soll nicht besagen, daß sich das Wirtschaften in völliger Zeitlosigkeit vollziehen könnte, sondern bedeutet, daß im Modell bestimmte Vorgänge des Wirtschaftens, namentlich Umstellungen in der Kombination der Produktionsfaktoren, als unendlich schnell durchgeführt gedacht werden.

ac) Volle *Transparenz* des Marktes. Nach dieser Annahme überblicken Anbieter und Nachfrager jeden Teil des Marktes gleichzeitig und sind zweifelsfrei über die dort herrschenden Marktkonstellationen, insbesondere über Preise und Mengen, informiert.

ad) Volle *Voraussicht* der Marktteilnehmer. Anbieter und Nachfrager können die künftige Entwicklung von Preisen und Mengen, und, was besonders gravierend ist, auch die künftigen Aktionen und Reaktionen aller Marktteilnehmer, einschließlich ihrer eigenen, mit Sicherheit voraussehen.

Transparenz und Voraussicht deuten auf das *Informationsproblem* für Anbieter und Nachfrager. Bei voller Transparenz und vollkommener Voraussicht schiene dieses Problem ideal gelöst, denn jeder wäre lückenlos informiert. Doch gerade dies kann ein Dilemma sein. Es läßt sich nämlich die Ansicht vertreten, vollkommene Information in diesem Sinne eliminiert jegliches Entscheidungsproblem. Das essentiell „Wirtschaftliche“, nämlich das Entscheiden zwischen mehreren Handlungsalternativen, wäre aus der Betrachtung ausgeklammert. Auf dieses Dilemma hat schon in den dreißiger Jahren *Oskar Morgenstern* aufmerksam gemacht. In seinem Beispiel kennen Sherlock Holmes und sein Widersacher Moriarty bei vollkommener Information wechselseitig ihre gegeneinander gerichteten Aktionen im voraus und können sich deshalb zu keiner Handlung entschließen. Sie blockieren sich gegenseitig in ihren Handlungen, weil sie voneinander alles wissen. Um dieses Paradoxon zu vermeiden, wird häufig vollkommene Information dann als gegeben angesehen, wenn alle Marktteilnehmer über die für ihre jeweiligen, begrenzten Entscheidungen relevanten Daten informiert sind. Unvollkommene Information, also unvollkommene Markttransparenz und (oder) unvollkommene Voraussicht, ist demnach dann gegeben, wenn ein oder mehrere Marktteilnehmer unter Risiko oder Unsicherheit hinsichtlich der relevanten Daten entscheiden (vgl. § 9, Ziff. 5).

b) Homogenität (Heterogenität) des Marktes

Kriterium ist die Existenz bzw. Nicht-Existenz von *Präferenzen*, das heißt von objektiven bzw. subjektiven Faktoren, welche Marktteilnehmer veranlassen, bei gleichem Preis das Angebot eines bestimmten Anbieters (oder die Nachfrage eines bestimmten Nachfragers) dem anderer Anbieter (bzw. der anderer Nachfrager) vorzuziehen. Auf dasselbe läuft hinaus, wenn für gleiche Güter unterschiedliche Preise gefordert resp. gewährt werden.

Ein homogener Markt liegt dann vor, wenn kein Anbieter und kein Nachfrager irgendwelche Präferenzen gegenüber den von verschiedenen Wirtschaftsubjekten angebotenen oder nachgefragten Gütern hat.

Die Existenz von Präferenzen schafft heterogene Güter und damit heterogene Märkte.

Es gibt vier Arten von Präferenzen:

ba) *Sachliche* Präferenzen: Es kommt dabei nicht auf tatsächlich vorhandene, z. B. qualitative Unterschiede zwischen Gütern an, sondern auf die Meinung der Nachfrager, solche Unterschiede bestünden. Präferieren Nachfrager bestimmte Güter, so kann deren Anbieter ceteris paribus für sein Angebot einen höheren Preis als seine Konkurrenten erzielen. In aller Regel wird es daher das Bestreben von Anbietern sein, solche Präferenzen hervorzurufen. Unter der Zielsetzung Gewinnmaximierung müssen sie das sogar tun. Diesen Sinn hat auch das Einführen und Durchsetzen von Marken für bestimmte Artikel. Die Aufgabe der Werbung kann darin gesehen werden, durch das Schaffen von sachlichen Präferenzen homogene Güter in heterogene zu verwandeln. Umgekehrt kann auch subjektiv Homogenität empfunden werden, wo es sich objektiv (sachlich) um unterschiedliche Güter handelt. Für das Marktverhalten ist jedoch die subjektive Einschätzung durch die Marktteilnehmer entscheidend.

bb) *Räumliche* Präferenzen: Sie liegen vor, wenn ein Gut vom Nachfrager wegen der räumlichen Zuordnung des Anbieters bevorzugt wird, z. B. weil es ihm bequemer ist, an der Wohnungstür zu kaufen als im Laden. Ähnliche Präferenzen kann es aus der Sicht des Anbieters geben. Soweit die mikroökonomische Analyse von räumlichen Präferenzen absieht (was häufig geschieht), reduziert sich der Raum, in dem Angebot und Nachfrage zusammentreffen, auf einen einzigen Punkt (*Punktmarkt*). Erlaubt ist auch folgende gedankliche Konstruktion: Alle Nachfrager (Anbieter) befinden sich auf einer Kreislinie, während für alle Anbieter (Nachfrager) der Kreismittelpunkt als Standort gilt. In diesem Fall ist für alle Marktteilnehmer der Weg zum Marktpartner gleich weit, eine räumliche Differenzierung mithin ausgeschlossen.

bc) *Zeitliche* Präferenzen: Wird demselben Gut zu unterschiedlichen Zeitpunkten eine verschiedene Wertschätzung entgegengebracht, eröffnet sich eine weitere Möglichkeit, unterschiedliche Preise für objektiv gleiche Güter zu bieten bzw. zu verlangen. Tag- und Nachtstrom ist dafür ein gängiges Beispiel.

bd) *Persönliche* Präferenzen: Sie bestehen, wenn ein Gut aufgrund von persönlichen Erwägungen, also solchen, die sich aus intersubjektiven Verhältnissen ergeben, bei einem bestimmten Anbieter bevorzugt gekauft wird. Das Lächeln der jungen Verkäuferin kann erwünschter Anlaß dafür sein, eine objektiv gleichartige Ware lieber bei ihr als bei einem mürrischen Greis zu kaufen. Auch können negative personelle Präferenzen bewußt geschaffen werden. So ist vor allem zu denken an – gerade wirtschaftlich oft folgenschwere – Diskriminierungen von Menschen aus rassischen, religiösen oder politischen Motiven. Dabei ist die Meinung der Marktteilnehmer unter Umständen unvorhergesehenen Wandlungen unterworfen; so wurde z. B. aus dem ursprünglich abwertenden Herkunftszeichen 'Made in Germany' zeitweilig ein Indiz für Qualität.

Vollständigkeit und Homogenität zusammen beschreiben die *Vollkommenheit* bzw. den Grad der Unvollkommenheit eines Marktes.

Der Grenzfall des *vollkommenen Marktes*, der, wir wiederholen es, durch das Fehlen jeglicher Friktionen und die Abwesenheit irgendwelcher Präferenzen gekennzeichnet ist, bildet ein herausragendes Modell der Preistheorie. Der Sinn dieses Modells liegt erstens in der Möglichkeit, unter seinen Bedingungen zwingend nachweisen zu können, daß im Gleichgewicht für alle Einheiten des betrachteten Gutes auf dem einheitlichen Markt ein und nur ein Preis (*Einheitspreis*) herrschen kann. Zweitens ermöglicht diese exakte Beschreibung des zugegeben unrealistischen Grenzfalles, davon abweichende Modelle zu konstruieren oder gar konkrete Fälle der Realität in einer adäquaten Terminologie zu beschreiben.

Es ist wichtig zu wissen, daß andere Autoren den Begriff der Marktvollkommenheit bzw. -unvollkommenheit ausschließlich auf unser zweites Marktcharakteristikum, das Vorhandensein oder die Abwesenheit von Präferenzen, beziehen, also mit Homogenität identifizieren. Wieweit sie dabei das zuerst genannte Merkmal, die Vollständigkeit bzw. Unvollständigkeit des Marktes, ausdrücklich oder stillschweigend einbeziehen oder unberücksichtigt lassen, kann dahingestellt bleiben.

c) Offenheit (Geschlossenheit) des Marktes

Kriterium dafür ist, ob und gegebenenfalls inwieweit neue Anbieter und Nachfrager *Zutritt zum Markt* haben. Der Markt kann *offen*, *beschränkt offen* oder *geschlossen* sein.

Im Grenzfall des *offenen* Marktes ist jedem Wirtschaftssubjekt unbenommen, das Gut, welches den betreffenden Markt konstituiert, nach Belieben anzubieten oder nachzufragen. Auf dem *beschränkt offenen* Markt ist jedes Wirtschaftssubjekt potentieller Anbieter oder Nachfrager, der aktuelle Zutritt ist aber an gewisse Voraussetzungen geknüpft, die nicht jeder erfüllt, z. B. an berufliche Qualifikationen, festgestellten Bedarf usw. Ist schließlich der Markt geschlossen, so ist die Zahl der Anbieter und Nachfrager strikt limitiert.

Um die Zutrittsmöglichkeit zu beurteilen, sind zwei Gesichtspunkte zu unterscheiden: einmal die juristische Seite des Sachverhalts, zum anderen die ökonomisch-faktische Situation. Häufig wird jedoch in der Literatur das Kriterium des Marktzutritts auf den ersten, leichter zu erfassenden Gesichtspunkt beschränkt. Dann wird auf die Rolle des Staates abgestellt, die er bei der Sperrung des Marktzugangs spielt. Entweder setzt er sie kraft seiner hoheitlichen Gewalt selbst durch, oder er sanktioniert sie, sei es auch nur durch stillschweigende Duldung, z. B. von entsprechenden privatrechtlichen Verträgen, die Außenseiter (auch: "newcomers") ausschließen.

Faktisch sind Märkte auch dann geschlossen, wenn es aus ökonomischen Gründen äußerst schwer ist, etwa durch das Erfordernis hoher Kapitalinvestition für technisch aufwendige Ausstattung, auf dem betreffenden Markt Fuß zu fassen.

Offenkundig gibt es eine enge Beziehung zwischen dem Grad der Marktoffenheit und der Marktstruktur. Märkte, auf denen z. B. wenige Anbieter das gesamte Angebot kontrollieren, entwickeln erfahrungsgemäß leichter eine Tendenz zur Schließung, als solche mit zahlreichen Marktteilnehmern. Die Zugangsbeschränkung wird unter Umständen dadurch gefördert, daß wenige große Anbieter, gegebenenfalls auch mit außerökonomischen Mitteln, die Entscheidungen des Staates beeinflussen und diesen Einfluß im Sinne einer Marktschließung nutzen.

Umgekehrt begünstigt das Schließen von Märkten die Entstehung monopolähnlicher Positionen, weil nun nicht mehr, wie bei offenen Märkten, auf die latente Konkurrenz Rücksicht genommen und das Aufkommen von Außenseitern befürchtet werden muß. Die Geschäftspolitik vieler Kartelle unter wechselnden Bedingungen zeigt das deutlich.

d) Freiheit (Regulierung) des Marktes

Kriterium ist die Intensität des *Staatseingriffs* in den Markt. Entsprechend unterscheidet man *freie* und *regulierte* (gelenkte) Märkte.

Das Wort „frei" wird hier instrumental benutzt, d. h. es enthält kein Werturteil. Es kann bei dem heutigen Stand der gesellschaftlichen Entwicklung keine „natürliche Wirtschaftsordnung" und damit keine absolut von staatlichem Einfluß unberührten Märkte mehr geben. Daher wird der *freie* Markt – wiederum als Grenzfall des Modells – dadurch geknnzeichnet, daß der Staat dem Verhalten der Marktteilnehmer lediglich formale Normen auferlegt und diese kraft hoheitlicher Gewalt auch durchsetzt. „Pacta sunt servanda" (Verträge müssen gehalten werden) ist das hervorragende Beispiel einer nur formalen Norm, die zugleich für die Marktwirtschaft grundlegend ist.

In weniger strenger Form wird Marktfreiheit als Postulat in der Theorie der Wirtschaftspolitik untersucht, wenn dem Staat zwar materielle wirtschaftspolitische Ziele zugestanden werden (z. B. Sicherung der Vollbeschäftigung oder Verstetigung des wirtschaftlichen Wachstums), er jedoch bei ihrer Verfolgung auf einen bestimmten Mitteleinsatz verwiesen bleibt: Auf freien Märkten sind nur *marktkonforme* wirtschaftspolitische Eingriffe erlaubt. Das bedeutet, der Staat darf die Marktprozesse, insbesondere die Marktpreisbildung, nicht ausschalten, sondern sich ihrer nur bedienen. Durch Änderung gesamtwirtschaftlicher Daten (Steuersystem, Außenhandelsregelungen usw.), die auf die einzelwirtschaftlichen Plandaten „durchschlägt", sucht er indirekt das an diesen Daten ausgerichtete Verhalten der Wirtschaftssubjekte zu beeinflussen.

Auf *gelenkten* Märkten greift der Staat im Gegensatz dazu direkt (*marktkonträr*) ein.

Wünscht er aus sozialpolitischen Gründen z. B. für bestimmte Lebensmittel tiefere Preise, so kann er auf dem gelenkten Markt Höchstpreise verordnen und unter Strafandrohung versuchen, diese durchzusetzen. Auf dem freien Markt dagegen würde er marktkonform (z. B. durch zusätzliches Angebot aus staatlichen Beständen, Importerleichterungen u. dgl.) einwirken.

Gelenkte Märkte sind häufig auch geschlossen oder nur beschränkt offen. Offensichtlich läßt sich nämlich eine Regulierung ökonomischer Größen (z. B. von Preisen) auf einem geschlossenen Markt leichter durchsetzen als auf einem Markt mit freiem Zutritt. Der Markt für Fernverkehrsleistungen in der Bundesrepublik Deutschland kann als ein Beispiel für einen Markt gelten, der für Anbieter nur beschränkt offen ist und der zugleich gelenkt wird.

An diesem Punkt theoretischer Betrachtung berühren sich die Lehre von den Marktformen und die von den Wirtschaftssystemen (vgl. Bd. I, § 15). Zunehmende Marktlenkung ändert zweifellos die Qualität der marktwirtschaftlichen Ordnung. Würden alle ökonomischen Entscheidungen formal und materiell von öffentlichen Instanzen, dem „Staat" also, gefällt, so gäbe es nur noch ein Wirtschaftssubjekt, und es hätte keinen Sinn mehr, von Märkten zu sprechen. Nach unserem Verständnis liegt dann eine zentralgeleitete Wirtschaft vor.

Damit hat die Erörterung einen wesentlichen Punkt erreicht: Wir können das theoretische Konzept des „Marktes" – insbesondere den gedanklichen Grenzfall, dessen sich die Theorie mit Vorliebe bedient, um gewisse Prinzipien klar hervortreten zu lassen – eindeutig beschreiben, ohne bereits eine Aussage über das Verhalten der Marktteilnehmer machen zu müssen.

Die bisher genannten Marktcharakteristika zusammenfassend, bezeichnen wir einen freien, offenen und vollkommenen Markt als *Normalmarkt*, weil die mikroökonomische Theorie meist diesen reinen Grenzfall als maßgebendes Marktmodell entwickelt.

e) Zahl, Verhalten und Ziele der Marktteilnehmer

Die gedankliche Konstruktion von Märkten, wie sie die Volkswirtschaftstheorie vornimmt, steht in engem Zusammenhang mit der von ihr so bevorzugten Preistheorie. Preise und andere Marktvariablen, insb. die umgesetzten Mengen, kommen nicht zustande wie Naturvorgänge, sondern bilden und verändern sich als Resultat der einzelwirtschaftlichen Dispositionen, des Verhaltens der jeweiligen Marktteilnehmer. Die bisher betrachteten Marktkriterien beschreiben nämlich genau gesehen nur die Voraussetzungen für das, was Märkte entscheidend kennzeichnet. Die Wirtschaftssubjekte handeln auf Märkten in Ansehung der diese charakterisierenden Faktoren; letztere stecken sozusagen den Rahmen ab für das Wirken der eigentlich ausschlaggebenden „Kräfte", die Marktteilnehmer selbst. Ihre Zahl und ihre Verhaltensweisen sind die wesentlichen Kriterien.

Die Zahl der Marktteilnehmer wird oft als Kriterium des morphologischen Ansatzes („Marktmorphologie": Lehre von der „Gestalt" des Marktes, der *Marktstruktur*) verwendet. Die derart gekennzeichnete Marktstruktur und die *Verhaltensweisen der Marktteilnehmer* werden in bestimmter Weise systematisiert; diese Systematik, die in § 16 ausführlich mitgeteilt wird, hat sich in der ökonomischen Literatur weitgehend durchgesetzt.

Morphologisch gesehen liegt ein Grenzfall vor, wenn nur ein Anbieter einem Nachfrager gegenübersteht (bilaterales Monopol). Einen anderen Grenzfall bildet der *atomistische Markt*, auf dem eine sehr große, oft sagt man, unendlich große Zahl von Anbietern einer ebenfalls großen Zahl von Nachfragern begegnet (bilaterales Polypol). Dieser atomistischen Marktstruktur entspricht im Hinblick auf das Kriterium ‚Verhaltensweisen' der Fall, bei dem Anbieter und Nachfrager durch ihre Dispositionen bestimmte Marktvariablen nicht verändern können. Es ist dabei hauptsächlich an den Verhaltens-Typ des *Mengenanpassers* zu denken, der durch eine Änderung seiner (angebotenen oder nachgefragten) Gütermenge keinen Einfluß auf den Preis des betreffenden Gutes auszuüben meint, weil sein Marktanteil zu geringfügig ist.

Ein *atomistischer Normalmarkt*, auf dem Anbieter und Nachfrager als Mengenanpasser handeln, soll *Idealmarkt* heißen.

So ergibt sich die folgende Systematik:

Vollständiger Markt (Keine Friktionen)			
	Vollkommener Markt (Vollständiger und homogener Markt)		
Homogener Markt (Keine Präferenzen)			
	Offener Markt (freier Zutritt)	*Normalmarkt* (Vollkommener, offener und freier Markt)	
	Freier Markt (Keiner materiellen Staatseingriffe)		
		Atomistischer Markt (Viele Anbieter und viele Nachfrager)	*Idealmarkt* (Atomistischer Normalmarkt mit Mengenanpassern)
		Markt nur mit Mengenanpassern	

An dieser Stelle sei der Leser mit Nachdruck vor dem Irrtum gewarnt, mit „ideal“, „normal“, „vollkommen“ usw. sollte mehr ausgesagt werden, als hier ausdrücklich geschah. „Ideal“ verweist auf die extreme Verwirklichung der Idee des Marktes, „normal“ auf die in der Theorie üblichsten Voraussetzungen für die Modellanalyse der Preisbildung, usw. Die Ausdrücke dienen lediglich dazu, Kriterien zusammenzufassen; sie sind zwar nicht willkürlich gewählt, doch ohne versteckte Bedeutung. Keinesfalls sind damit irgendwelche Werturteile bzw. normative Vorstellungen zu verbinden. Ob z. B. ein Markt „frei" *sein sollte*, ist eine Frage ganz anderer Art. Demgegenüber sind die Begriffe hier als technische Termini zu verwenden, die einen bestimmten, nicht immer dem Wortsinn zu entnehmenden Sachverhalt festlegen. Daher kann nur die Zweckmäßigkeit dieser Terminologie kritisiert werden.

Im nächsten Paragraphen werden Marktstruktur und Verhaltensweisen genauer betrachtet. Vorher sei kurz erläutert, warum die *Zielsetzungen* von Anbietern und Nachfragern dort nicht näher besprochen werden. Sie in die Marktcharakteristik einzubeziehen, wäre möglich und in gewissem Sinne folgerichtig, ist aber in der Literatur nicht üblich und würde zudem das hier vorgeführte Modell noch unhandlicher machen. Daher sei hilfsweise auf andere Stellen dieses Bandes verwiesen: Die Zielsetzungen der Unternehmungen wurden in § 9, Ziff. 2 gestreift, die Zielsetzungen der Haushalte in § 2, Ziff. 5.

§ 16 Struktur des Marktes und Verhaltensweisen der Marktteilnehmer

1. Struktur des Marktes (Marktform)

Nicht nur die konkreten Märkte, sondern auch die Marktmodelle der Theorie sind nach verschiedenen Kriterien bestimmbar. Die *Marktstruktur* kann, wie in § 15 angeführt, durch eine ganze Reihe von Marktcharakteristika, etwa durch die Zahl der Marktteilnehmer, durch den Grad der Freiheit des Marktes, durch die Möglichkeit des Marktzutritts usw., beschrieben werden. Überwiegend faßt die Preistheorie den Begriff „Struktur" allerdings enger und verbindet ihn mit „Morphologie" (vgl. § 15, Ziff. 2e). Struktur in diesem Sinne wird gekennzeichnet durch *Zahl* und *relative Größe* der Marktteilnehmer auf der Angebots- und Nachfrageseite. Mit Hilfe beider Kriterien gewinnt man marktmorphologische Schemata, die eine systematische Analyse vor allem der Marktpreisbildung vorbereiten.

Wird angenommen, die Anbieter seien gleich groß (Symmetrieannahme) und dies gelte ebenso für die Nachfrager, so kann die relative Größe der Marktteilnehmer auf jeder Marktseite als Kehrwert ihrer jeweiligen Anzahl bestimmt werden; dabei wird die relative Größe des einzelnen Marktteilnehmers durch seinen Marktanteil gemessen.

Die skizzierte Symmetrieannahme ist notwendige Voraussetzung für eine Klassifikation beider Marktseiten, wie *Heinrich von Stackelberg* sie vorgenommen hat (Grundzüge der theoretischen Volkswirtschaftslehre, 1943; Marktform und Gleichgewicht, 1934). In seiner Einteilung bildet er nach der Menge der Marktteilnehmer drei Klassen: „einer“ (monos) – „wenige“ (oligoi) – „viele“ (polloi).

Wird die Symmetrieannahme aufgegeben, vergrößert sich die Zahl der Klassen. Größere Bedeutung hat jene Gruppierung erlangt, die neben den Klassen „ein Großer“ – „wenige Mittlere“ – „viele Kleine“ auch asymmetrische Kombinationen, nämlich „ein Großer“ und „viele Kleine“, sowie „wenige Mittlere“ und „viele Kleine“ umfaßt. Ein derart erweitertes Schema, das zu fünfundzwanzig Marktformen führt, geht auf *Walter Eucken* zurück (Die Grundlagen der Nationalökonomie, 1940).

Abb. 58 zeigt das einfache, Abb. 59 das erweiterte Schema. Dabei bedienen wir uns allerdings nicht genau der Terminologie von

Nachfrager / Anbieter	einer	wenige	viele
einer	bilaterales Monopol	beschränktes Monopol	Monopol
wenige	beschränktes Monopson	bilaterales Oligopol	Oligopol
viele	Monopson	Oligopson	(bilaterales) Polypol

Abb. 58 Einfaches Marktformenschema

Anbieter \ Nachfrager	ein Großer	viele Kleine, ein Großer	wenige Mittlere	viele Kleine, wenige Mittlere	viele Kleine
ein Großer	Monopol/ Monopson (Bilaterales Monopol)	Teilmonopsonistisch beschränktes Monopol	Oligopsonistisch beschränktes Monopol	Teiloligopsonistisch beschränktes Monopol	Monopol
viele Kleine, ein Großer	Teilmonopolistisch beschränktes Monopson	Teilmonopol/ Teilmonopson (Bilaterales Teilmonopol)	Oligopsonistisch beschränktes Teilmonopol	Teiloligopsonistisch beschränktes Teilmonopol	Teilmonopol
wenige Mittlere	Oligopolistisch beschränktes Monopson	Oligopolistisch beschränktes Teilmonopson	Bilaterales Oligopol	Teiloligopsonistisch beschränktes Oligopol	Oligopol
viele Kleine, wenige Mittlere	Teiloligopolistisch beschränktes Monopson	Teiloligopolistisch beschränktes Teilmonopson	Teiloligopolistisch beschränktes Oligopson	Bilaterales Teiloligopol	Teiloligopol
viele Kleine	Monopson	Teilmonopson	Oligopson	Teiloligopson	Polypol/Polypson (Bilaterales Polypol)

Abb. 59. Erweitertes Marktformenschema

Eucken und von Stackelberg, sondern schließen uns der von *Alfred Ott* (Grundzüge der Preistheorie, 1968) an.

Wie „monos", „oligoi" und „polloi", sind die Begriffe „polein" und „opsonein" griechisch. „Polein" bedeutet „verkaufen", „opsonein" „kaufen". Demnach ist z. B. das Oligopol eine durch wenige Verkäufer charakterisierte Form des Angebots.

Statt „bilateral" findet sich in der Literatur gelegentlich auch die Bezeichnung „zweiseitig".

Schließlich nennen manche Autoren, so auch Eucken, das Polypol „Konkurrenz". Dies ist eine offensichtlich zu enge Fassung des Konkurrenzbegriffs. Die angeführten Marktformen-Schemata können mit dem Kriterium der Vollkommenheit bzw. Unvollkommenheit eines Marktes kombiniert werden. Man hätte dann z. B. zwischen einem Polypol auf dem vollkommenen Markt und einem Polypol auf dem unvollkommenen Markt zu unterscheiden.

Der Erklärungswert morphologischer Marktschemata wird nach dem nächsten Abschnitt zu beurteilen sein, wenn die Systematik der Marktverhaltensweisen abgehandelt worden ist.

2. Verhaltensweisen der Marktteilnehmer

Marktteilnehmer verhalten sich in Hinsicht auf ihre jeweiligen Ziele. Eine der grundlegenden Annahmen der Wirtschaftstheorie ist, dieses Verhalten als „rational" in dem Sinne aufzufassen, daß die Mittel, über die das Wirtschaftssubjekt verfügen kann, von diesem zieloptimal eingesetzt werden (vgl. Bd. I, § 2 Ziff. 3). Durch Ausschluß irrationalen (z. B. rein emotionellen) Verhaltens läßt sich das wirtschaftliche Handeln eindeutig klassifizieren, „verstehen" und unter der Annahme bestimmter Bedingungen exakt prognostizieren. Dies wird erkauft mit dem Nachteil, nichtrationale Verhaltensweisen, die es in der Realität ebenso gibt, nicht adäquat erfassen zu können.

Die verhaltensorientierte Betrachtungsweise des Marktes hat sich erst in den letzten vierzig Jahren, in der Volkswirtschaftslehre vor allem inspiriert durch die Arbeiten von *Ragnar Frisch* und *Erich Schneider*, entfaltet. Die Preistheorie ist damit auf dem Weg zu einer Theorie von empirischem Gehalt einen weiteren Schritt vorwärts gelangt. Bei der Systematik der rationalen Verhaltensweisen von Marktteilnehmern beschränken wir uns im folgenden auf die Angebotsseite. Das Gesagte gilt für die Nachfrage entsprechend.

Grundsätzlich ist zu unterscheiden zwischen Kampf- und Verhandlungsstrategie einerseits und wirtschaftsfriedlichem Verhalten von Anbietern andererseits. Wer sich wirtschaftsfriedlich verhält, anerkennt die jeweilige Marktform und den davon geprägten Ablauf des Marktgeschehens (Ott). Dagegen stellt die *Kampf- und Verhandlungsstrategie* häufig die bestehende Marktform überhaupt in Frage: Etwa kann ein Anbieter einen Mitbewerber unter Einsatz politischer Macht, z. B. durch Einflußnahme auf die Gesetzgebung, vom Markt vertreiben oder ihn vom Markt fernhalten; es kann, um ein anderes Beispiel zu wählen, der Marktverkehr durch Boykott lahmgelegt werden. In der Verhandlungsstrategie und -taktik spielen u. U. Drohung, Bluff u. dgl. eine Rolle. Für die Analyse dieser Verhaltensweisen hat die von *Neumann* und *Morgenstern* entwickelte – und bereits erwähnte – Theorie der strategischen Spiele eine gewisse Bedeutung. Darauf kann hier nicht näher eingegangen werden. Wir konzentrieren uns im weiteren auf die wirtschaftsfriedlichen Verhaltensweisen von Anbietern.

Zur Charakterisierung *wirtschaftsfriedlichen Verhaltens* klassifizieren wir die in den Wirtschaftsplan des Anbieters eingehenden Größen nach *Plandaten*, *Aktionsparametern* und *Erwartungsparametern* (vgl. § 9, Ziff. 3).

Durchleuchtet man die Wirtschaftspläne in dieser Weise, sind preistheoretisch drei Verhaltensfiguren zu unterscheiden: Optionsfixierer bzw. -empfänger, Preisfixierer und Mengenfixierer.

Der *Optionsfixierer* betrachtet Preis und angebotene Menge gleichzeitg als Aktionsparameter. Er überläßt der Marktgegenseite, dem Optionsempfänger, nur die Wahl der Annahme oder Ablehnung.

Für den *Preisfixierer* ist Plandatum seine Vorstellung, die er von den realisierbaren Preis-Mengen-Kombinationen hat (*konjekturale Preis-Absatz-Funktion*), Aktionsparameter ist für ihn der Preis und Erwartungsparameter die Menge (vgl. Abb. 60).

Für den *Mengenfixierer* ist die konjekturale Preis-Absatz-Funktion ebenfalls Plandatum, dagegen die Menge Aktionsparameter und der Preis Erwartungsparameter (vgl. Abb. 60).

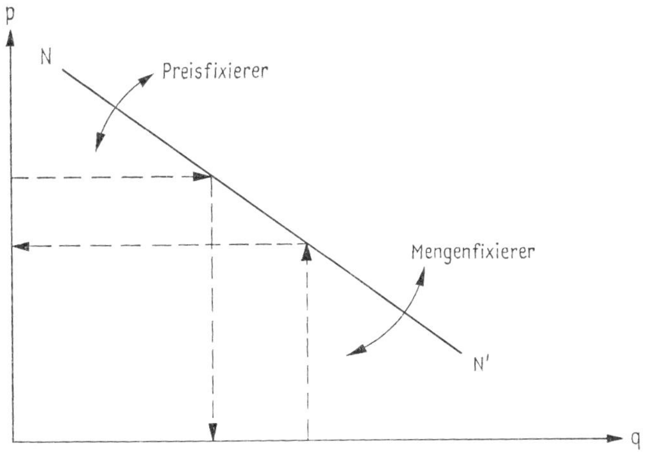

Abb. 60

Preisfixierer und Mengenfixierer können sich (a) als *Monopolist* und (b) als *Konkurrenten* verhalten. Ein Anbieter verhält sich monopolistisch, wenn er annimmt, daß sein Erwartungsparameter allein von seinem Aktionsparameter und von der Reaktion der Marktgegenseite (der Nachfrage) abhängt. Konkurrenzverhalten liegt dagegen dann vor, wenn der Anbieter annimmt, daß sein Erwartungsparameter nicht nur von seinem Aktionsparameter und der Reaktion der Nachfrage abhängt, sondern auch von den Aktionsparametern anderer Anbieter.

Das Konkurrenzverhalten der Anbieter gliedert sich wiederum in (aa) *oligopolistisches* und (bb) *polypolistisches* Verhalten. Bei oligopolistischem Verhalten rechnet der Anbieter damit, daß die Konkurrenten auf eine Änderung seines jeweiligen Aktionsparameters durch Variation ihres Aktionsparameters reagieren (z. B. einer Preissenkung folgen oder ihr mit verstärkter Werbung begegnen), bei polypolistischem Verhalten fehlt eine solche Erwartung.

Ein Grenzfall polypolistischer Verhaltensweise liegt vor, wenn der Anbieter damit rechnet, daß er zum gegebenen Marktpreis, den er wegen seines geringen Marktanteils nicht verbindlich für alle Marktteilnehmer verändern kann, jede beliebige Menge absetzen könnte, d. h. wenn in einem Diagramm die konjekturale Preis-Absatz-Funktion NN′ parallel zur Mengenachse verläuft (vgl. Abb. 61). In diesem Fall verhält sich der Anbieter als *Mengenanpasser*, er paßt sich mit seinem mengenmäßigen Angebot dem gegebenen Marktpreis an.

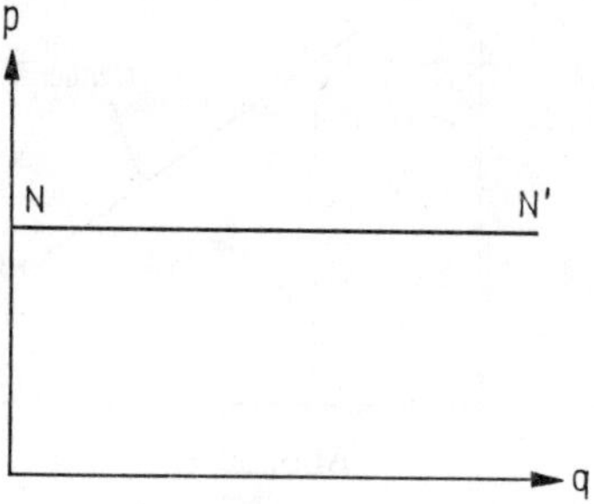

Abb. 61

Wie man sieht, sprechen wir jetzt nur vom Verhalten der Anbieter im Sinne ihrer Planung, ihrer subjektiven Ansicht über die Marktverhältnisse, einschließlich des erwarteten Nachfrageverhaltens. Trotz gleicher Begriffsbildung ist jetzt mit ‘monopolistisch’, ‘oligopolistisch’ und ‘polypolistisch’ nicht die objektiv gegebene Marktstruktur gemeint, die weiter vorn mit den Ausdrücken ‘Monopol’, ‘Oligopol’ und ‘Polypol’ belegt wurde. Der Gleichklang der Worte darf den hier beabsichtigten Doppelsinn nicht verwischen. Mit der Beziehung zwischen Morphologie und Verhaltensweise wird sich der nächste Gliederungspunkt beschäftigen.

Erneut sei schließlich hervorgehoben, daß sich diese Systematik analog für die Marktnachfrage bilden läßt. Beispielweise verhält sich ein Mengenfixierer oligopsonistisch, wenn er meint, der Preis, den er zu zahlen hat (Erwartungsparameter) hängt ab von seiner Nachfragemenge (Aktionsparameter), von der Menge, welche andere Nachfrager wünschen und schließlich von der Reaktion der Anbieter. Dabei unterstellt er, daß seine Mengenvariation die Nachfragekonkurrenten ebenfalls zu Mengenänderungen veranlaßt. Plandatum ist hier eine konjekturale Preis-*Angebots*-Funktion.

Im entwickelten Verhaltensschema ließen sich noch weitere Größen, z. B. gleichzeitig Preise *und* Mengen der Konkurrenten, berücksichtigen. Doch soll es damit sein Bewenden haben, wie denn überhaupt jeder Versuch einer Klassifikation in gewissem Maße willkürlich ist. Denkbar sind andere Klassifizierungskriterien und damit andere Schemata; denkbar sind aber auch Ergänzungen der hier vorgenommenen Systematisierung um weitere Verhaltensweisen, z. B. um die von *Frisch* beschriebene Verhaltensweise der stochastischen Preisanpassung. In diesem einführenden Lehrbuch ist es gerechtfertigt, sich auf die erläuterten Verhaltensweisen zu beschränken.

3. Beziehungen zwischen Struktur und Verhalten

Mit der Entwicklung der verhaltensorientierten Ansätze, die eine Alternative zu den morphologischen Betrachtungen des Marktes darstellen, trat die Frage auf, ob morphologische oder Verhaltens-Faktoren wichtiger für die Preisbildung sind. Die eine Richtung sieht in den Verhaltensweisen der auf Märkten agierenden Wirtschaftssubjekte die dominierende Einflußgröße, wohingegen die andere betont, die Verhaltensweisen seien weitgehend durch die Marktmorphologie bestimmt, diese böte daher den wesentlichen Zugang.

In der Beurteilung dieser Frage schwankt die Literatur. Gegenwärtig sind die Volkswirte geneigt, der Marktstruktur wieder größere Bedeutung zuzusprechen, während noch vor zehn bis zwanzig Jahren die Verhaltensweisen ganz im Vordergrund standen.

Tatsächlich ist Wirtschaften immer menschliches Verhalten; morphologische Elemente können also nur *durch* die Verhaltensweisen Marktwirkungen zeitigen. Dabei ist generell zu beobachten, wie einerseits das Verhalten von Anbietern nicht notwendig und eindeutig durch die Marktstruktur bestimmt ist, es andererseits aber auch nicht einfach unabhängig von dieser gesehen werden darf. So ist etwa die Zahl der Anbieter bzw. der Nachfrager lediglich *ein* Bestimmungsgrund des Verhaltens unter mehreren. Hier wird eine Analogie zur Güterlehre erkennbar: Physisch gleichartige Güter müssen nicht als homogen angesehen werden, andererseits ist die Heterogenität bzw. Homogenität als Ausdruck der Meinung der Marktteilnehmer nicht unabhängig von der physischen Gutsbeschaffenheit. In diesen Beziehungen gibt es aber deutliche Abstufungen. Insbesondere in den Grenzfällen der Marktstruktur ist die Verbindung mit einer bestimmten Verhaltensweise notwendig sehr eng: Ein, morphologisch gesehen, atomistischer Anbieter wird sich rationalerweise als Mengenanpasser verhalten müssen, weil er sich sonst auf dem Markt nicht halten kann; ein Monopolist im Sinne der Morphologie dürfte sich auch monopolistisch verhalten, soweit oder sobald er sich über seine souveräne Marktposition im klaren ist.

Für die erklärende Analyse ist eine so enge Beziehung selbstverständlich günstig, weil sich im konkreten Fall die Zahl der Marktteilnehmer, z. B. beim Treibstoffangebot innerhalb eines Landes, relativ leicht feststellen läßt.

Für die zwischen den Extremen des atomistischen und des monopolistischen Marktes liegenden Konstellationen von Marktstrukturen, welche das Bild der Realität überwiegend bestimmen, ist das Verhalten allerdings nicht so schlüssig aus der Teilnehmerzahl herzuleiten. Es kommen eben eine Reihe zusätzlicher Einflüsse auf die Verhaltensweise ins Spiel.

Ein spezielleres Argument gegen die strikte Trennung von morphologischen und verhaltenstheoretischen Betrachtungsweisen liegt darin, daß es unmöglich ist, „rein" morphologisch zu definieren, wieviel „Wenige" und „Viele", was „Große" und „Kleine" genau sind. Es überrascht daher nicht, wenn auch in der morphologisch ausgerichteten Literatur in diesem Zusammenhang stets das Marktverhalten mit herangezogen wird.

Als Quintessenz bleibt: Beide Zugänge müssen beachtet werden. Die Verhaltensweisen haben direkte Relevanz für die Phänomene der Preisbildung; die Marktstruktur dagegen wirkt indirekt, „über und durch“ das Verhalten.

4. Markt, Konkurrenz, Wettbewerb

Die Begriffe „Markt“, „Konkurrenz“ und „Wettbewerb“ werden in der Literatur sehr unterschiedlich interpretiert und in Unterbegriffe unterteilt; sie werden von den einzelnen Autoren oft in ganz verschiedenen sachlichen Zusammenhängen gebraucht. Dies gilt ebenso für ihre Attribute, wie vollkommen, vollständig, rein, usw. Emtsprechend unterscheiden, überschneiden oder decken sich je nach vorgenommener Abgrenzung Markt-, Konkurrenz- und Wettbewerbstheorie.

Dieser Sachverhalt ist in zweierlei Hinsicht zu beachten. Einmal kann man die einzelnen Autoren mit ihren Definitionen heranziehen und Übereinstimmungen bei abweichender Nomenklatur sowie sachliche Abweichungen bei gleicher Ausdrucksweise registrieren und systematisieren. Dies wäre eine allzu lehrgeschichtliche Betrachtungsweise und wird deshalb im folgenden nur angedeutet. Der zweite Weg, den wir hier ganz überwiegend einschlagen, besteht darin, das sachlich Mitzuteilende in eine einheitliche, dadurch aber auch zum Teil von der einschlägigen Literatur abweichende Terminologie zu kleiden. Wir waren und sind dabei bemüht, soweit es die logische Konsistenz erlaubt, auf Originalität zu verzichten und uns der vorherrschenden Fassung dieser Begriffe und Beziehungen anzuschließen.

Beim Marktbegriff (vgl. § 15, Ziff. 1) handelt es sich um einen Terminus, der das Geflecht ökonomischer Beziehungen schwerlich hinreichend kennzeichnet, das zwischen den Wirtschaftssubjekten beider Marktseiten besteht bzw. gedacht werden kann. Die Marktvorstellung ist offensichtlich sehr umfassend und wird bei Bedarf, namentlich im Hinblick auf die Abgrenzung verschiedener Märkte voneinander, durch Rückgriff auf bestimmte Marktmerkmale (Kriterien), wie etwa die Dichte der Substitutionsbeziehungen, weiter zu präzisieren sein. Das führt zur Frage nach der geeigneten Marktabgrenzung (Bestimmung des für die Analyse relevanten Marktes), wie sie gerade für praktische ökonomische Untersuchungen von besonderer Bedeutung ist.

„*Konkurrenz*" bezeichnet ökonomische Beziehungen wirtschaftsfriedlicher Art zwischen mehreren (mindestens zwei) Wirtschaftssubjekten der gleichen Marktseite (Angebot oder Nachfrage). Gemäß dieser Terminologie ist Konkurrenz die Bezeichnung für eine Reihe von Verhaltensweisen, bei denen die Beteiligten in antagonistischer, nicht kooperativer Beziehung zueinander stehen.

„*Wettbewerb*" soll hier nicht definiert werden; wir wollen die Probleme dieses Begriffs erst im Kap. VI ausführlicher diskutieren. An dieser Stelle sei aber vermerkt, daß Wettbewerb durchaus mit Konkurrenz identifiziert werden könnte. Auch wir haben das in Band I beiläufig getan. Die Begriffe wären dann – wie es vielfach in der Literatur geschieht – synonym zu gebrauchen. In diesem Fall könnte auf eine der beiden Bezeichnungen durchaus verzichtet werden.

Ohne Anspruch auf Systematik oder Vollständigkeit wollen wir nun noch einen Blick auf einige der hier meinungsbildenden Literaturbeiträge werfen; so treten wichtige Aspekte des vorliegenden Problemkreises deutlicher hervor.

Konkurrenz liegt also vor, wenn zumindest zwei Wirtschaftssubjekte der gleichen Marktseite versuchen, mit den Wirtschaftssubjekten der Marktgegenseite unter Ausschluß des jeweils anderen zu kontrahieren.

Stackelberg prägte den Begriff der *vollständigen Konkurrenz*. Dieser Konkurrenztyp fußt auf drei Kriterien, die wiederum eine Anzahl von Marktcharakteristika zum Inhalt haben. In seiner Terminologie:

– Das Prinzip der *Preisunabhängigkeit*: Der Marktpreis muß im Falle der vollständigen Konkurrenz vom Angebot des einzelnen Anbieters bzw. von der Nachfrage des einzelnen Nachfragers unabhängig sein. Dieses Prinzip ist zumeist dann erfüllt, wenn es viele kleine Anbieter und viele kleine Nachfrager gibt (bilaterales Polypol).

- Das Prinzip der *Unterschiedslosigkeit* der Preise: Dieses von *Jevons* erstmals formulierte Prinzip besagt, daß für alle Anbieter und Nachfrager auf einem Markt der Preis gleich ist. Auf einem vollkommenen Markt, d. h. einem Markt, auf dem keine Präferenzen und Friktionen vorliegen, ist dieses Prinzip bei rationalem Verhalten der Marktteilnehmer immer erfüllt.
- Das Prinzip der *Freiheit des Tausches:* Nur wenn übergeordnete Instanzen (z. B. der Staat) nicht in die Preisbildung eingreifen, ist Freiheit des Tausches gewährleistet. Das Prinzip ist also mit dem Charakteristikum „Freiheit des Marktes“ identisch.

Ist eines dieser Prinzipien verletzt, d. h. ist eines der angeführten Marktcharakteristika nicht gegeben, liegt nach Stackelberg *unvollständige Konkurrenz* vor.

Der von *Chamberlin* (The Theory of Monopolistic Competition, 1933) geprägte Begriff der *reinen Konkurrenz* („pure competition“) stellt ab auf polypolistische Angebots- und Nachfragestrukturen, das Fehlen von Präferenzen, vollständige Markttransparenz sowie Freiheit des Marktzutritts und der Preisbildung. Abweichungen von diesen Bedingungen führen zu *monopolistischer Konkurrenz* („monopolistic competition“). Die genannten Konkurrenztypen bauen in erster Linie auf marktstrukturellen Merkmalen auf. Es muß hierzu aber bemerkt werden, daß die anglo-amerikanischen Autoren den von vielen deutschen Verfassern gezogenen Trennstrich zwischen Marktstruktur und Marktverhalten in dieser Schärfe nicht ziehen.

Kurz sei auch der von *Triffin* (Monopolistic Competition and General Equilibrium Theory, 1940) geprägte Begriff der *homogenen Konkurrenz* erwähnt. Homogene Konkurrenz liegt nach Triffin dann vor, wenn der Koeffizient, der die relative Absatzänderung eines Anbieters im Verhältnis zu der sie bewirkenden relativen Preisänderung eines anderen Anbieters mißt (sog. Triffinscher Koeffizient), den Wert unendlich annimmt. Bei endlichen Werten dieses Koeffizienten, der starke Ähnlichkeit mit der Kreuzpreiselastizität aufweist, spricht Triffin von *heterogener Konkurrenz.*

Die Analyse der auf Märkten bestehenden oder denkbaren Konkurrenzbeziehungen setzt eine klare Abgrenzung der jeweiligen Märkte voraus. Bei der Betrachtung von Märkten heterogener Güter, wie sie für die Realität typisch sind, wird jedoch die Guts- und damit die Marktabgrenzung zu einem Problem.

Die sich teilweise nur in Nuancen voneinander unterscheidenden Güter bilden nämlich in ihrer Gesamtheit eine Kette von Substituten („Chain of Substitution"). Jeder Anbieter bietet zwar ein im strengen Sinne durchaus individuelles Gut an, aber es steht in mehr oder weniger enger Substitutionsbeziehung zu den Gütern der anderen Anbieter.

Zwei Möglichkeiten zur näheren Konkretisierung des Marktes bieten sich zunächst an: 1. Stete Verkleinerung des heterogenen Marktes und damit Reduzierung der Unvollkommenheitsfaktoren solange, bis sich letztlich ein homogener bzw. vollkommener *Elementarmarkt* (von Stackelberg) ergibt. Der heterogene Markt ist dann die Summe der jeweiligen Elementarmärkte. 2. Anwendung des *Substitutionslückenkonzepts* von *J. Robinson* (The Economics of Imperfect Competition, 1933). Diesem Konzept liegt die Vorstellung zugrunde, daß die Kette der Substitutionsgüter nicht ununterbrochen gedacht werden kann, sondern Lücken zeigt. Auf diese Weise lassen sich alle diejenigen Güter einem Markt zurechnen, die nicht durch eine derartige Lücke voneinander getrennt sind.

Trotz ihrer vermeintlichen analytischen Klarheit treffen beide Ansätze auf nicht unerhebliche Schwierigkeiten bei der praktischen Anwendung. So könnte es sich z. B. durchaus als notwendig erweisen, bei der Abgrenzung eines vollkommenen Elementarmarktes nur das Produkt eines einzigen Anbieters zu berücksichtigen, weil sich alle anderen Konkurrenzgüter von diesem mehr oder weniger stark unterscheiden. Das führt im Extremfall dazu, daß für jedes von einem Unternehmen angebotene Gut ein spezifischer Elementarmarkt besteht. Die Anwendung dieses Konzeptes erscheint deshalb wenig praktikabel. Aber auch beim Substitutionslückenkonzept ergeben sich erhebliche Schwierigkeiten. Ob weiße und braune Schokolade enge Substitute sind oder nicht, hängt von den jeweiligen (subjektiven) Präferenzen der Nachfrager ab. Die im Sinne J. Robinsons zu bildenden Substitutionslücken können daher bei den einzelnen Wirtschaftssubjekten stark differieren. Dann aber ist auch hier eine voll befriedigende, praktikable Marktabgrenzung kaum möglich.

Triffin geht sogar soweit, das gesamte Marktkonzept mit seinen aggregierten Angebots- und Nachfragekurven überhaupt in Frage zu stellen. Mit Hilfe des Koeffizienten

$$t_{q_i/p_j} = \frac{dq_i}{q_i} : \frac{dp_j}{p_j}$$

mißt er die relative mengenmäßige Änderung beim Anbieter i, die durch eine relative Preisänderung des Anbieters j ausgelöst wurde. Triffin versucht also, auf diese Weise das Konkurrenzverhältnis zwischen zwei Wirtschaftssubjekten zu erfassen. Drei charakteristische Fälle lassen sich dabei unterscheiden:

$t = 0$	Es besteht keine Konkurrenzbeziehung zwischen den Anbietern. Jeder ist in bezug auf den anderen ein Monopolist („isolierter Verkauf", „reines Monopol").
$0 < t < \infty$	Es liegt eine Konkurrenzbeziehung vor („heterogene Konkurrenz").
$t = \infty$	In diesem Grenzfall ist der Grad der Konkurrenzintensität am größten („homogene Konkurrenz"). Eine Preissenkung des Anbieters j bewirkt, daß Konkurrent i seinen gesamten Absatz verliert. Umgekehrt würde bei einer nur geringen Preiserhöhung durch j dessen Absatz voll i zufallen.

Indem Triffin primär die zwischen *einzelnen* Unternehmen bestehenden Beziehungen untersucht, tritt das Denken in Marktmodellen in den Hintergrund. Bei der Erfassung der Konkurrenzbeziehungen zwischen Anbietern könnte somit auf den Marktbegriff überhaupt verzichtet werden. Wie sich andererseits jedoch zeigen läßt, ist der *Triffinsche Koeffizient* in seiner Höhe abhängig von Zahl und Größe der ein gleiches oder ähnliches Gut anbietenden Konkurrenten und damit letztlich auch von den Marktbedingungen im herkömmlichen Sinne.

In den folgenden Paragraphen werden lediglich einige Typen von Marktmodellen ausgewählt, um zu zeigen, wie sich der Marktpreis bildet und verändern kann. Vor allem sollen der ‚Idealmarkt' und das ‚Monopol' herangezogen werden; sie lassen das Prinzipielle am besten erkennen. Lediglich kürzere Ausführungen werden dann einigen Zwischenformen gewidmet. Die Darlegung der Preistheorie endet mit einem Ausblick auf dynamische Probleme.

§ 17 Angebot und Preisbildung auf dem Idealmarkt

1. Individuelle Angebotsfunktion

Es sei vorweg noch einmal an die Definition des Idealmarktes erinnert. Bei diesem Modellmarkt handelt es sich um einen vollkommenen, offenen und freien Markt mit atomistischer Struktur, d. h. mit sehr vielen kleinen Marktteilnehmern, die sich als Mengenanpasser verhalten (vgl. § 15, Ziff. 2e).

Im vorliegenden Paragraphen soll das Gleichgewicht, insbesondere der Gleichgewichtspreis dieser Marktform, bestimmt werden. Sie bildet das Gegenstück zum Monopol, dem anderen Grenzfall. Seine preistheoretische Analyse erfolgt anschließend (vgl. § 18).

Die Aufgabe besteht zunächst darin, in einem ersten Schritt die Angebotskurve eines einzelnen Unternehmens abzuleiten. Das geschieht hier unter der Annahme der *Gewinnmaximierung*. Die Anbieter sind also bestrebt, einen *Gewinn*, das ist die positive Differenz zwischen *Umsatz* (= Erlös) und *Kosten*, zu erwirtschaften, der so groß wie möglich sein soll. Ist die individuelle Angebotskurve bestimmt, kann durch Aggregation der Einzelangebotskurven die Gesamtangebotskurve auf einem Markt konstruiert werden. Die Hinzunahme der aggregierten Nachfrage ermöglicht es schließlich, das Marktgleichgewicht (Gleichgewichtspreis und Gleichgewichtsmenge) zu ermitteln.

Für ein Unternehmen, das sein Gut auf einem Idealmarkt absetzt, sind bei gegebener Produktionstechnik, gegebener Ausstattung des Betriebes mit Produktionsfaktoren und bei gegebenen Faktorpreisen die jeweiligen Kosten bestimmt, zu denen alternative Mengen produziert werden können. Der von der Produktmenge abhängige Verlauf der Kostenkurve wurde bereits entwickelt (vgl. § 13). Es sei, ausgehend von einer Ein-Produkt-Unternehmung, unterstellt, daß in der betrachteten Periode die Produktionsmenge gleich der Absatzmenge ist. Von Lagerbestandsveränderungen wird also abgesehen.

Unter den Bedingungen des Idealmarktes ist für das betrachtete Unternehmen der Marktpreis gegeben. Aktionsparameter ist die Menge, mit der sich die Unternehmung so an die Marktbedingungen anpaßt, daß das Planziel, die Gewinnmaximierung, erreicht wird (Verhalten als Mengenanpasser).

Die Bestimmung der gewinnmaximalen Ausbringungsmenge erfordert eine nähere Analyse der Umsatz- und der Kostensituation der Unternehmung.

Der *Umsatz* U ist das Produkt aus Absatzmenge q und p, dem (beim Mengenanpasser) gleichbleibenden Preis je Einheit des Produkts ($U = q \cdot p$). Er verhält sich in diesem Fall direkt proportional zur Absatzmenge. In Abb. 62 veranschaulicht die Kurve $U = U(q)$ diesen Zusammenhang. Der Stückpreis p, der Umsatz pro Stück (*Durchschnittsumsatz* DU), also der Quotient aus Gesamtumsatz und Absatzmenge $\frac{U}{q}$, bleibt bei jeder Menge unverändert und entspricht dem Tangens des Winkels α. Die Durchschnittsumsatzkurve $DU = DU(q)$ verläuft in Höhe des gegebenen Preises parallel zur Mengenachse. Auch der *Grenz-*

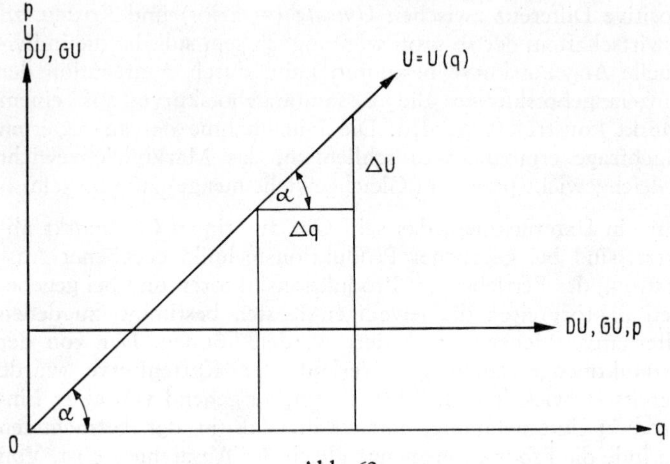

Abb. 62

umsatz GU $= \frac{dU}{dq}$, als Steigung der U-Kurve hier ebenfalls zu messen am Tangens des Winkels α, verhält sich invariabel zur Absatzmenge und ist gleich dem Preis. Preiskurve, Grenzumsatz- und Durchschnittsumsatzkurve fallen also zusammen.

$$\text{tg}\,\alpha = \frac{\Delta U}{\Delta q} = \frac{dU}{dq} = \frac{U}{q} = p = \text{konstant}$$

Notwendige Bedingung für die Bestimmung der gewinnmaximalen (bzw. verlustminimalen) Angebotsmenge ist die Gleichheit von Grenzkosten und Grenzumsatz (= Preis des Gutes). Sind die Grenzkosten niedriger als der Grenzumsatz, ist also der *Grenzgewinn* GG $= \frac{dG}{dq}$ (der die Veränderung der Gewinnsumme bei Variation der abgesetzten Produktionsmenge um eine sehr kleine, genau genommen infinitesimale Einheit angibt) positiv, so kann auf dem Idealmarkt der Gesamtgewinn durch eine Steigerung der Absatzmenge noch erhöht werden, und zwar solange, bis Kosten- und Umsatzzuwächse gleich sind. Der

Grenzgewinn ist dann Null, der Gesamtgewinn hat sein Maximum erreicht. Sind die Grenzkosten größer als der Grenzumsatz und ist somit der Grenzgewinn negativ, wäre die Absatzmenge entsprechend zu verringern.

In mathematischer Formulierung: Zu maximieren ist die Differenz zwischen Periodenumsatz U und anfallenden Kosten K, also der Gewinn G:

$$G = U - K \stackrel{!}{=} \text{Max.}$$

Der Umsatz ist gleich dem Produkt aus Absatzmenge q und dem für den Mengenanpasser auf dem Idealmarkt gegebenen Marktpreis $\bar{p}$:

$$U = q \cdot \bar{p}$$

bzw. $U = U(q)$ bei gegebenem Preis

Die Kosten sind in ihrer Höhe ebenfalls eine Funktion der Produktmenge:

$$K = K(q)$$

Setzt man die beiden Funktionsgleichungen in die obige Definitionsgleichung $G = U - K$ ein, ergibt sich eine Funktion für den Gewinn mit der Absatzmenge als Argument:

$$G(q) = U(q) - K(q)$$

bzw. $G(q) = (q \cdot \bar{p}) - K(q)$

Zur mathematischen Bestimmung des Maximums dieser Funktion ist die 1. Ableitung gleich Null zu setzen:

$$\frac{dG}{dq} = \bar{p} - \frac{dK}{dq} = 0$$

Daraus folgt: $\bar{p} = \frac{dK}{dq}$

Im Gewinnmaximum muß der Preis (Grenzumsatz) also gleich den Grenzkosten sein.

Es sind Kostenverläufe denkbar, für die im relevanten Angebotsmengenbereich zwischen Null und voller Ausnutzung der Kapazität die Gleichheit von Preis und Grenzkosten für keine Absatzmenge gegeben ist. Steht z. B. der linearen Gesamtumsatzkurve eine ebenfalls lineare Gesamtkostenkurve ohne fixe Kosten gegenüber (vgl. § 13), die jedoch eine andere Steigung hat, so bestimmt sich die Angebotsmenge des Anbieters nach folgender Überlegung: Ist der konstante Grenzumsatz größer als die konstanten Grenzkosten, wird der Produzent seine Kapazitäten voll ausnutzen und die maximal mögliche Menge anbieten. Wegen des konstanten Grenzgewinns liegt das Gewinnmaximum an der Kapazitätsgrenze. Ist der Grenzumsatz kleiner als die Grenzkosten, wird die Produktion eingestellt.

Lineare Kostenverläufe sind bei bestimmten Ausstoßmengen sicherlich möglich, wahrscheinlich ist aber, daß die Kosten mit Annäherung an die Kapazitätsgrenze progressiv zunehmen. Bei den folgenden Überlegungen soll daher von nicht-linearen (z. B. ertragsgesetzlichen) Kostenverläufen ausgegangen werden.

Die oben abgeleiteten Bedingungen für die Maximierung des Periodengewinns veranschaulicht Abb. 63. Im oberen Teil der Abb. wird der linearen Umsatzkurve U(q) eine ertragsgesetzliche Kostenkurve K(q) mit Fixkosten FK in Höhe von ON gegenübergestellt. Als Differenz zwischen Umsatz- und Kostenkurve wird die Gewinnkurve G(q) eingezeichnet.

In den Punkten A und B (A′ und B′) sind die Steigungen der Gesamtumsatzkurve und der Gesamtkostenkurve gleich, der Grenzumsatz (Preis) ist hier also genauso groß wie die Grenzkosten. Das gilt jeweils nur für die Ausstoßmenge OD (OD′). Bei dieser Angebotsmenge erreicht die Gewinnkurve folglich ihr Maximum (Minimum = Verlustmaximum). Der Gewinn (Verlust) beträgt AD − BD = AB = CD (B′D′ − A′D′ = C′D′).

Das Ergebnis läßt sich auch veranschaulichen, indem die relevanten Kurven jeweils auf die Gütereinheit bezogen werden (vgl. den unteren Teil der Abb. 63). Behandelt wird lediglich der Fall der Gewinnmaximierung. Der in Höhe von OL vor-

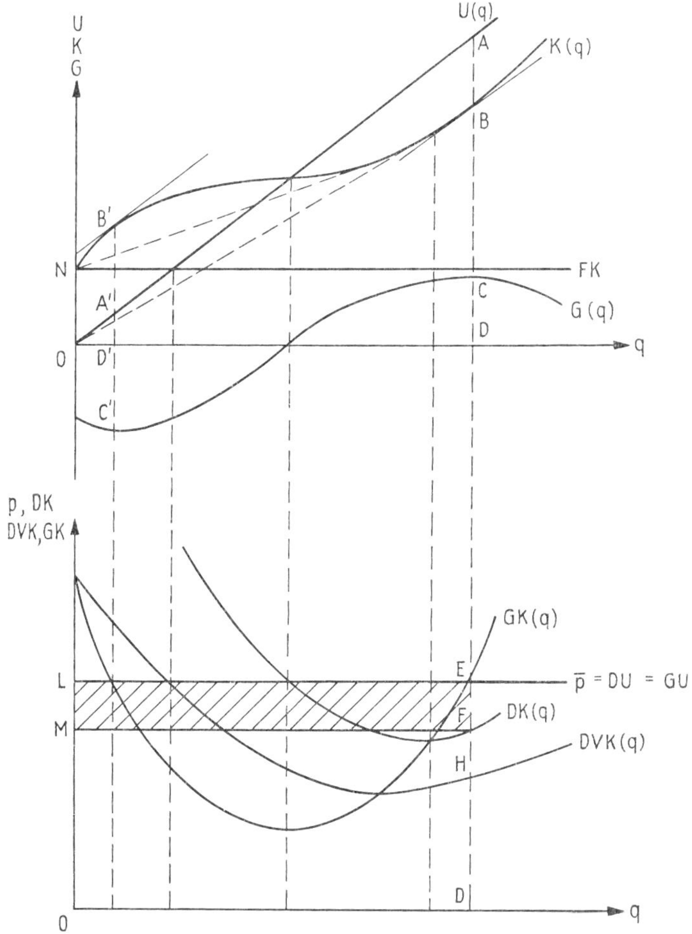

Abb. 63

gegebene Marktpreis $\bar{p}$ ist für den Mengenanpasser identisch mit dem Grenzumsatz GU sowie mit dem Umsatz pro Stück DU. DK kennzeichnet die gesamten (totalen) Stückkosten,

DVK die variablen Kosten pro Stück, GK die Grenzkosten. Die GK(q)-Kurve schneidet die DVK(q)-Kurve und die DK(q)-Kurve jeweils in ihrem Minimum (vgl. § 13).

Im Punkt E ist der Preis OL = ED gleich den Grenzkosten. Mithin ist die notwendige Bedingung für ein Gewinnmaximum erfüllt. Der Stückumsatz beträgt an dieser Stelle ED und ist damit um EF größer als die Stückkosten FD. Wird der Gewinn pro Stück EF mit der Angebotsmenge OD multipliziert, erhält man den Gesamtgewinn als Flächeninhalt des Rechtecks EFLM. Er ist gleich der Flächendifferenz der Rechtecke ODEL (Gesamtumsatz) und ODFM (Gesamtkosten).

Verändert sich der Marktpreis p, ergibt sich eine andere optimale Angebotsmenge. Abb. 64 veranschaulicht die jeweils gewinnmaximale Angebotsmenge bei alternativen Marktpreisen $\bar{p}^1$, $\bar{p}^2$, $\bar{p}^3$ und Umsatzfunktionen $U^1(q)$, $U^2(q)$, $U^3(q)$. Der obere Teil der Abbildung stellt wiederum auf Gesamtgrößen ab, während die Kurven im unteren Teil auf die Mengeneinheit bezogen sind.

Im Hinblick auf die Gewinnsituation der Unternehmung lassen sich drei markante Preisintervalle unterscheiden:

- Schneidet die Preisgerade die Grenzkostenkurve im Minimum der Stückkostenkurve oder darüber (z. B. Fall $\bar{p}^1$), werden die gesamten Stückkosten durch den Marktpreis gedeckt. Der Stückgewinn und damit auch der Gesamtgewinn ist Null bzw. positiv.
- Schneidet die Preisgerade die Grenzkostenkurve im Minimum der variablen Stückkostenkurve oder darüber, aber unterhalb des Minimums der Stückkostenkurve (z. B. Fall $\bar{p}^2$), werden die variablen Kosten, nicht aber die fixen Kosten pro Stück voll gedeckt. Es tritt ein Verlust ein, der jedoch geringer als oder höchstens gleich den gesamten fixen Kosten ist.
- Schneidet die Preisgerade die Grenzkostenkurve unterhalb des Minimums der variablen Stückkostenkurve (z. B. Fall $\bar{p}^3$), werden auch die variablen Stückkosten nicht mehr voll

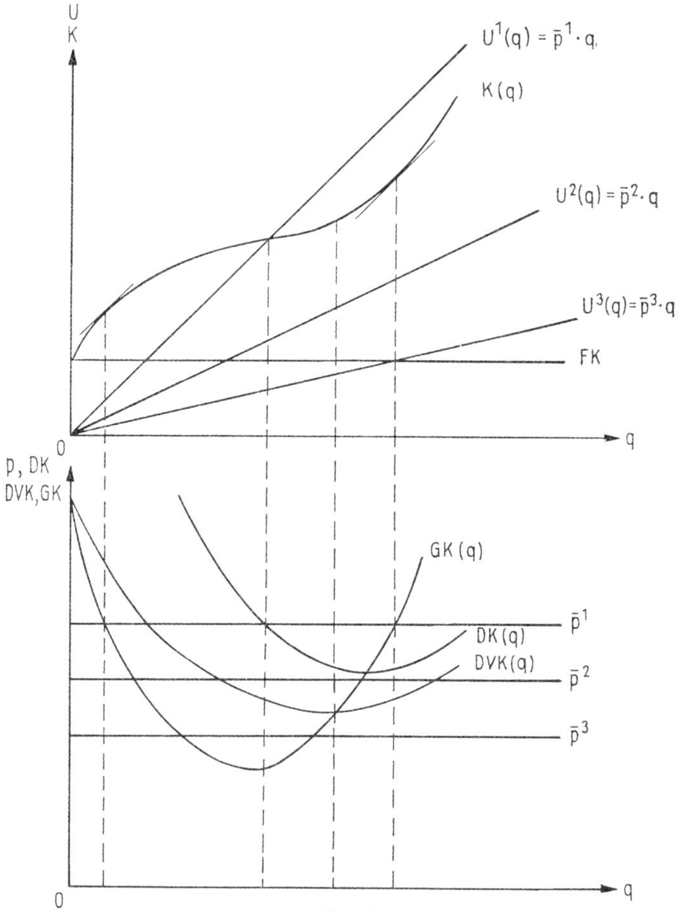

Abb. 64

durch den Marktpreis gedeckt. Der Verlust ist größer als die fixen Kosten.

Da der jeweilige Schnittpunkt der Grenzkostenkurve mit der Marktpreisgeraden die günstigste Absatzmenge bestimmt, kann offensichtlich die Grenzkostenkurve als *Angebotskurve* der betrachteten Unternehmung interpretiert werden: *Sie zeigt die vom Anbieter bei alternativen Marktpreisen ceteris paribus angebotenen gewinnmaximalen Produktmengen.* Das gilt jedoch nur für einen Teilbereich der Grenzkostenkurve:

- Unterhalb des Minimums der variablen Stückkosten (z. B. Fall $\bar{p}^3$) ist eine Produktion nicht lohnend, weil nicht einmal die durchschnittlichen variablen Kosten durch den Marktpreis gedeckt werden.
- Unterhalb des Minimums der gesamten Stückkosten, aber oberhalb des Minimums der variablen Kosten pro Stück (z. B. Fall $\bar{p}^2$) kann vorübergehend eine Produktion durchaus zweckmäßig sein, weil der bei Nichtproduktion anfallende Verlust in Höhe der fixen Kosten (diese sind kurzfristig nicht abzubauen) durch die Produktion gemindert wird. Der Marktpreis deckt die variablen sowie einen Teil der fixen Kosten.
- Oberhalb des Minimums der Stückkostenkurve (z. B. Fall $\bar{p}^1$) werden die gesamten variablen und fixen Stückkosten gedeckt. Darüber hinaus entsteht ein Gewinn; die Produktion ist rentabel.

Die kurzfristige Angebotskurve eines Mengenanpassers auf dem Idealmarkt entspricht also der im Minimum der variablen Stückkostenkurve (*Betriebsminimum*, Produktionsschwelle) beginnenden, ansteigenden Grenzkostenkurve. Das erklärt, warum die individuelle Angebotskurve AA′ eine positive Steigung aufweist (vgl. Abb. 65). In der bekannten Funktionsschreibweise:

$$q = q(p) \text{ cet. par.}; \; \frac{dq}{dp} > 0$$

Auf längere Sicht kann jedoch kein Unternehmen mit Verlust arbeiten. Es wird seine gesamten Kosten decken müssen. Die langfristige Angebotskurve entspricht somit der im Minimum der Durchschnittskostenkurve (*Betriebsoptimum*) beginnenden Grenzkostenkurve des Unternehmens. Das gilt zunächst unter der Voraussetzung einer gegebenen Betriebsgröße (Kapazität).

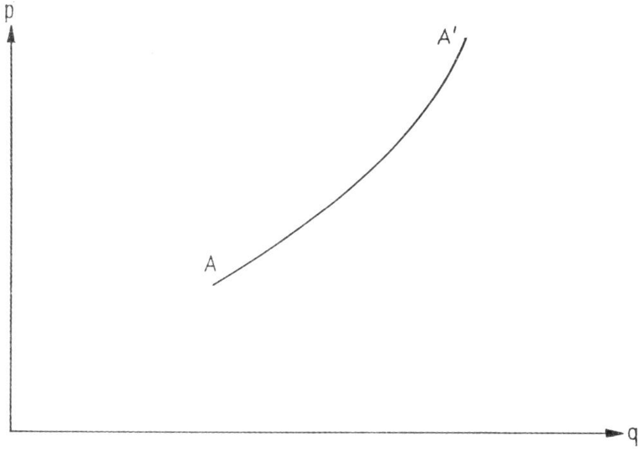

Abb. 65

Jedoch ist zu beachten, daß gerade langfristig die betriebliche Kapazität variieren wird. Kurzfristig als fix anzusehende betriebliche Anlagen sind längerfristig variabel. Eine Unterscheidung zwischen fixen und variablen Kostenbestandteilen ist deshalb langfristig nicht möglich (vgl. § 13, Ziff. 5).

2. Gesamtangebotsfunktion

Es soll nun die Gesamtangebotskurve für einen Markt abgeleitet werden.

Wenn von mehreren Anbietern, die sich als Mengenanpasser verhalten, ein Gut auf einem Idealmarkt angeboten wird, ist der Marktpreis für alle gleich. Jeder Anbieter wählt als günstigste Angebotsmenge diejenige, die durch den Schnittpunkt seiner individuellen Grenzkostenkurve mit der für alle gleichen Kurve des Marktpreises (Grenzumsatzes) bestimmt ist. Ändert sich der Marktpreis, jedoch nichts an den Kosten, wird sich die Angebotssituation auch verändern; beispielsweise werden etwa aufgrund einer Preissenkung unrentabel wirtschaftende Anbieter ausscheiden müssen, andere können möglicherweise ihren Marktanteil vergrößern. In Abb. 66 wird, stark vereinfachend, von lediglich drei Anbietern I, II und III ausgegangen. Beim Preis p^1 bietet das kostengünstigste Unternehmen I die Menge OA an. Bis zum Preis p^2 bleibt es alleiniger Produzent auf dem Markt und erhöht sein Angebot insgesamt um AB. Vom Preis p^2 an tritt das Unternehmen II als Konkurrent auf und fügt die Menge OC = BC der Gesamtangebotsmenge hinzu. Bei einer erneuten Preiserhöhung, z. B. auf p^3, bieten I und II die weiteren Mengen BD + CE = CF an. Zum Preis p^3 tritt außerdem der Anbieter III mit der Angebotsmenge OG = FG hinzu, usw.

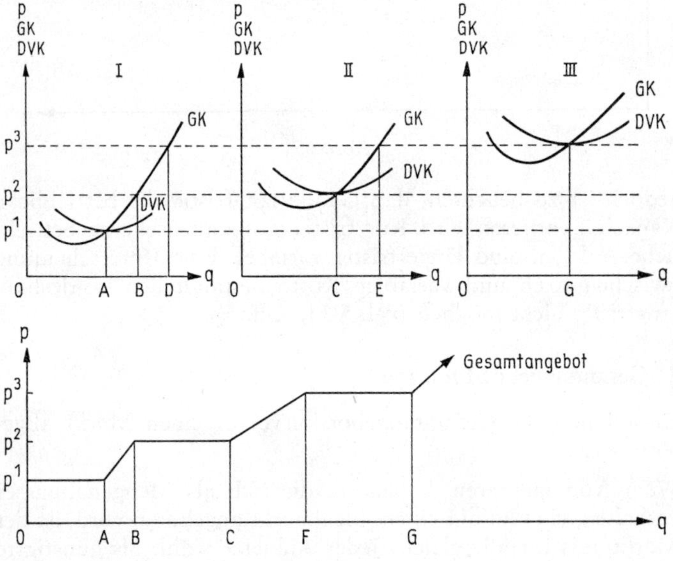

Abb. 66

Die Reaktion der Angebotsmenge auf Preisänderungen hängt ceteris paribus ab

– von der durch die Kostenstruktur bedingten Steigung der einzelnen Grenzkostenkurven;

- von der Zahl der bei Preisänderungen hinzukommenden oder ausscheidenden Unternehmen sowie von deren Mindestangebotsmengen. Je dichter die Anbieter aufeinander folgen und je geringer ihre Mindestangebotsmengen sind, umso stärker wird die treppenförmige Gestalt der Gesamtangebotskurve geglättet;
- vom Grad der Marktoffenheit, d. h. von der Möglichkeit des Eintritts neuer Anbieter in den Markt.

Veränderungen der Ceteris-Paribus-Größen, z. B. der Kostenstruktur, führen zu einer Verlagerung der Angebotskurve.

Kurzfristig erzielen diejenigen Anbieter, die mit geringeren Kosten arbeiten als der kostenungünstigste Anbieter („*Grenzanbieter*") zusätzliche Gewinne („Differentialgewinne"). In Abb. 66 sind dies die Anbieter I und II. Ursachen solcher Differentialgewinne sind z. B.:

- natürliche Unterschiede in den Produktionskosten, wie bessere Böden usw.,
- geringere Transportkosten bzw. eine bessere Lage zum Absatzmarkt (unter den Voraussetzungen des Idealmarktes bedeutungslos),
- eine bessere betriebliche Leitung und Organisation,
- Vorteile der Betriebsgröße.

Können sich alle konkurrierenden Unternehmungen die gleichen Kostenvorteile verschaffen, vor allem durch Verbesserung der Kapitalstruktur, so wird langfristig die kostenmäßige Überlegenheit einzelner Anbieter mehr und mehr beseitigt. Die Folge ist eine tendenzielle Angleichung der Kostenkurven, weshalb im langfristigen Gleichgewicht alle Unternehmen von gleicher Größe sind und gleiche Ausstoßmengen produzieren. Die Gesamtangebotskurve verläuft dann in Höhe der für alle Anbieter gleichen Stückkostenminima (DK_{min}) parallel zur Abszisse (vgl. Abb. 67, S. 266).

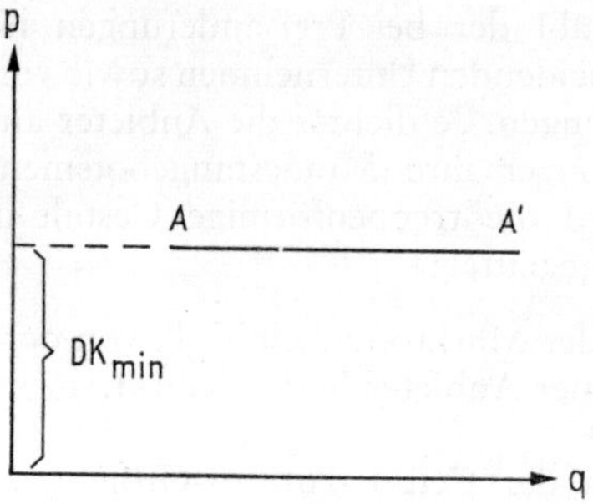

Abb. 67

3. Preiselastizität des Angebots

Die Preiselastizität des Angebots stellt das Pendant zur Preiselastizität der Nachfrage dar (vgl. § 7, Ziff. 2). Sie ist definiert als das Verhältnis der relativen Änderung der Angebotsmenge zur relativen Veränderung des Preises je Produkteinheit:

$$\epsilon_{q,p} = \frac{\Delta q}{q} : \frac{\Delta p}{p} = \frac{\Delta q}{\Delta p} \cdot \frac{p}{q}$$

bzw. mit Infinitesimalgrößen

$$\epsilon_{q,p} = \frac{dq}{dp} \cdot \frac{p}{q}$$

Das Vorzeichen des Koeffizienten ist positiv, weil sich die angebotene Menge gleichsinnig mit dem Preis verändert. Bei einem numerischen Wert des Elastizitätsausdrucks von 1 variieren Angebotsmenge und Preis um den gleichen Prozentsatz. Man spricht von elastischem (unelastischem) Angebot, wenn die Elastizität größer (kleiner) als 1 ist. So bedeutet z. B. ein Wert der Angebotselastizität von 3, daß sich die angebotene Gütermenge um 3 Prozent erhöht, wenn der Preis um 1 Prozent zunimmt. Das Angebot reagiert elastisch.

Die geometrische Bestimmung des Wertes der Angebotselastizität geschieht folgendermaßen: Ermittelt werden soll in Abb. 68

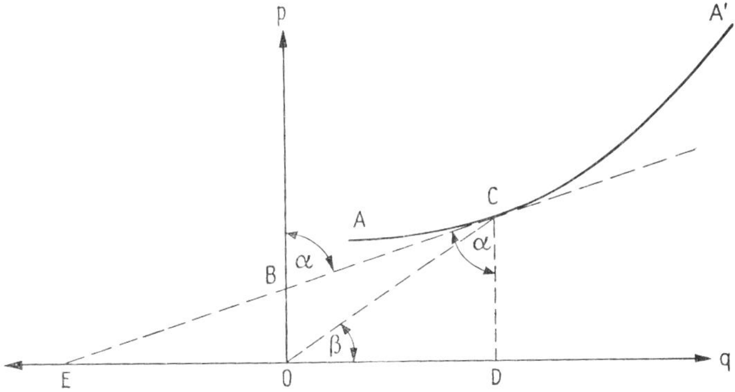

Abb. 68

die Elastizität des Angebots im Punkt C, an den die Tangente EC gelegt wurde.

Es gilt:

$$\epsilon_{q,p} = \frac{dq}{dp} \cdot \frac{p}{q}$$

$$= \operatorname{tg} \alpha \cdot \operatorname{tg} \beta$$

$$= \frac{ED}{DC} \cdot \frac{DC}{OD} = \frac{ED}{OD}$$

Bei Berücksichtigung des 1. Strahlensatzes ergibt sich:

$$\epsilon_{q,p} = \frac{ED}{OD} = \frac{EC}{BC}$$

Die Elastizität des Angebots läßt sich demnach geometrisch messen als Quotient zweier Abschnitte der an den betrachteten Punkt der Kurve gelegten Tangente: Der Abschnitt „Abszissenschnittpunkt – Tangentialpunkt" wird ins Verhältnis gesetzt zum Abschnitt „Ordinatenschnittpunkt – Tangentialpunkt". Schneidet die Tangente zuerst die Preisachse (Ordinate), so ist die Angebotselastizität größer als 1, geht sie durch den Ursprung des Koordinatensystems, dann ist sie gleich 1, und schneidet sie zuerst die Mengenachse, so ist der Elastitizätswert kleiner als 1.

Die Elastizität des Angebots ist langfristig größer als kurzfristig, weil langfristig durch Erweiterung oder Einschränkung der Anlagen eine flexiblere Angebotsanpassung an sich ändernde Marktbedingungen möglich wird.

4. Marktgleichgewicht

Unter Rückgriff auf die Wirtschaftspläne der Haushalte wurde in Kap. II zunächst die individuelle und sodann die Markt-Nachfragekurve entwickelt. Diese sich auf die Haushalte beziehende Nachfragekurve ist gedanklich zu trennen von der konjekturalen Preis-Absatz-Funktion einer Unternehmung (vgl. § 18, Ziff. 1). Marktnachfragekurve der Haushalte und Marktangebotskurve der Unternehmen sind die beiden zentralen Aggregate, die die jeweilige Marktkonstellation beschreiben. Auf sie wird bei der Bestimmung des Marktgleichgewichts, d. h. von Gleichgewichtspreis und Gleichgewichtsmenge, zurückgegriffen. Bereits an dieser Stelle sei angemerkt, daß die gängige Aussage, Angebot und Nachfrage bestimmen den Preis, nicht zu der Feststellung in Widerspruch steht, Angebot und Nachfrage seien Funktionen des Preises. Erstere Aussage stellt auf den Preis ab, der sich als Schnittpunkt von Angebots- und Nachfragekurve ergibt, letztere bezieht sich auf den gesamten Verlauf der beiden Kurven, also auf die zugrundeliegenden Funktionen $q_N = f(p)$ und $q_A = g(p)$ selbst.

Der in Abb. 69 dem Schnittpunkt von Marktangebots- und Marktnachfragekurve entsprechende Preis (p^0) ist gekennzeichnet durch die Gleichheit von geplanter Angebotsmenge und geplanter Nachfragemenge, d. h. die Wirtschaftspläne der Anbieter und Nachfrager lassen sich bei gegebenen sonstigen Einflußgrößen erwartungsgemäß realisieren. Es ist ein Zustand ohne immanente Änderungstendenz. Der diesen Zustand bewirkende Preis wird als *Gleichgewichtspreis* bezeichnet, die zugehörige Menge als *Gleichgewichtsmenge*. Unter den Voraussetzungen des Idealmarktes impliziert dieses *Marktgleichgewicht* die Erfüllung der spezifischen unternehmerischen Gewinnmaximierungsbedingung „Grenzkosten gleich Preis“, denn alle Punkte der hier relevanten Angebotskurve AA′ genügen dieser Bedingung.

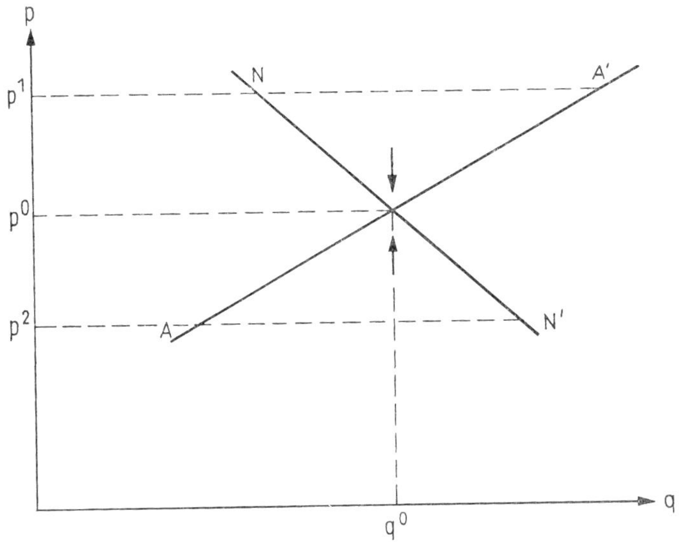

Abb. 69

Gleichzeitig maximieren die bei diesem Preis zum Zuge kommenden Haushalte ihren Verbrauchsnutzen, weil jeder Punkt der Marktnachfragekurve optimale Kaufpläne impliziert.

Der Gleichgewichtspreis, verstanden als einheitlicher Preis eines homogenen Gutes auf einem einheitlichen Markt, ist auf realen Märkten weder der durchschnittlich erzielte noch der letzte zustande gekommene Preis. Gemeint ist vielmehr der Preis, der sich bilden müßte, wenn alle Marktteilnehmer die Marktverhältnisse vollkommen irrtumsfrei durchschauen („Markttransparenz“) und zu keinen ungünstigeren als den besterreichbaren Bedingungen abschließen.

Zur modellmäßigen Behandlung der Preisbildung fingierte *Walras*, daß sie mit einem „prix crié par hasard“ beginnt, zu dem die Käufer und Verkäufer die Mengen benennen, welche sie zu diesem Preis verkaufen und kaufen würden. Ergibt sich zu diesem „Zufallspreis“ eine Differenz zwischen den gesamten angebotenen und gesamten nachgefragten Mengen, so wird ein neuer

Preis ausgerufen, bis sich endlich „par tâtonnement“ der Gleichgewichtspreis findet, zu dem die Angebots- und Nachfragemengen gleich sind. – Entsprechend die „Rekontrakte“ Edgeworth's: alle Käufe und Verkäufe werden mit dem Vorbehalt des Rücktritts abgeschlossen, und dieser wird von Käufern und Verkäufern ausgesprochen, solange sie noch günstigere Abschlußmöglichkeiten auf diesem Markt finden. Erst wenn niemand mehr in der Lage ist, günstiger zu kontrahieren, ist der Gleichgewichtspreis gefunden.

Ein Marktgleichgewicht (Übereinstimmung der Pläne von Anbietern und Nachfragern) kann ergänzend auf seine Stabilität bzw. Labilität untersucht werden, d. h. im Hinblick auf die Frage, ob die bei einer (vorübergehenden) Störung des Gleichgewichts erfolgenden Planrevisionen der Anbieter und Nachfrager zum alten Gleichgewicht zurückführen oder nicht (vgl. Bd. I, § 21, Ziff. 1 c):

– Ein Gleichgewicht wird *stabil* genannt, wenn die bei einem Ungleichgewicht eintretenden Planrevisionen eine Tendenz zum Gleichgewicht zurück auslösen.
– Ein Gleichgewicht heißt *labil* bzw. *instabil*, wenn die durch ein Ungleichgewicht ausgelösten Planrevisionen keine Bewegungstendenz in Richtung auf das alte Gleichgewicht bewirken.

Die Stabilität bzw. Labilität des Systems hängt vom Verlauf der Angebots- und Nachfragekurven ab.

Unter den gegebenen Bedingungen (Idealmarkt, statische Analyse) ist das Marktgleichgewicht zumindest dann stabil, wenn Angebotskurve und Nachfragekurve einen „normalen“ Verlauf aufweisen, d. h. wenn gilt: $\frac{dq_A}{dp_A} > 0$ und $\frac{dq_N}{dp_N} < 0$. Besteht bei dieser Voraussetzung ein Angebotsmengenüberschuß (z. B. bei Preis p^1 in Abb. 69), so werden sich die Anbieter gegenseitig im Preis unterbieten, der Angebotsüberschuß wird abgebaut. Es besteht eine Tendenz zum Gleichgewicht. Umgekehrt werden sich die Nachfrager bei einem Nachfrageüberschuß (z. B. bei Preis p^2 in Abb. 69) überbieten, wodurch der Nachfrageüberschuß reduziert wird. Verlaufen die für den Markt relevanten Kurven „anomal“ $\left(\frac{dq_A}{dp_A} < 0 \text{ und/oder } \frac{dq_N}{dp_N} > 0\right)$, können unstabile Gleichgewichtssituationen entstehen, d. h. bei einer (vorübergehenden) Störung besteht keine Bewegungstendenz zum Gleichgewicht zurück (vgl. die Abb. 70 und 71).

Im Rahmen der Ableitungen der Gesamtnachfragekurve und der Gesamtangebotskurve wurde zwischen Bewegungen auf der Kurve und Verlagerungen der Kurve infolge einer Veränderung der Ceteris-Paribus-Größen unterschieden (vgl. § 6, Ziff. 3 und § 17, Ziff. 2). Verschiebt sich die Nachfragekurve z. B. infolge einer veränderten Bedürfnisstruktur nach rechts, d. h. fragen die Haushalte bei jedem Preis (also auch beim bisherigen Gleichgewichtspreis) eine größere Menge des Gutes nach, so ist das neue Marktgleichgewicht bei „normalen“ Kurvenverläufen durch einen höheren Gleichgewichtspreis (p^2) und eine größere Gleichgewichtsmenge (q^2) charakterisiert (vgl. Abb. 72); vice versa bei einem Nachfragerückgang. Weitet sich dagegen das Angebot aus, z. B. infolge einer Verbesserung der Kostenstruktur, so ist das neue Gleichgewicht durch einen niedrigeren Gleichgewichtspreis (p^1) bei größerer Gleichgewichtsmenge (q^2) ge-

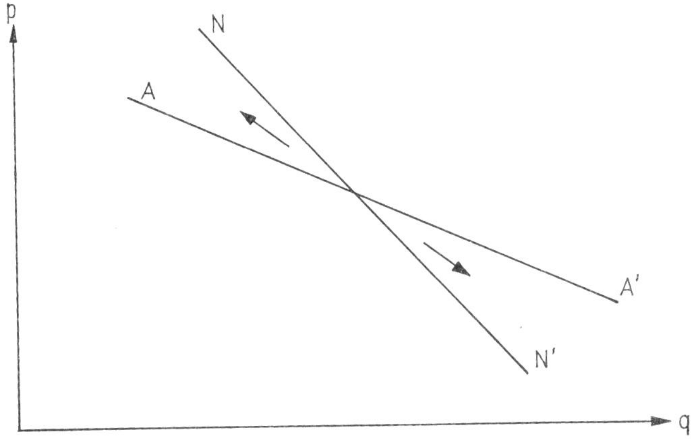

Abb. 70

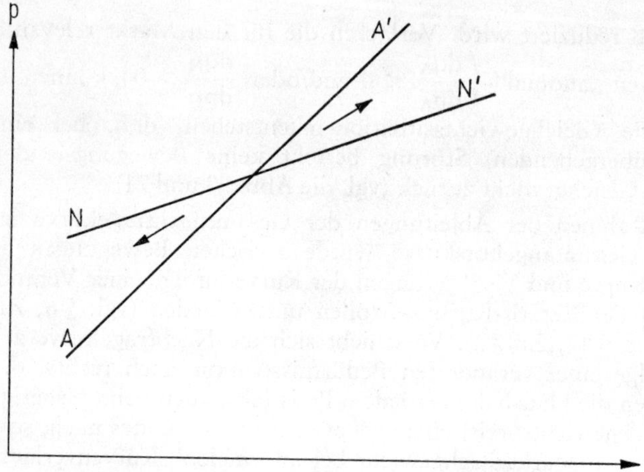

Abb. 71

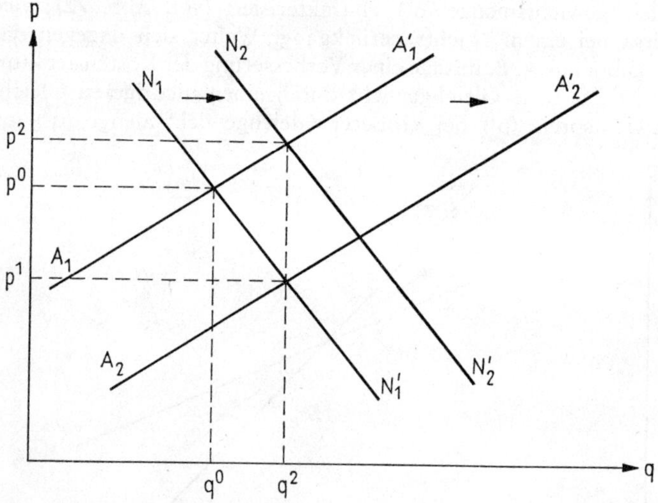

Abb. 72

kennzeichnet (vgl. Abb. 72); entsprechend umgekehrt bei einem Angebotsrückgang.

§ 18 Angebot und Preisbildung beim Monopol

1. Das Monopol auf dem Normalmarkt mit atomistischer Nachfrage

Nachdem im vorigen Paragraphen die Angebotskurve und das Marktgleichgewicht auf dem Idealmarkt entwickelt worden sind, sollen nun für den konträren Grenzfall, das Angebotsmonopol, unter der Voraussetzung einer atomistischen Nachfragestruktur Marktangebot und Marktgleichgewicht bestimmt werden. Dem einzigen Anbieter des homogenen Gutes steht in diesem Fall die gesamte Marktnachfrage gegenüber. Die Erwartungen des Anbieters hinsichtlich der Marktnachfrage nach seinem Produkt finden ihren Niederschlag in seiner *konjekturalen Preis-Absatz-Funktion*. In ihr drücken sich die subjektiven Erwartungen („Konjektionen“) des Anbieters aus bezüglich der auf ihn entfallenden Nachfrage bei alternativen Preisen. (Beim Mengenanpasser auf dem Idealmarkt verläuft sie parallel zur Mengenachse.)

Sie ist gedanklich zu trennen von der Marktnachfragekurve, die aus den Plänen der Haushalte abgeleitet wird (vgl. § 6, Ziff. 3). In der Regel fällt die konjekturale Preis-Absatz-Funktion des monopolistischen Anbieters von links nach rechts (vgl. die Gerade AB in Abb. 73). Der Anbieter erwartet dann, daß größere Mengen jeweils nur zu einem niedrigeren Preis abgenommen werden und vice versa. Wählt er seine Menge als Aktionsparameter („Mengenfixierer“), so determiniert die Reaktion der Nachfrage den dazugehörigen Preis (Erwartungsparameter); wählt er hingegen den Preis als Aktionsparameter („Preisfixierer“), so ist damit auch die Absatzmenge (Erwartungsparameter) bestimmt. Bei einem Vergleich der Situation des Monopolisten mit der des Mengenanpassers ist folgender Unterschied hervorzuheben: Die individuelle konjekturale Preis-Absatz-Funktion eines sich als Mengenanpasser verhaltenden Anbieters eines homogenen Gutes stellt, geometrisch veranschaulicht, eine Parallele zur Abszisse (Mengenachse) in Höhe des Marktpreises dar; für den einzelnen Anbieter ist mithin der Marktpreis ein Datum. Demgegenüber ist der Preis für den

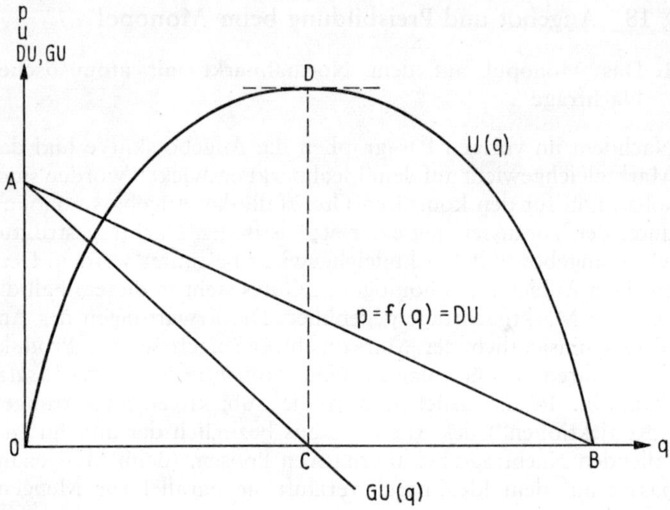

Abb. 73

monopolistischen Anbieter kein Datum, sondern er variiert als Aktions- oder Erwartungsparameter mit der geplanten Absatzmenge.

Definitionsgemäß ist der Preis stets gleich dem Durchschnittsumsatz (Umsatz oder Erlös pro Stück), so daß die Preis-Absatz-Funktion zugleich auch Durchschnitts-(Stück-)umsatzfunktion ist. Das Produkt aus Stückumsatz (Preis) DU und zugehöriger Absatzmenge q ergibt den Gesamtumsatz U, der beim Angebotsmonopol nicht mehr, wie beim Mengenanpasser, der Absatzmenge proportional ist. Der Gesamtumsatz ist Null, wenn entweder die Preiskomponente (vgl. Punkt B in der Abb. 73) oder die Mengenkomponente (vgl. Punkt A) den Wert Null annimmt. Zwischen diesen beiden Grenzpunkten erreicht der Umsatz sein Maximum an der Stelle, an der die Mengenzunahme die Preisabnahme (und vice versa) in ihrer Umsatzwirkung gerade kompensiert (vgl. Punkt D). Die Preiselastizität der Nachfrage ist dann in ihrem absoluten Wert eins.

Beim Umsatzmaximum besitzt die Grenzumsatzfunktion (Grenzerlösfunktion) GU = GU(q), die durch Differentiation der Umsatzfunktion nach der Menge $\frac{dU(q)}{dq}$ ermittelt wird, eine Nullstelle. Die Grenzumsatzkurve GU schneidet im Punkt C die Abszisse. Der Schnittpunkt halbiert die Strecke OB. Der Verlauf der GU-Kurve ist wiederum leicht zu verfolgen, wenn man sich vorstellt, wie die Tangentensteigung (die ja den jeweiligen Grenzumsatz repräsentiert) an jedem Punkt der Kurve ab dem Nullpunkt zunächst fortlaufend bis D kleiner wird, bei D Null erreicht (Tangente parallel zur Abszissenachse) und im Kurvenabschnitt DB fortgesetzt fällt (negative Steigungswerte). Für den monopolistischen Anbieter liegt demnach im Unterschied zum Mengenanpasser auf dem Idealmarkt die Grenzumsatzkurve GU unterhalb der Durchschnittsumsatzkurve (Preis-Absatz-Funktion).

Der Grenzumsatz errechnet sich bei zunehmendem Absatz aus dem Preis, zu dem eine zusätzliche Einheit verkauft werden kann, abzüglich des Mindererlöses bei der bisherigen Absatzmenge pro Periode.

Beispiel:	Stückpreis	Absatzmenge	Gesamtumsatz
	80	40	3200
	79	41	3239
		Grenzumsatz	39

Der Grenzumsatz ist gleich dem Erlös für das 41. Stück (79) vermindert um den Mindererlös von je 1 für 40 Stück (40).

Bedingung für die Maximierung des Gewinns ist die *Gleichheit von Grenzumsatz* (*Grenzerlös*) *und Grenzkosten* (*Cournot'sches Theorem*, so genannt nach Augustin Cournot, 1801—1877, der die Bedingung als erster formuliert hat). Sind nämlich die Grenzkosten niedriger als der Grenzumsatz, kann unter den gegebenen Voraussetzungen der Gewinn durch eine *Steigerung* der Angebotsmenge noch erhöht (bzw. ein eventueller Verlust verringert) werden. Sind die Grenzkosten größer als der Grenzumsatz, führt eine *Verringerung* der Angebotsmenge zu einer Gewinnerhöhung (Verlustminderung).

Zur algebraischen Ableitung dieser Bedingung für die Maximierung des Periodengewinns vgl. § 17, Ziff. 1.
Im Teil A der Abb. 74 sind die Gesamtgrößen Umsatz und Kosten einander gegenübergestellt, im Teil B werden Grenz- und Durchschnittsgrößen betrachtet.

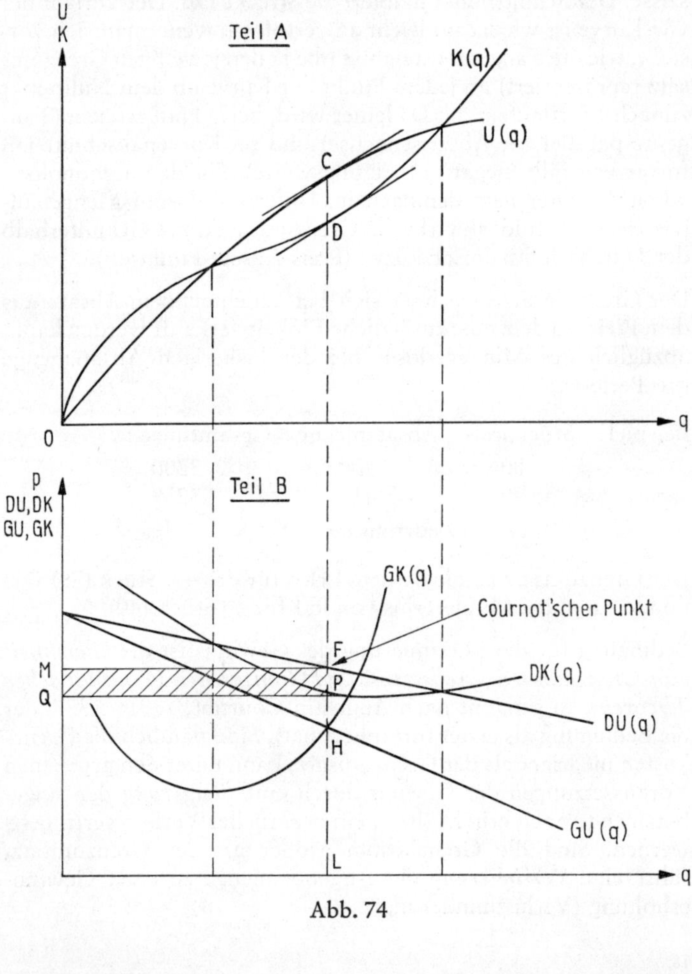

Abb. 74

Teil A: In den Punkten C und D besitzen die Gesamtumsatzkurve U(q) und die Gesamtkostenkurve K(q) die gleiche Steigung. Der Gewinn, die Differenz CD von Gesamtumsatz CI und Gesamtkosten DI, erreicht bei der Angebotsmenge OI sein Maximum. Im fiktiven Fall kostenloser Produktion würden das Umsatz- und das Gewinnmaximum zusammenfallen. Regelmäßig aber wird mit positiven Kosten produziert, die mit steigender Angebotsmenge zunehmen, weshalb das Gewinnmaximum stets im Bereich noch wachsender Umsätze (Grenzumsatz positiv) liegt. Für die Preiselastizität der Nachfrage gilt dann $|\eta_{q,p}| > 1$.

Teil B: Hier sind die Durchschnittsumsatzkurve (Preis-Absatz-Kurve) DU(q), die Grenzumsatzkurve GU(q), die Durchschnittskostenkurve DK(q) und die Grenzkostenkurve GK(q) zusammengefaßt. Gleichgewichtsangebotsmenge und Gleichgewichtspreis des Monopolisten sind wiederum über die Gleichheit von Grenzkosten und Grenzumsatz zu bestimmen. Im Punkt H ist diese Gleichheit gegeben, die notwendige Bedingung für ein Gewinnmaximum mithin erfüllt. Die dazugehörige Angebotsmenge ist OI, der korrespondierende Angebotspreis, der über die Preis-Absatz-Funktion bestimmt wird, beträgt IF = OM. Der der gleichgewichtigen Preis-Mengen-Kombination entsprechende Punkt F auf der Durchschnittsumsatzkurve DU heißt üblicherweise „*Cournot'scher Punkt*". Der Stückumsatz beträgt im Optimum FI und ist um FP größer als die Stückkosten PI, d. h. der Stückgewinn als Differenz von Stückumsatz und Stückkosten ist gleich FP. Das Produkt aus Stückgewinn FP und Absatzmenge OI ergibt den Gesamtgewinn als Flächeninhalt des schraffierten Rechtecks MQPF. Der Stückgewinn und damit auch der Gesamtgewinn wären gleich Null, wenn die Stückkostenkurve DK(q) die Stückumsatzkurve DU(q) gerade im Cournot'schen Punkt tangiert. Bei einer noch schlechteren Kostensituation arbeitet der Anbieter mit Verlust.

Verschiebungen der konjekturalen Preis-Absatz-Kurve verlagern den „Cournot'schen Punkt" (vgl. Abb. 75).

Die Verbindungslinie der Cournot'schen Punkte C_1, C_2, C_3 kann als *Cournot'sche Linie* bezeichnet werden. Sie ist anders zu verstehen als die Angebotskurve des Mengenanpassers auf dem

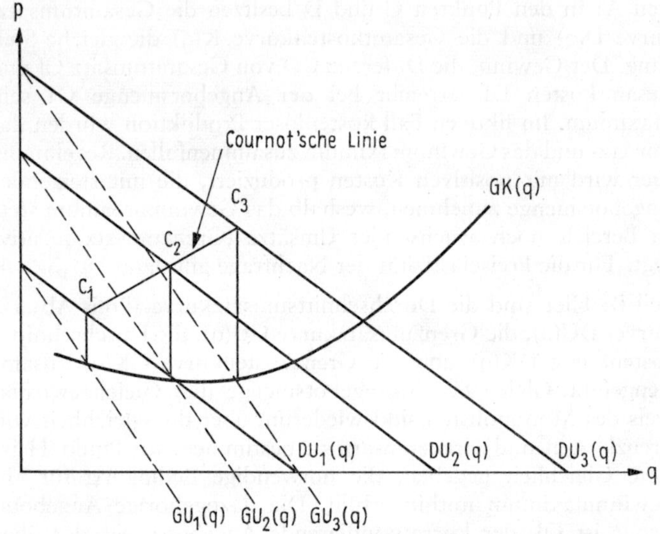

Abb. 75

Idealmarkt. Im Unterschied zum Idealmarkt ist nämlich im Monopolfall das Unternehmensgleichgewicht identisch mit dem des Marktes, die Linie der Cournot'schen Punkte ist damit Ausdruck verschiedener Marktgleichgewichte. Bei der individuellen Angebotskurve des Mengenanpassers handelt es sich hingegen um den geometrischen Ort der gewinnmaximalen Angebotsmengen bei Anpassung an wechselnde Marktpreishöhen (vgl. § 17).

2. Monopolistische Preisdifferenzierung

Unter den Bedingungen des unvollkommenen Marktes (vgl. § 15) hat ein Monopolist die Möglichkeit, Preisdifferenzierung (Preisdiskriminierung) zu betreiben. Preisdifferenzierung liegt vor, wenn ein Anbieter ein Gut gleichzeitig zu verschiedenen Preisen ab Werk anbietet. Das Verfahren besteht darin, den Gesamtmarkt nach bestimmten Kriterien (etwa unter räumlichen oder personellen Gesichtspunkten) in Teilmärkte aufzuspalten und für jeden dieser Märkte nach dem Prinzip „Grenzkosten gleich Grenzerlös“ den günstigsten Preis zu fixieren. Bei unterschiedlichen Nachfragesituationen auf den Einzelmärkten wird der Gesamtgewinn auf diese Weise erhöht im Vergleich zum Gewinn bei einheitlicher Preissetzung für den Gesamtmarkt. Voraussetzung einer erfolgreichen Markttrennung ist, daß weder der Käufer von dem teureren auf den billigeren Markt ausweichen, noch das auf dem preiswerteren Markt erworbene Gut auf dem teureren abgesetzt werden kann. Die Märkte müssen also voneinander isoliert sein.

Mehrere Arten der Preisdifferenzierung sind zu unterscheiden:

- *qualitative Preisdifferenzierung* (Preisdifferenzierung nach Verwendungszwecken) liegt vor, wenn unterschiedliche Preise je nach dem Verwendungszweck gesetzt werden (z. B. Mineralöl für Heizzwecke oder für das Betreiben eines Kraftfahrzeuges);
- *quantitative Preisdifferenzierung* besteht bei unterschiedlicher Preissetzung für alternative Abnahmemengen (z. B. Heizölpreise für Groß- und für Kleinabnehmer);
- *personelle Preisdifferenzierung* ist gegeben, wenn unterschiedliche Preise nach persönlichen Merkmalen von Individuen oder Gruppen verlangt werden (z. B. verbilligte Eintrittskarten für Studenten und Schüler gegenüber normalen Erwachsenenkarten);
- *räumliche Preisdifferenzierung* liegt vor, wenn unter Rückgriff auf räumliche Merkmale unterschiedliche Preise gesetzt werden, wobei jedoch die Preisdifferenz nicht ausschließlich auf Transportkostenunterschieden beruht (z. B. verschiedene Preise für Kraftfahrzeuge im In- und Ausland).

Darüber hinaus wird gelegentlich auch von *zeitlicher Preisdifferenzierung* gesprochen, wenn ein Gut an verschiedenen Zeitpunkten zu unterschiedlichen Preisen angeboten wird, ohne daß die Preisdifferenz aus der bestehenden Zeitspanne erklärt werden kann (z. B. Pelzmäntel zu Sommer- und Winterpreisen).

Die für eine Preisdifferenzierung notwendige Markttrennung kann sich aus den vorhandenen Umständen unmittelbar ergeben, wie etwa bei der Unterscheidung zwischen Inlands- und Auslandsmarkt. Es kommt bei dieser sogenannten *agglomerativen* bzw. *vertikalen Preisdifferenzierung* darauf an, den jeweils gewinnmaximalen Preis für die bereits bestehenden Teilmärkte festzulegen. Anders bei *deglomerativer* oder *horizontaler Preisdifferenzierung*. Der Anbieter sieht sich hier zunächst einem einheitlichen Markt gegenüber, der erst durch Gliederung der Käufer in voneinander unabhängige Absatzschichten in Teilmärkten mit jeweils spezifischen Preisen aufzuspalten ist.

Unten stehende Graphiken veranschaulichen die beiden Fälle. In Abb. 76 wurden unter der Annahme gleicher und konstanter Grenz- und Durchschnittskosten die Preis-Absatz-Funktionen (PAF) der Teilmärkte a (Ausland) und b (Inland) horizontal zur Preis-Absatz-Funktion des Gesamtmarktes g addiert und die jeweiligen Cournot'schen Punkte (C′, C″, C) bestimmt. Die schraffierten Gewinnflächen zeigen eine Erhöhung des Gesamtgewinns bei einer Preisdiskriminierung zwischen Inlands- und Auslandsmarkt (Addition der Gewinne von Teilmarkt a und Teilmarkt b) im Verhältnis zur Gewinnsituation bei einheit-

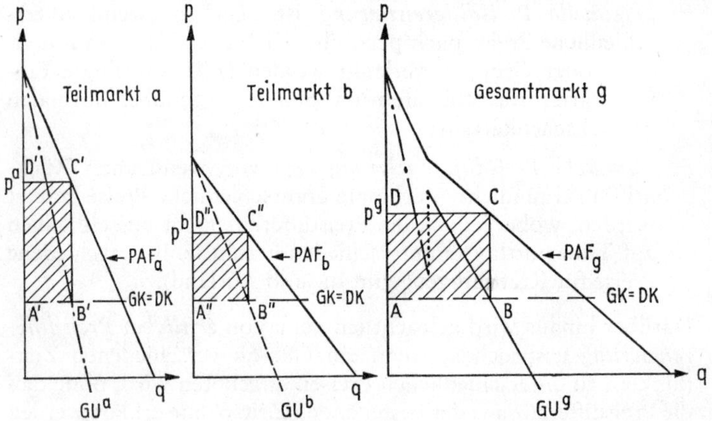

Abb. 76. Agglomerative Preisdifferenzierung

licher Preissetzung auf dem Gesamtmarkt g (Fläche A′B′C′D′ plus Fläche A″B″C″D″ > Fläche ABCD).

Abb. 77 führt zu einem analogen Ergebnis, jedoch wird vereinfachend eine kostenlose Produktion unterstellt. Der Anbieter soll in der Lage sein, sechs Käuferschichten (Teilmärkte) voneinander zu isolieren. Die optimale Preisgestaltung für jede einzelne Schicht ermöglicht ihm gegenüber dem Gewinn bei einheitlicher Preisbildung (OACB) zusätzliche Gewinne in Höhe der jeweils schraffierten Rechtecke. Käufer der Schicht 1 erwerben das Gut zum Preis p^1, Käufer der Schicht 2 zum Preis p^2 usw. Angehörige der Schicht 6 kommen nicht zum Zuge, da ihnen auch Preis p^5 noch als zu hoch erscheint.

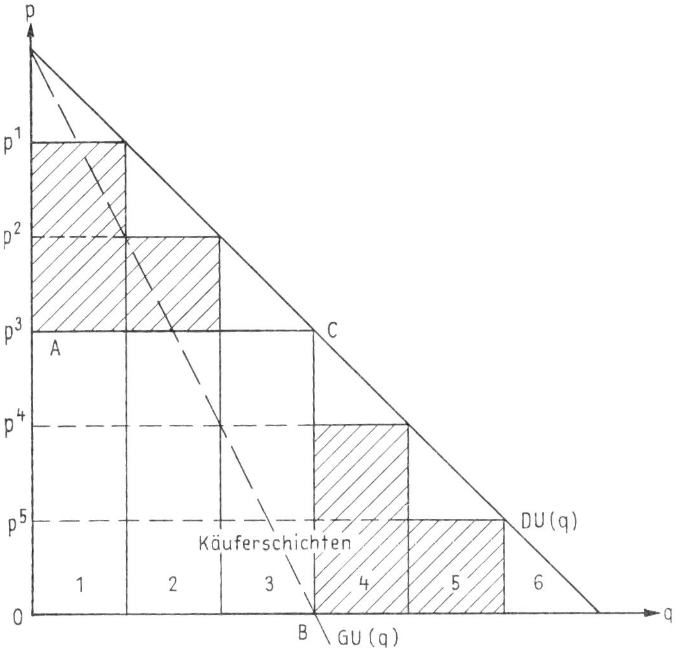

Abb. 77. Deglomerative Preisdifferenzierung

§ 19 Angebot und Preisbildung bei anderen Marktformen

1. Das Polypol auf dem unvollkommenen Markt

Marktkonstellationen, die zwischen den Extremen „Idealmarkt" und „Monopol" liegen, wurden vor allem im Zuge der preistheoretischen Entwicklung in den zwanziger und dreißiger Jahren dieses Jahrhunderts genauer untersucht. Diese Zwischenformen beinhalten sowohl Monopolelemente als auch Konkurrenzelemente. Bei bestehenden Marktfriktionen bzw. vorhandener Produktheterogenität (Marktunvollkommenheit) ist für jeden Anbieter der Produktpreis nicht mehr als Datum vorgegeben, wie auf dem Idealmarkt, er wird vielmehr zum eigenständigen Aktionsparameter. Darüber hinaus sind weitere Aktionsparameter, wie z. B. Werbung, Produktgestaltung, Wahl des Vertriebssystems etc., von Bedeutung. Jedoch ist der einzelne Anbieter im Einsatz seiner Aktionsparameter nicht völlig autonom. Das Verhalten der Nachfrager, insbesondere deren Abwanderung zu Konkurrenten mit Substitutionsprodukten, sowie die Reaktion der Konkurrenten selbst legen dem Anbieter Beschränkungen auf.

Die weiteren Ausführungen konzentrieren sich auf den Aktionsparameter „Preis". Behandelt wird zunächst das Polypol auf dem unvollkommenen Markt. Eine Vielzahl von in Substitutionsbeziehung zueinander stehenden Anbietern bemüht sich auf diesem Markt um den Verkaufsabschluß mit der Marktgegenseite, für die nach wie vor eine atomistische Nachfragestruktur unterstellt wird. Da der einzelne polypolistische Anbieter in bezug auf den Gesamtmarkt sehr klein ist, braucht er mit Reaktionen seiner Konkurrenten bei Variation seines eigenen Aktionsparameters (Preis) in der Regel nicht zu rechnen. Er wird daher die Preise der Konkurrenten als gegeben hinnehmen und seinen eigenen so setzen, daß er damit seine Zielvorstellung (hier: maximaler Gewinn) realisiert.

In Abb. 78 ist die konjekturale Preis-Absatz-Funktion eines Polypolisten auf dem unvollkommenen Markt dargestellt. Sie wurde unter der Voraussetzung gegebener Konkurrenzpreise

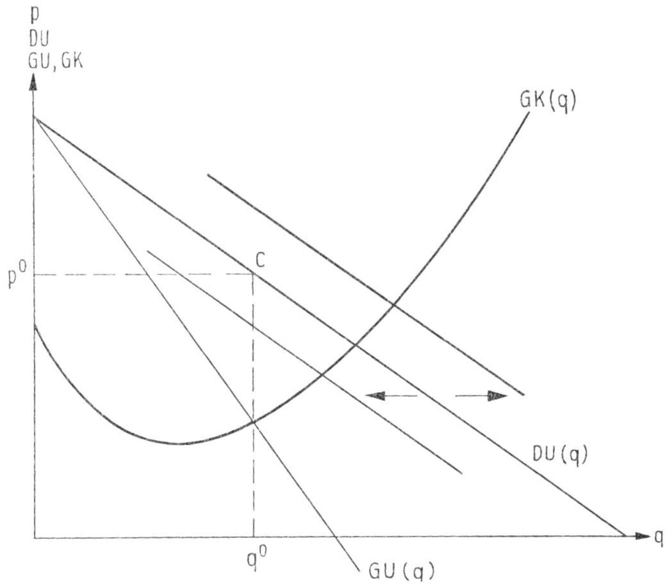

Abb. 78

gezeichnet. Veränderungen dieser Preise bewirken eine Verschiebung der Kurve im Koordinatensystem. Eine Preissenkung der Konkurrenten verlagert sie nach links, eine Preiserhöhung nach rechts. Im Unterschied zur konjekturalen Preis-Absatz-Funktion des Monopolisten erfaßt diese Kurve nicht die Absatzsituation auf dem Gesamtmarkt, sondern bringt lediglich die individuelle Position des Polypolisten zum Ausdruck. Sie verläuft flacher, als unter gleichen Bedingungen die Preis-Absatz-Funktion eines Monopolisten verlaufen würde, weil der Polypolist davon ausgeht, daß bei eigenen Preiserhöhungen (Preissenkungen) Kunden zur Konkurrenz abwandern (von der Konkurrenz zu ihm überwechseln).

Bei gegebener Grenzkostenkurve ist die individuelle optimale Preis-Mengen-Kombination wie beim Monopolisten durch den Cournot'schen Punkt (C) bestimmt.

Ein von der obigen Darstellung abweichender Ansatz stammt von *Gutenberg* (Grundlagen der Betriebswirtschaftslehre, Bd. 2, 14. Aufl., 1973). Er basiert auf der Überlegung, daß sich auf einem unvollkommenen Markt ein Anbieter aufgrund bestehender Nachfragepräferenzen zwischen einem oberen und einem unteren Grenzpreis (vgl. in Abb. 79 die Preise p^1 und p^2) einer monopolistischen (preisautonomen) Zone gegenübersieht, innerhalb der er seinen Produktpreis variieren kann, ohne eine besonders starke Abwanderung seiner Kunden befürchten zu müssen. Er befindet sich in einer monopolähnlichen Stellung. Oberhalb bzw. unterhalb dieser Grenzpreise macht sich seine Konkurrenzbeziehung zu den anderen Anbietern deutlich bemerkbar, die Preis-Absatz-Funktion verläuft wesentlich flacher, sie ist zweifach geknickt *(doppelt geknickte Preis-Absatz-Funktion)*. Setzt er den Preis zu hoch an, verliert er zahlreiche Kunden, ist sein Preis im Vergleich zu den Konkurrenzpreisen verhältnismäßig niedrig, profitiert er von Zuwanderern.

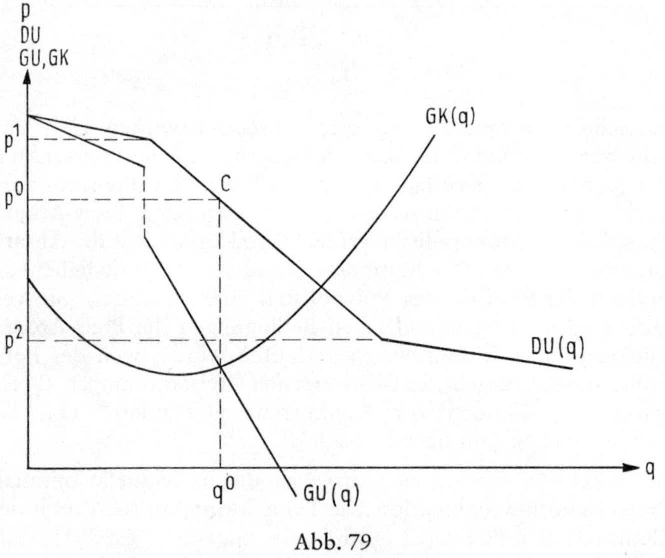

Abb. 79

Die Breite des monopolistischen Bereichs ist bestimmt durch die Stärke der Präferenzen der Nachfrager bezüglich seines Produkts, seines Unternehmens, seiner Person *(aquisitorisches Potential)*. Durch gezielten Einsatz verschiedener absatzpolitischer Instrumente (z. B. Werbung, Service) kann dieses aquisitorische Potential erhöht, der monopolistische Bereich somit ausgedehnt werden.

In der Darstellung kennzeichnen p^0, q^0 wiederum den gewinnmaximalen Preis und die zugehörige Angebotsmenge. Die für die Berechnung des Cournot'schen Punktes C relevante Grenzumsatzkurve GU(q) verläuft in diesem Fall nicht kontinuierlich, sondern weist – bedingt durch die Knickstellen der Preis-Absatz-Funktion – sogenannte „Unstetigkeitsbereiche" auf, von denen in die Abbildung lediglich einer eingezeichnet wurde. (Zur ökonomischen Bedeutung derartiger Bereiche vgl. § 19, Ziff. 2c)

2. Das Oligopol

a) Kennzeichen

Die mangelnde Eindeutigkeit, mit der sich das Oligopol vom Polypol trennen läßt, zeigt die Schwäche einer rein morphologischen Bestimmung der Marktform, insbesondere des Oligopols. Um diese Marktform genauer charakterisieren zu können, ist es nützlich, auch Verhaltenskriterien heranzuziehen (vgl. § 16). In diesem Sinne ist das Oligopol als eine Marktform mit verhältnismäßig wenigen Anbietern zu kennzeichnen, zwischen denen die Interdependenz so groß ist, daß ein Anbieter bei seinen Preisentscheidungen auch mögliche Reaktionen seiner Konkurrenten berücksichtigt. Die Konkurrenzpreise werden nicht mehr als gegebene Größen angesehen, sie gehen vielmehr als Variablen ins Optimierungskalkül ein.

In der weiteren Analyse wird von der engsten Ausprägung des Oligopols, dem *Dyopol* oder *Duopol* (lediglich zwei Anbieter) ausgegangen. Die Beziehung der beiden Dyopolisten ist insoweit interdependent, als der Gewinn jedes Anbieters auch vom Preisverhalten seines Konkurrenten abhängt.

Der Gewinn des Anbieters a (G^a) ist ceteris paribus eine Funktion seines Absatzpreises (p^a) und des Preises seines Konkurrenten b (p^b):

$$G^a = G^a(p^a, p^b)$$

Entsprechend gilt für den Gewinn G^b des Anbieters b:

$$G^b = G^b(p^b, p^a)$$

Durch partielle Differentiation der Gewinnfunktionen G^a nach p^a und G^b nach p^b ergibt sich:

$$\frac{\partial G^a}{\partial p^a} = \frac{\partial G^a}{\partial p^a} + \frac{\partial G^a}{\partial p^b} \cdot \frac{\partial p^b}{\partial p^a}$$

$$\frac{\partial G^b}{\partial p^b} = \frac{\partial G^b}{\partial p^b} + \frac{\partial G^b}{\partial p^a} \cdot \frac{\partial p^a}{\partial p^b}$$

Die Gewinnänderung des Dyopolisten a berechnet sich als Summe aus der Gewinnänderung infolge der eigenen Preisänderung $\frac{\partial G^a}{\partial p^a}$ und der Gewinnänderung infolge der Preisänderung beim Konkurrenten $\left(\frac{\partial G^a}{\partial p^b} \cdot \frac{\partial p^b}{\partial p^a}\right)$, wobei dessen Preisvariation eine Reaktion auf die eigene Preisänderung darstellt. Der Differentialquotient $\frac{\partial p^b}{\partial p^a}$ bzw. $\frac{\partial p^a}{\partial p^b}$ wird *Reaktionskoeffizient* genannt. Ihn numerisch zu bestimmen, ist das besondere Problem einer Preistheorie des Oligopols.

Die Zahl der Oligopolpreismodelle ist groß. Im weiteren werden nur einige wenige Ansätze behandelt.

b) Das Oligopol auf dem vollkommenen Markt

Fällt im Monopolfall die gesamte Marktnachfrage auf einen einzigen Anbieter, so müssen sich im Dyopol die beiden Konkurrenten die Gesamtnachfrage des Marktes teilen. Unter den Bedingungen des vollkommenen Marktes (keine Friktionen, völlig homogene Güter) existiert für beide Dyopolisten ein einheitlicher Preis. Beide werden versuchen, über Variationen der abgesetzten Menge ihre Position zu verbessern (Mengenstrategie), nicht aber Preispolitik treiben, weil bei Preisabweichungen die gesamte Nachfrage dem preiswerteren Konkurrenten zufallen würde — ausreichende Produktionskapazitäten vorausgesetzt — und der andere daher gezwungen wäre, den Preis auf das gleiche Niveau zu senken.

Die älteste Lösung dieses Oligopolproblems stammt von *Cournot*. Nach ihm verhält sich jeder Dyopolist so, als riefen seine Entscheidungen keine Reaktionen des anderen Dyopolisten hervor (Dyopolsituation im rein morphologischen Sinne). Er operiert dabei allein mit der von ihm angebotenen Menge.

Um das Oligopolgleichgewicht bestimmen zu können, muß zurückgegriffen werden auf die individuellen Preis-Absatz-Funktionen der beiden Dyopolisten. Indem jeweils die Angebotsmenge des anderen parametrisch verändert wird, lassen sich zwei sog. *Reaktionskurven* ableiten. Die Reaktionskurve eines Dyopolisten ist der geometrische Ort aller gewinnmaximalen Preis-Mengen-Kombinationen für alternative Angebotsmengen des anderen Dyopolisten; alle Punkte auf dieser Kurve stellen folglich individuelle Gleichgewichte dar. Werden die Reaktionskurven beider Dyopolisten in einem Diagramm vereinigt, kennzeichnet der Schnittpunkt der Reaktionskurven das simultane Gleichgewicht beider Dyopolisten.

Die Abbildungen 80 und 81 dienen der Herleitung dieses Ergebnisses. In Abb. 80 sind alternative Preis-Absatz-Funktionen des Dyopolisten a für verschiedene Angebotsmengen $q^{b1} < q^{b2} < q^{b3} < q^{b4}$ des Dyopolisten b eingezeichnet. Je mehr Dyopolist b anbietet, desto geringer ist der Teil der Gesamtnachfrage, der auf Dyopolist a entfällt; seine Preis-Absatz-Funktion verschiebt sich parallel zum Ursprung hin.

Zu den alternativen Preis-Absatz-Funktionen gehören die jeweiligen Grenzumsatzkurven GU^{a1}, GU^{a2}, GU^{a3}, GU^{a4}. Die Grenzkosten GK seien konstant. Der Dyopolist a maximiert seinen Gewinn, wenn er nach der Entscheidungsregel „Grenzkosten gleich Grenzumsatz" handelt. Demgemäß bietet er die Mengen q^{a1}, q^{a2}, q^{a3}, q^{a4} zu den Preisen p^1, p^2, p^3, p^4 an, wenn

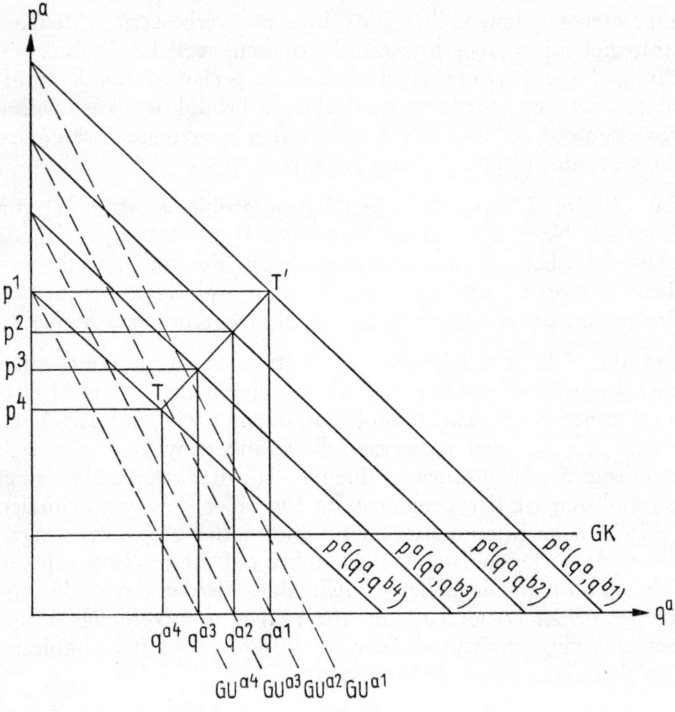

Abb. 80

Dyopolist b die Mengen q^{b1}, q^{b2}, q^{b3}, q^{b4} realisiert. Bei kontinuierlicher Variation der Angebotsmenge durch den Dyopolisten b ist TT′ der geometrische Ort aller Cournot'schen Punkte (Cournot'sche Linie) des Dyopolisten a, deren Koordinaten die jeweils gewinnmaximalen Angebotsmengen und -preise sind.

Werden die jeweils einander paarweise zugeordneten Mengen q^a und q^b (z. B. q^{a1}, q^{b1}; q^{a2}, q^{b2}; usw.) in ein gesondertes Diagramm übertragen, auf dessen Achsen die Angebotsmengen der beiden Dyopolisten q^a und q^b skaliert sind, erhält man die Reaktionskurve des Dyopolisten a (vgl. Abb. 81). Sie ist der geometrische Ort aller gewinnmaximalen Mengen des a bei

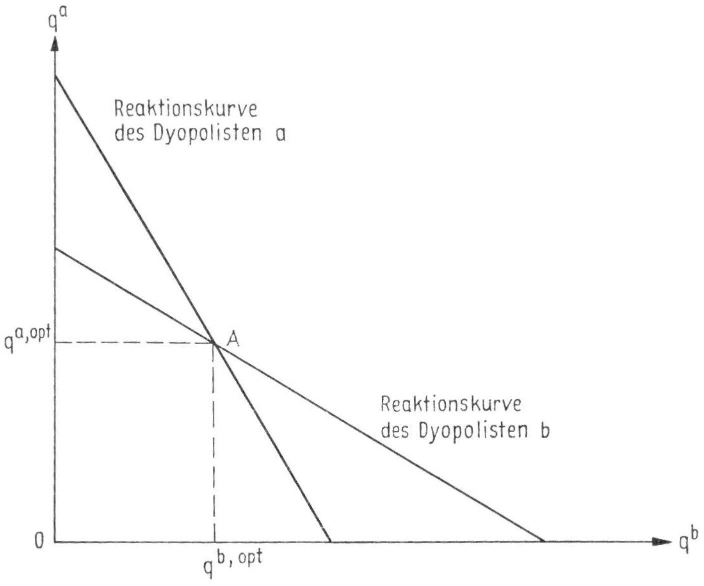

Abb. 81

verschiedenen Angebotsmengen des b. Analog (entsprechend zu Abb. 80) läßt sich die Reaktionskurve des b ableiten. Im Schnittpunkt A der Reaktionskurven maximieren beide Anbieter gleichzeitig ihren Gewinn. Ihre Erwartungen erfüllen sich, so daß keine Anpassungsreaktionen erforderlich sind. Es besteht Gleichgewicht auf dem Dyopolmarkt. Wegen der Annahme eines vollkommenen Marktes gilt dann für beide auch der gleiche Preis ($p^a = p^b$).

Bei der Ableitung des Gleichgewichts wurde noch einmal deutlich, wie sich Cournots Verhaltensannahme auswirkt, daß jeder der beiden Dyopolisten die Entscheidung des anderen als gegeben ansieht: Jeder trifft unter diesem Gesichtspunkt seine optimale Entscheidung und rechnet nicht mit einer Reaktion des anderen auf die eigene Maßnahme (symmetrisch-autonome Mengenstrategie).

Die Schwäche des dargelegten Modells besteht offensichtlich in seiner unveränderlichen Erwartungsstruktur, nach der so getan wird, als wenn der Konkurrent auf eigene Aktionen nicht reagiert, obwohl jeder einzelne Anpassungsschritt in Richtung auf ein gemeinsames Gleichgewicht gerade diese Annahme widerlegt. Lernprozesse finden also bei den beiden Anbietern nicht statt.

Im Laufe der Zeit sind weitere mengenstrategische Lösungen für das Oligopolproblem auf dem vollkommenen Markt entwickelt worden. Erwähnt seien hier nur die Ansätze von Stackelberg und Bowley. Darüber hinaus gab es auch preisstrategische Lösungsvorschläge (Bertrand, Edgeworth), bei denen es sich aber um ausgesprochene Sonderfälle der Dyopoltheorie handelt.

Die starke Interdependenz zwischen den Aktionen und Reaktionen einiger weniger Anbieter bringt es mit sich, daß preispolitische Maßnahmen eines Oligopolisten die Stellung anderer ernsthaft gefährden können. Um solche lästigen Einflüsse auszuschalten und gemeinsam höhere Gewinne erzielen zu können, begünstigen Oligopole mit relativ geringer Anbieterzahl *(enge Oligopole)* stillschweigende oder vertragliche Unternehmenszusammenschlüsse *(Tendenz zum Monopol)*. Mit Einschränkungen läßt sich unter diesen Umständen das für den Monopolfall entwickelte Instrumentarium heranziehen, um die Preisfindung zu erklären.

c) Das Oligopol auf dem unvollkommenen Markt

Die Situation des Oligopols auf dem unvollkommenen Markt unterscheidet sich von der des Oligopols auf dem vollkommenen Markt in mehreren wesentlichen Punkten:

- Aufgrund bestehender Marktunvollkommenheiten ist die Interdependenz zwischen den Anbietern abgeschwächt. Je größer diese Unvollkommenheiten sind, um so breiter ist gegebenenfalls der monopolistische Handlungsspielraum der Anbieter.

- Die Gesamtabsatzsituation auf dem Markt läßt sich nur durch ein System individueller Preis-Absatz-Funktionen darstellen, denen nicht völlig identische (heterogene) Güter zugrunde liegen.
- Gegenüber der Mengenstrategie tritt die Preisstrategie eindeutig in den Vordergrund.

Es gibt zahlreiche Modelle, die für die Preisbildung auf dem unvollkommenen Oligopolmarkt entwickelt wurden. Es soll hier nur eine relativ einfache, aber sehr aufschlußreiche Variante vorgeführt werden. Betrachtet wird ein Oligopolist, der einen bestimmten Preis (p^1 in Abb. 82) für sein Gut gesetzt hat. Es gelte nun folgende asymmetrische Verhaltenshypothese: Bei Preissenkungen rechnet der Oligopolist damit, daß seine Konkurrenten sofort nachziehen, während er bei Preiserhöhungen davon ausgeht, daß ihre Preise unverändert bleiben und sein

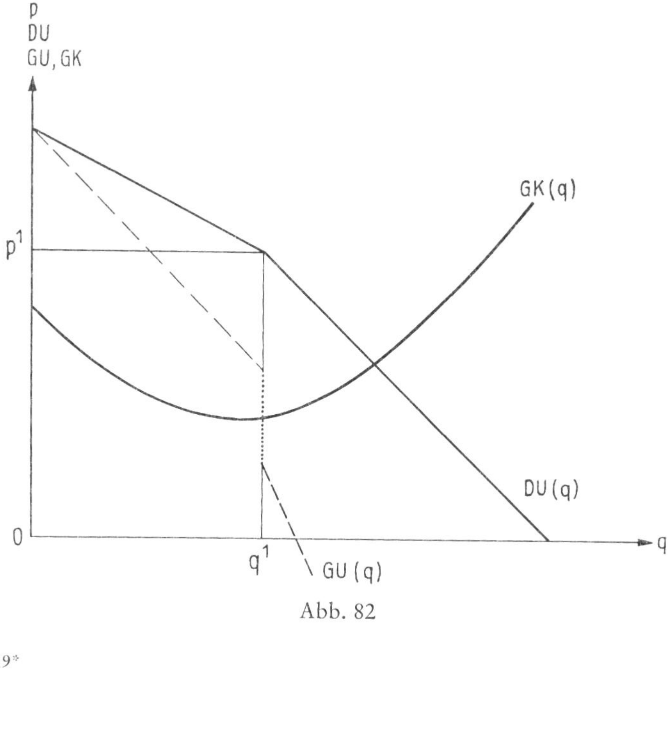

Abb. 82

Absatz sich somit stark vermindert. Unter dieser Annahme weist die individuelle Preis-Absatz-Funktion einen Knick in Höhe des Ausgangspreises auf.

Die Grenzumsatzkurve GU(q) besitzt an der Stelle, an der die Preis-Absatz-Funktion DU(q) ihren Knick hat, einen Unstetigkeitsbereich (bei q^1 in der Abb. 82). Verläuft nun die Grenzkostenkurve GK(q), wie in der Abbildung dargestellt, durch diesen Unstetigkeitsbereich, so ist trotz einer Änderung der Grenzkosten nicht mit einer Preisänderung zu rechnen, solange die Grenzkostenkurve weiterhin innerhalb dieses Bereiches liegt; p^1 ist nach wie vor der gewinnmaximale Preis.

Der auf *Sweezy* sowie *Hall* und *Hitch* zurückgehende Gedankengang der *geknickten Preis-Absatz-Funktion* („kinky demand curve") kann als theoretische Erklärung für die in der Realität häufiger zu beobachtende relative *Preisstarrheit* (Preisrigidität) auf oligopolistischen Märkten herangezogen werden. Erst bei größeren Verlagerungen der individuellen Grenzkostenkurven, etwa als Folge von Tarifverhandlungen, die alle Anbieter ungefähr gleichmäßig treffen, kommt es zu mehr oder weniger ausgeprägten Preisschüben. Gleichzeitig deutet sich hier eine Relativierung des Gewichts des Aktionsparameters Preis im Rahmen des absatzpolitischen Instrumentariums eines Unternehmens an. Werbung, Produktgestaltung, Serviceleistungen etc. gewinnen an Bedeutung. Unter diesem Aspekt wäre die Oligopoltheorie einzubetten in eine allgemeine Theorie der unternehmerischen Absatzpolitik. Die Einbeziehung aller absatzpolitischen Parameter geht aber über den Rahmen einer Preistheorie weit hinaus.

§ 20 Totales statisches Marktgleichgewicht auf dem Idealmarkt

1. Preissteuerung und Systemgleichgewicht

Mikroökonomische Analysen der Einzelwirtschaften (Haushalte, Unternehmungen) und partielle Analysen einzelner Märkte heben die untersuchten Beziehungen isolierend aus der gesamtwirtschaftlichen Interdependenz heraus, indem durch ceteris-paribus-Annahmen jeweils ein konstanter Datenkranz geschaffen wird. Bei der Untersuchung einer Volkswirtschaft im Ganzen sind die Interdependenzen aller wirtschaftlichen Größen zu beachten. Jeder Preis, welcher Angebot und Nachfrage auf einem einzelnen Markt ausgleicht, wird auch beeinflußt durch die Preise anderer Märkte. Deshalb ist das *Systemgleichgewicht* definierbar durch die Gleichgewichtspreise aller Märkte *(totales Marktgleichgewicht)*. Schon bei den klassischen Ökonomen (wie Cantillon, Smith) findet sich eine solche Vorstellung des Preissystems. *Léon Walras* stellte als erster diesen Gesamtzusammenhang in der exakten Form eines mathematischen Systems simultaner Gleichungen dar (vgl. „Eléments d'économie politique pure", 1874).

Das Systemgleichgewicht wird meist in zweifacher Weise analysiert:

(1) In statischer und komparativ-statischer Betrachtung: Hier werden vor allem Existenz und Stabilität des Systemgleichgewichts untersucht (so zuerst und beispielgebend durch Walras).

(2) In dynamischer Betrachtung: In diesem Fall werden Prozesse untersucht, die – unter Umständen nur tendenziell – zum Systemgleichgewicht hin oder von ihm weg führen.

Die freie Preisbildung im Modell des Idealmarktes bringt und hält das System aller Preise und mithin aller Märkte einer Volkswirtschaft ins bzw. im Gleichgewicht. An einige wichtige konstitutive Bausteine dieses Modells sei erinnert: Anbieter und Nachfrager schließen auf den Märkten ihre Verträge zu den für sie günstigsten Bedingungen ab und maximieren dadurch ihren Nutzen bzw. ihren Gewinn. Jeder einzelne Marktteilnehmer ist in bezug auf die Beeinflussung der Marktbedingungen machtlos, so daß die Preisbildung den Grad der Knappheit und die Begehrtheit der Güter objektiv wiedergibt und den Wirtschaftssubjekten jeweils den besten Weg für die Verfolgung ihrer Ziele weist. Da alle Wirtschaftssubjekte frei handeln wollen und können, reguliert sich die den individuellen Plänen entsprechende Zuteilung knapper Mittel in diesem Modell

„von selbst“. Die Funktionsfähigkeit dieses marktwirtschaftlichen Preismechanismus ist gewährleistet, weil die Märkte vollständig, homogen, offen, frei und atomistisch sind (vgl. § 15, Ziff. 2).

Diesem Modell freier Preisbildung entsprechen die realen Preisbildungsvorgänge nicht oder nur entfernt. Es dient jedoch als Bezugssystem, wobei die neoklassische Ansicht dahingeht, die im Modell aufgewiesenen Zusammenhänge tendenziell auch als in der Wirklichkeit wirksam zu sehen.

2. Das Wohlfahrtsoptimum

Unter den Bedingungen des Idealmarktes kennzeichnet das Systemgleichgewicht zugleich das gesamtwirtschaftliche Wohlfahrtsoptimum. In diesem Zustand ist eine solche Zuteilung der knappen Mittel auf die durch individuelle Bewertungen geordneten Zwecke erreicht, daß keine Umverteilung (Re-Allokation) der Mittel den Gesamtnutzen noch zu erhöhen vermag. Dieser Gesamtnutzen, Maßstab der *ökonomischen Wohlfahrt* einer Volkswirtschaft, ist allerdings nur der Ausdruck eines rein formalen Prinzips: Kein Wirtschaftssubjekt ist in der Lage, den von ihm erreichten wirtschaftlichen Zustand in einen als vorteilhafter angesehenen zu verwandeln, weil es bei den bestehenden Bedingungen hierfür keine Chancen mehr gibt. In bezug auf die Preise der von ihm angebotenen und nachgefragten Güter heißt das: Er kann nicht teurer verkaufen und nicht billiger einkaufen.

Einige der Bedingungen, die für ein solches, auch als *Pareto-Wohlfahrtsoptimum* bezeichnetes totales Konkurrenztauschgleichgewicht simultan erfüllt sein müssen, sind:

– *Gleichgewicht der Tauschraten der Verbrauchsgüter*: Die Grenzrate der Substitution zwischen zwei Gütern ist für einen Haushalt, der beide Güter konsumiert, gleich dem umgekehrten Verhältnis der Grenznutzen, und dieses ist für alle, die diese beiden Güter begehren, gleich. Eine solche Aufteilung der Güter auf die Wirtschaftssubjekte setzt voraus, daß jede lohnende Tauschmöglichkeit zwischen zwei Wirtschaftssubjekten erschöpft ist (vgl. Kap. II).

- *Gleichgewicht im Faktoreinsatz*: In allen Unternehmungen, die ein homogenes Gut produzieren, ist die Grenzrate der Substitution für zwei Faktoren gleich dem umgekehrten Verhältnis der Grenzproduktivitäten (vgl. Kap. IV). Bei Erfüllung dieser Bedingung ist die optimale Allokation der Produktionsfaktoren auf die Betriebe erreicht. Die Güter werden dann volkswirtschaftlich kostenminimal produziert.
- *Gleichgewicht in der Zusammensetzung des produzierten Güterbündels*: Wenn Faktoren in der Produktion verschiedener Güter eingesetzt werden können, muß der Wert ihrer Grenzprodukte in jeder Produktion gleich sein. Dabei müssen die Preise, die bei der Bestimmung des Wertes der Grenzprodukte verwendet werden, zugleich jene sein, die sich aus dem Gleichgewicht der Tauschraten (erstgenannte Bedingung) ergeben. Dann ist die Grenzrate der Substitution zweier Güter gemäß der Wertschätzung der Haushalte gleich der Grenzrate der „technischen" Transformierbarkeit der beiden Güter in der Produktion (vgl. Kap. IV).
- *Gleichgewicht von Wert des Grenzproduktes und Faktorentgelt*: Der Preis (Entgelt) für homogene Faktoreinheiten muß gleich dem Wert des Grenzproduktes des Faktors sein (vgl. Bd. III). Für das Faktorangebot bedeutet dies gleichzeitig, daß bei dieser Angebotsmenge der „Nutzen" aus dem Entgelt gleich dem mit der Leistung erbrachten „Opfer" (bzw. entgangenen Nutzen) ist. Bezogen auf den Faktor Arbeit gilt: Im Gleichgewicht ist der Lohn gleich dem Grenzleid der Arbeit (Verzicht auf Freizeit). Gemäß der drittgenannten Bedingung muß das Entgelt in allen Einsätzen des Faktors gleich sein.
- *Gleichgewicht in der zeitlichen Ausdehnung der Produktion*: Faktoren können wahlweise eingesetzt werden zur Produktion „heutiger" und zur Produktion „künftig" erst verfügbarer Verbrauchsgüter (d. h. zur Produktion von Kapitalgütern als „Umweg" der Produktion von Verbrauchsgütern). Technische Bedingungen ergeben eine Rate des „Mehrprodukts" bei unterschiedlichen Mengen von Kapitaleinsätzen, eine „Rendite" des Kapitals in zeitlicher Erstreckung. Diese

„technische“ Substitutionsrate zwischen „Gegenwartsgütern“ und „Zukunftsgütern“ muß im Gleichgewicht der marginalen Zinsrate entsprechen, zu der die Haushalte bereit sind, weitere Einkommensteile statt für den heutigen Konsum für Sparzwecke zu verwenden. Die Gleichgewichtsbedingung fordert, daß dieser Ausdruck der „Zeitpräferenz“ der Haushalte gleich sei dem Grenzertrag der Investierungen (vgl. Bd. III).

§ 21 Ansätze einer dynamischen Preistheorie

1. Preisbildung als Prozeß

Die bisherigen Ausführungen beschränken sich auf eine statisch bzw. komparativ-statisch konzipierte Preistheorie, d. h. die jeweils untersuchten Variablen bezogen sich alle auf denselben Zeitpunkt bzw. Zeitraum (vgl. Bd. I, § 11). Diese Methodik ist typisch für die Preistheorie, es finden sich aber auch Ansätze einer dynamischen Analyse. Nur auf diese Weise lassen sich Anpassungsvorgänge, die begriffsnotwendig Zeit beanspruchen, befriedigend darstellen. Jedoch ist die ökonomische Analyse derartiger Preisbildungsprozesse noch ungenügend ausgebaut. Von den vorliegenden Ansätzen wird in § 21, Ziff. 2 das sog. „Spinngewebetheorem“ erörtert.

Im methodischen Ansatz zwar komparativ-statisch, aber auf die Berücksichtigung des Zeitfaktors ausgerichtet, ist *Alfred Marshalls* Vorgehen. Er unterscheidet zwischen:

– *Marktpreis*: Preis eines Gutes für eine Periode, in der die Menge des Angebots durch die gegebene Produktion der Periode und durch den Lagerbestand bestimmt ist.

– *Kurzfristiger Preis*: Preis eines Gutes für eine Periode, in der die Produktionsmenge variabel, aber der Produktionsapparat gegeben ist.

– *Langfristiger Preis*: Preis eines Gutes für eine Periode, in der auch der Produktionsapparat variabel ist.

In Abb. 83 werden diese unterschiedlichen, zeitabhängigen Anpassungsformen des Angebots exemplarisch veranschaulicht: Auszugehen ist vom Gleichgewicht p^0, q^0 (Schnittpunkt der N_1N_1'-Kurve mit der A_kA_k'-Kurve). Eine Verschiebung der Nachfragekurve auf N_2N_2' bewirkt, daß der Preis bei voller Flexibilität zunächst auf p^3 ansteigt, wenn das Angebot nicht spontan reagieren kann. Bei extrem kurzfristiger Betrachtung ist das Angebot in der Tat konstant in Höhe von q^0. Auf etwas längere Sicht dehnen die Unternehmen die Produktmenge gemäß der kurzfristigen Angebotsfunktion A_kA_k' aus, der Preis fällt auf p^2, die Absatzmenge steigt auf q^2. Bleibt den Anbietern genügend Zeit, auch den kurzfristig gegebenen Produktionsapparat an die gestiegene Nachfrage anzupassen, ergibt sich das langfristige

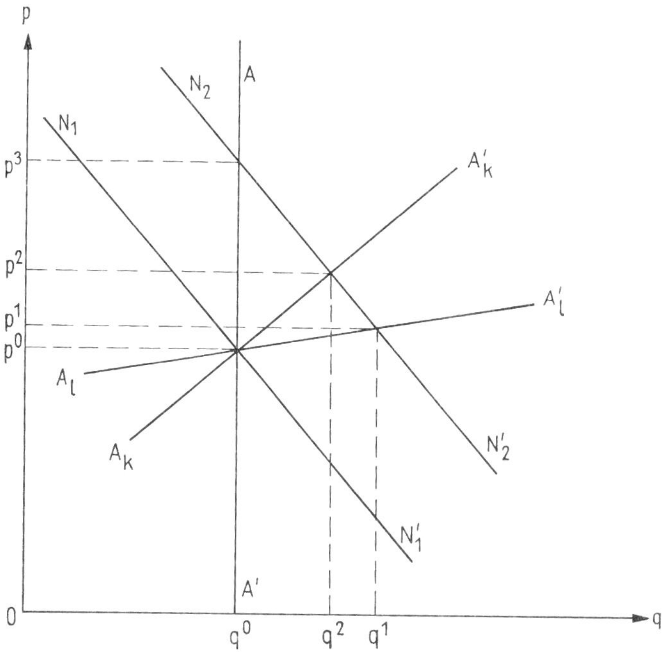

Abb. 83

Gleichgewicht als Schnittpunkt der N_2N_2'-Kurve mit der langfristigen Angebotskurve A_1A_1'; p^1 und q^1 bezeichnen dann den langfristigen Gleichgewichtspreis und die langfristige Angebotsmenge.

Die in der Abbildung dargestellten Verläufe sind willkürlich; im Grenzfall könnte der langfristige Gleichgewichtspreis wiederum p^0 betragen. Eine wichtige ökonomische Hypothese wird jedoch erkennbar: Die Elastizität des mengenmäßigen Angebots steigt mit zunehmender Länge der Anpassungsperiode.

2. Das Spinngewebetheorem

Jede Produktion erfordert Zeit. Die Anpassung der Produktionsmenge an veränderte Nachfragesituationen erfolgt deshalb mit einer mehr oder weniger langen zeitlichen Verzögerung (time-lag). Daher kann die Bewegung von einem Preisgleichgewicht zum anderen mit unterschiedlicher Intensität schwanken und verschieden lang dauern. Bestehen besondere Marktbedingungen, kann der neue Gleichgewichtspreis vorübergehend oder sogar ständig verfehlt werden. Das Spinngewebetheorem (*Cobweb-Theorem*) behandelt diese Erscheinung unter folgenden Annahmen:

– Die Nachfragemenge (q^N) paßt sich unmittelbar dem Preis der gleiche Periode an.

$$q_t^N = q^N(p_t)$$

– Die Angebotsmenge ist kurzfristig (d. h. in derselben Periode) völlig unelastisch.

– Längerfristig reagiert das Angebot (q^A) mit einer zeitlichen Verzögerung von einer Periode (sog. *Robertson-Lag*): Die Unternehmer gehen dabei von der Erwartung aus, daß der Preis der kommenden Periode (p_{t+1}^e) gleich dem in dieser Periode geltenden Preis (p_t) ist.

$$p_{t+1}^e = p_t \quad \text{bzw.} \quad p_t^e = p_{t-1}$$

Deshalb gilt für das geplante Angebot der Periode t:

$$q_t^A = q^A(p_{t-1}) = q^A(p_t^e)$$

- Die Lagerhaltung bleibt unverändert, d. h. alle produzierten Güter werden nach ihrer Fertigstellung auf den Markt gebracht.

In der graphischen Darstellung (Abb. 84) ist die gleichgewichtige Ausgangssituation gekennzeichnet durch den Schnittpunkt der Nachfragekurve N_1N_1' mit der längerfristigen Angebotskurve AA'; Gleichgewichtspreis und Gleichgewichtsmenge sind p^0 und

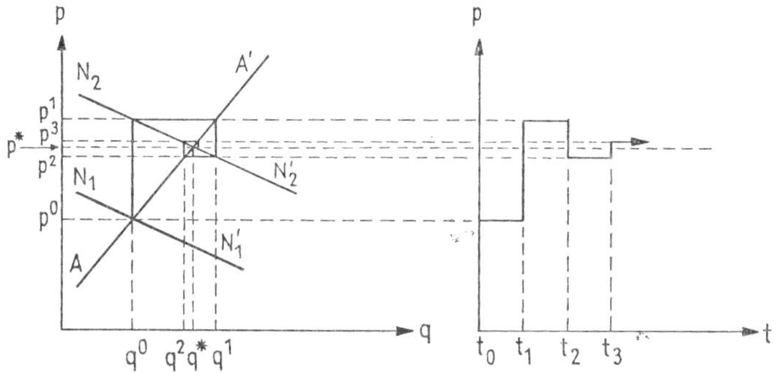

Abb. 84

q^0. Verschiebt sich die Nachfragekurve nach N_2N_2', wird das Gleichgewicht gestört. Ist das Angebot kurzfristig völlig unelastisch, verläuft die Angebotskurve parallel zur Ordinate im Abstand q^0. Es bildet sich der neue Preis p^1. Da die Unternehmer in ihren Planungen davon ausgehen, daß dieser Preis auch in der folgenden Periode bestehen wird, passen sie ihr Angebot entlang der Kurve AA' an den gestiegenen Preis an, wobei die Menge eine Ausdehnung auf q^1 erfährt, tatsächlich aber nur zum Preis p^2 voll abgesetzt werden kann. Sie reagieren daraufhin mit einer Mengenreduzierung auf q^2, mit der Folge, daß der Preis kurzfristig erneut auf p^3 ansteigt. In der anschließenden Periode wird die Produktion wiederum ausgeweitet, usw.

Der in der Zeichnung markierte Weg der Anpassung an das neue Gleichgewicht (p^*, q^*) ähnelt einem Spinngewebe. Preis wie auch Menge nähern sich dabei in Form von Schwingungen mit abnehmenden Amplituden dem neuen Niveau. Verläuft die Nachfragekurve N_2N_2' steiler als die Angebotskurve A', nehmen die Amplituden der Schwingungen sogar zu, ein Gleichgewicht wird nicht erreicht. Ebenso bei (absolut) gleichen Neigungen der Kurven in bezug auf eine Senkrechte; die Ausschläge der Schwingungen sind dann konstant.

Empirische Studien haben gezeigt, daß sich die Entwicklung der Marktpreise verschiedener Güter im Zeitablauf näherungsweise durch das Spinngewebetheorem erklären läßt. Klassisches Beispiel ist der von *Arthur Hanau* (Die Prognose der Schweinepreise, 1927/30) für die Zeit vor 1914 ermittelte Schweinezyklus. Danach zeigte sich, daß in Deutschland in einem Abstand von etwa $1^1/_2$ Jahren hohes Angebot an Schweinen mit niedrigem Preis und geringes Angebot mit hohem Preis aufeinander folgten.

Eine Kritik des Spinngewebetheorems hat vor allem an folgender Prämisse anzusetzen: Die Anbieter gehen im Modell davon aus, daß der gegenwärtige Preis auch in der nächsten Periode gilt und richten sich mit ihrer Produktion danach. Obwohl sie ständig durch das Marktgeschehen widerlegt werden, ändern sie ihre Erwartungen nicht. Mit anderen Worten: Lernprozesse finden nicht statt. Insoweit kann das Theorem keine allgemeine Gültigkeit beanspruchen. Andererseits wird an dem behandelten Beispiel die begrenzte Aussagefähigkeit einer komparativ-statischen Analyse deutlich. Während sich aufgrund dieser Methodik im vorliegenden Fall ein stabiles Gleichgewicht ergibt, können sich bei dynamischer Betrachtung Instabilitäten zeigen.

3. Das Informationsproblem

Soweit sich die bisher behandelten Preisbildungsmodelle auf Idealmärkte bezogen, unterstellten sie, die Marktteilnehmer seien über alle entscheidungsrelevanten Marktumstände richtig und vollständig informiert. Diese Annahme *vollkommener Information* (vgl. § 15, Ziff. 2) ist notwendig für die Gültigkeit des

„Jevons'schen Gesetzes der Preisindifferenz auf einem Markt" (vgl. § 16, Ziff. 4). *Walras* und *Edgeworth*, die bei der Konstruktion ihrer Marktgleichgewichtsmodelle auch auf das Informationsproblem gestoßen waren, begegneten ihm mit Scheinlösungen (vgl. § 17, Ziff. 4): Während Edgeworth die Idee des „Rekontraktionsprozesses" entwickelte, führte Walras den „Auktionator" ein; dieser ist zu verstehen als eine fiktive zentrale Marktinstanz, von der alle marktrelevanten Informationen gesammelt, ausgewertet und kostenlos den Marktteilnehmern zugänglich gemacht werden. Die Schlüsselinformation ist dabei der Gleichgewichtsmarktpreis.

Diese Ausschaltung des Markttransparenz-Problems mittels Institutionen, die in Wirklichkeit nur in Ausnahmefällen existieren, wird heute in wachsendem Maße als unhaltbar angesehen. Tatsächlich sind die von Anbietern und Nachfragern benötigten Informationen in der Regel weder vollständig und irrtumsfrei noch ohne Kosten zu erlangen. Daher werden in der neueren Literatur Preisbildungsprozesse immer häufiger unter der Bedingung unvollkommener und kostspieliger Information betrachtet.

Der Vorgang der Informationsgewinnung läßt sich als Such- bzw. Produktionsprozeß auffassen, der Kosten verursacht. Sind nämlich Informationen kein freies Gut, das heißt nicht unbeschränkt verfügbar, so erfordert ihre Gewinnung den Aufwand von Zeit, Mühe und Faktoren. Informationserlöse gegenüber den Informationskosten ergeben sich im Verlauf des Suchprozesses, wenn günstigere Angebote bzw. Nachfragen als die zunächst bekannten aufgefunden werden. Der rational handelnde, das heißt hier am Nutzen- bzw. Gewinnmaximum orientierte Marktteilnehmer wird jedoch die Suche nicht bis zum Stand vollkommener Information voranzutreiben haben. Vielmehr wird er die Suche abbrechen, wenn der Punkt des Ausgleichs von Grenzkosten und Grenzerlösen der Informationsbeschaffung erreicht ist.

Gesetzt, einem Nachfrager stellt sich die Aufgabe, die bei unvollkommener Markttransparenz unterschiedlichen Anbieterpreise in Erfahrung bringen zu müssen. Mit der Annahme nur unterproportional zunehmenden Informationserlöses von Suchakt zu Suchakt ergeben sich abnehmende Grenzerlöse der Informationssuche. Für die Informationskosten seien wegen wachsender Anstrengungen steigende Zuwächse unterstellt. Es ergibt sich so ein Schnittpunkt der Grenzerlös- mit der Grenzkostenkurve, der im „Normalfall" als vor dem Informationsmaximum (= vollkommene Information über sämtliche Anbieterpreise) liegend zu vermuten ist.

Die Abkehr von der Annahme ohne weiteres verfügbarer und kostenloser Information hat für einige Autoren auch Konsequenzen dafür, wie die Rolle der Preisanpassung im Falle auftretender Marktungleichgewichte zu beurteilen ist. Anbieter beispielsweise, die sich mit plötzlichen Nachfrageschwankungen konfrontiert sehen, haben zwei prinzipielle Möglichkeiten, auf diese Ungleichgewichtssituation zu reagieren:

(1) Entweder: Sie variieren bei konstanter Angebotsmenge kurzfristig die Preise, bis diese die markträumende Höhe erreichen (*Preisanpassung*).

(2) Oder: Sie passen bei unveränderten Preisen kurzfristig die Mengen an durch Variation des Produktionsvolumens; Läger und Lieferfristen können zusätzlich als Puffer eine Rolle spielen (*Mengenanpassung*).

Bei unvollkommener Information sind nun auf Märkten, deren Angebots-Nachfrage-Relation sich ändert – im Gegensatz zur Ansicht Marshalls (vgl. § 21, Ziff. 1) – die Mengen kurzfristig hoch flexibel, die Preise hingegen nur wenig oder gar nicht. Die Preisanpassung ist also nicht der Anpassungsprozeß par excellence, denn sie erfordert Kenntnis vom markträumenden Preis, die nicht ohne zeit- und kostenaufwendige Suche zu erlangen ist. Darüber hinaus müssen Verkäufer und Käufer die Informationssuche fortsetzen, wenn sie ihre Pläne optimal gestalten wollen. Die entstehenden Informationskosten sind u. U. größer als die Lager- und Wartekosten, die insgesamt bei „bloßer" Mengenanpassung anfallen.

Bei veränderter Konstellation von Angebot und Nachfrage kann somit die Mengenreaktion für jeden Marktteilnehmer günstiger sein als eine Preisreaktion. Das gilt aber nur so lange, wie es sich um plötzliche oder zufällige Verschiebungen handelt. Erweist sich etwa eine Nachfrageänderung als dauerhaft, so werden nach erfolgter Informationsbeschaffung Erwartungen und Pläne revidiert, und es erfolgen auch Preisanpassungen mit dem Ziel, Markträumung zu erreichen. Längerfristig tendiert mithin für die Analyse auch ein Markt mit unvollkommener Information zum räumenden Gleichgewichtspreis, sofern sich die Wirtschaftssubjekte rational verhalten.

Dieses Ergebnis erscheint allerdings nur vertretbar, soweit ein Einzelmarkt untersucht wird. Kommt das gesamte interdependente System von Märkten in Betracht und werden zudem die monetären Einflüsse beachtet, so können die zwischenmarktlichen Anpassungsprozesse sich auf einen Einzelmarkt stabilisierend oder destabilisierend auswirken, Gleichgewicht oder Ungleichgewicht herbeiführen (vgl. dazu Bd. IV).

4. Elastizität der Preiserwartung

Für unternehmerische Entscheidungen sind sowohl heutige, als auch künftige, erwartete Absatzpreise von Bedeutung. Zwar wird im allgemeinen die Orientierung an gegenwärtigen Preisen erfolgen, aber erfahrungsgemäß sind Erwartungen (zukunftsorientierte Einstellungen) häufig starken psychologischen Einflüssen ausgesetzt, die bei den Wirtschaftssubjekten gleichsinnig verlaufen können und dann u. U. von erheblicher Wirkung auf Produktions- und Absatzentscheidungen sind. Dadurch können wiederum die gesamtwirtschaftliche Beschäftigung sowie die Preisniveauentwicklung berührt werden.

Ein Vergleich heutiger mit künftig erwarteten Preisen kann namentlich im Handel zu erheblichen Lagerbestandsveränderungen führen, so daß die Bestellungen bei den Produktionsunternehmen entsprechend ausgedehnt bzw. eingeschränkt werden. Die Erwartungsbildung in einem Wirtschaftssektor ist aufgrund der bestehenden Interdependenzen auch von Bedeutung für andere Sektoren und erfordert dort entsprechende Anpassungsvorgänge. Überlegungen dieser Art sind von Wichtigkeit für die Erklärung des Konjunkturverlaufs.

Für Entscheidungen im Produktionsbereich ist vor allem wesentlich das Verhältnis heutiger Faktorpreise zu erwarteten künftigen Produktpreisen, denn der Unternehmer ist Nachfrager heutiger und Anbieter künftiger Güter.

Analytisches Instrument zur Behandlung dieser Beziehungen ist die *Elastizität der Preiserwartung* (*Hicks*). Sie drückt als „direkte Elastizität der Preiserwartung“ das Verhältnis zwischen der prozentualen (relativen) Änderung des erwarteten Preises und der prozentualen (relativen) Änderung des gegenwärtigen Preises desselben Gutes aus. Als „Kreuz-Elastizität der Preiserwartung“ stellt sie ab auf die entsprechenden Beziehungen zwischen verschiedenen Gütern, namentlich Produktionsmitteln und Produkten. Sie kann darüber hinaus auch bei Veränderungen des gesamtwirtschaftlichen Preisniveaus sinnvoll angewandt werden.

Ist p_0 der gegenwärtige und p_t^e der für den Zeitpunkt t erwartete Preis eines Gutes, so gilt für die direkte Elastizität der Preiserwartung (ϱ):

$$\varrho = \frac{\partial p_t^e}{p_t^e} : \frac{\partial p_0}{p_0} = \frac{\partial p_t^e}{\partial p_0} \cdot \frac{p_0}{p_t^e}.$$

Steigt beispielsweise der gegenwärtige Preis eines Gutes von 10 auf 11, der erwartete von 12 auf 13,5, so ist

$$\varrho = \frac{1{,}5}{12} : \frac{1}{10} = 1{,}25.$$

D. h., die Erhöhung des gegenwärtigen Preises um 1% (10%) ist verbunden mit einer Zunahme des erwarteten Preises um 1,25% (12,5%).

Ist die Elastizität der Preiserwartung kleiner als eins, wird erwartet, daß der zukünftige Preis weniger stark steigt als der gegenwärtige. Wird die Nachfrage deshalb in die Zukunft verlagert und das Angebot in die Gegenwart, entsteht eine Tendenz zur Preisstabilisierung. Auf umgekehrte Weise kann eine Elastizität größer als eins destabilisierend wirken (Nachfrage wird in die Gegenwart, Angebot in die Zukunft verlegt). Vor allem kumulative Preisentwicklungen in der konjunkturellen Expansion sind bedingt durch solche Elastizitätswerte.

VI. Wettbewerbstheorie

§ 22 Grundlegung

1. Wettbewerbstheorie und Preistheorie

Die Beschäftigung mit dem Phänomen „Wettbewerb" hat die Diskussion preistheoretischer Probleme von jeher begleitet. Seit der Veröffentlichung eines von der Fachwelt als grundlegend anerkannten Beitrags von *John Maurice Clark* (Toward a Concept of Workable Competition, 1940) rückt jedoch die wettbewerbstheoretische Fragestellung immer mehr in den Vordergrund, während das Interesse an der im engeren Sinne verstandenen Preistheorie allgemein nachläßt.

Allerdings könnte man die heutige Wettbewerbstheorie durchaus als eine – wenn auch einseitige – Weiterentwicklung der überkommenen Preistheorie auffassen. Jedoch wird diese Auffassung von den Wettbewerbstheoretikern meist nicht geteilt, da sie in ihrer Mehrzahl dazu neigen, die Preistheorie nunmehr ihrer eigenen Disziplin unterzuordnen. Die Preistheorie – so könnte man sagen – stellt sich aus dieser Perspektive nur noch als ein zwar gut ausgebautes, in seiner Aussagefähigkeit aber begrenztes Teilgebiet einer allgemeinenWettbewerbs- und Markttheorie dar.

Wie dem auch sei, die moderne Wettbewerbstheorie kann zu einem großen Teil als eine bewußte Alternative zu den als unbefriedigend empfundenen Modellansätzen der neoklassisch orientierten Preistheorie verstanden werden. Insofern stellt sie eher einen Neuansatz dar als eine Weiterführung des tradierten Gedankenguts, womit sie sich zumindest als eine von der Preistheorie prinzipiell unabhängige Teildisziplin der ökonomischen Theorie ausweist.

Auf Ablehnung stößt bei den Wettbewerbstheoretikern vor allem der im wesentlichen statische Charakter der Preistheorie und das damit verbundene Denken in Gleichgewichtszuständen. Gleichgewichte aber würden in der Realität – wie man argumentiert – nur in Ausnahmefällen erreicht und bildeten meist noch nicht einmal die Ziellagen, auf die sich Marktprozesse tendenziell zubewegen. Die Theorie sollte sich daher nicht für Gleichgewichtszustände interessieren, sondern für die Ergebnisse, die der Wettbewerbsprozeß auf Märkten hervorbringt. Dieser Fragenkomplex sei jedoch mit dem Instrumentarium der traditionellen Preistheorie nicht zu behandeln, weil die Ergebnisse von Wettbewerbsprozessen sich häufig in Veränderungen gerade derjenigen Größen ausdrücken, die in die Modelle der Preistheorie als exogen, d. h. von außen gegeben, eingehen. Als Beispiel hierfür mögen die Produktions- und die Vertriebstechnik, die Zahl der Marktteilnehmer, insbesondere auf der Anbieterseite, die Zahl und das Qualitätsprofil der Produkte genügen.

2. Fragestellung und Methodik der Wettbewerbstheorie

Untersuchungsobjekt und methodischer Ansatz der Wettbewerbstheorie sind damit von denen der Preistheorie in wesentlicher Hinsicht verschieden.

Unter methodischen Gesichtspunkten betonen die Wettbewerbstheoretiker einhellig und vor allem anderen den *prozeßhaften* Charakter des Wettbewerbs. Daraus ergibt sich wiederum zwangsläufig die Forderung nach einer streng *dynamisch* orientierten Analyse, die den grundsätzlich statischen Ansatz der neoklassischen Preistheorie ablösen soll. „Wettbewerb als ein dynamischer Prozeß" – so lautet das programmatische Schlagwort, das sich ungeachtet seines tautologischen Charakters (ein Prozeß ist notwendig immer dynamisch), in nahezu allen wettbewerbstheoretischen Veröffentlichungen findet.

Das Untersuchungsobjekt der Wettbewerbstheorie – der „Wettbewerb", wie immer auch definiert – läßt sich am zweckmäßigsten durch die folgenden vier Fragen umreißen, die zugleich das Gliederungsschema für die Ausführungen des nächsten Abschnitts und der §§ 23–25 abgeben:

(1) Was ist Wettbewerb?

(2) Nach welchen Kriterien läßt sich in der Realität das Vorhandensein bzw. das Nicht-Vorhandensein von Wettbewerb feststellen?

(3) Unter welchen Bedingungen entsteht Wettbewerb und unter welchen Bedingungen bleibt er erhalten?

(4) Welche typischen Phasen durchlaufen in der Realität die als Wettbewerb charakterisierten Prozesse?

3. Wettbewerbsdefinitionen

„Wettbewerb" ist ein Phänomen von äußerst komplexer Natur, das sich dem Bemühen um eine knappe und zugleich erschöpfende Definition zu entziehen scheint. Nicht wenige Autoren, die sich mit Wettbewerbsfragen beschäftigen, verzichten schon deshalb von vornherein auf den Versuch, ihr Untersuchungsobjekt begrifflich exakt zu umreißen. So hat auch der Wirtschaftspolitische Ausschuß des 2. Deutschen Bundestages bei Erlaß des Kartellgesetzes (Gesetz gegen Wettbewerbsbeschränkungen vom 27. 7. 1957) erklärt, „... eine Legaldefinition des Begriffs 'Wettbewerb' als des Schutzobjektes des vorliegenden Gesetzentwurfes (ist) nicht möglich, daher in dem Entwurf auch nicht versucht".

Nichtsdestoweniger zeichnen sich in der Literatur verschiedentlich doch Ansätze zu einer durchaus praktikablen Wettbewerbsdefinition ab. Diese Ansätze lassen sich – grob gesprochen – nahezu ausnahmslos einer der folgenden drei Gruppen zuordnen:

a) Als das wesentliche Element des Wettbewerbs wird einmal die Wahlmöglichkeit der Marktteilnehmer zwischen mehreren Alternativen betrachtet. So liegt z. B. nach *C. D. Edwards* (Maintaining Competition, 1949, S. 9), Wettbewerb vor, „... wenn den Anbietern und Nachfragern eine erhebliche Anzahl ('a substantial number') von Alternativen zur Verfügung steht und sie die Freiheit haben, unbefriedigende Möglichkeiten abzulehnen".

Gegen diese und ihr verwandte Begriffsbestimmungen ist unter anderem vorgebracht worden, die Existenz derartiger

Verhältnisse würde weniger ein Wettbewerb *konstituierendes* Element darstellen, sondern vielmehr erst in Folge von Wettbewerbsprozessen aus diesen selbst hervorgehen: Von Wettbewerb könne deshalb erst dann gesprochen werden, wenn sich solche Alternativen in ihrer Zahl und in ihrem Verhältnis zueinander im Zeitablauf ändern.

b) Eine zweite Gruppe von Wettbewerbsdefinitionen stellt ausschließlich auf das individuelle Konkurrenzbewußtsein ab. Ein typischer Vertreter dieser Kategorie ist *E. Schneider*. Nach dessen Ansicht liegt Wettbewerb immer dann vor, wenn ein Anbieter weiß oder damit rechnet, daß sein Absatz nicht nur von seinen eigenen Aktionsparametern und dem Verhalten der Nachfrager abhängt, sondern auch von den Aktionsparametern anderer Anbieter (Einführung in die Wirtschaftstheorie, II. Teil, 12. Aufl., 1969, S. 68f.)

Mit dieser Begriffsfassung werden aber, kritisch bemerkt, nur die Voraussetzungen für ein wettbewerbliches Verhalten charakterisiert, nicht hingegen der Wettbewerb unmittelbar, selbst im Sinne eines effektiven rivalisierenden Handelns. So müßte z. B. gemäß dieser Definition in einem Oligopol mit bewußter Parallel-Politik (etwa in Form von Preisveränderungen ausschließlich im „Gleichschritt" aufgrund vertraglicher Absprachen) Wettbewerb herrschen, obwohl der Wettbewerb im vorliegenden Fall tatsächlich stark eingeschränkt, wenn nicht sogar vollkommen aufgehoben ist.

c) Die dritte Gruppe von Wettbewerbsdefinitionen betont deshalb vor allem das Moment des tatsächlichen Handelns. Wirtschaftlicher Wettbewerb ist dann „. . . das selbständige Streben sich gegenseitig im Wirtschaftserfolg beeinflussender Anbieter oder Nachfrager (Mitbewerber) nach Geschäftsverbindung mit Dritten (Kunden) durch Inaussichtstellen möglichst günstiger Geschäftsbedingungen" (*K. Borchardt/W. Fikentscher*, Wettbewerb, Wettbewerbsbeschränkung, Marktbeherrschung, 1957, S. 15). Diese Art, den Wettbewerb begrifflich abzugrenzen, hat sich in den letzten beiden Jahrzehnten mehr und mehr durchgesetzt. Sie findet sich insbesondere auch bei *J. M. Clark*, der als der Begründer und zugleich einflußreichste Vertreter der modernen Wettbewerbstheorie zu gelten hat.

Den folgenden Ausführungen liegt daher ein Wettbewerbsbegriff der dritten Kategorie zugrunde: „*Wettbewerb*" (*oder* „*Konkurrenz*") *wird hier verstanden als ein dynamischer Vorgang effektiver Rivalität zwischen Marktteilnehmern infolge Interessenkollision.*

§ 23 Wettbewerbskriterien

1. Das Konzept des funktionsfähigen Wettbewerbs

Die zweite zentrale Fragestellung der Wettbewerbstheorie ist die nach den Kriterien, die eine Aussage über das Vorhandensein bzw. das Nicht-Vorhandensein von Wettbewerb in konkreten Situationen erlauben. Sie beherrscht die Diskussion um den sogenannten *funktionsfähigen Wettbewerb* ("workable competition"), deren Ausgangspunkt die eingangs erwähnte Arbeit von J. M. Clark bildet, eine Diskussion, die seitdem noch immer nicht zu einem Abschluß gekommen ist.

Bis in die 20er Jahre dieses Jahrhunderts hinein hatte man sich im wesentlichen darauf beschränkt, das Marktgeschehen jeweils einer der beiden Ausprägungen „freier Wettbewerb" (auch „vollkommene" bzw. „atomistische Konkurrenz", hier „Idealmarkt" genannt, vgl. § 15) oder „Monopol" zuzuordnen.

Mit dem Erscheinen des Aufsehen erregenden Beitrags von *Piero Sraffa* (The Laws of Returns under Competitive Conditions, 1926) trat in dieser Beziehung jedoch ein deutlicher Wandel ein: Viele Theoretiker begannen zu sehen, daß die *meisten* Anbieter einen wie immer begrenzten, aber durchaus erkennbaren Einfluß auf den Absatzpreis ihrer Produkte auszuüben vermögen, also offenbar über einen mehr oder weniger abgeschirmten, individuellen Sondermarkt verfügen. Jedenfalls verfochten Sraffa und – wenig später – *Joan Robinson* und *E. H. Chamberlin* betont die Ansicht, die Existenz derartiger „Unvollkommenheiten" umfassenderer Gesamtmärkte sei eher als der für die Realität *typische* Fall zu betrachten, und nicht etwa nur als eine vorübergehende Ausnahmeerscheinung.

Weil die Idee der „vollkommenen" Konkurrenz bis dahin – übrigens in methodologisch bedenklicher Weise – zugleich als analytisches Instrument und als Norm gedient hatte, verband sich mit diesen neuen theoretischen Einsichten nahezu ausnahmslos die Vorstellung eines generellen Niedergangs des Wettbewerbs: Die Unvollkommenheiten der Märkte, so folgerte man, verschafften den Anbietern gleichsam begrenzte Monopolstellungen und damit die Möglichkeit, auf monopolistische Praktiken zurückzugreifen.

In dieser Phase des allgemeinen Wettbewerbs-Pessimismus entwickelte Clark seine *Konzeption des funktionsfähigen Wettbewerbs*. Dieses wettbewerbspolitische Leitbild, das zunächst primär als eine Art Notlösung gedacht war, sollte sowohl der Theorie als auch der praktischen Politik einen Ausweg aus dem Dilemma zeigen. Es gelte, so Clark, unter den in der Realität anzutreffenden, zugegebenermaßen unvollkommenen Wettbewerbsformen nach denjenigen zu suchen, welche die Rolle, die dem Wettbewerb im Modell der vollkommenen Konkurrenz (bei uns „Idealmarkt" genannt) zugedacht wird, zumindest „wirksam" ausfüllen können.

Einen in diesem Sinne „funktionsfähigen" Wettbewerb betrachtete Clark allerdings anfänglich nur als zweitbeste Lösung: Noch hielt er an der Vorstellung von der vollkommenen Konkurrenz als dem – wenn auch unerreichbaren – Ideal fest. In seinem 1961 erschienenen Hauptwerk (Competition as a Dynamic Process) bezeichnet er jedoch die vollkommene Konkurrenz schließlich als eine ungeeignete wettbewerbspolitische Norm; eine derartige Konkurrenz wäre nichts weiter als eine – in dem treffenden Ausdruck von *F. A. Lutz* – „Schlafmützenkonkurrenz". Nur die sogenannten „unvollkommenen" Wettbewerbsformen der Realität könnten für wirtschaftlichen Fortschritt sorgen, denn gerade gewisse Abweichungen von den neoklassischen Modellstrukturen seien es, die den Wettbewerb schöpferisch werden lassen.

Die Überlegungen von Clark haben seit den 40er Jahren weite Beachtung gefunden, und sie sind zudem in vielerlei Hinsicht verfeinert und modifiziert worden. *St. H. Sosnick* etwa differenzierte bereits 1958 zwischen insgesamt 18 Wettbewerbskonzeptionen des "workability"-Typs, und es wäre infolgedessen unstatthaft, "workable competition" als einen einheitlichen Ansatz betrachten zu wollen.

Dennoch bleiben gewisse Gemeinsamkeiten unverkennbar. Insbesondere lassen sich die unterschiedlichen Kriterien, die zur Beurteilung der Funktionsfähigkeit des Wettbewerbs herangezogen worden sind, im wesentlichen in drei Gruppen zusammenfassen:

(a) *Struktur*merkmale ("market structure test"),

(b) *Verhaltens*merkmale ("market conduct test"),

(c) *Ergebnis*merkmale ("market performance test").

Wettbewerb, genauer: funktionsfähiger Wettbewerb, liegt danach immer dann vor, wenn Merkmale einer oder mehrerer dieser drei Gruppen als in der Realität gegeben gelten können.

2. Strukturkriterien

Bei den *Struktur*kriterien geht es um die organisatorischen Merkmale eines Marktes, d. h. um die Beziehungen, die auf diesem Markt bestehen zwischen (a) den Anbietern untereinander, (b) den Nachfragern untereinander, (c) den Anbietern und den Nachfragern und (d) zwischen den am Markt bereits tätigen Anbietern und potentiellen Konkurrenten.

Nach Auffassung von *J. S. Bain* (Industrial Organization, 2. Aufl., 1968, S. 7) handelt es sich bei Strukturkriterien dieser Art vor allem um Feststellungen im Hinblick auf

(1) den Grad der *Anbieterkonzentration*, zu messen an der Zahl und den relativen Marktanteilen der Anbieter,

(2) den Grad der *Nachfragerkonzentration*, analog zu messen an der Zahl und den relativen Marktanteilen der Nachfrager,

(3) den Grad der *Produktdifferenzierung*, das heißt den Grad der Homogenität der auf dem Markt von verschiedenen Anbietern offerierten Güter, und

(4) die *Marktzutrittsbedingungen*, also die Möglichkeiten, die sich potentiellen "newcomers", seien es Anbieter oder Nachfrager, bieten, in den betrachteten Markt einzudringen.

3. Verhaltenskriterien

*Verhaltens*kriterien beziehen sich auf die Aktionsschemata, denen die Anbieter und Nachfrager auf den jeweils betrachteten Märkten im Regelfall folgen. Hier wären in erster Linie zu nennen:

(1) *Wettbewerbspraktiken*, speziell bezüglich Häufigkeit und Ausmaß des Vorkommens sogenannter „unlauterer" Verhaltensweisen, wie Verdrängungsversuche, Täuschung, Erpressung potentieller Mitanbieter oder Mitnachfrager usw.;

(2) *Formen der Zusammenarbeit*, insbesondere solche Kooperationen, die bewußt Interessen Dritter beeinträchtigen sollen, wie die Aufteilung von Märkten, Preisabsprachen, Beschränkung der Angebots- oder Einkaufsmengen, gemeinsame Gewinnverteilung und ähnliches mehr;

(3) *Gestaltung der Verkaufsmodalitäten*, wie z. B. Vertragsformen, Rabattsätze, Lieferantenkreditbedingungen, Qualitätsgarantien, auch hier wiederum mit besonderem Augenmerk auf das Auftreten von Preisführerschaften oder anderer Formen bewußter Parallelpolitik;

(4) *Vorteilsdenken*, *Agressivität* und *Reagibilität* von Anbietern, Nachfragern und potentiellen Konkurrenten auf beiden Marktseiten;

(5) *Konzentrations-* und *Entflechtungstendenzen*, vor allem auf der Produzenten- bzw. Anbieterseite des betrachteten Marktes.

4. Ergebniskriterien

Ergebnis-("performance"-)Kriterien schließlich beziehen sich auf diejenigen Antriebs- und Steuerungsfunktionen, die die Theorie seit jeher dem Wettbewerb zugeschrieben hat. Sie sind von Bedeutung für einzelne Märkte ebenso wie für die gesamte Volkswirtschaft (vgl. Bd. I, § 15, Ziff. 3c).

Clark (Competition as a Dynamic Process, S. 63ff.) nennt insgesamt zehn derartiger Funktionen, die sich nach Kantzenbach (Dynamischer Wettbewerb und oligopolistisches Marktverhalten, 1963, S. 194) auf fünf Hauptfunktionen zurückführen lassen. Diese sind:

(1) *Die Steuerung des Warenangebots nach den Käuferpräferenzen:* Durch Wettbewerbsprozesse, sagt man, regele sich die Zusammensetzung des Angebots von Sachgütern und Dienstleistungen speziell nach den Wünschen der Nachfrager, wodurch bei gegebener Einkommensverteilung und gegebenem Produktionsvolumen ein Maximum an individueller Bedürfnisbefriedigung erreicht werden könne.

(2) *Die Lenkung der Produktionsfaktoren in ihre produktivste Einsatzmöglichkeit*, m. a. W. die optimale Allokation der produktiven Ressourcen: Der Wettbewerb, so heißt es, sorge bei gegebener Produktionstechnik für eine Verminderung der Gesamtkosten bei Erstellung eines bestimmten Produktionsvolumens bzw. für eine Steigerung der Wertschöpfung bei einer gegebenen Einsatzmenge an Produktionsfaktoren.

(3) *Die Verteilung der Einkommen nach der ökonomischen Leistung:* Der Wettbewerb steuere, so wird hier gesagt, auf den Märkten für Produktionsfaktoren die (funktionelle) Einkommensverteilung nach der Marktleistung, so daß eine Ausbeutung aufgrund von Marktmacht verhindert werde.

(4) *Die Förderung des technischen Fortschritts bei Produkten und Produktionsmethoden:* Der Wettbewerb, so behauptet man, ermögliche insbesondere eine kontinuierliche Erhöhung der Ausbringung bei gegebenem Faktoreinsatz, was bei einem gegebenem Investitionsvolumen wiederum einer beschleunigten Wachstumsrate der gesamtwirtschaftlichen Produktionskapazität gleichkomme.

(5) *Die flexible Anpassung der Produktionsstruktur an Änderung der außerökonomischen Daten:* Der Prozeß des Wettbewerbs, so wird argumentiert, ermögliche vor allem eine laufende Anpassung des Produktionsapparates an die sich

ständig wandelnde Nachfragestruktur und Produktionstechnik. Mithin begrenze er das Ausmaß der Fehlinvestitionen und verringere zugleich die durch Strukturänderungen hervorgerufenen volkswirtschaftlichen Kosten.

5. Zur relativen Bedeutung der verschiedenen Kriterienkategorien

Struktur-, Verhaltens- und Ergebniskriterien können entweder getrennt oder in Form von sogenannten Mischtests angewendet werden. Einige Autoren, wie beispielsweise J. W. Markham und J. S. Bain, legen allerdings das Hauptgewicht auf die Erfüllung bestimmter Ergebnisnormen: Schützenswert und förderungswürdig seien schließlich nur die Wettbewerbsformen, die die dem Wettbewerb zugeschriebenen Antriebs- und Steuerungsfunktionen tatsächlich und effektiv erfüllen.

C. D. Edwards, G. J. Stigler und andere präferieren hingegen die Anwendung von Struktur- und Verhaltensnormen, während J. M. Clark einen vermittelnden Standpunkt bezieht, indem es ihm ausdrücklich auf die Erzielung einer bestimmten „performance" bei gleichzeitiger Erfüllung gewisser, als wünschenswert angesehener Struktur- und Verhaltensnormen ankommt.

Anklänge an die Position von Clark finden sich jedoch auch bei der zuerst genannten Gruppe von Autoren. So heißt es etwa bei Bain (Industrial Organization, S. 12), eine Politik zur Erzielung befriedigender Marktergebnisse habe vor allem Regelungen zu treffen, die diejenigen Marktstrukturen und Verhaltensweisen sichern, die zu befriedigenden Marktergebnissen führen.

Ergebnisnormen erscheinen vor allem unter dem Gesichtspunkt der Praktikabilität als problematisch. Sie werden deshalb von juristischer Seite meist abgelehnt. Insbesondere wird darauf verwiesen, daß ein Marktergebnistest subjektiver Einschätzung viel zu viel Spielraum lasse und von daher die rechtliche Beurteilung von eventuell vorliegenden Wettbewerbsbeschränkungen nicht erleichtere.

Gleichwohl besteht kein zwingender Anlaß, das „performance"-Moment aus der wettbewerbstheoretischen und -politischen Diskussion zu verbannen: Jegliche Festlegung von Struktur- und Verhaltensnormen impliziert zugleich auch eine Vorstellung von einer bestimmten, wünschenswerten „performance"; anders ließen sich theoretisch und wirtschaftspolitisch sinnvolle Bewertungsmaßstäbe wohl kaum formulieren.

§ 24 Wettbewerbsbedingungen

1. Wettbewerbsintensität und ihre Messung

Die dritte Fragestellung der Wettbewerbstheorie, die nach den Bedingungen, unter denen Wettbewerb entsteht, wird hier im wesentlichen in Anlehnung an *E. Kantzenbach* (Die Funktionsfähigkeit des Wettbewerbs, 2. Aufl., 1967) behandelt.

Kantzenbach analysiert zunächst die Beziehungen zwischen Marktform und Wettbewerbsintensität, um auf diese Weise herauszufinden, welche Marktform sich für das Entstehen von Wettbewerb grundsätzlich am besten eignet.

Einzelne Unternehmen erzielen aufgrund verbesserter oder neuer Produkte bzw. Produktionsverfahren Innovationsgewinne. Die Wettbewerbsintensität läßt sich nach Kantzenbach daher durch die Geschwindigkeit charakterisieren, mit der diese Gewinne im Prozeß der Anpassung nachahmend reagierender Unternehmer wieder aufgezehrt werden. Unmittelbar ausgelöst werden derartige Anpassungsprozesse von der durch den Wettbewerb bedingten ökonomischen Existenzgefährdung. Diese nimmt mit wachsender *oligopolistischer Interdependenz* notwendig zu.

Die oligopolistische Interdependenz ist meßbar (a) durch die Nachfragebeweglichkeit, also durch die grundsätzliche Bereitschaft der Nachfrager, notfalls auf die Produkte anderer Anbieter überzuwechseln, und (b) durch die Fähigkeit einzelner Unternehmen, zusätzliche Nachfrage gegebenenfalls auch zu befriedigen. Diese Fähigkeit und die Nachfragebeweglichkeit werden in ihrem Zusammenwirken als *Absatzbeweglichkeit* bezeichnet, wobei eine steigende Absatzbeweglichkeit auf eine steigende oligopolistische Interdependenz hindeutet.

Des weiteren ist zwischen *potentieller* und *effektiver Wettbewerbsintensität* zu unterscheiden: Nur die erstere wird durch das Ausmaß der oligopolistischen Interdependenz bestimmt. Die effektive Wettbewerbsintensität kann von der potentiellen hingegen abweichen, ein Fall, der insbesondere dann eintritt, wenn die Anbieter ihre wettbewerbsrelevanten Aktionsparameter (Preise, Zahlungsziele, Rabatte, Produktqualitäten usw.) immer tendenziell gleichgerichtet und im gleichen Ausmaß verändern.

2. Intensität und Funktionsfähigkeit des Wettbewerbs bei alternativen Marktformen

Vor diesem Hintergrund untersucht Kantzenbach die Beziehungen zwischen Marktform, Wettbewerbsintensität und der Funktionsfähigkeit des Wettbewerbs. Dabei zieht er als Maßstab für die *Funktionsfähigkeit* den Grad der Erfüllung spezifischer Ergebniskriterien (Wettbewerbsfunktionen) heran. Der Einfachheit halber konzentriert er sich jedoch von vornherein auf die zwei sogenannten „dynamischen" Wettbewerbsfunktionen, „technischer Fortschritt" und „Anpassungsflexibilität" (die Ergebnismerkmale (4) und (5) des § 23, Ziff. 4); die so gewonnenen Erkenntnisse sollen aber analog auch auf die drei übrigen Wettbewerbsfunktionen übertragbar sein.

Im einzelnen stellt Kantzenbach fest:

a) Im *Polypol* ist die Absatzbeweglichkeit zwischen zwei beliebigen Unternehmen äußerst gering und damit faktisch für diese nicht wahrnehmbar; das gilt deshalb, weil die Anteile der Unternehmen an einem Markt dieser Form ex definitione relativ klein sind. Folglich wird hier ein Wettbewerbsdruck im Sinne einer möglichen Existenzgefährdung auch erst dann wahrgenommen, wenn mehrere Konkurrenten auf einmal ihre wettbewerbsrelevanten Aktionsparameter in die gleiche Richtung verändern.

Im längerfristigen Durchschnitt sind bei dieser Marktform die Gewinnaussichten verhältnismäßig bescheiden. Deshalb darf die Möglichkeit der Selbstfinanzierung von Investitionen und mithin des Durchsetzens technischer Neuerungen nicht sonderlich hoch veranschlagt werden, zumal auch die Fremdfinanzierungsspielräume im Polypol eng begrenzt sind. Dieses letztere Moment wird sich vor allem bei etwaigen Versuchen, Strukturanpassungsinvestitionen zu finanzieren, bemerkbar machen. Denn gerade in solchen Fällen ist mit überdurchschnittlichen Unternehmensgewinnen und folglich mit einer relativ reibungslosen Konsolidierung der Investitionskredite nicht zu rechnen. Strukturanpassungen erfordern somit im Polypol häufig das Ausscheiden von Grenzbetrieben, so daß die dynamischen Funktionen des Wettbewerbs, technischer Fortschritt und Anpassungsflexibilität, hier nur in geringem Maße erfüllt werden.

b) Im *weiten Oligopol*, einer Marktform mit mäßig großer Anbieterzahl, ist die Absatzbeweglichkeit zwischen einzelnen Unternehmen dagegen deutlich fühlbar, ein Tatbestand, der sich auch mit dem bereits erläuterten Begriff der oligopolistischen Interdependenz umschreiben läßt. Gleichzeitig sind in dieser Marktform höhere durchschnittliche Gewinne zu erwarten als in der Marktform des Polypols, womit sich die Voraussetzungen für eine Finanzierung etwa notwendiger Innovations- und Anpassungsinvestitionen erheblich verbessern. Die beiden dynamischen Wettbewerbsfunktionen werden hier also in einem unvergleichlich höheren Maße erfüllt als im Polypol. Allerdings ist dabei anzumerken, daß die im Vergleich zum Polypol weitaus stärkere oligopolistische Interdependenz wohl nur die potentielle, nicht notwendig aber auch die effektive Wettbewerbsintensität ansteigen läßt.

c) Im *engen Oligopol*, einer Marktform mit nur wenigen Anbietern, die jeweils über relativ große Marktanteile verfügen, erreicht die Absatzbeweglichkeit und damit die oligopolistische Interdependenz schließlich derartige Dimensionen, daß in zunehmendem Maße die *wirtschaftliche Macht* als Auslesekriterium an die Stelle der wirtschaftlichen Leistung tritt. Die potentielle Wettbewerbsintensität ist also in dieser Marktform bereits überoptimal: Nunmehr sind erhebliche Wettbewerbsbeschränkungen (aufgrund von Zusammenschlüssen, Verhaltensabstimmungen u. ä.) sowie kurzfristige Preiskämpfe zu befürchten, die ausschließlich das Ziel haben, schwächere Konkurrenten vom Markte zu verdrängen. Im Ergebnis ist hier also eine im Durchschnitt relativ geringe effektive Wettbewerbsintensität zu erwarten.

3. Wirtschaftspolitische Konsequenzen und ihre Problematik

Die wirtschaftspolitischen Schlußfolgerungen einer solchen Gedankenführung ergeben sich gleichsam von selbst: Ein *beschränktes* Maß an „Marktunvollkommenheiten" scheint das beste Mittel zu sein, die Funktionsfähigkeit des Wettbewerbs zu fördern und zu erhalten, vor allem dann, wenn es gilt, ihn aus der Zone der unter- oder überoptimalen Intensität herauszuführen. Die *optimale* Wettbewerbsintensität wird in der Regel innerhalb des weiten Oligopols realisiert. Der praktischen Wettbewerbspolitik kommt damit die Aufgabe zu, einerseits dafür zu sorgen, daß polypolistische Märkte (etwa durch Kooperationen und Zusammenschlüsse) sich verdichten, andererseits das Entstehen enger Oligopole zu verhindern.

Kantzenbachs Thesen und insbesondere ihre wettbewerbs*politischen* Implikationen sind nicht ohne Widerspruch geblieben. Für den deutschen Sprachbereich hat in erster Linie *E. Hoppmann* der Kantzenbach-Konzeption eine – wie er es nennt – „neoklassische" Wettbewerbstheorie gegenübergestellt. Dabei soll der Terminus „neoklassisch" auf die Ursprünge dieses Ansatzes in den Überlegungen der klassischen Nationalökonomen zum dynamischen Wettbewerb hinweisen.

Technischer Fortschritt und Anpassungsflexibilität setzen nach Kantzenbach voraus, daß Monopolelemente geduldet, wenn nicht sogar bewußt gefördert werden. Hoppmann nennt dies die „Dilemma-These", da damit gleichsam die Existenz eines Zielkonflikts zwischen der Freiheit des Wettbewerbs einerseits und dem wirtschaftlichen Fortschritt andererseits unterstellt werde. Für Hoppmann besteht ein solcher Zielkonflikt jedoch nicht: Zumindest das hätten „die durch wirtschaftswissenschaftliche Forschung erhärteten wirtschaftspolitischen Erfahrungen ... im Laufe der Jahre immer deutlicher" gezeigt. Die wirtschaftspolitische Norm dürfe deswegen auch weder ein „vollkommener" noch ein mit monopolistischen Elementen durchsetzter „unvollkommener" Wettbewerb sein, sondern nur ein „freier, unbeschränkter Wettbewerb" (E. Hoppmann, Workable Competition, 1966, S. 271).

Ein solchermaßen „freier" Wettbewerb deckt sich im wesentlichen mit der Wettbewerbskonzeption von Edwards (vgl. § 23, Ziff. 3); allerdings betont Hoppmann neben der Möglichkeit, zwischen mehreren Alternativen wählen zu können, ausdrücklich auch die Freiheit zur Initiative, zum Vorstoßen in technisches, ökonomisches und organisatorisches Neuland, sowie die Freiheit der Konkurrenten, auf derartige Vorstöße nachahmend zu reagieren. Im Kern wird aber Wettbewerb für Hoppmann ausschließlich durch Struktur- und Verhaltensmerkmale (vgl. § 23, Ziff. 2 und 3) determiniert, während er Versuche, diese Bestimmung durch Ergebnis-(„performance")-Normen zu ergänzen, lediglich als einen Deckmantel bezeichnet, unter dessen Schutz man eine „Antiwettbewerbspolitik" betreiben kann. „Eine Befolgung der wettbewerbspolitischen Ratschläge Kantzenbachs" – schreibt Hoppmann (Das Konzept der optimalen Wettbewerbsintensität, 1966, S. 323) – „wäre Verzicht auf ‚zweckrationale Wettbewerbspolitik' überhaupt." Allerdings ist auch Hoppmanns Gegenkonzept nicht ohne Widerspruch geblieben (vgl. z. B. M. Tolksdorf, Hoppmanns neoklassische Wettbewerbstheorie als Grundlage der Wettbewerbspolitik, 1969).

§ 25 Wettbewerbsphasen

1. Zur Entwicklung der dynamischen Markttheorie

Die vierte und letzte der zentralen Fragestellungen der Wettbewerbstheorie ist die nach den typischen Phasen des Wettbewerbsprozesses; sie führt zur Analyse der spezifisch dynamischen Eigenschaften des Wettbewerbs. Dabei konzentriert sich das Interesse primär auf die Wechselwirkungen zwischen

Wettbewerbsprozessen und Marktentwicklungsphasen. Diesen Zusammenhang deutet bereits *J. A. Schumpeter* (Theorie der wirtschaftlichen Entwicklung, 1912) an, er wird aber erstmals von Clark ausführlicher behandelt. Eine umfassende, streng systematische Marktphasentheorie liefert Clark jedoch nicht, vor allem, weil es ihm in erster Linie um das Problem der Funktionsfähigkeit, der „workability" des Wettbewerbs geht.

Die Lücke versuchte *E. Heuß* (Allgemeine Markttheorie, 1965) zu schließen, dessen Hauptgedankengang sich – grob gesprochen – in drei Schritten vollzieht:

a) Untersuchung von Unternehmer-Typen,
b) Untersuchung von Marktentwicklungsphasen und
c) Untersuchung der Relation zwischen Marktphasen und Unternehmer-Typen.

2. Unternehmer-Typen

In seinem ersten Schritt analysiert und klassifiziert Heuß in Anlehnung an Schumpeter verschiedene *Unternehmer-Typen*. Dabei unterscheidet er, geordnet nach der Wettbewerbsmentalität, deren vier: 1. den Schumpeter'schen Pionierunternehmer, 2. den spontan imitierenden Unternehmer, 3. den nur unter Druck reagierenden Unternehmer und 4. den immobilen Unternehmer. Die zwei erstgenannten verkörpern den initiativen, die beiden verbleibenden hingegen den konservativen Unternehmer-Typ.

Ausgehend von der Erkenntnis, daß insbesondere der Schumpeter'sche Pionierunternehmer aufgrund der ihm eigenen Dynamik meist auch die bestehenden Marktstrukturen verändert, sei es, nach Heuß, ein analytisch sinnloses Unterfangen, diese vier Unternehmer-Typen in ein bestimmtes Marktschema integrieren zu wollen. Stattdessen müsse die Interaktion zwischen konkurrierenden Unternehmen und damit das Marktgeschehen als ein Prozeß aufgefaßt werden, der verschiedene Entwicklungsstadien durchläuft; innerhalb dieser Phasen aber komme den einzelnen Unternehmer-Typen ein jeweils sich wandelndes Gewicht zu.

3. Marktentwicklungsphasen

In seinem zweiten Schritt untersucht Heuß deshalb die Veränderungen, denen ein Markt üblicherweise im Zeitablauf unterliegt. Dabei unterscheidet er vier charakteristische Entwicklungsphasen, deren Dauer von Industrie zu Industrie allerdings abweichen kann:

(1) *Die Experimentierungsphase:* Hier wird das Produkt, um dessen Markt es geht, bis zur erforderlichen Marktreife entwickelt.

(2) *Die Expansionsphase:* In diesem Stadium der Marktentwicklung sind die Produktionsmengen zunächst noch relativ klein, steigen dann aber stark an, um schließlich in etwas ruhigere Tendenz einzumünden. In dieser Phase herrscht Expansion und zugleich merklicher Wettbewerb, vor allem deshalb, weil noch Kostensenkungen größeren Umfangs aufgrund technologischer Verbesserungen möglich sind.

(3) *Die Ausreifungsphase:* Auf die hohen Zuwachsraten folgt jetzt eine langsamere Ausdehnung. Ist die Nachfrage zunächst relativ preiselastisch und waren die Preise in der Experimentierungs- und in der Expansionsphase verhältnismäßig hoch, so sorgt der Wettbewerb im Laufe der Zeit für einen Preisfall. Im Ergebnis werden weitere Preissenkungen bei nunmehr geringeren Preiselastizitäten und bereits niedrigen Preisen irgendwann nicht mehr als lohnend erscheinen. Der Preiswettbewerb beginnt zu erstarren.

Auch die Kostenseite erlaubt in dieser Marktphase keine nennenswerten Preisermäßigungen mehr, weil die einzelnen Unternehmen über weitgehend ausgereifte Produktionspläne verfügen. Daher tritt als neues Wettbewerbselement eine weitgehende Produktdifferenzierung auf. Durch diese läßt sich aber neue Nachfrage meist nur auf Kosten alter Nachfrage gewinnen, indem Teile der Nachfrage auf die neugeschaffenen, aber eng substitutiven Güter überwechseln.

In der Ausreifungsphase müssen mithin Gesamtnachfrage und Produktionskosten, wie in der herkömmlichen Analyse, als

Größen betrachtet werden, die für die Unternehmer im allgemeinen Datencharakter tragen.

(4) *Die Stagnations- und Rückbildungsphase:* Hier bleibt die Entwicklung des untersuchten Marktes hinter der allgemeinen Produktivitätsentwicklung der Volkswirtschaft zurück. Von der Kostenseite wird jetzt ein Preisdruck nach oben ausgeübt, denn bei gestiegener volkswirtschaftlicher Produktivität werden höhere Löhne in den stagnierenden Industrien meist auf die Preise abgewälzt.

Darüber hinaus werden durch Schaffung neuartiger Güter die Marktbedingungen für die alt-eingeführten Produkte grundlegend verändert, so daß die Nachfrage nicht nur relativ, sondern u. U. auch absolut abnimmt.

In einem solchen Falle können aber Preiserhöhungen, zu denen steigende Kosten drängen, nicht mehr wie zuvor, durchgesetzt werden. Damit tritt der Markt in die Rückbildungsphase ein.

4. Unternehmer-Typen und Marktphasen

In seinem dritten Schritt versucht Heuß, einen Zusammenhang zwischen den soeben skizzierten Marktphasen und den verschiedenen Unternehmer-Typen herzustellen. Danach herrschen in den Phasen (1) und (2), der Experimentier- und der Expansionsphase, die initiativen Unternehmer vor, der Schumpeter'sche Pionier-Typ und der Typ des spontan imitierenden Unternehmers, während in den Phasen (3) und (4), denen der Ausreifung, Stagnation und Rückbildung, die lediglich unter Druck reagierenden und die immobilen Unternehmer dominieren. Anders ausgedrückt: Im Laufe der Marktentwicklung breitet sich der konservative Unternehmer-Typ mehr und mehr aus, was Heuß durch das bislang publizierte empirische Material weitgehend bestätigt sieht.

Ob die einzelnen Unternehmer-Typen sich gegenseitig in ihrem Wettbewerbsstreben hemmen oder anspornen, hängt nach Heuß ab von der jeweiligen Marktphase und vom Ausmaß der Verschiedenartigkeit der auf dem betrachteten Markt agierenden Unternehmer. Eine gegenseitige Ergänzung verschiedener

Unternehmer-Typen im Sinne eines Ansporns wird vor allem dann zu erwarten sein, wenn die betreffenden Unternehmer weder völlig gleich noch allzu verschieden geartet sind.

§ 26 Das Konzept der gegengewichtigen Marktmacht

1. Der Ansatz von J. K. Galbraith

Zum Abschluß sei noch auf einen Ansatz hingewiesen, der aus dem bislang behandelten wettbewerbstheoretischen Rahmen etwas herausfällt: die Konzeption der „*countervailing power*", der *gegengewichtigen Marktmacht*, die Anfang der 50er Jahre von *J. K. Galbraith* (American Capitalism: The Concept of Countervailing Power, 1952) entwickelt wurde.

Auch Galbraith sieht – wie vor ihm schon Clark – das statische Modell der vollkommenen Konkurrenz als einen empirisch und wirtschaftspolitisch irrelevanten Grenzfall an. Ihm erscheint jedoch das Problem der wirtschaftlichen Macht weder durch Wettbewerb – verstanden etwa als „workable competition" im Sinne von Clark – noch durch staatliche Kontrollen lösbar. Stattdessen glaubt er, die Bildung von Gegenmacht auf der jeweils anderen Marktseite könne und werde originäre Machtkonzentrationen gleichsam neutralisieren.

Galbraith' Ausgangspunkt war, wie er schreibt, die Frage, warum sich in den USA trotz erheblicher Konzentrationstendenzen eine Ausbeutung der Marktgegenseite bislang im allgemeinen nicht feststellen lasse. Diesen Befund sieht er wiederum dadurch erklärt, daß der industrielle Konzentrationsprozeß nicht nur starke Verkäufer hervorgebracht habe, sondern auch Machtzuwächse auf der Käuferseite, wobei zwischen beiden Entwicklungen ein ursächlicher Zusammenhang angenommen werden müsse.

Damit ist der Grundzug der Theorie der „countervailing power" umrissen: Bei Bildung originärer Marktmacht entsteht in der Regel gleichsam automatisch Marktgegenmacht, da die ökonomisch zunächst schwächeren Marktpartner auf die Dauer nicht gewillt sind, Ausbeutung etwa im Wege monopolistisch überhöhter Preise zu akzeptieren. Diese Gegenmacht steuert dann der originären Marktmacht entgegen und hält sie unter Kontrolle.

Marktgegenmacht kann sich grundsätzlich überall dort entwickeln, wo durch Konzentrationsprozesse Machtzusammenballungen primär geschaffen werden: „Eine wichtige Manifestation der gegengewichtigen Marktmacht, die sich zwar in der Form, nicht jedoch im Inhalt von den in Europa praktizierten Zusammenschlüssen großer Konsumgenossenschaften als Gegenpol zu den Kartellen unterscheidet, (ist) der moderne Masseneinkäufer. Die Einkaufsvorteile der Ladenketten, Warenhausgruppen, Versandhäuser und ähnlicher Einrichtungen werden ihrerseits an den Konsumenten weitergegeben." (J. K. Galbraith, Countervailing Power, 1954, S. 3). Allerdings gesteht Galbraith ein, nicht alle Marktpartner werden gleichermaßen in der Lage sein, notfalls aus eigener Kraft Marktgegenmacht zu entwickeln. Hier hätte dann der Staat einzugreifen, aber nicht mit dem Ziel, die originäre Machtkonzentration zu beseitigen, sondern ausschließlich zu dem Zweck, dem schwachen Partner die Schaffung von Gegenmacht zu erleichtern.

2. „Countervailing Power" als Ordnungsprinzip in der Marktwirtschaft

Als ein generelles Ordnungsprinzip marktwirtschaftlicher Systeme ist die von Galbraith entwickelte Konzeption jedoch überwiegend auf Ablehnung gestoßen. Die maßgeblichen Gründe liegen auf mehreren Ebenen.

Einmal wird behauptet, „countervailing power" verstärke die den marktwirtschaftlich organisierten Volkswirtschaften ohnehin immanente Tendenz zur Inflation, eine Gefahr, deren sich auch Galbraith selbst durchaus bewußt ist. Schließlich können bei relativ preisunelastischer Nachfrage oder bei Nachfrageüberhängen im Zustand der Vollbeschäftigung monopolistische Anbieter nicht nur ihre Preise erhöhen, ohne Absatzeinbußen befürchten zu müssen, sondern sie werden auch übertriebenen Lohnforderungen der Arbeitnehmer leichter nachgeben, sobald

Gewißheit besteht, höhere Kosten auf die Preise abwälzen zu können. Schwer zu akzeptieren ist des weiteren die Annahme, in der überwiegenden Anzahl der Fälle werde originäre Macht mehr oder weniger automatisch durch Gegenmacht neutralisiert. So bieten sich vor allem den Konsumenten, von Genossenschaften abgesehen, nur wenige Möglichkeiten, durch Kooperation gegengewichtige Marktmacht zu bilden (vgl. auch § 3, Ziff. 4).

Auch muß es als fraglich gelten, ob sich die wirtschaftliche Macht zweier Marktpartner in jedem Fall wechselseitig neutralisiert; sie könnte nämlich ebensogut in gegenseitiger Abstimmung zur Ausbeutung Dritter eingesetzt werden. So wäre es etwa denkbar, daß mächtige Produzenten- und Handelsorganisationen gemeinsam die Konsumenten auszubeuten versuchen, die sich nur in Ausnahmesituationen durch einen Zusammenschluß wirksam zu schützen vermögen.

Schließlich kann das Prinzip der Marktgegenmacht unter den zuvor behandelten Wettbewerbsfunktionen (vgl. § 23, Ziff. 4) lediglich die der Einkommensverteilung, und auch diese nur in beschränktem Maße, erfüllen. Hingegen würde seine Befolgung weder einen optimalen Einsatz der vorhandenen Produktionsfaktoren garantieren noch den technischen Fortschritt nachhaltig fördern, womit sich „countervailing power" eigentlich nur für den Arbeitsmarkt als zentrales Ordnungsprinzip anbietet. Hier, so etwa Kantzenbach (Die Funktionsfähigkeit des Wettbewerbs, S. 152), kommt der Einkommensverteilungsfunktion nicht nur eine weitaus größere Bedeutung zu als den anderen Wettbewerbsfunktionen, sondern der Arbeitsmarkt hat auch für die gesamtwirtschaftliche (funktionale) Einkommensverteilung größere Relevanz als die übrigen Märkte.

Literaturhinweise

Allgemeine Darstellungen

Alchian, Armen A., u. *William R. Allen*: University Economics. 3. Aufl., Belmont 1972 (1964).

Allen, Roy G. D.: Mathematik für Volks- und Betriebswirte. Eine Einführung in die mathematische Behandlung der Wirtschaftstheorie. 3. Aufl., Berlin 1967 (1937).

Bilas, Richard: Microeconomic Theory: A Graphical Analysis. 2. Aufl., New York 1972 (1967).

Black, R. D., A. W. Coats u. *D. W. Goodwin* (Hrsg.): The Marginal Revolution in Economics. Durham 1973.

Braff, Allan J.: Microeconomic Analysis. New York 1969.

Brandt, Karl: Preistheorie. Ludwigshafen 1960.

Brandt, Karl, Walter Köhler u. *Wilfried Schulz*: Mikroökonomie. Eine Aufgabensammlung mit Lösungen. 3 Bde., Freiburg 1972.

Chamberlin, Edward H.: The Theory of Monopolistic Competition. 8. Aufl., Cambridge, Mass. 1969 (1933).

Clower, Robert u. *John F. Due*: Microeconomics. 6. Aufl., Homewood, Ill. 1972 (1947).

Cournot, Augustin Antoine: Untersuchungen über die mathematischen Grundlagen der Theorie des Reichtums. Jena 1924 (1863).

Dewey, Donald: Microeconomics: The Analysis of Prices and Markets. New York 1975.

Dorfman, Robert: Prices and Markets. 2. Aufl., London 1972 (1967).

Eucken, Walter: Grundlagen der Nationalökonomie. 8. Aufl., Berlin, Göttingen, Heidelberg 1965 (1940).

Ferguson, Charles: Microeconomic Theory. 2. Aufl., Homewood, Ill. 1972 (1966).

Gäfgen, Gerard: Theorie der wirtschaftlichen Entscheidungen. 3. Aufl., Tübingen 1974 (1963).

Gutenberg, Erich: Grundlagen der Betriebswirtschaftslehre. 1. Bd.: Die Produktion. 21. Aufl., Berlin, Göttingen, Heidelberg 1975 (1951). 2. Bd.: Der Absatz. 14. Aufl., Berlin, Göttingen, Heidelberg 1973 (1955).

Helmstädter, Ernst: Wirtschaftstheorie I. München 1974.

Henderson, James M. u. *Richard E. Quandt*: Mikroökonomische Theorie. 3. Aufl., München 1973 (1958).

Hicks, John R.: Value and Capital. 2. Aufl., Oxford 1946 (1939).

Jacob, Herbert: Preispolitik. Wiesbaden 1963.

Katona, George: Das Verhalten der Verbraucher und Unternehmer. Tübingen 1960 (1951).

Keynes, John M.: The General Theory of Employment, Interest and Money. London 1936. Deutsch: Allgemeine Theorie der Beschäftigung, des Zinses und des Geldes. München 1955.

Krelle, Wilhelm: Präferenz- und Entscheidungstheorie. Tübingen 1968.

Lancaster, Kelvin: Introduction to Modern Microeconomics. 2. Aufl., Chicago 1974 (1969).

Leftwich, Richard H.: Lehrbuch der Mikroökonomischen Theorie. Stuttgart 1972 (1955).

Lipsey, Richard G., u. *Peter O. Steiner*: Economics. 4. Aufl., New York usw. 1975 (1966).

Lipsey, Richard G.: An Introduction to Positive Economics. London 1963. Deutsch: Einführung in die Positive Ökonomie. Köln 1971.

Marshall, Alfred: Principles of Economics. 8. Aufl., London 1961 (1890).

Neumann, John von, u. *Oskar Morgenstern*: Spieltheorie und wirtschaftliches Verhalten. Würzburg 1961 (1944).

Ott, Alfred Eugen (Hrsg.): Preistheorie. 3. Aufl., Köln, Berlin 1968 (1965).

Ott, Alfred Eugen: Grundzüge der Preistheorie. Göttingen 1972 (1968).

Ott, Alfred Eugen: Preistheorie. In: Werner Ehrlicher u. a. (Hrsg.): Kompendium der Volkswirtschaftslehre, Bd. 1, 4. Aufl., Göttingen 1973 (1967), S. 107ff.

Paulsen, Andreas, u. *Rudolf Schilcher*: Allgemeine Volkswirtschaftslehre, Bd. I: Grundlegung, Wirtschaftskreislauf. 10. Aufl., Berlin, New York 1974 (1955).

Paulsen, Andreas: Allgemeine Volkswirtschaftslehre. Bd. III: Produktionsfaktoren. 6. Aufl., Berlin 1969 (1959); Bd. IV: Gesamtbeschäftigung, Konjunkturen, Wachstum. 5. Aufl., Berlin 1968 (1960).

Richter, Rudolf: Preistheorie. Wiesbaden 1963.

Robinson, Joan: The Economics of Imperfect Competition. London 1954 (1933).

Samuelson, Paul A.: Foundations of Economic Analysis. Nachdruck Cambridge, Mass. 1971 (1948).

Samuelson, Paul A.: Volkswirtschaftslehre. Eine Einführung. 2 Bde., 6. Aufl., Köln 1975 (1948).

Schneider, Erich: Einführung in die Wirtschaftstheorie. II. Teil: Wirtschaftspläne und wirtschaftliches Gleichgewicht in der Verkehrswirtschaft. 13. Aufl., Tübingen 1972 (1948).

Schneider, Helmut: Mikroökonomie. 2. Aufl., München 1975 (1973).

Schumann, Jochen: Grundzüge der mikroökonomischen Theorie. Berlin, Heidelberg, New York 1971.

Stackelberg, Heinrich von: Grundlagen der theoretischen Volkswirtschaftslehre. 2. Aufl., Tübingen, Zürich 1951 (1943).

Stigler, George J.: The Theory of Price. 3. Aufl., New York 1966 (1949).

Woll, Artur: Allgemeine Volkswirtschaftslehre. 5. Aufl., München 1976 (1969).

Zwiedineck-Südenhorst, Otto von: Allgemeine Volkswirtschaftslehre. 2. Aufl., Berlin, Göttingen, Heidelberg 1948 (1932).

Zu den Kapiteln I und II:

Albert, Hans: Zur Theorie der Konsumnachfrage. In: Jahrbuch für Sozialwissenschaft 16 (1965), S. 137ff.

Albert, Hans: Marktsoziologie und Entscheidungslogik. Neuwied, Berlin 1967.

Amoroso, Luigi: Die statische Angebotskurve (1930). Aus dem Ital. übersetzt in: Alfred Eugen Ott (Hrsg.): Preistheorie. Köln, Berlin 1968, S. 165ff.

Bergler, Georg: Verbrauchsforschung zwischen Mensch und Wirtschaft. Nürnberg 1961.

Bohn, Peter: Konsumenten- und Sparerverhalten. Stuttgart 1969.

Brown, Alan, u. *Angus Deaton*: Models of Consumer Behaviour. A Survey. In: Economic Journal 82 (1972), S. 1145ff.

Brown, T. M.: Habit Persistence and Lags in Consumer Behaviour. In: Econometrica 20 (1952), S. 355ff.

Dichtl, Erwin: Methodische Bemerkungen zur Erfassung des Konsumentenverhaltens. In: Werner Kroeber-Riel (Hrsg.): Marketingtheorie. Köln 1972, S. 53ff.

Duesenberry, James S.: Die Beziehungen zwischen Einkommen und Konsum und ihre Folgen (1948). Aus dem Amerikan. übersetzt in: Erich und Monika Streissler (Hrsg.): Konsum und Nachfrage. Köln, Berlin 1966, S. 277ff.

Duesenberry, James S.: Income, Saving, and the Theory of Consumer Behavior. 4. Aufl., Cambridge, Mass. 1962 (1949).

Ekelund, R. B. jr., E. G. Furubotn, u. *W. P. Gramm*: The Evolution of Modern Demand Theory. A Collection of Essays. Toronto, London 1972.

Engel, James F., David T. Kollat, u. *Roger D. Blackwell*: Consumer Behavior. 2. Aufl., Hinsdale 1973 (1968).

Ferber, Robert: Research on Household Behavior. In: American Economic Review 52 (1962), S. 19ff.

Ferber, Robert: Consumer Economics. A Survey. In: Journal of Economic Literature 11 (1973), S. 1303ff.

Egner, Erich: Der Haushalt. Berlin 1952.

Egner, Erich: Studien über Haushalt und Verbrauch. Berlin 1963.

Friedman, Milton: A Theory of the Consumption Function. Princeton 1957.

Hicks, John R., u. *Roy G. D. Allen*: Eine erneute Betrachtung der Werttheorie (1943). Aus dem Engl. übersetzt in: Alfred Eugen Ott (Hrsg.): Preistheorie. Köln, Berlin 1968, S. 117ff.

Hicks, John R.: A Revision of Demand Theory. Oxford 1956.

Hillmann, Karl-Heinz: Soziale Bestimmungsgründe des Konsumentenverhaltens. Stuttgart 1971.

Hörning, Karl H.: Ansätze zu einer Konsumsoziologie. Freiburg 1970.

Houthakker, Hendrik S.: Revealed Preference and the Utility Function. In: Economica 17 (1950), S. 159ff.

Katona, George: Die Macht des Verbrauchers. Wien, Düsseldorf 1962 (1960).

Katona, George: Der Massenkonsum. Wien, Düsseldorf 1965 (1964).

Katona, George, Bernhard Strümpel u. *Ernest Zahn*: Zwei Wege zur Prosperität. Konsumverhalten, Leistungsmentalität und Bildungsbereitschaft in Amerika und Europa. Wien, Düsseldorf 1971.

Kroeber-Riel, Werner: Konsumentenverhalten. München 1975.

Lancaster, Kelvin: Consumer Demand. A New Approach. New York, London 1971.

Leibenstein, Harvey: Mitläufer-, Snob- und Veblen-Effekte in der Theorie der Konsumentennachfrage (1950). Aus dem Amerik. übersetzt in: Erich und Monika Streissler (Hrsg.): Konsum und Nachfrage. Köln, Berlin 1966, S. 231ff.

Little, Ian M. D.: Eine Neuformulierung der Theorie des Konsumentenverhaltens (1949). Aus dem Engl. übersetzt in: Erich und Monika Streissler (Hrsg.): Konsum und Nachfrage. Köln, Berlin 1966, S. 173ff.

Luckenbach, Helga: Theorie des Haushalts. Göttingen 1975.

MacCrimmon, Kenneth R., u. *M. Toda*: The Experimental Determination of Indifference Curves. In: Review of Economic Studies 36 (1969), S. 433ff.

Meyer-Dohm, Peter: „Consumer Economics" – Aufgabe, Entstehung und Problemkreise. In: Hamburger Jahrbuch für Wirtschafts- und Gesellschaftspolitik 2 (1957), S. 172ff.

Meyer-Dohm, Peter: Bemerkungen zur Konsumkritik. In: Hamburger Jahrbuch für Wirtschafts- und Gesellschaftspolitik 5 (1960), S. 168ff.

Modigliani, Franco: Fluctuations in the Saving-Income Ratio. A Problem in Economic Forecasting. In: National Bureau of Economic Research (Hrsg.): Studies in Income and Wealth 11 (1949), S. 371ff.

Modigliani, Franco, u. *Richard Brumberg*: Nutzenanalyse und Konsumfunktion (1954). Aus dem Amerik. übersetzt in: Erich und Monika Streissler (Hrsg.): Konsum und Nachfrage. Köln, Berlin 1966, S. 319ff.

Page, Alfred N. (Hrsg.): Utility Theory. A Book of Readings. New York, London, Sidney 1968.

Pearce, I. F.: A Contribution to Demand Analysis. Oxford 1964.

Plassmann, Christa: Bestimmungsgründe der Nachfrage nach dauerhaften Konsumgütern. Berlin 1964.

Paulsen, Andreas: Der Verbrauch und die Wirtschaftsordnung. In: Jahrbücher für Nationalökonomie und Statistik 161 (1949), S. 90ff.

Raffée, Hans: Konsumenteninformation und Beschaffungsentscheidung des privaten Haushalts. Stuttgart 1969.

Robertson, Dennis H.: Saving and Hoarding. In: Economic Journal 43 (1933), S. 399ff.

Samuelson, Paul A.: Consumption Theory in Terms of Revealed Preference. In: Economica 15 (1948), S. 243ff.

Sheth, Jagdish N.: Eine zusammenfassende Übersicht zum Käuferverhalten (1967). Aus dem Amerik. übersetzt in: Reinhold Bergler (Hrsg.): Marktpsychologie. Bern, Stuttgart, Wien 1972, S. 143ff.

Slutsky, Eugen E.: Zur Theorie des Verbraucherbudgets (1915). Aus dem Ital. übersetzt in: Alfred Eugen Ott (Hrsg.): Preistheorie. Köln, Berlin 1968, S. 87ff.

Schmitt-Rink, Gerhard: Konsumdynamik. Göttingen 1967.

Streissler, Erich, u. *Monika Streissler* (Hrsg.): Konsum und Nachfrage. Köln, Berlin 1966.

Streissler, Monika: Theorie des Haushalts. Stuttgart 1974.

Veblen, Thorstein B.: Why is Economics not an Evolutionary Science? In: Quarterly Journal of Economics 12 (1898), S. 373ff.

Veblen, Thorstein B.: The Theory of the Leisure Class. New York 1899. Deutsch: Theorie der feinen Leute. Köln 1957.

Wiswede, Günter: Soziologie des Verbraucherverhaltens. Stuttgart 1972.

Zu Kapitel III:

Bidlingmaier, Johannes: Zielkonflikte und Zielkompromisse im unternehmerischen Entscheidungsprozeß. Wiesbaden 1968.

Busse von Colbe, Walther: Entwicklungstendenzen in der Theorie der

Unternehmung. In: Zeitschrift für Betriebswirtschaft, 34. Jg. (1964), S. 615ff.

Chmielewicz, Klaus: Die Formalstruktur der Entscheidung. In: Zeitschrift für Betriebswirtschaft, 40. Jg. (1970), S. 239ff.

Heinen, Edmund: Die Zielfunktion der Unternehmung. In: Helmut Koch (Hrsg.): Zur Theorie der Unternehmung. Wiesbaden 1962, S. 9ff.

Heinen, Edmund: Grundlagen betriebswirtschaftlicher Entscheidungen. Das Zielsystem der Unternehmung. 2. Aufl., Wiesbaden 1971 (1966).

Knight, Frank H.: Risk, Uncertainty, and Profit. Chicago 1921 (Nachdruck 1957).

Machlup, Fritz: Marginalanalyse und empirische Forschung (1946). Aus dem Amerik. übersetzt in: Reimut Jochimsen und Helmut Knobel (Hrsg.): Gegenstand und Methoden der Nationalökonomie. Köln 1971, S. 297ff.

Meerhaeghe, M. A. G. van: Price Theory and Price Policy. London, Harlow 1969.

Schmidt-Sudhof, Ullrich: Unternehmerziele und unternehmerisches Zielsystem. Wiesbaden 1967.

Schneider, Dieter: Investition und Finanzierung. 3. Aufl., Opladen 1974 (1970).

Schneider, Erich: Der Realismus der Marginalanalyse in der Preistheorie. In: Weltwirtschaftliches Archiv 73 (1954/II), S. 38ff.

Zu Kapitel IV:

Bohr, Kurt: Zur Produktionstheorie der Mehrproduktunternehmung. Köln 1967.

Busse von Colbe, Walther, u. *Gert Laßmann*: Betriebswirtschaftstheorie. Bd. 1: Grundlagen, Produktions- und Kostentheorie. Berlin, Heidelberg, New York 1975.

Dantzig, George B.: Lineare Programmierung und Erweiterungen. Berlin, Heidelberg, New York 1966 (1963).

Frisch, Ragnar: Theory of Production. Dordrecht 1965.

Heathfield, David F.: Production Functions. London, Basingstoke 1971.

Heinen, Edmund: Produktions- und Kostentheorie. In: Herbert Jacob (Hrsg.): Allgemeine Betriebswirtschaftslehre in programmierter Form. Wiesbaden 1969, S. 201ff.

Johansen, Leif: Production Functions. Amsterdam, London 1972.

Kilger, Wolfgang: Produktions- und Kostentheorie. Wiesbaden 1958.

Klaus, Joachim, unter Mitarbeit von *Gerhard Hahn*: Produktions- und Kostentheorie. Stuttgart 1974.

Koch, Helmut: Untersuchungen über den Gültigkeitsbereich des Gesetzes vom abnehmenden Ertragszuwachs. In: Zeitschrift für die gesamte Staatswissenschaft 106 (1950), S. 309ff.

Krelle, Wilhelm, u. *Wilhelm Scheper*: Produktionstheorie (Teil 1 der Preistheorie, 2. Aufl.). Tübingen 1969 (1961).

Müller, J. Heinz: Produktionstheorie. In: Werner Ehrlicher u. a. (Hrsg.): Kompendium der Volkswirtschaftslehre. Bd. 1, 4. Aufl., Göttingen 1973 (1967), S. 57ff.

Müller-Merbach, Heiner: Operations Research. 3. Aufl., München 1973 (1969).

Schneider, Erich: Theorie der Produktion. Wien 1934.

Walter, Helmut: Der technische Fortschritt in der neueren ökonomischen Theorie. Berlin 1969.

Walters, A. A.: Production and Cost Functions: An Econometric Survey. In: Econometrica 31 (1963), S. 1ff.

Wittmann, Waldemar: Produktionstheorie. Berlin, Heidelberg, New York 1968.

Zu Kapitel V:

Alchian, Armen A.: Information Costs, Pricing and Resource Unemployment. In: Edmund S. Phelps u. a. (Hrsg.): Microeconomic Foundations of Employment and Inflation Theory. New York 1970, S. 27ff.

Clower, Robert: The Keynesian Counterrevolution: A Theoretical Appraisal. In: F. H. Hahn und F. P. R. Brechling (Hrsg.): Theory of Interest Rates. London 1965, S. 103ff.

Ezekiel, Mordecai: The Cobweb Theorem. In: Quarterly Journal of Economics 52 (1937/38), S. 255ff.

Fellner, William: Competition Among the Few. Oligopoly and Similar Market Structures. New York 1965 (1949).

Frisch, Ragnar: Monopol-Polypol — der Begriff der Kraft in der Wirtschaft (1933). Aus dem Französ. übersetzt in: Alfred E. Ott (Hrsg.): Preistheorie. Köln, Berlin 1965, S. 17ff.

Hall, Robert L., u. *Charles Hitch*: Price Theory and Business Behavior (1939). Wiederabgedruckt in: T. Wilson und P. W. S. Andrews (Hrsg.): Oxford Studies in the Price Mechanism. Oxford 1951, S. 107ff.

Machlup, Fritz: The Political Economy of Monopoly. Business, Labor, and Government Policies. Baltimore 1952.

Machlup, Fritz: The Economics of Sellers' Competition. Model Analysis of Sellers' Conduct. Baltimore 1952. Deutsch: Wettbewerb im Verkauf. Modellanalyse des Anbieterverhaltens. Göttingen 1966.

Möller, Hans: Kalkulation, Absatzpolitik und Preisbildung. Tübingen 1962 (1941).
Morgenstern, Oskar: Vollkommene Voraussicht und wirtschaftliches Gleichgewicht. In: Zeitschrift für Nationalökonomie 6 (1935), S. 337ff.
Ott, Alfred E.: Einführung in die dynamische Wirtschaftstheorie. 2. Aufl., Göttingen 1970 (1963).
Stackelberg, Heinrich von: Marktform und Gleichgewicht. Wien, Berlin 1934.
Seitz, Tycho: Preisführerschaft im Oligopol. Köln 1965.
Steinbrück, Klaus.: Vom unvollkommenen Markt zur heterogenen Konkurrenz. Eine Dogmengeschichte der preistheoretischen Umwälzungen der Gegenwart. Mainz 1954.
Stigler, George J.: Die geknickte Oligopol-Nachfragekurve und starre Preise (1947). Aus dem Amerik. übersetzt in: Alfred E. Ott (Hrsg.): Preistheorie. Köln, Berlin 1965, S. 326ff.
Stigler, George J.: The Economics of Information. In: Journal of Political Economy 69 (1961), S. 213ff.
Sweezy, Paul M.: Die Nachfrage beim Oligopol (1939). Aus dem Amerik. übersetzt in: Alfred E. Ott (Hrsg.): Preistheorie. Köln, Berlin 1965, S. 320ff.
Triffin, Robert: Monopolistic Competition and General Equilibrium Theory. Cambridge, Mass. 1962 (1940).
Viner, Jacob: Kosten- und Angebotskurven (1932). Aus dem Amerik. übersetzt in: Alfred E. Ott (Hrsg.): Preistheorie. Köln, Berlin 1965, S. 195ff.

Zu Kapitel VI:

Bain, Joe S.: Industrial Organization. 2. Aufl., New York, London, Sidney 1968 (1959).
Bain, Joe S.: Workable Competition in Oligopoly: Theoretical Considerations and Some Empirical Evidence. In: American Economic Review 40 (1950), Supplement, S. 35ff.
Borchardt, Knut, u. *Wolfgang Fikentscher*: Wettbewerb, Wettbewerbsbeschränkung, Marktbeherrschung. Stuttgart 1957.
Clark, John M.: Competition as a Dynamic Process. Washington 1961.
Clark, John M.: Toward a Concept of Workable Competition. In American Economic Review 30 (1940), S. 241ff.
Edwards, Corvin D.: Maintaining Competition. Requisites of a Governmental Policy. New York, Toronto, London 1949.
Galbraith, John K.: American Capitalism: The Concept of Countervailing Power. 2. Aufl., Boston 1956 (1952).

Galbraith, John K.: Countervailing Power. In: American Economic Review 44 (1954), Supplement, S. 1ff.

Herdzina, Klaus (Hrsg.): Wettbewerbstheorie. Köln 1975.

Heuss, Ernst: Allgemeine Markttheorie. Tübingen, Zürich 1965.

Hoppmann, Erich: Das Konzept der optimalen Wettbewerbsintensität. Rivalität oder Freiheit des Wettbewerbs: Zum Problem eines wettbewerbspolitisch adäquaten Ansatzes der Wettbewerbstheorie. In: Jahrbücher für Nationalökonomie und Statistik 179 (1966), S. 286ff.

Hoppmann, Erich: Workable Competition. Die Entwicklung einer Idee über die Norm der Wettbewerbspolitik. In: Zeitschrift des Bernischen Juristenvereins 102 (1966), S. 249ff.

Kantzenbach, Erhard: Dynamischer Wettbewerb und oligopolistisches Marktverhalten. In: Jahrbuch für Sozialwissenschaft. Festschrift für Andreas Predöhl, Bd. 14 (1963), S. 194ff.

Kantzenbach, Erhard: Die Funktionsfähigkeit des Wettbewerbs. 2. Aufl., Göttingen 1967 (1966).

Markham, Jesse W.: An Alternative Approach to the Concept of Workable Competition. In: American Economic Review 40 (1950), S. 349ff.

Schumpeter, Joseph A.: Theorie der wirtschaftlichen Entwicklung. 6. Aufl., Berlin 1964 (1911).

Sosnick, Stephen H.: A Critique of Concepts of Workable Competition. In: Quarterly Journal of Economics 72 (1958), S. 380ff.

Sraffa, Piero: The Laws of Returns Under Competitive Conditions. In: Economic Journal 36 (1926), S. 535ff.

Stegemann, Klaus: Workable Competition nach zwanzig Jahren. In: Hamburger Jahrbuch für Wirtschafts- und Gesellschaftspolitik 9 (1964), S. 237ff.

Stigler, George J.: The Extent and Bases of Monopoly. In: American Economic Review 32 (1942), Supplement, S. 1ff.

Tolksdorf, Michael: Hoppmanns neoklassische Wettbewerbstheorie als Grundlage der Wettbewerbspolitik. In: Jahrbücher für Nationalökonomie und Statistik 183 (1969), S. 61ff.

Deutscher Bundestag, 2. Wahlperiode. Schriftlicher Bericht des Ausschusses für Wirtschaftspolitik über den Entwurf eines Gesetzes gegen Wettbewerbsbeschränkungen, zu Drucksache 3644, I, E, III.

Namenregister

Sachregister